シラバス論

大学の時代と時間、
あるいは〈知識〉の
死と再生について

芦田宏直

晶文社

ブックデザイン　鈴木成一デザイン室

したがって、反省の時間とはもう一つの別の時間であって、自らが反省しているものとは異質な時間である。それはおそらく、思考を呼び出すものの時間とともに思考と呼ばれるものの時間を与える。反省の時間は、一つの出来事——大学の内部に姿を表しながらも、大学の歴史に属しているかどうかは不明な出来事——の持つチャンスである。それは束の間の、逆説的な時間でもありえるし、キルケゴールの語った〈瞬間〉のように時間を引き裂いてしまうこともありうる（…）。この出来事のチャンスは、瞬間の、Augenblick の、目配せの、瞬《まばた》きのチャンス、「wink（目配せ）」や「blink（瞬き）」のチャンスである。この出来事は「in the blink of an eye（眼が瞬きする間に）」生ずる。いやむしろ「in the twilight of an eye（眼が黄昏れている時に）」生じると言おう。というのも、西洋の（occidental）大学のもっとも黄昏れ衰退した《クレピュスキュレール》、もっとも日没的な（occidental）状況においてこそ、思考のこの「twinkling（瞬き・ひらめき）」のチャンスが増すからだ。衰退か再生かのいわゆる「分岐点 crise」の時代、体制が「on the blink（危機に瀕している）」時代には、思考への挑発によって、記憶の欲望と未来の露出とが同じ瞬間へと集められる。それは、未来のチャンスまでも守りたいと願うほどに忠実な番人の忠実さであり、言いかえれば、自らが持たないもの、まだ存在していないもの——自らの守りのもとにも眼差しのうちにもないもの——への特異な責任である。記憶を守るとともにチャンスをも守るということ、それは可能なのだろうか。どうすれば、自らが持たないもの、まだ存在していないものについて責任がある comptable と感じることができるだろうか。

（ジャック・デリダ『大学の瞳』）

シラバス論＊目次

まえがきにかえて——シラバス論が書かれなければならなかった四つの動機について …… 19

第一章　一九九一年「大綱化」以降のシラバス

第一節　カリキュラム自由化とシラバス …… 46

第二節　カリキュラムの反対語としての講座制
——大学におけるカリキュラム形成の阻害要因について …… 70

＊1　中曽根臨教審と大綱化について …… 46
＊2　二〇〇八年の中央教育審議会答申「学士課程教育の構築に向けて」における転回 …… 48
＊3　「教養教育」と「多様な学生」、あるいはカントの『諸学部の争い』について …… 49
＊4　反カリキュラム主義としての「講座制」の起源について …… 71
＊5　「学長ガバナンス」としてのシラバス展開、あるいは「ファカルティ」の混乱について …… 75
＊6　〈概論〉は若手教員では担当できないということについて …… 76

第二章　「概念概要」型シラバスと「時間」型シラバスと

第一節　授業概要が授業回毎に詳細化する意義
――概念のインカネーション（incarnation）としてのコマシラバス　80
第二節　教育＝学習の目標開示としてのコマシラバス　90
第三節　コマシラバスと授業時間の設計
――教科書と教材との違い、あるいは概念を時間化するということ　97
第四節　コマシラバスの具体的な記載例
――「主題細目」と「細目レベル」表示のあるシラバス　102
第五節　パワーポイントプレゼンはなぜ教育的ではないのか　107
第六節　受講前・受講後フォローとしてのコマシラバス　113
第七節　「見る」シラバスから「使う」シラバスへ
――メタ教材（教材参照体系）としてのコマシラバス　118
第八節　授業評価・授業改善のプラットフォームとしてのコマシラバス
――思惑の差分を意識することの〈双務性〉について　126

＊7 シラバスのインカネーションとしてのコマシラバスについて……85
＊8 「初回配布用」シラバス、およびダメなシラバスの事例について……92
＊9 単位認定権（成績評価権）について……101
＊10 シカゴ大学以来の大学「出版局」とコマシラバスについて……109
＊11 レーザーポインターが話者の自己満足であることについて……110
＊12 〈参照〉とは何か――「参照指示性」について……111
＊13 概念概要的なシラバスではカリキュラムが作れないことについて……114
＊14 コマシラバス書式の事例紹介……114
＊15 〈教材〉について……120
＊16 「インセンティブ・ディバイド（意欲の階層差）」論とシラバスについて……121
＊17 ＰＩＳＡの「制御方略」としてのコマシラバスについて……128
＊18 月並みな誤解に充ちた〝契約〟文書としてのシラバス解説事例……131

第三章　コマシラバスによるカリキュラムの構築

第一節　単位制科目における深化の時間性……134
第二節　小テストの累積では問えない科目の〈全体〉……146

第三節　カリキュラム・リテラシーとしてのコマシラバス……149
第四節　教育と研究との接点としてのコマシラバス……152
第一項　教員はなぜコマシラバスを嫌うのか……152
第二項　長い時間をかける教育としての大学教育とシラバス……154
第三項　「できる」評価＝「行動目標」評価における行動主義（behaviorism）……158
第五節　カリキュラム体系の一部としてのアセスメント・ポリシー……166
第一項　履修判定指標の必要性――科目間接合とカリキュラム……166
第二項　「アセスメント・ポリシー」は「観点別評価」では代替できない……169
第三項　シラバスアンケートの実施……174
＊19〈単位制〉の起源、あるいは〈カリキュラム〉と〈単位制〉との関係について……136
＊20　カリキュラム意識の現状について……151
＊21　コマ展開における〝踊り場〟〝バッファー〟コマの必要性について……153
＊22　実習授業における「行動主義 behaviorism」について……160
＊23「講義（lecture）」の歴史、あるいはサンデルにおける〈講義〉と〈演習〉との関係について……161
＊24　履修判定指標の事例……168
＊25　三ポリシー（四ポリシー）の日本語表記について……169

＊26 大綱化以降の「観点別評価」の問題点について …… 172
＊27 二種類のアンケート（期中アンケートと期末アンケート）について …… 177

第四章 「コマシラバス」という言葉と一〇年後のシラバス論

第一節 教員の自己管理のためのコマシラバス …… 180
第二節 生涯学習的なコマシラバス …… 184
第一項 学校教育の学生は生涯学習的な受講主体ではないということ …… 184
第二項 〝後がない〟社会人教育の緊密感 …… 190
第三項 「アクティブな」授業評価者としての学生の育成 …… 201
第三節 一〇年後のコマシラバス論――試験センターの創設と科目数の削減 …… 206
第一項 最もリアルな授業評価としての学生模擬試験作成 …… 206
第二項 〝できる〟評価の解像度再論 …… 209
第三項 第三者試験を実施することなしにはシラバス記載の凸凹は防げない …… 213
第四項 科目数の削減と必修科目の拡大――五年後にできること …… 217

第四節　「それでもシラバスは詳細化する意味がない」という教員のために …… 226

第一項　〈理解〉のない単調な暗記指導がますます〝できない〟学生を作る …… 226
第二項　〈答え〉もまたメタトークを必要としている
——どんな〝詳細〟な教材資料も授業の終点にはならない …… 238

＊28　学校派と生涯学習派の対立、あるいは、〈学ぶ主体〉について …… 186
＊29　資格の専門学校について …… 191
＊30　Docendo discimus、あるいはフンボルト理念について …… 194
＊31　ラカンの「無知は無知として実り豊かなもの」ということについて …… 198
＊32　学生アンケートはＦＤ委員会マターではないということについて …… 203
＊33　新卒「即戦力」論の誤りについて …… 210
＊34　教員の「単位認定権」について …… 215
＊35　「個性重視（多様性）の教育」の問題点と「標準性」の問題について …… 219
＊36　「科目数の削減」の諸課題について …… 222
＊37　〈知識〉と〈暗記〉とＡＩデータベースについて …… 229
＊38　ＰＩＳＡの〈記憶方略〉〈精緻化方略〉〈制御方略〉について …… 235
＊39　教育におけるコンピテンシーについて …… 236
＊40　メタトークについて——デリダ、カント、ハイデガー …… 241

*41 ノートの「斜め書き」の意味について
——"わかる"ことの矛盾、あるいはクリプキの「飛躍」について……243

第五章 終わりにかえて——新しい人材像とシラバスとカリキュラムと

第一節 ハイパー・メリトクラシー論と大学の「機能別分化」論の隘路……254
第二節 カリキュラムの文化性こそが格差社会を相対化する……266
第一項 むきだしの個人と階層格差、そして人物評価入試……266
第二項 〈方法〉と〈実体〉が一致する場処としての〈学校〉……287
*42 「幽霊」「亡霊」としての「コミュニケーション能力」について……258
*43 大学の「機能的分化」と「種別化」について……261
*44 「中曽根臨教審」「生涯学習」「ゆとり教育」について……265
*45 「印刷術」と「紙試験」と世襲制の解体、あるいは藤原家の「家職化、家産化」について……267
*46 人物評価入試について……271
*47 メリトクラシーについて……271

＊48「家庭教育」とeducationの語源学について……272
＊49「意欲の格差」（苅谷剛彦）と学校圧について……277
＊50 カリキュラムの文化性について……287
＊51 科目数の削減と八〇単位必修カリキュラムについて……291
＊52 専門学校の必修科目体制、および専門学校、専門職大学、大学のクラス規模の問題について……292
＊53 メンバーシップ型人材以後、あるいはフロント＝ラカン的な「ωシステム」について……297
＊54 ヴィーコの「知恵の華」について……300

附論1

大学入試改革と人物評価主義について

今回の入試改革の趣旨と変遷……309
学力論と知識論と中曽根臨教審答申と……311
学ぶ主体と生涯学習——学ぶことと学びの主体との分離……313
個人の多様と階層の多様と——人物論は階層を固定する……315
紙試験は、個人の多様性を棚上げする代わりに階層をシャッフルする……318
〈知識〉と「思考力・判断力・表現力」などとの関係……319
教科教育自体の空洞化を生む人物評価……321
個々の知識をそのつど与える前に、知識への態度を育成するという方法論主義の問題点……324

ＡＩ教育の限界と知識主義……328
まとめにかえて
――「たった一日の、一点刻みで人生を決める」紙試験こそが、階層間移動を可能にしている……330

附論2

学校教育における〈キャリア教育〉とは何か
――芦田宏直×本間正人トークセッション

キャリア教育とは何か……334
大学全入時代とキャリア教育……337
できない子どもほど大学へ行くべきだ……342
大学教育のグランドデザインとしての職業教育論……348
職業教育の実践性とは何か……357
偏差値一軸に留まる進路問題……362
実習教育と「人材」の問題……367
「学校教育」と「生涯学習」との違い……371
「自由な学びの主体」のウソ……375
キャリア教育の功罪……378

教育のグローバル化とは何か 387

あとがきにかえて――往相・還相のコマシラバスについて 393

参考・参照文献表 417
人名索引 454
欧語索引 458
索引（50音順） 555

まえがきにかえて
──シラバス論が書かれなければならなかった四つの動機について

「シラバス論」。奇妙なタイトルを付けてしまった。しかし文字通りこの本は、「シラバスとはなにか」ということに一六〇〇〇字（昔ふうに四〇〇字原稿用紙枚数で言うなら四〇枚）も書き込んでいる。たぶんこんなタイトルの本は、この本の後にも先にも出てこないだろう。それでも、この本については、「シラバス論」以外のタイトルは思いつかなかった。出版社が渋ってもゆずれない思いで、このタイトルにしたのである。

というのも、今日の教育の現状を考える上で、シラバス（授業計画）に対する大学や教員の態度をみることは決定的なことだと思ったからだ。文科省の諸施策も含めてあらゆる大学改革が頓挫するのは、シラバスに対する関心が大学内外において薄すぎるところから来ている。下手をするとシラバスさえ書けない教員がいる。そしてシラバス書式を少し変えるだけでも、教授会では「面倒くさい」と内心の声が上がる。シラバスは教育活動の外にあると思われており、学生サービスの一部くらいの位置付けしかない。

そもそも本稿に登場するそこその教育学者たち（特に「教育方法論」の研究者たち）でさえシラバス書式はアメリカ型をそのままコピペしていると言っていいほどだ。そのコピペした書式を国内でもまたコピペして使って、各大学のシラバスが存在している。

日本の学生の現状、各大学の教育の目標や現状をまったく無視してシラバス書式は各大学横並びでほぼ同じものが伝染している。文科省が推奨するシラバスもまた「学習支援計画書」（傍点は引用者）などと読み替えられているくらいだから、やはりシラバスは学生サービスにとどまっている。

しかしシラバスは、学習支援ではなくて教育活動の中核を占めている。「教育方法論」というものがもしあるのだとすれば、教育学者たちは、あれこれの教授法研究をやめてシラバス書式開発にもっと集中するべきだと思う。シラバス書式は「教育方法」の原理論だからだ。どんな教授法もまともなシラバスなしには機能しない。

アドミッション・ポリシー（入学者受入れの方針）、ディプロマ・ポリシー（卒業認定学位授与の方針）、カリキュラム・ポリシー（教育課程の編成・実施の方針）の三つのポリシーも、二〇一六年には法令（学校教育法施行規則）によってそれらの策定が義務付けられたが、これらは教育内容そのもので裏打ちしない限り意味のない「ポリシー」だった。しかし現在の大学において教育内容を示す文書は、履修表（科目・単位表）と貧弱なシラバス以外存在していない。それ以外の内容がないため教育実績を評価できるものが結果論としての退学率と就職率くらいのものにとどまっている。ただし教育も各大学の偏差値（入学時の学生の能力）と相関している場合が多く、大学の四年間の教育内容、教育実績との関連ではいまだに闇の中にある。

それもあってか、文科省も最近は入学後の「学修成果の可視化」という言い方で——それにしても、なぜ「教育成果の可視化」ではなくて、「学修成果の可視化」なのだろう。不思議な話だ。——教育内容の実際と一体化した教育実績の開示を要求するようになってきている。「学修成果の可視化」という言葉によって、偏差値の高い大学も低い大学も共に〈教育〉課題、〈教育評価〉課題を背負ったことになる。それが最近の「アセスメント・ポリシー」という言葉につながっている。

「アセスメント・ポリシー」という言葉が最初に使われた文書は——「学修成果の評価（アセスメント）」という表記はその前からあったが——、私の知る限り二〇一二年の「質的転換」答申だったと思う。以下のコンテキストにおいて使われていた。

> 成熟社会において学生に求められる能力をどのようなプログラムで育成するか（学位授与の方針）を明示し、その方針に従ったプログラム全体の中で個々の授業科目は能力育成のどの部分を担うかを担当教員が認識し、他の授業科目と連携し関連し合いながら組織的に教育を展開すること、その成果をプログラム共通の考え方や尺度（「アセスメント・ポリ

シー」）に則って評価し、その結果をプログラムの改善・進化につなげるという改革サイクルが回る構造を定着させることが必要である。また、学位授与の方針に基づいて、個々の学生の学修成果とともに、教員が組織的な教育に参画しこれに貢献することや、プログラム自体の評価を行うという一貫性・体系性の確立が重要である。

（中教審答申「新たな未来を築くための大学教育の質的転換に向けて」、二〇一二年）。

ここで言う「個々の授業科目は能力育成のどの部分を担うかを担当教員が認識し、他の授業科目と連携し関連し合いながら組織的に教育を展開すること、その成果をプログラム共通の考え方や尺度（「アセスメント・ポリシー」）に則って評価し、その結果をプログラムの改善・進化につなげるという改革サイクルが回る構造を定着させることが必要である」という文言は、シラバスを「学生サービス」、つまり、学習支援の一環としてみなしてはいない。大学のミッション——教育を提供する側のミッション——としてのシラバス策定の位置付けを喚起している。

それゆえ、シラバス論はもはや「教育方法」論の段階を超えているのだ。「教育方法」論の研究者たちがシラバスに無頓着であったり、シラバス「契約書」論に一気に飛躍したりするのも、この、特には二ポリシー（ディプロマ・ポリシー＋カリキュラム・ポリシー）を実体として支えるシラバス論が決定的に欠けているからなのである。「教育方法論」はあれこれの授業改善にとどまるからだ。だからシラバス論が抜け落ちる。あれこれの授業を改善してどうにかなるものでもないのが昨今の大学の現状であることは誰でも知っている。

そして「教育方法論」がカリキュラム論やアセスメント論やシラバス論につながりはじめたらその研究者たちは一気に萎縮する。教授会が黙っていないからだ。だから大概の教育学者たちは、学外の講演や学外のＦＤ研修会で活躍することになる。いったい何のための教育学なのだろう。それは、経営学者でも自分の会社の経営に失敗することがあるし、心理学者でも人間関係でギクシャクすることがあるというのとは別の事情があるような気がする。

教育学の専門家でもなんでもない私が一六〇〇〇〇字もシラバス論を書かなければならなかった一つ目の動機がそこにある。

シラバス論の文字数が増えてしまった二つ目の動機は「学びの主体」論における「学校教育」の生涯学習化である。

一九八五年以降の中曽根臨教審を受けた九一年「大綱化」以降の教育改革の流れだ。三〇年以上前の臨教審思想は、最近の大学入試改革の流れをも支配している諸悪の根源だと私は思っている。

中曽根臨教審内部の議論は、内田健三によれば「学校派と生涯派の論争」（『臨教審の軌跡』第一法規出版、一九八七年）だった。「学校派」（有田一寿たち）は「教育」派で、「生涯派」（香山健一たち）は「学習」派だった。

昨今流行《はやり》の「学びの主体」という言葉で両者の違いを説明すれば、前者は「学びの主体」を作るためにこそ、〈学校〉のリーダーシップや教育の指導性が必要ということになるし、後者は「学びの主体」（子どもたちの自発性）を活かすような家庭・地域と一体になった学習支援体制の一つが学校教育に過ぎないということになる。指導（教育）か、支援（学習）かの違いだ。

この論争の結果、いつまでも〈学校教育〉（＝公教育）の時代ではないとする生涯派（生涯学習派）が勝利し、臨教審思想の骨格を生涯派が固めることになる。これは純粋な教育論議というよりは、土光臨調を受けた民間移行論の網に学校教育（文科省）が引っかかってしまっただけのことだったが――中曽根臨教審は学校教育の財政再建案だったにすぎない（付録として日教組の排除もあったが）――、「個人の尊厳」「子どもの自律性」「自発性」「自ら学ぶ意欲」「個性」重視の教育という心地よい言葉のオンパレードによっていつのまにか教育思想として自立してしまった。

しかし、学校教育は生涯学習の一部とする「生涯派」思想の本質は学校教育民営化論なのである。つまり臨教審議論で言われる学校教育＝生涯学習論は、それまでの二つの文科省答申における生涯学習論（「今後における学校教育の総合的な拡充整備のための基本的施策について」一九七一年と「生涯教育について」一九八一年）とは動機が違っているのだ。臨教審が声高に取りあげた「個性重視の原則」というものも、生涯派の香山健一たちのもともとの主張である「教育の自由化」と日教組の言う「教育の自由」とが不都合にも符合するという懸念から出てきた妥協の産物であったにもかかわらず（大森和夫『臨時教育審議会3年間の記録』光書房、一九八七年）、いまではその経緯も忘れ去られて金科玉条のように流布している。右も左も反対しない。

そして、子どもたちの自発性や個性を「学びの主体」の主要な属性として前提にしてしまうことから出てきたのが「観点別評価」である——この延長線上に大学入試改革の眼目である人物評価入試が存在している。臨教審の答申の中で「評価の多元化」と言われていたものが、九〇年代からはじまる「観点別評価」を用意したのである。

たとえば、それは〈意欲〉自体を英語や数学などの教科評価の対象にまでしてしまう。通常の期末紙試験《ペーパーテスト》では四〇点しか取れていない生徒や学生を、「日頃質問もよくするし欠席もない」と言いながら、二〇点の意欲評価を行い、結果六〇点の合格点を与えてしまう。いまでは知識点数（期末紙試験《ペーパーテスト》の点数）の期末履修判定全体における割合が五〇％以下の高校や大学も多数存在している。後の五〇％は意欲評価や評価基準が曖昧なレポート評価、発表評価、授業への積極的な参加評価などで占められることになる。いわゆる「多様」で「総合的」な評価体制の誕生である。「多様」「総合」という言葉自体はもっともそうだが、従来の言い方で言えば、これらは英語も数学も「できない」のに卒業できる大義名分を与える言葉となった。そして、現場の教員たちは〝できない〟子どもたちへの教育課題を見失ってしまったのである。

苅谷剛彦は「インセンティブ・ディバイド」という言葉を使って、〈意欲〉に基づいたメリトクラシー社会の機会平等性が崩れてきていることを各種データを集めて明らかにしようとした（『階層化日本と教育危機』有信堂高文社、二〇〇一年）。この議論はそれとして尊重されるべきだが、苅谷の議論の前提は〈意欲〉の強度を「学習時間」の長短でみていることだ。

しかし学校現場では、その〈意欲〉自体は、知識点数が一〇〇点満点中二〇点でも合格点は取れるように、知識の欠如を補う評価として使われている。つまりは〈意欲〉は教育現場においては〈学習時間〉と相関するのではなくて、〈知識〉欠如の補助項目になっている。勉強のための学習時間の短さ（知識不足）を逆に〈意欲〉で救う。その結果、偏差値の低い大学の入学生選抜は「ＡＯ入試」、つまり知識点数評価には目をつむり、〈意欲〉を問う入試で高校生たちを受け入れざるを得ない。大学入学後の期末試験評価も、知識点数評価では誰も卒業できなくなるため、「観点別評価」で〝救済卒業〟させている。臨教審以降〈文科省〉自体が〝勉強ばかりがすべてではない〟と言い始めたのだから、生徒や学生たちが〝勉強できない〟のは当たり前のことなのだ。

つまり「学習時間」が短くなるのは、〈意欲〉評価が前面化した結果に過ぎない。一九九〇年以降指摘された学力低下は、〈意欲〉が減少したのではなく、〈意欲〉評価が増大した結果に過ぎない。それは「学習時間」の多少と関係するわけでもないし、〈意欲〉の定義の問題でもない。単純に知識点数の過小評価によるものに過ぎない。高校では偏差値が低い高校ほどこの傾向は強くなるが、大学では偏差値にかかわらずこの傾向がある。〈教育〉に関心のない教授たちには願ってもない評価の仕方（＝〝裁量〟評価）だからだ。生徒や学生の取った点数は教員の教育力点数だという立場に立てば、この種の意欲評価体制は教員の教育力評価を不断に棚に上げる体制にもなる。だから、自分が評価されるのを嫌う教員たちも「学びの主体」「自発性」「個性」「意欲」重視の教育を歓迎する。結果として、〈意欲〉や〈自発性〉を尊重する「観点別評価」は学校教育の教育力を衰退させたのである。

たとえば、「線形代数」という科目の「達成度評価」が、「試験三〇%、小テスト三〇%、レポート一五%、その他二五%」となっている工業大学がある（文科省に、大学改革における先進事例シラバスとして評価の高い大学なのだが）。これだと、期末「試験」は、満点を取っても三〇%（三〇点）の評価しかない。逆に〇点でも三〇%（三〇点）の打撃しか受けない。期末「試験」〇点でも、他の要素（他の「観点」）で七〇点取れる可能性は残るため合格できる場合があることになる（これは令和元年度のシラバスである）。

そのシラバスの「達成すべき行動目標」を読んでみると以下の五項目が挙げられている。

①ベクトルを理解し、その演算を計算し応用することができる。
②行列の意味を理解し、行列を用いて計算することができる。
③連立1次方程式を「掃き出し法」を用いて解くことができる。
④1次変換を理解し、それを行列で表現することができる。
⑤毎回の授業に出席し、授業内容の理解に努め、演習や宿題をやり遂げることができる。

①〜④まではなにも小テストやレポート評価を入れなくても、期末試験で普通に計算問題を出題すれば済む「行動目標」指標にすぎない（そもそも数学で「行動」目標とは、いったいなんのことだ。「できる」表現と「行動」とは何の関係もない）。⑤のわけのわからない「行動目標」がいわゆる〈意欲〉評価の眼目である。「試験三〇%」以外の「小テスト三〇%、レポート一五%、その他二五%」の七〇%分はすべてこの⑤の「行動目標」に関わっている。工業大学の数学でもこんな評価をやっているのだから、他の文系の講義科目はもっとひどい現状にあると言ってよい。全国の大学でこんなことが起こっている。「観点別評価」の病は、中等教育よりも高等教育の方が深刻なのだ（もっと深刻なのは、こんな知識点数評価しかできていない大学のシラバスが、昨年末から始まっている中教審「教学マネジメント委員会特別委員会」で紹介されもっともそうに語られていることだが、文科省はいい加減、〝お知り合い〟ばかりで各種委員会を構成するのをやめていただきたい）。

〈学力〉をどう定義しようが、〈知識〉と〈意欲〉とを、あるいは〈知識〉と〈学ぶ主体〉の評価とをここまで分離させれば、どんな〈学力〉も貧相なものになるに違いない。そもそも〈意欲〉〈自発性〉〈主体性〉、あるいは〈人間性〉——本田由紀ならこれらの人物論的な属性を〈ハイパーメリトクラシー〉属性と言うだろうが——なしに、どうやって〈知識〉が身につくというのだろう。〈暗記〉でさえ、なんらかの創意工夫の成果だろうに。

あるいは、こんな言い方もできる。教科や科目への〈意欲〉点数が高いにもかかわらず、その教科や科目の〈知識〉点数が低いとしたら、それは一体どんな点数なのだろう。

意欲が高いのに点数が低いという場合は二つしかない。一つは、誰がどんな教え方をしてもその子（生徒・学生）は生まれつき点数が取れない子どもだということ。つまり人物論的に（＝家庭論的に）勉強に向いていない子どもだということ。もう一つは、教員の教育力が足りなかった、授業に失敗したということ。

前者は生まれつきその大学と合わない学生を入学させた大学の責任だし、後者は大学の責任そのものだから、いずれにしても大学の責任は免れない。

そもそも〈意欲〉とは知識点数（期末試験点数）に結びついてこそ意欲であって、知識点数がないのに意欲があるということは、意欲ベクトルの制御に教員が失敗したということでしかない。そして、教科活動の本質は意欲の形成であって、教科内容はその事例に過ぎないというのなら、さっさと「意欲」という科目を作るしかない。しかしさすがに文科省もそんなバカな科目を作る指導はしないだろう。教科活動は、基本的に教科、科目の知識修得を通じてその修得への意欲を形成するものでしかない。教科活動において生じる〈意欲〉の起源とは、科目の内容を〈わかる〉ことだからだ。一つの理解が一つの意欲を呼び、それがまた次の理解を生み、その理解が次の意欲を生むというように。したがって、知識点数の高低＝意欲の高低でしかない。

私のシラバス論は、一九九〇年代に始まった〈知識〉論、つまり「知識も大切だが、態度や意欲も、そして人間的な魅力も大切」と言って、一度もその「も」の意味が問われなかった〈教育〉の在り方を再検討するためのものである。現在の大学シラバスが九〇年代以前よりははるかに詳細化してきたにもかかわらず、質的に停滞し続けている原因はこれらの〈意欲〉評価にある。意欲主義の「観点別評価」によって学生を救済し続けている現状に異議を感じないのなら、シラバスを詳細化する意味などたしかにない。

最近の大学では古典的な内容の、たとえば文献講読の講義さえも「わいわいガヤガヤ」とグループワークさせたり、発表させたり、調べさせたりと「アクティブ」な意欲型授業に充ちている。「線形代数」の授業でさえ「理解に努め」「やり遂げ」ればいいわけだ。その分、シラバスの中身は教育学者のものでさえ貧相だ。大学でさえ知識文化は衰退の一方だし、なによりも文科省自身がその音頭を取っていると言ってよい。この、学校教育の三〇年にわたる停滞や衰退を突破しようとすれば、一六〇〇〇〇字のシラバス論でも足りないくらいなのだと思う。重要なことは「意欲」救済で逃げなくてもいいような授業計画（シラバス）を、教員自らがその教育ミッションとして立てることなのである。

本書のシラバス論の三つ目の動機は、教育の「知識」軽薄化とそれに関わる「多様性」論だ。中曽根臨教審において、学校教育が生涯学習の一部とされたときからいわゆる狭義の生涯学習

（成人教育）と学校教育との区別はなくなってしまった。学校教育は「生涯学習体系への移行」課題（臨教審第四次答申）となったのである。それは「学校中心主義からの転換、教師による『教育』から生徒中心の『学習』への転換」（寺脇研）だった。寺脇は図に乗ってこの学校教育＝生涯学習論を、「教育改革の錦の御旗」とまで言っている。

人間は一生涯学び続ける存在だという意味で、学校教育は生涯学習の一部となったのである。「学びの主体」という点では、学校教育と成人学習との区別は存在しないということだった。特にインターネット時代、ＳＮＳ時代の今日では、学びの契機は、教室、図書館、大学キャンパスを超えていたるところに昼夜を問わず存在している。もはや「学校中心主義」の時代ではない、と。「学校中心の考え方を改め、生涯学習体系への移行を主軸とする教育体系の総合的編成を図っていかなければならない」と臨教審第四次答申は言う。

しかし、本当にそうだろうか。

成人教育と学校教育との違いは存在している。前者においては何を何のために学ぶべきなのか、学んだ後どうなればその学びに意味があったと言えるのかなど、自分でお金を払ってそのつど授業を買う成人たちは、それらのイメージを学ぶ前から持っている。まさに「学びの主体」が既に成立している。そもそもそういった判断が出来るようになるのが〈学校教育〉を卒業することの意味だったのだから。

しかし〈学校〉に通う子どもたち（児童・生徒・学生）にそんなイメージがあるわけではない。

「何を」学ぶのかは学校教育体系の中で決められている。高等教育では教員の専門性に委ねられている。「何のために」ということもその内容を学ぶことの中でしか見えてこない。「何を」の外に「何のために」があるわけではない。あやしげなキャリア教育がそれを外から持ち込もうとしているがそんな外部注入が成功するわけがない。まして学びの意味の評価など子どもたちができるはずもなく、彼ら・彼女らは期末試験で逆に評価される対象でしかない。つまり、成人教育は受講者の目的や意図に従属した消費の対象だが――だから、その講座評価は「受講生アンケート」だけで済むが――学校教育は形成的な教育だということだ。教育基本法では「教育の目的」は「人格の完成」にあるとされているが、これは、学校教育が未完成な人格を相手にした教育、人格形成的な教育であることを意味している。前文には「人間の育成」とまである。決して「学習」ではない。

だとすれば、学校教育においては「学びの主体」の「意欲」や「自発性」はそれ自体が未完成なものに他ならない。それ以前に「学びの主体」自体の存在も怪しいくらいだ。まだ完成されたく人格〉ではないのだから。もしそれでも成人以前の子どもたちに学びの「意欲」や「自発性」や「主体性」、そして「人間性」を見出すことができるとすれば、それは〈家庭〉や〈地域〉の文化性に保護されているからでしかない。言い換えれば〈家庭〉や〈地域〉に大きく影響を――いい意味でも悪い意味でも――受けた主体性でしかない。成人に達するまでの、つまり〈学校〉を〝卒業〟するまでの主体性とは家庭や地域の主体性にすぎない。

たとえば東京の名門私立学校の入学試験は、親の面接試験を通過しないと学力試験《メリトクラシー》だけでは入学できない。場合によっては卒業生家族の推薦が必要な私立学校もある。親は、面接の時だけは派手な衣装や装飾類を抑えめにして面接に臨むと言われている。つまり、紙試験《ペーパーテスト》点数と経済力だけでは入学できない階層のハビトゥス（ブルデュー）のようなものをそれらの学校群は選抜している。子どもの主体性はこれらの学校の選抜評価においてはこの階層のハビトゥス、家庭のハビトゥスによって保護されている。もし子どもの主体性や自発性を尊重すると言いながら親の面接評価があるとしたら、子どもの主体性や自発性などなにも尊重されてはいないのである。つまりこの選抜試験では、子どもが選ばれているのではなくて家庭（家庭の階層）が選ばれている。しかも文化的な家庭が。

逆に言えば、紙試験《ペーパーテスト》の点数主義はそういった階層性評価をパスする装置だったと言える。身なりや素行や話しぶりがどんなに下品であっても――身なり、素行、話しぶりといった人物論的な性向は家庭環境のような長い時間の形成物であるため、〝勉強〟の対象になりづらい――、紙試験《ペーパーテスト》やマークシート試験は――紙試験《ペーパーテスト》であってもその一部に「記述問題」が出題されれば、面接要素が出てくる。記述試験は、紙試験《ペーパーテスト》における面接試験とも言える。「文は人なり」というように――そういったハビトゥスをとりあえずは棚に上げることができるからである。

「実力主義」と言うのは貧者のレトリックだとペレルマンは言っていたが、点数・知識主義的な学歴主義《メリトクラシー》こそ実力主義のことを意味している。社会的貧者（あるいは家庭貧者）が学歴主義を否定してしまうと貧者の立場はますますなくなってしまう。紙試験《ペーパーテスト》〈点数〉そのものには素行や階層は直接的には見えない。面接の人物評価主義には、それはよく見える。中国の科挙制度が貴族の世襲制選抜をシャッフルできたのも、当時の中国における「豊富な紙と進んだ印刷技術」（與那覇潤『中国化する日本』）があったからだ。

この問題はしたがって、苅谷の言うような家庭格差における「意欲の格差」ではなくて、臨教審答申に由来する評価の多様化、つまり「観点別評価」の巻き起こした教育トラブルなのである。家庭の教育文化格差（特に母親の学歴の高低）としての「意欲の格差」が「知識格差」になってしまったのではなくて、意欲――苅谷の言う「学習時間」の長短とは何の関係もない、人物論的な意欲（観点別評価）――で知識点数が補われることによって「知識格差」が広がった。そしてその受け皿が大学全入時代のＡＯ入試――〝過去〟は問わない、〝未来〟を問う〈意欲〉入試――だったのである。九〇年代以降、高校、大学ともども知識評価の場所が消えたのである。

しかし〈意欲〉に逃げずに、〈知識〉点数評価割合を増やしていけば――科目の履修評価割合を期末試験一〇〇％にすれば――親の階層に縛られない個人（＝学びの主体）が露呈する。少なくとも教科指導の純粋な課題、つまり教員は授業中に何をしたかったのか、何をしたのか、何ができたのかが見えるようになる。生徒・学生たちにとっても、教員にとっても授業で何をやればいいのかが明確になって、学生の学習の課題も教員の教育の課題もはっきりする。

階層（家庭主義）を超えて個人を尊重し、その意味での科目指導の課題を見ようとすれば、知識主義の立場に立つしかない。そもそもそれが〈学校教育〉の立場だった。福澤諭吉の『学問のすゝめ』（初版は明治五年）の意義は、「学問をして物事をよく知っている」かどうかが「地位」の「高低」に関わっていたことである。それは江戸時代の身分社会を超える原理だった。つまり〈学校教育〉の「知識」主義は階層のシャッフル装置としてのみ意味を持つことになったのである。苅谷たちが調査した「関西調査」でもカリキュラム次第で家庭格差（貧富の差）に依存する知識格差は縮まることが――場合によっては、家庭格差が逆転することが――報告されていたのだから（『調査報告「学力低下」の実態』岩波書店、二〇〇二年）。

つまり学校教育における「多様性」課題は、個人の多様性＝個性を意味するのではない。人物入試を主導した下村博文は「教育とは、一人ひとりの可能性を高めていくためのバックアップ機能です」と言っていたが、こんな人に文科大臣を任せておくと、最後には「勉強ができない」ことまでもその子の「個性」だと言い始めるに違いない。多様性は「一人ひとりの可能性」において考えられることではなく、同一階層、特には高い階層の中に、どれくらい多様ない出自の「個人」が存在しているかという「多様」でなければならない。それは階層内の出自の多様性であって、個人の個性的な多様性を意味しているわけではない。

近代的な〈個人〉とは、一言で言えば親の階層からの自立を意味する。それは、家計の自立を単に意味するのではない。「人格の完成」とは親の階層から自立できる〈個人〉を育成することである。だからそれは発達心理学の課題でも、人物論（コンピテンシー論）の課題でもない。

学校教育（特に公教育）の課題は親の世代の階層を子どもの新世代においてシャッフルすることなのである。だから、〈学校教育〉が〈家庭〉と連携することは学校機能の自殺行為だと言える。そんなことは東京の名門私立学校に任せておけばいい。一般的に言って〝できない〟子どもたちの家庭は家庭自体が崩壊しているのだから。「家庭教育の重視」に臨教審答申はかなりの紙幅を割いているが——つまり教育早期から「個人の尊厳」「子どもの自律性」「自発性」「自ら学ぶ意欲」「個性」などを重視する教育思想はかならず保守的な家庭主義に侵されているのだが——、重視すればするほど階層シャッフルは起こらない。親の階層を再生産するだけのことになる。「個性重視」にかかわる「学びの主体」論については、人それぞれ顔が違うように、そして親が違うように個性があると言っておけばいいだけのことだ。それは、〈学校教育〉と関係なく存在する個性でしかない。

一度校門をくぐれば、そしてクラスの教室に入れば、子どもたちみんなが家庭文化格差と関係なく平等に扱われることの意味は、その教場における教育が「知識」教育だからである。それがいちばん〈個人〉が露呈する教育だからだ。文科省も臨教審思想が薄まりはじめた頃から「知識基盤社会」（二〇〇八年「学士課程教育の構築に向けて」中教審答申、二〇一二年「新たな未来を築くための大学教育の質的転換に向けて」中教審答申）という言葉を使っていたが、依然として下村色の強い「二〇四〇年に向けた高等教育のグランドデザイン」（二〇一八年）では本文からその言葉は消えている。

下村博文が新大学入試でやったように「知識の画一主義」を訴えて〈知識〉を矮小化すると、階層流動性は減少する。〈知識〉が階層流動性の「基盤」だからだ。そもそも大学教授会を文科省がいくらコントロールしようと思ってもコントロールできないのは、この組織が〈知識〉に定位した組織だからである。世の中にこんな「多様な」人物がいる組織はあるのだろうかと思うくらいに――「それなりに才能がある、つまりそれなりの才能しかない」出自の多様を高田里恵子は「グロテスク」と呼び、「秀才と優等生は、日本では侮蔑語である」と言い切っていた――、大学教授会は階層的に「多様」である。だからまとまらない。教授たちは知的だからこそ「多様」なのである。

シラバスの意義は、〈学校教育〉の本来の多様性議論に寄与し、まさに大学本来の「知識」教育に復帰するためのものである。もちろんこの〈知識〉は〈実践〉や〈実習〉や〈実学〉と対立などしていない。大学教育においてこそ、〈実践〉も〈実習〉も〈実学〉も知的、専門的でなくてはいけないのだから。〈演習〉や〈アクティブ・ラーニング〉になると、途端にシラバスの中身が薄くなる授業は、かならず「観点別評価」が前面化している。それらはすべて作業意欲――かの「線形代数」科目の「行動目標」のように――を評価しているだけのこと。つまり少しも「知的」ではない。今や大学の授業のほとんどは、古典的な講義授業でさえ、街の講座屋さんのような学生おもてなし授業に堕している。一六〇〇〇字のシラバス論がターゲットにした授業は、この種のおもてなし授業である。

おそらく新しくできあがった専門職大学は、そのインターンシップも含めて作業意欲評価だらけの〝おもてなし〟授業になるに違いない。マーチン・トロウが指摘した日本の大学の「請負的な性格」（「エリート高等教育の危機」、『高学歴社会の大学』所収）が新大学においても前面化するばかりである。そもそも臨教審の「多元的評価」に対して言われており、その「多元的評価」の向かうところは「公的職業資格制度」の「学歴偏重」の「拡大」であったわけだから、これは一九七五年の専修学校制度の思想と同じであって、勉強の〝できない〟子どもたちには職業教育を、という発想と何も変わらない。臨教審こそが、〝できない〟子どもたちと職業教育とを同時に差別しているのである。

最後に四つ目の動機は、情報化時代における〈学校〉の役割である。

インターネット情報やSNS情報によって〝知識〟は〈学校〉の枠を大きく超えて広がっているかのように見える。吉見俊哉の労作『大学とは何か』（岩波書店、二〇一一年）も「大学とはメディアである」とまで言い切っている。そのように、若者たちも昔の時代よりもはるかに〝知識〟を駆使して「意欲」的に活動しているかに見える。大学が吉見の言うように〈メディア〉であるなら、大学の意味はもはや終わっているのだ。臨教審が想定した「生涯学習体系への移行」は三〇年以上経って世相や風俗にまで現実化している。

しかし彼・彼女たちは、カラーバス効果のように見たいものしか見ていない。情報が二四時間あふれかえるのは、見たいもの・知りたいものが公私共々個々人の細かい趣向にまで合うようになっていくためのものでしかない。公私共々個々人の細かい趣向に合わせようとしたら、膨大な情報を集め、かつ発信しなければならない。プッシュ情報自体が自分がなんであったかを決めてくれるかのように情報の受発信が行われ、〝発見〟がたえず〝既視感〟につながる。自分はこんなものを欲しかったんだと。テレビが多チャンネル化し、YouTube・AbemaTV化し、Netflix化していくのも、見たくないものは見ない、見たいものだけを見る、それを秒刻みで実現するためのものでしかない。Amazonのお買い物までも情報化されて買いたいものばかりが現前化する。欲望自体が組織されている。

カラーバス効果とフィルターバブルの相乗効果のような情報化が進めば進むほど、知見はどんどん狭くなる。「見たいものを見て何が悪い」というのは高齢者のアタラクシアのようなものだが、若年者でこういったことが起こると、内面ばかりが肥大して自己存在は不安定になり、逆に他者への承認要求は過度に高くなる。ツイッターの炎上現象も、承認要求が過度に高い〝お仲間〟ばかりが集って炎上しているだけのこと。だから小さな意見が大きく見える。知見が広がらないために脊髄反射のような、抑制の効かない応酬になる。

SNSは「わかる」やりとりばかり。考える前に質問できるやりとりばかり。〈検索〉は「すぐに」利用できるものばかり。評価サイトまですぐに〈検索〉で見付けることができる。〈レポート〉もすぐ書けて、しかも教員も検索で〈論文〉を書いているために、学生のコピペを見抜けなかったりもする。それもあって、最近は大学の教員自身が〝コピペ発見アプリ〟を開発するほどだ。学生も教員もしっかり文献を読んだり、書いたりする機会を失っている。ストックとしての〈学ぶ主体〉が形成できる契機がどこにもない。どこかで時間を止める、時間を溜めるような場処が必要なのだ。もともと〈学校教育〉こそがスコレー（σχολή）としてのそういった滞留の場処だった。

　この秒刻みの情報化時代には、学校教育の体系性――文科省は、この体系性を「組織的で順次的な」と言っていたが――は、判断を終わらせない延期・延長性、エポケー（ἐποχή）、そしてスコレー（σχολή）を意味する。「体系性」の教育的な本質は、「続きがある」――〈現在〉において意味は完結しない――ということである。その留保《エポケー》の時にだけ、子どもたちは〈考える〉。カリキュラムの体系性、科目の体系性、一授業時間（九〇分）の体系性もそのためにこそ存在している。シラバスはその体系性を刻む文書なのだ。トークや作業に溢れる授業は体系性が欠如しているからこそ、シラバスが貧弱なのである。「教育より研究だ」と考える教員の授業ほどその体系性から遠い授業はない。いったいどんな〝研究〟をしているのだろう。

　近代的な大学の在り方を決めたと言われる〈フンボルト理念〉は、研究重視の舵を取ったものと思われているが、フンボルトの研究重視は「すべての知識を未だ解決していないものとして扱え」という思想に基づいている。彼は、教育も研究でなければならないと考えていたのであって、研究と教育とを分離したわけではない。セネカのDocendo discimus（ドケンドー・ディスキムス）――教えることによって学ぶ（教えながら学ぶ）――に通じる精神であって、セネカもまた「君は君自身のために学んできたのだから」と言っている。〈教育〉は単なる啓蒙ではないということだ。

　自分の日々の研究の質が、シラバスの精度（体系的な精度、あるいは歴史的な精度）に結びつかないような〝研究〟とは一体何なのか。研究や論文をみてその研究者の教育力を推測することはむずかしいが、シラバスを見れば、どの程度の論文を書ける教員かは大概の場合、見えてくる。〝手抜き〟で書いている場合であっても、〝手抜き〟の仕方は千差万別。その千差万別は、専門の内容と関係している。〝手抜き〟にも〝手抜き〟の現象学が存在している。どんな場合でも、わかっていないことを書くことも教えることもできないのだから。

　そしてわかっていることとは、専門性の内容そのものである。わかりやすく教えるということはまさにフンボルトやセネカが考えていたように、既存の知識を他人事のように啓蒙的に教えることではなくて、わかっていることの程度に関わっている。それは、あれこれの授業法の問題ではない。もっとも効果的な授業法とは、教えるべきことを深く知ることでしかない。そもそも深く知ることなしに、〈教育〉への関心など出てくるはずがない。一科目のシラバスを書くということと〈論文〉を書くことを区別する理由などないのである。違いがあるとすれば、シラバスには自分の専門より少なからず外れた部分があることだが、他領域に足を踏み入れるそのそぶりにこそ、その教員の性根の研鑽が垣間見られたりもするため、余計にシラバスの書きぶりは興味深い。授業など見なくてもシラバスを見れば大概の授業の実際がわかる。いずれにしても日本の研究者も、講義録が論文作成のきっかけになったり、出版のきっかけなったりすることをもっともっと意識すべきなのだ。

そういったシラバスの〈重力〉のようなものが、断片化された情報データベースや気まぐれな〈検索〉に抗って、〈学びの主体〉を形成していく。この〈重力〉こそが子どもたちにとっての〈家庭〉なのだ。親の世代を自力で乗り越えるための原動力が、そこにある。

この本は、これら四つのモチーフによって、「シラバスとは何か」と問いかけたものである。その結論は、シラバスは「学習支援計画書」(傍点は引用者)でもなければ、「契約書(学生と大学との)」でもないということだ。そして、「学習支援計画書」でも「契約書(学生と大学との)」でもないシラバスの在り方を、この本では〈コマシラバス〉と呼んでいる。シラバスは〈コマシラバス〉でなければならない、というのが本書の提案である。

この本を読まれて、少しでも多くの教員に「シラバス、書き直してみようかな」と思っていただければ、この試みの半分は成功したのだと思う。もう半分は大学教育、あるいは「学校教育」施策への絶望と期待との双方を詰め込んだつもりだ。教育現場のまっただ中で。

「シラバス論」だけで一気に書き下ろした一六〇〇〇〇字の長文であるために、「まえがき」は要約的な書き方も意識したが、その分、「まえがき」さえもまた長くなってしまった。「まえがき」なのでかなり傍証を省略して書き殴ったところもあるが、それは本文にしっかり書き込んだ勢い余ってのことだと思っていただいて、許しを請いたい。

二〇一九年八月三〇日　六五歳の誕生月、晩夏の品川・御殿山にて

芦田宏直

第一章

一九九一年「大綱化」以降のシラバス

第一節　カリキュラム自由化とシラバス

「シラバス」は、通常「授業概要」「授業計画」「科目概要」などと言われている。一九九一年の「大学設置基準の大綱化」以降（大学審議会答申「大学教育の改善について」とそれに基づく大学設置基準の改正）、カリキュラムが自由化されて選択科目が増えたこともあり、それ以後「シラバス」は年々充実（詳細化）してきた。選択科目が多くなればなるほど、受講する前に科目の詳細を学生が知りたくなるのは自然なことだからだ。[*1]

＊1　カリキュラムの「大綱化」＝「自由化」と選択科目の増加とは必ずしも同じことを意味しないが、中曽根臨教審答申の「個性重視の原則」に発する「新ゆとり教育」——臨教審の第一次答申「個性重視の原則」一九八五年は、一〇年後の一九九六年中教審第一次答申における「生きる力」養成における「個性尊重」という言葉に引き継がれていく——が選択科目の増大に影響を及ぼしたこと

は否定できない（「個性重視」の教育がどんな害悪を生んだかについては本稿第五章で触れる）。なお、この答申を契機に、「シラバス」「オフィスアワー」「セメスター制」「GPA」「授業評価」など、「アメリカで開発されてきた、あまり勉強したがらない学生、あまり教育したがらない教員を学習と教育に向けて動機づけ、さらには強制する様々な装置がわが国の大学にも導入されるようになりました」と天野郁夫は指摘し、これらの「装置」を横文字の「小道具」とも言っていたが（天野郁夫『大学改革を問い直す』慶應義塾出版会、二〇一三年）、私のシラバス論の全体はそれとは別の観点からのものである。

この科目選択の便宜のような、ただただ分厚いだけのシラバスを潮木守一は「電話帳シラバス」と呼び、「学生に役立たないだけではなく、教師にも役立たない」と言っていた（『大学再生への具体像（第二版）』東信堂、二〇一三年）。しかしその詳細化は、単に科目選択の便宜のためだけではなかった。自由化されたカリキュラム全体における各大学（各学部、各学科）独自の人材目標をどのような仕方で実現しようとしているのかを明確化するためには、各科目内容の詳細化は必須だったのである。「大綱化」の自由——二〇〇八年（中央教育審議会答申「学士課程教育の構築に向けて」）の転回[*2]まで続く「特色ある」大学形成——は、各大学が自ら取り組むカリキュラム自己管理や科目自己管理と引き換えのものだった。

＊2　この「転回」の意味については、註33・35・42・43・49、およびその本文の前後の議論を参照すること。

シラバス詳細化は、だからこそ、学生サービスのためというよりはカリキュラムの透明化のためのものであるべきだった。「透明」性とは、科目内における各コマ間の連関の透明性、各科目間の縦横の関係の透明性を意味する。科目名や概念概要的なシラバスを積み木のように科目ナンバリングしても、各科目の縦横の接合性は見えるはずもなかった。「大綱化」以来三〇年経った今でも、各科目の接合性はまだまだ見えないし、それどころか「経済学Ⅰ」「経済学Ⅱ」「経済学Ⅲ」とあってもⅡの方がⅠより内容が浅かったり、ⅢよりⅡの方が高度であったりすることはいくらでもある。Ⅰ、Ⅱ、Ⅲは履修の順序《ナンバリング》にとどまり、履修内容の順序《ナンバリング》（つまりカリキュラム上のステップ）になってはいない。「ナンバリング」とは履修手順の順序ではなく、履修内容の順序でなければならない。一年次から四年次までのどの年次からでも選択できる科目をたくさん配置している大学があるが、選択科目にも節操というものが必要であって、その種の大学のカリキュラムは四年間の学生の成長（履修能力の成長）を見込めないカリキュラムであることを白状しているようなものだ。大学一年生（一八才）と大学四年生（二二才）とが〝自由に〟選択できる同じ科目がある――特に「一般教養」「専門教養」「随意科目」「選択必修」などという名の下に――というのは、不思議なことだ。思想的な感受性が一番高いこの時期には、一年生にとっての選択科目、四年生にとっての選択科目というようなものがあってもいいはずなのだ。それらはいずれもその時期（年次）における必修科目を活性化するためにこそある。[*3]

＊3　「専門」教養とか「一般」教養、あるいは専門教育と一般教育などのありそうでなさそうな区分ももう一度考えるべき時なのかもしれない。四年間全体が教養教育だと言えば言えるし、四年間全体が柔軟な職業教育だとも言えるこの時代に、学部教育（学士課程）のカリキュラムをどう考えるのか、そこにしか〈専門〉と〈一般〉との区別を考える手がかりはない。
佐藤学によれば、大綱化までの日本の大学は、アメリカの大学の教養課程＋ヨーロッパの大学の専門課程を足して二で割ったような体裁（アメリカ型四年教養教育の二年縮減型＋ヨーロッパ型四年専門教育の二年縮減型）を取っていたが、設置基準の「大綱化」により、「教養教育が軒並み衰退」した。「それほど教養教育の教官が恵まれない状況に置かれてきたということです。予算といい教育の状況といいノルマといい弱い立場に置かれてきた。そのために一挙に崩れた」ということになる（「教養教育と専門家教育の接合」東京医科歯科大学教養部第一回ＦＤ講演会、二〇〇四年）。
そもそも教養教育――エリート教育としての「リベラル・アーツ」と厳密に区別される――は「大量殺戮の戦争」だった第一次世界大戦以降生じたものだと佐藤は指摘して次のように続ける。「その衝撃の大きさから、大学は大学教育のありかたを見直さなくてはいけなくなった。つまり大学の学問や知識は社会にとって進歩にとってどのように有用でありうるのか、そのことを教育においておこなうべきだという議論が出てきた。そこからアメリカでは一九一〇年代から、社会的な課題にこたえる教養教育として出てきた。『リベラル・アーツ』が西洋古典を基礎とする人文教育の伝統的エリート教育であったのに対して、ここで登場した『ジェネラル・エデュケーション』としての『一般教養』は原理が違うのです。社会が提起する課題に答える教養教育、市民のための教養教育といったらいいかもしれません。民主的な市民の教育のための教養教育として『ジェネラル・エデュケーション』という概念が登場します。その当時の大学の『一般教育』に関する文章や論文などを見てみると、フリーダム、リベラル、ピース、デモクラシー、これらの言葉のオンパレードです。いかに民主主義の社会を建設するか、平和を維持する学問になるのか、大学がそこにどのように貢献していくのかということを大学が自ら使命として自覚し、それを教育の構想の中に入れていく、この『一般教育』としての教養教育を大学で最初に始めたのはデューイであり、コロンビア大学にそのコースができます。平和と民主主義のためのコースで、専門の先生方が皆でチームを組んで、今でいう総合科目を開始したわけです」(同前)。

佐藤の指摘はここでは月並みなものにとどまっているが、重要なことはそういったアメリカ型の教養教育がなぜ大綱化以降、日本ではもろくも崩れたかということだ。それは「講座制」を取っていることにあると佐藤は言う。「第二次世界大戦後、ヨーロッパ型大学のシステムである講座制の旧制大学のシステムを引き継ぎました。アメリカ型の大学の場合は、教員組織はカリキュラム組織によって組織されます。日本の教員人事の一番困難な点は、教養教育や専門家教育を考える場合、講座制をとっていることでしょう。ヨーロッパ型を取りながら違ったものに対応しようとしているのです。つまりカリキュラムに対応しようとしていますから、講座制ですと専門のディシプリンでとりますよね、だけど教育で担当するところが違うわけじゃないですか。そこにズレが生じたりするわけです。アメリカ型はこれが起こりません、講座で人を取らずカリキュラム組織で取っていきますので、カリキュラム担当者として人事が組織され予算もすべてその配分になりますので、もともと教養教育・専門家教育の接合ということが問題にならない組織になっているのです」。佐藤のレクチャーのこの指摘は、講座制がカリキュラムの反対語であるゆえんを上手く説明している（なお日本の大学制度における〈講座制〉の経緯については後に触れる）。

天野郁夫は、一九四六年三月に占領軍の要請でやってきたアメリカの第一次教育使節団の報告書を紹介している（天野郁夫「新制大学の教育課程編成問題」、国立教育政策研究所「プロジェクト全体研究会第二部」資料所収、二〇一七年）。報告書は次のように言う。「日本の高等教育カリキュラムにおいては、大概は普通教育を施す機会が余りに少なく、その専門化が余りに早く、また余りに狭すぎ、そして職業教育的色彩が余りに強すぎるように思われる。自由な思考をなすための一層多くの背景と、職業的訓練の基づくべき一層優れた基礎とを与えるために、更に広大な人文学的態度を養成すべきである。普通教育は、学生がそれを満足な形において十分受け、それを何か特別の分離したものと考えることのないように、各学生に決められた正規のカリキュラムの中に統合されるべきであると思う」。この報告書が、日本の大学における「一般教育（general education）」導入の「原点」（天野郁夫）となる。

戦後の新制大学改革の原点はもともと「一般教育」の導入だったわけだが、アメリカのＣＩＥ（Civil Information and Education）――大学基準協会はもともとはＣＩＥの要請でできたものだが――の再三にわたる一般教育導入についての提案趣旨を理解する日本の大学関係者はいなかったようだ。「その頃general educationという言葉だけで、どういう内容のものか知らなかった」「一般教育の理念はアメリカから来たけれど、そんなものは旧制高校でやっていたじゃないかという意見はよく聞かれた」という玉虫文一（当時の東大教養部教授）の言葉などを天野は紹介している。結局、「一般教育課程は、一定の単位数を履修すればいいというだけで、科目間を統合する理念というものをみることができない」という課題が残っていたわけだが、この傾向は大綱化までそれほど改善されたわけではないし、――「一般教育科目」「外国語科目」「保健体育科目」「基礎教育科目」「専門科目」の五種の科目分類に基づいた〈教養課程〉〈専門課程〉の〝体系〟があるにはあったが――大綱化以降は、佐藤学が指摘したようにさらに「一般教育」（的なもの）は弱体化したと言える。専門教育を「統合する理念」さえ見出せない現在、一般教養（選択科目）を「統合する理念」など存在するはずもないのだ。この経緯を踏まえれば、二〇一九年に始まった「専門職大学」設置などはさらに何重もの錯誤の末のできごとだと言える。

ただし、教養教育やリベラル・アーツの問題にはエリート教育か市民教育かそれとも職業教育か以前のもっと根源的な視点が必要になる。かつての教養教育は、「上級学部」の職業教育（神学部、法学部、医学部）に従属する、その基礎教育としてのリベラル・アーツ（「自由七科」）だったが、カントが『諸学部の争い』（岩波版カント全集一八巻、二〇〇二年）――カントの最晩年のこの著作は、教会との関係も含めて長い間検閲にひっかかって日の目を見ることができなかった著作だが、ほぼ同時代にルソーが『エミール』（特には第四編の教会批判）を書いてスイスへの逃亡を余儀なくされたのと似ている。坂部恵（『理性の不安』勁草書房、一九七六年）も指摘していたように、カントはヒュームというよりルソーにかなり影響を受けている（それも道徳論に限らず）――において、後者の従属性を自立的なものに変えたところから、大学の「理性の自由」における「自律」という議論が始まる。カントは、神学部、法学部、医学部をそれぞれ「永遠の幸せ」を目指す神学部、「市民的な幸せ」を目指す法学部、「身体的な幸せ」を目指す医学部とし（いずれも傍点はカント）、これらは「文書」主義の学部にすぎないと断じる。そして「聖書神学者はその教説を理性からではなく聖書から、法学者はその教説を自然法からではなく国法から、医学者は公衆に施される治療法を人体の自然学からではなくて医療法規から汲み取る」とする（いずれも傍点はカント）。

たとえば「聖書」は「歴史の事柄」に過ぎないため、神の存在など「証明」できないとカントは言う。下級学部の哲学部が拠って立つ〈理性〉のみがその証明を可能にする。カントは下級学部（哲学）と上級学部（神学、法学、医学）との関係を以下のように揶揄している。「これら三学部の一つが、その教説に何かを理性から借りてきたものとして混入しようものなら、たちまちその学部は、その学部を通じて命令している政府の権威をそこない、哲学部の領分に入ることになる。こうなると哲学部は、政府から借り受けたその学部の光輝ある羽根飾りをすべて容赦なくむしり取り、平等と自由という立場でその学部を扱うことになる。――だから上級諸学部が最も留意しなければならないのは、下級学部との釣り合わない縁組みにかかわり合わないで、下級学部を敬遠して身のまわりに寄せ付けず、下級学部の行う自由な理性的詮索によって自分たちの規約の威信に傷がつかないようにすることである」。一七〇〇年代のこの時代、こういった感じで教会批判を続ければ確かに発禁処分になるだろう。

デリダは、カントの言う下級学部の〈哲学〉の「理性」――「自律（Autonomie）によって判断する能力、すなわち自由に（思考《デンケン》一般の原理にしたがって）判断する能力は理性と呼ばれる」（カント前掲書）――を、上級学部の権力を脱《デ》・限界画定《リミテ》（dé-limiter）するものとして捉える（『条件なき大学』月曜社、二〇〇八年）。デリダにとってはカントの上級・下級の議論はそれらの脱構築《デコンストリュクシオン》（déconstruction）のためのものに映るが、「大学の内部と外部を区別しまたその内部で上級学部と下級学部を区別するさいに直面する困難」を、シェリングの、カント大学論へのコメント「一切であるものは、まさにそれゆえに、特殊なものではあり得ない」（『学問論』岩波文庫、一九五七年）――シェリングの結論は、「哲学はその個々のどれによっても総体としては客観化されない。総体としての哲学の本当の客観性は芸術のみである。それゆえ哲学の学部は決してあり得ず、ただ芸術の学部があるのみであろう」（同前）ということだが、デリダによる、シェリングのカント批判の要点は結局「カントは哲学にあまりに少なくかつあまりに多くを与えている」（『他者の言語』法政大学出版局、一九八九年）ということなのである――という「大学の場所論《トポロジー》のパラドックス」から論じ、そのパラドックスゆえにこの「闘争」は「終わりがないし、解決がない」としている（『哲学への権利（二）』みすず書房、二〇一五年）。こういったデリダの脱《デ》・限界画定《リミテ》(dé-limiter) や脱構築《デコンストリュクシオン》(déconstruction) は、カントの〈理念〉の「統制的原理」によく馴染むが（デリダは初期の『声と現象』以来、基本的に二元論だから）、ここではその詳論はできない。

しかしいずれにしても、中世以来の大学は「教会の道具」（クルツィウス『ヨーロッパ文学とラテン中世』みすず書房、一九七一年）でしかなかったのだから、カントのこの著作の偉大さがよくわかる。教会の社会性を中心にした「上級学部」の「実務家」教育（「聖職者」「法務官」「医者」）からの自律が、カントの言う大学の「自律」の意味だった。この議論は哲学的な大学論というよりは、近代的な〈市民〉やナショナリズムの成立と、国家権力（社会生活全般に及ぶ権力）と結びついた上級学部との対立が軸になっている。カントのこの著作も、フランス革命（一七八九年～一七九九年）の「熱狂」（リオタール）と無関係ではない（ビル・レディングズ『廃墟のなかの大学』法政大学出版局、二〇〇〇年）。アーレント（『完訳 カント政治哲学講義録』明月堂書店、二〇〇九年）は、「驚くべきことに、カントは自分の道徳哲学がここでは役に立たないだろうということを知っていた」と指摘して、「道徳的な人間」でないにしても「善い国家における」「善き市民」であることが晩年のカントの関心だったと言っている。それほどにカントにとってのフランス革命の意義は大きかった。カント自身は「熱狂」とは言わず、「熱狂と紙一重の願望としての参加、つまり共感」（『諸学部の争い』）と慎重だったが。カントにとってフランス革命は、「革命」そのものよりも「啓蒙の過程そのものを完成させ継続させるもの」だったとフーコーは解説している（『ミシェル・フーコー講義集成（12）』筑摩書房、二〇一〇年）。二一世紀に入った現代においても〈国家〉と〈大学〉と〈市民〉という問題は大きいが、本書「シラバス論」には手に余る問題だ。ナンシーは、「技術者、市民、人間をお互いに切り離すべきではないだろう。こうした分離こそがかつて大学と名づけられたもの（…）を場違いなものにし、解体する運動をひそかに作動させている」（「大学」、『人文学と制度』所収）と言っている。〈市民〉〈人間〉と並んで〈技術者〉を挙げるナンシーの大学論が、「偉大なる書物《グレート・ブックス》」論（アラン・ブルーム）でも「エクセレンス」論（レディングズ）でもない今日的な大学の課題を予告しているが、それについても別稿に譲りたい。

　いずれにしてもカントのその理性（の自律）論からフンボルト理念も由来し――カントの大学論とフンボルトの大学論との「両者に共通する背景」を斉藤渉は次のように言っている。「両者に共通する背景は、一八世紀から一九世紀にかけて進行しつつあった学問システムの自律化があったことを想起する必要がある。（…）宗教の領域が教育や学術研究の領域と機能分化していくプロセスと並行して、政治や経済の領域もますます自律化し、これらの領域相互の関係を組み替えつつあった。（…）学術研究に専念する学生にフンボルトが望んだ教養の核には自律的自己形成という理念があったが、このような価値観も、国民国家と資本主義を基軸に近代化していく一九世紀西欧の市民社会の要求と深いところで通じ合うものだった」（「フンボルトにおける大学と教養」、『哲学と大学』所収）──、一九世紀末から始まるハーバード大学（C・エリオットやローウェル）やシカゴ大学（ハッチンス）による教養教育への取り組みにもそれらは大きな影を落としているが（エリオットの大学改革については註19を参照すること）、今となってはその検討は「多様な学生」（文科省）の大学における教養教育の在り方から始まるに違いない。私のシラバス論もその「多様」性の議論に関わっている。

文科省が様々な答申の中で「多様な学生」の時代という場合の「多様」は「ダイバーシティ」の多様のことのようにもみえるが──アメリカの大学の「ダイバーシティ」は留学生であれ、経済的に恵まれていない学生であれ、学力は高くて当たり前というような風潮があるが（栄陽子『ハーバード大学はどんな学生を望んでいるのか?』ワニブックス、二〇一四年）、日本のように受験偏差値による大学間格差が（一部の超エリート校との格差を除いて）大きくない分、一つの大学内での学生格差はむしろ大きく、リメディアル教育の必要性はアメリカの方が深刻な面もある。苅谷剛彦も言うように「アメリカでは一部の超エリート大学を別にすれば、学生の学力の分散は日本以上に大きい」（『アメリカの大学・ニッポンの大学』玉川大学出版部、一九九二年）。その意味ではアメリカの大学の方がはるかに「教育」の大学である

――「大学格差」の「多様」と「学生格差」の「多様」とは自ずから意味が違う。もしアメリカ的な大学の「ダイバーシティ」を言うのなら、日本の一大学内の学生は「多様」でもなんでもない。偏差値で輪切りされる大学間格差と多様な選別（あえて言えばアメリカ的な人物評価選別）における「多様」とは、意味が違う。R・ホーフスタッター（『アメリカの反知性主義』みすず書房、二〇〇三年）が指摘する第一次世界大戦前後から始まる「大津波のように押し寄せてきた移民の子どもたち」への取り組みなどを読んでいると――ホーフスタッター的には、教育における反知性主義の取り組みは「職業教育」だったのだが――、日本の学生の「多様化」議論などはコップの中の嵐程度のものに見えてくる。

しかし元からアメリカは移民の国である。ギデンズは一七世紀まで戻って、ピューリタン的な「子どもの訓育」がアメリカの学校教育の起源だとしている。元々が母国語が異なる移民の国だったアメリカの言語的・文化的な「アングロサクソン化」の移行機関が「学校教育」だった。「それに加えて」とギデンズは続ける。「それに加えて、学校は機会均等というアメリカ社会の理想を教え、移住者に新たな生活を築きはじめるよう奨励していった。誰もが平等に生まれているという観念は、他の国で同等の制度が確立されるかなり前に米国における大規模な大衆教育の発達を結果的にもたらした」（『社会学』改訂第三版、而立書房、一九九八年）。私にはピューリタン的な「子どもの訓育」としての学校教育と反知性主義的な職業教育とは、きわめて親和性が高いと思われるがこの点は別稿に譲りたい。いずれにせよ、「多様な学生」と文科省が安易に倣うアメリカ的なダイバーシティ（多様）は、母国語が異なる移民レベルの多様性と「誰もが平等に生まれている」という「大規模な大衆教育の発達」の関係の中から生まれている。アメリカの「多様」は大学全入時代における学力の多様以前の「多様」であることははっきりしている。日本の「多様」はあくまでも今日的でかつ特殊日本的な「多様」なのである。

さて、垂見裕子は、二〇〇六年のPISA調査から、日本の高校の格差については学校内格差ではなくて学校間格差が大きいことを指摘している（「家庭背景による学力格差――PISA調査の分析から」日本教育社会学会大会発表要旨集録六一、二〇〇九年）。「家庭の社会的地位の勾配を学校内勾配と学校間勾配に分けて分析」すると「日本の学力格差は、学校間格差が大きく（回帰係数一三二・九五）、学校内格差が小さい（回帰係数七・一二）こと」がわかる、と。PISA参加国平均で言えば、前者は五九・三二、後者は一七・三九であるから、学校間格差の大きさは日本の際立った特徴になる。垂見は、「学校内格差が大きい教育システムでは各学校内で低学力の子どもに適した教授法などの導入が考えられるが、日本のように学校間格差が大きい教育システムでは、まず低学力校を特定し、それらの学校に特別な財政・人材措置が必要である」と結論付けている。日本の大学の偏差値輪切り型の体制もこの高校段階での日本的な学校間格差（の異常な大きさ）が大きく影響している。「リメディアル教育」と一言で言っても日本とアメリカとでは全く質が異なるということだ。

文科省が「多様な学生」という言葉を使った最初の答申は、(私の知る限り)一九九一年の大学審答申「平成五年度以降の高等教育の計画的整備について」だったが、そこでは「高等教育の規模が拡大し、多様な学生が学ぶ状況で、学生の学習意欲の向上を図り、学習内容を着実に消化させるためには、学生の学習に配慮した教育プログラムの開発・提供に取り組むことが重要である」と指摘されており、「学生の学習意欲の向上を図り、学習内容を着実に消化させるため」の「多様な学生」という言葉の使い方になっている。アメリカ的な「ダイバーシティ」(ある種「生物多様性」論的な)とは異なる「多様な」という言葉の使い方で導入したことは明らかだ。

ドイツなどは原則入試選抜が存在していないのだから、日本のような偏差値格差による大学間格差自体が存在していない。フランスはドイツと同じように入試選抜はない。リセの卒業資格であるバカロレア資格(受験者の八〇%程度は合格する)は必要だが——ドイツでは「アビトゥーア」という高校卒業資格がそれに当たる。そして入学してもイタリアのように進級・卒業認定が厳しい。同じく無試験で入学できるイタリアの大学卒業率は二〇%前後と低いので「多様」な学生問題は生じない。しかもフランスの場合は、IUT(Institut universitaire de technologie)やSTS(Sections de techniciens supérieurs)のように大学自体が「多様」化して「多様な」学生問題に対応しようとしている。これは日本の短期大学が一九九〇年代後半以降こぞって四年制大学に変貌を遂げ、専修学校も減少傾向にあるのとは対照的な動きだ——「短期大学は一九五〇年当時に一四九あり、一九九六年に五九八とピークに達してからは減少し続けており、二〇一六年には三四一となっている。専修学校は発足時八九三だったが、二〇一六年には三一八三、ただしこちらは一九九九年にピーク(三五六五)を迎えて以降、漸減傾向にある」(中澤渉『日本の公教育』中公新書、二〇一八年)。日本では四年制大学一元主義が進み、専門職大学が二〇一九年に新設されたにもかかわらずそれもまた「学術」「学芸」の大学であることに変わりがない状況だ。

ドイツの「多様」化の大きな特長は専門大学(Fachhochschule)の存在だ。高等教育全体の中で四分の一強の高校生が行く職業教育大学だが、日本の専門学校(および専門職大学)と違うところは偏差値的な「多様」の大学ではないということだ。職業大学と通常の大学の卒業者の年収差が日本ほど大きくはない。「総合大学卒業者の平均値が四七六三ユーロに対して、専門大学卒業者は四三三四ユーロで、ほとんど差はない(数値は二〇〇一年のデータだから少し古いが——引用者註)」(潮木守一『世界の大学危機』中公新書、二〇〇四年)。おそらく一八世紀以来のドイツ職業教育の伝統——貴族の権威主義的なマナー教育と堕した大学よりもはるかに質の高い教育を行っていたドイツの職業教育「アカデミー」(あるいはフランスの「コレージュ」なども含む)の伝統——がそうさせているのだろう(クリストフ・シャルル&ジャック・ヴェルジェ『大学の歴史』白水社を参照のこと)。このアカデミーの「『アカデミックな知』が敵対していたのは、今日の奇妙な思い込みが信じるような『ジャーナリスティックな知』ではなく、むしろ中世的な大学に端を発する『スコラ的な知』である。中世はアリストテレスを新しい知の先導者として召喚したが、一七世紀までにアリストテレスは、新しい時代への欲望とは対極に位置する権威となっていた。このときむしろアリストテレスではなくプラトンが再び召喚され、そのプラトンの教育の場であったアカデミーこそ、新しい知の先導者となるべきだと人々は考えていたのである」とまで吉見俊哉は言っている（『大学とは何か』岩波新書、二〇一一年）。とはいえ、マーチン・トロウは、「マス」化、「ユニバーサル」化、「情報」化した今日の段階では、アメリカと異なり、ヨーロッパの大学は国家管制型である分、「社会の変化に対応して」〝多様な〝学生に対応するのが難しいと言う（『高度情報社会の大学』玉川大学出版部、二〇〇〇年）。これについては、大学の在り方の違いを超えて「自主独立した様々な個人が一つの利害を共有しているという感覚を超え出る」階級的な「一般意志」のようなものがイギリスを含めた「旧大陸」には存在しているとC・テイラーは指摘している（『近代――想像された社会の系譜』岩波書店、二〇一一年）。

一方、日本の専門学校（専修学校専門課程）は議員立法（一九七五年）でできあがったに過ぎない。それは自民党早稲田文教族議員たちの議員立法「私立学校振興助成法」の付録のようなものだった。日本では、高卒・専門卒・短大卒と四大卒との間に収入格差の「学歴分断線」（吉川徹『学歴分断社会』ちくま新書、二〇〇九年）があって、前者と後者とでは生涯年収五〇〇〇万円～六〇〇〇〇万円の格差があるが（ユースフル労働統計―労働統計加工指標集―二〇一七年）、ドイツの大学（Universität）と専門大学（Fachhochschule）――最近はFachhochschuleを

Hochschule とも言う――とは「二つのタイプ」の差に過ぎない（潮木守一・前掲書）。まさに「多様な」大学をなしている（ただし中等教育以下での Hauptschule、Realschule、Gymnasiun 三段階の選別はあるので一概には言えないところがあるが、その点はまた別稿に譲りたい）。アカデミーなどのドイツ・フランスの職業教育の伝統に比べれば、イギリスの大学エリート主義はまた別格の「分断線」――経済的な分断線よりも、潮木守一（『世界の大学危機』中公新書、二〇〇四年）の言葉で言えば「心理的」「文化的」分断線――をもっており、むしろ日本的な職業教育差別に近いところがある。それは一九九二年の「継続教育・高等教育法」以降、職業教育機関が大学に昇格した後もなお続く「分断線」である。イギリスは未だなお「意欲格差」以前の、あるいはメリトクラシー以前の社会だとも言える。ロンドン大学などは二一世紀が明けても労働者階級出身学生が「二パーセントにしかならない」現状（潮木・同前）なのだから。まさにC・テイラー（前掲書）が言うように旧大陸型の階級「結晶化」しやすい傾向が大学（の学生の間）でも起こっているわけだ。

日本のポスト中等教育の進路は、「多様」というよりは大学間偏差値格差による多様に過ぎない。あるいは高校の偏差値格差をそのまま反映した大学間格差による「多様」に過ぎない。その上、四〇％近くの私立大学が選抜さえまともにできない定員割れの状況では、その「多様」も一様（大学内「一様」）でしかない。それでもなお「多様」という言葉を使うのなら、「大学は勉強するところだ」と一概には言えないという「多様」でしかない。アベノミクス以前の大学は「潜在的な失業者人口」の「プール」（児美川孝一郎『若者はなぜ「就職」できなくなったのか？』日本図書センター、二〇一一年）とまで言われていたのだから。

特に九〇年代以降（つまり中曽根臨教審→大綱化以降）、「自分探しの幽霊船」（古市憲寿『希望難民ご一行様』光文社新書、二〇一〇年）に乗る若者が増え、本田由紀（『若者と仕事』東京大学出版会、二〇〇五年）の言う「ダブル・トラック」化が起こり、「学校経由の就職」が「縮小」したこと、つまり社会的な学校圧――「学歴社会という認識は、『生まれ変われるものなら生まれ変わりたい』という人びとの願望を強化し、その願いを教育へ、学校へと水路づけするイデオロギーとして作用した」（『大衆教育社会のゆくえ』中公新書、一九九五年）と苅谷剛彦が言う意味での学校圧――が減少したことが日本的「多様」の本質なのだと思われる（この学校圧の弱化については註47〜49、およびその本文の前後の議論を参照のこと）。いずれにしても、日本的な大学の「多様」とは、勉強が好きでも得意でもない学生が入学してくる今日の大学の実態を意味している。そんな「多様な学生」の時代における大学において選択科目を増大させると、何が起こるのかは明白だ。すでにエリオット（ハーバード大学）の選択科目制導入による諸課題を潮木がまとめていたのと重なるところが一部あるが、ここでは次の三点を指摘しておく（本稿註19を参照のこと）。

一つに、科目が積み上がらないため深く学ぶ機会がなくなる。多様な学生が多様なまま卒業することになる（手付かずの自然みたいなもの）。高等教育である大学教育をわざわざ受ける意味がないことになる。

二つ目には、科目管理がすべて個々の教員任せになるため、四ポリシー（アドミッション・ポリシー、カリキュラム・ポリシー、ディプロマ・ポリシー、アセスメント・ポリシー）の形成がますます宙に浮く。

三つ目には、授業評価の目安が大概のところ登録学生数の多少にとどまるため、知的な評価から遠ざかる。結論。選択科目の多い大学は授業改善とカリキュラム開発が全く進まない教学組織でしかないということ（これらの問題については第五章で再論する）。

なお、金子元久は、「授業のプラクティス」という言葉を使ってシラバスを説明しようとしている。それは、「もともとアメリカの公教育システムには地域的な多様性が著しく、大学入学者の学力に大きなバラツキがある」（『大学の教育力』ちくま新書、二〇〇七年）という認識から来ている。シラバスはアメリカ的な契約社会の要素と言うよりは、そのバラツキの補正を「制御」する「道具」（金子元久）でもある。

日本の学生の「基礎学力不足」を嘆く教員がいるが、アメリカでもドイツでも（進学率が急激に上がっていく「大綱化」の一九九一年以前から）日本の大学の学生以上に「多様な」学生に対応してきたことを忘れてはいけない。日本の大学は私学助成――「私立学校振興助成法」（一九七五年）――と引き換えに厳しい定員規制を受けてきて（この間の経緯は、天野郁夫「成熟するマス高等教育」、『日本の高等教育システム』所収、東京大学出版会／金子元久「教育の政治・経済学」、天野郁夫編『教育への問い』所収、東京大学出版会／吉見俊哉『大学とは何か』岩波新書などを参照のこと）、一九九三年までは四年制大学の進学率は三〇％を切ってきた。なんと一九七一年から一九九三年の二二年間も進学率は二〇％台にとどまっていたのである。九三年までの大学の平和と「大綱化」の生涯学習論とが相俟って、「多様な」学生対応に遅れ、「授業のプラクティス」課題が日本では前面化しなかったのだ。ただし一九九〇年代半ば以降進学率が急激に上がったとは言え、「マクロな視点から」は「学力下位層からの進学者が際立って増加しているわけではない（…）大学進学率の上昇により直ちに学生の学力水準の低下がもたらされているとは言えない」という濱中義隆の報告（『大衆化する大学』岩波書店、二〇一三年）もある。「最近の学生は……」という「多様」性論は単なる世代論なのかもしれない。「知識人は、明治以来一貫して『学力低下』を嘆く存在なのです」とは蓮實重彦の言葉だ（『私が大学について知っている二、三の事柄』東京大学出版会、二〇〇一年）。

ちなみに、文科省の最新の答申「二〇四〇年に向けた高等教育のグランドデザイン」（二〇一八年一一月二六日）では、「多様」という言葉のオンパレードになっている。「多様な学生」「多様な教員」「多様で柔軟な教育カリキュラム」「多様性を受け止める柔軟なガバナンス等」「大学の多様な『強み』の強化」と五つの「多様」が「教育研究体制」の中で取りあげられ、なんとこの五つの多様は「多様性と柔軟性の確保」としてまとめられている。二〇〇八年の中教審答申「学士課程教育の構築に向けて」では――後でも触れるが、私はこの答申をここ三〇年の中教審答申の中でもっともまともなものだと思うが――「多様性と標準性の調和」とあったものが、一〇年経ったこの最新の答申では「多様性と柔軟性の確保」となり、大学のdiscipline（二〇〇八年答申の言葉）はますます崩壊しつつある。文科省が使う「多様」という言葉の用法自体にdisciplineがないのだ。

「多様性」議論の結論としては、文科省の「多様性」概念は、個別的なもの（個人であれ、組織であれ）の多様性議論にとどまっているということだ。そういった「多様」論は、一言で言えば、〈個性〉論に過ぎない。さらに言えば、人間生まれたときから顔が違うように、みんな個性を持っているという程度の個性論にすぎない。そんなレベルの個性論だとすれば、偏差値主義的な受験勉強や〝知識〟主義の〝画一的な〟教育（あるいは学習）くらいで摩滅するような個性は本来の個性ではないと言っておけば充分だと思う。

しかし学校教育における〈多様性〉議論においては、個人的な学生たちの多様性（＝個性）の問題などどうでもいいことだ。大切なことは、社会組織の中に、たとえば代表的には官僚組織や〝一流〟企業の中に様々な階層からの出身者がどう「多様」に存在しているか、出自の多様な人材をそういったところに送り込める経路として学校教育が機能しているかどうか、そのことでしかない。

つまり学校教育における「多様」とは個人の多様ではなくて出自の多様としての階層のシャッフル論に関わっている。つまり言葉の本来の意味でのメリトクラシーが機能しているかどうかに関わっている。文科省の多様性論は、知識主義は多様性（＝個性）を阻害するという月並みなものでしかない——二〇〇五年の「我が国の高等教育の将来像」答申以来強調されてきた「知識基盤社会」という言葉も、最新の中教審答申「二〇四〇年に向けた高等教育のグランドデザイン」（二〇一八年）では本文からすっかり消えている。二〇〇八年の「学士課程教育の構築」答申、二〇一二年の「新たな未来を築くための大学教育の質的転換に向けて」答申までは「知識基盤社会」という言葉は本文中のキーワードの一つとしてまだ残っていたのだが、最新の答申からは消えて、もはや〈知識〉という言葉は文科省にとっては「多様性」の反対語になったようだ。知識の画一主義批判。これは街の教育評論家の言葉としてはありかもしれないが、学校教育を司る役所の思想としては職務放棄でしかない。文科省が存在する意味は、このコンテキストではただ一つ。東京大学に下位階層の学生をどう送り込めるかでしかない（比喩的に言えば、の話だが）。つまりメリトクラシー（ある意味、知識主義と訳してもよいメリトクラシー）こそ、〈多様性〉の基盤でなければならないということだ。文科省が階層論としての多様性論を放棄してどうするというのだ。コリンズが指摘していたように（『資格社会』東信堂、一九八四年）、「文化貨幣」としての学校教育は「定型文化」「定型的な教育」としてはじめて「多様な民族的多様性」に関係したように、「定型」のない「多様性」はカオスに過ぎない。

＊なお、知識＝多様性論については、本稿の「附論1 大学入試改革と人物評価主義について」を参照していただきたい。社会接続の性格に関わる日米欧の中等教育以降の「多様性」論につい

ては、註53を参照のこと。

第二節　カリキュラムの反対語としての講座制
——大学におけるカリキュラム形成の阻害要因について

カリキュラム教育においては、科目はカリキュラムの〈部品〉に過ぎないが、東大に始まる旧帝大型の講座制（はるか昔、明治二〇年代以降に始まった）がまだ色濃く残る——たとえ学校教育法が二〇〇七年にやっと改正され〈助教授〉が〈准教授〉になろうとも——今日の科目編成においては、シラバスの「詳細化」がカリキュラム開発に貢献することなどまだまだ考えられない状況だ。

天野郁夫によれば、「講座」の名称が登場するのは、明治二三年の「大学令案」（文部大臣は第三代芳川顕正）らしい（『大学の誕生』中公新書、二〇〇九年）。当初の大学（教育研究組織）は、学部と学科の「二層」だったが、「大学令」以来、学部・学科・講座の「三層」になり、この「講座」に「教授・助教授・助手」が張り付いたのである。今からみれば、これが大学における学部や学科の求心性を殺ぐ教授主義の起源なのだろう。[*4]

科目の自立性、分野（領域）の自立性こそがカリキュラム編成の阻害要因になっている。「カリキュラム」があるとすれば、この講座の内部の出来事であり、少なくとも〈講座〉という単位は、〈科目〉という単位を軽薄化する分、学科のカリキュラム構成に敵対する存在でしかない。カリキュラム主義に立つのなら、学部、学科、科目という「三層」でなければならない。〈科目〉に対して、「教授」と平等・対等な関係に立つのが「准教授」（「講師」「助教」）であって、〈科目〉は教授の独占物ではない。学生にとっては科目担当者の職位など（あるいは〈常勤〉〈非常勤〉すら）関係なく、学生から見れば非常勤講師でさえ教授と同等だからだ。〈科目〉という基礎単位に定位するということは、その科目（あるいは科目の各コマ）の一つ一つを時間を追って順次的に受講することを想定するカリキュラムファースト、学生ファーストの立場に立っている。

＊4　もっともこの「講座制（チェアシステム）」が実際「実現する」のは明治二六年のことである（文部大臣は井上毅）。天野は前掲の著作『大学の誕生』（二〇〇九年）のずっと後の著作で次のように続けていた。「当時の帝国大学では、まだ各教授が担当する専門分野が明確に定まっていなかった。法科大学を例にとれば、一人の教授が『国法モ私法モ国際法モ』すべてに精通していることを前提に、カリキュラムが組まれていた。それは教員が不足していた時代の『一時止ムヲ得ザルノ変通』であったのだが、『学者モ此変通ニ慣レ、世人モ怪シマ』な

くなってしまった。その結果、教授たちは『雑駁ニ流レ、一科専攻ニ心ヲ寄スルニ遑』がなくなり、『講義モ、精到タルヲ得サルノ嫌』がある。井上はそうした帝国大学の寒心すべき状況を打破すべく、『講座制ヲ定メ、其職務ニ対シテ専攻ノ責ヲ表明シ、以テ後進ヲ負ハシメ』ることをはかったのである（木村匡『井上毅君教育事業小史』）」（『帝国大学』中公新書、二〇一七年）。要するに「教授」人物主義のような体裁が講座制の本質であり、その人物性が結果としてカリキュラムにもなっていたということである。しかしもちろん人物主義ではカリキュラムなど作れない。

立花隆は講座制を確立したのは東大総長二回目就任時の山川健次郎だとしている（『天皇と東大』文藝春秋、二〇〇五年）。大正七年の大学令において、帝国大学以外の大学も公式に認知され当時専門学校でしかなかった早稲田や慶応もはじめて大学として認められ、そして東京帝国大学も法科、文科大学、工科大学、理科大学などの分化大学に分かれていたのがはじめて一つの大学の中の学部という形を取ることになった。山川がやったことは、この複数の学部からなるユニバーシティとしての大学の確立ともう一つが講座制だったと立花は言う。「それを――『講座を』引用者註――大学組織の構造的な単位とし、人事のポストも財政資金も講座単位で配分されるようにして、講座主任教授の権力が圧倒的に強いものになるように制度化されたのはこのときからである。いわゆる講座制の弊害もこのような講座の独立王国化から生まれた」と。立花は、同時にこの講座制の「独立王国化」は「講座を外部の干渉から守る」「学問の自由を守ることにも役立った」としているが、近代国家の成立以前に起源をもつヨーロッパの大学の「学問の自由」と、最初から国家主導で進んだ日本の大学の「学問の自由」とは比べる術《すべ》もない。

金子元久は、「講座」という言葉は、もともとは「ドイツの大学における正教授のポストを意味していた」と言い、帝国大学における「制度的に標準化された単位組織としての講座は、日本独特のものである」と言う。講座制は「先端的な専門分野をひととおり急速に導入し、さらに後継者を養成するうえでは大きな役割を果たした」と指摘している（『大学の教育力』ちくま新書、二〇〇七年）。また潮木守一は、その「講座」の語源となったドイツの大学について、その学長や学部長は――アメリカの「理事会から全権委任された」学長や学部長と違って――、「こまごました学務を処理する事務屋」であって、「学部教授会とは（…）夜店を張っている教授たちの既得権益を保護するためのギルドであった」とまで断じている（『ドイツの大学』講談社学術文庫、一九九二年）。

その意味で〈講座制〉は、〈カリキュラム制〉の反対語である。[*5] 各学問の〈体系性〉ということと〈人材像〉ということとは別の話だ。たとえば、リベラル・アーツ系の諸学部も科目や講座の自立性が前面化しやすい学部だが、なぜかと言えば、〈教養人材〉という言葉はなかなか理解しがたい人材像だからだ。シラバス嫌いの内田樹もレヴィナスの研究者――なかでも内田の『タルムード四講話』（国文社、一九八七年）の訳業は卓越した才能によるものだと思う――である分（この点に関連して、内田樹の興味深いシラバス論については後に言及する）、〈教養人材〉なんてあろうはずもないという感性なのだろう。その気持ちはよくわかる。〈教養〉教育の〈体系〉なんてあろうはずもない。「教養とは、なんらかの焦点をもち得るものではなかった」と金子元久は言い、その理由を「一般教育科目を担当する人文社会系大学教員の多くがポスト・モダン的な志向をもつ傾向があるのは偶然ではない」と指摘している（金子元久『大学の教育力』ちくま新書、二〇〇七年）。内田樹も金子の言う「ポスト・モダン的な志向をもつ傾向がある」教員の一人かもしれない。

　しかしもし〈教養体系〉というものがあるとすれば、一九世紀の〈市民〉教育に類した人材教育に近いものになるだろう。佐藤学も「生涯学習社会」における「市民的教養」（前掲書）という言い方をしている。苅谷剛彦は、「学歴と職業能力との直接的な関係を想定しない」教養主義を「実学より虚学に価値をおく儒教的教養主義」と指摘している（『大衆教育社会のゆくえ』中公新書、一九九五年）。

　しかし医療系や経営系も含めた社会科学系などは、〈人材像〉の〈特色〉を出しうる契機はいくらでもある。この場合の〈特色〉は、研究者の基礎を作るわけでもない限り、医療系、工学系、経営系も含めた社会科学系「内部」の各領域の専門的な体系性を否定することなしには形成できない。各体系一般（領域一般）を平等に扱えば「概論[*6]」人材しかできないが、〈人材〉は

〈概論〉の反対語だ。〈人材〉とは偏った存在なのだから。

＊5　「学長ガバナンス」強化の今日の大学では、〈教授会〉こそが大学全体の求心性を殺ぐものとされて、教授会すら〈学部〉単位に置く必要はないと文科省は言い出し始めているが――「大学のガバナンス改革の推進について」（中教審大学分科会、二〇一四年）――、その言い方に倣えば、その学部・学科さえも相対化する講座制（教授主義）こそがカリキュラムの求心性を阻害している。カリキュラム開発と表裏の関係にある「詳細な」コマシラバス書式の提案などは、各学部からの積み上げの議論でやろうとするとほとんど何もできない。「教育ばかりが教員の職務ではない」と一蹴されて終わる。シラバス記載は教員にとっては〝負担〟でしかないからだ。

それに比べると「カリキュラム改革」はかえってやりやすい。「科目」の概念的な配置（再配置）で済み、シラバスの内実（授業の実体、履修判定の実体）をそれほどには問われないからだ。もちろんそんなものを「カリキュラム改革」と呼んではいけない。「カリキュラム改革」はシラバス（コマシラバス）の中身に組織的に入り込まないかぎり存在する意味はない。がしかし、「カリキュラム改革」がそこかしこで行われているというのは、科目名をいじっているだけの「カリキュラム改革」でしかないということだ。シラバス（コマシラバス）の中身をいじることなど現在の大学では不可能なのである。つまり「カリキュラム改革」ではなくて、

「シラバス改革」こそが「学長ガバナンス」において以外に執行不能な事態にあると言える。「詳細な」シラバス書式の提案は、教授会発信で提案されることはない。

アメリカでは、学生の所属する組織は「カレッジ」と呼ばれ、教員組織は「デパートメント」と呼ばれている。日本では〈教育〉と〈研究〉とが一体化したヨーロッパタイプの「ファカルティ」（学部）に教員と学生の双方が属している。この「ファカルティ」タイプの組織ではコマシラバスの中身までおりて、「カリキュラム改革」を行うことなど不可能なのである。教員の〈研究〉意識が中途半端に高いからだ。

文科省はすでに「今後における学校教育の総合的な拡充整備のための基本的施策について」＝「四六答申」（一九七一年）で、アメリカ型に倣うような教育重視の大学組織論を提案していたが、「この改革構想は大学関係者の強い反発を買うものであり、政策としては具体化されることなく終わった」（天野郁夫『大学改革を問い直す』慶應義塾大学出版会、二〇一三年）。昨今の「学長ガバナンス」論は、この「四六答申」の半世紀後の展開ともなっている。なんといっても「多様な学生」の現状は一九七一年と今とでは比べようがないくらいなのだから。

＊6　昔の大学では、〈概論〉を担当する教員はその学部・学科を研究者として代表する教員だった。その理由は若手教員では専門的過ぎて概論を論じるだけの能力がなかったからである。〈概論〉科目は専門を脱する力、専門を大所高所から論じる力がないと担えない。そして

〈専門〉を脱するのは専門の頂点（End）に立った研究者以外には無理なことだ。頂点（End）からしか、すそ野の広がりと入り口（入門）は見えないから。

ヘーゲルもまた「ミネルヴァのふくろうは黄昏《たそがれ》時に飛び立つ」（『法の哲学』中公クラシックス、二〇〇一年）と言ったし、ドゥルーズもまたそれとは別の意味で、「『哲学とは何か』という問いを立てることができるのは、ひとが老年を迎え、具体的に語るときが到来する晩年をおいておそらくほかにあるまい」（『哲学とは何か』河出書房新社、一九九七年）と言う。ヘーゲルにとっては時間の真理は――空間の真理は時間であるにしても――時間の否定（時間の〈終わり〉）だった。ドゥルーズの「…とは何か」という問いはヘーゲルと違って「具体的なもの」について語ることと関わっているが、それもまた専門性がものを見えなくするからだ。

第二章

「概念概要」型シラバスと「時間」型シラバスと

第一節　授業概要が授業回毎に詳細化する意義
――概念のインカネーション(incarnation)としてのコマシラバス

さてしかしながら、九〇年以降のシラバス「詳細化」のための大きな変化の一つは、従来「授業概要」などという形で、たとえば二単位一五コマの講義だとしたらその一五コマ全体を通観する「概要」として書かれてきた「授業概要」が、授業一コマ毎（一回九〇分の授業回毎）に詳細化したことである。たとえ一行しか書かれていない概要であっても、一回毎の授業単位に授業概要が「詳細化」したことにはそれなりの意義があった。

たとえば、鈴木克明の『教材設計マニュアル』（北大路書房、二〇〇二年）で紹介される科目シラバスは、以下のような書き方になっている。

◉科目名
「教育方法」（半期2単位・必修科目）

●テーマ
教え方をよりよくするためにはどうしたらよいか？

●内容
教職専門科目として、平成二年度入学生より必修として新設されたもので、現代的な教育の方法や技術について扱う。学校でも学校以外でも使える方法論をめざし、何かを教える方法をどのように計画し、材料をどのように準備し、成功したかどうかをどのように確かめることができるかを体験的に学ぶ。
講義だけではなく、コンピュータを用いた学習体験や「何かを教える材料」を計画・開発・評価するプロジェクトを取り入れる予定。

（中略）

●暫定スケジュール（一例です。時間は一時間目の場合）
（1）講義概要／キャロルの時間モデル
（2）教材作成の手順／キャランドラのたとえ話

（3）自作教材のアイデア交換
（4）試験1（第三・四章）と解説／企画書の書き方
（5）8:30再試験1／9:00企画書の相互チェック
（6）企画書提出／教材を構想する
（7）試験2（第五・六・七章）と解説／七つ道具
（8）8:30再試験2／9:00独学を支援する作戦
（9）七つ道具の相互チェック
（10）七つ道具点検表提出／形成的評価の実施
（11）試験3（第八・九章）と解説／報告書の書き方
（12）8:30再試験3／9:00教材の改善
（13）学習意欲を高める作戦
（14）半期をふり返って――学校の未来
（15）報告書提出（鈴木研究室前ボックス――提出後「祝杯をあげる!!」）

以上が鈴木の例示するシラバスの一部だが、一九九一年の「大綱化」以前のシラバスでは、「講義概要」として、この鈴木のシラバスで言う「テーマ」+「内容」程度のものしかない場合が多かった。九〇分×一五回分の講義の全体の内容を科目「概要」としてまとめたものである。

この意味での「概要」は、三行、四行で終わるものから一〇行程度書き込まれるものまで濃淡があったが、いくら詳細化しても「概要」であることに変わりがなかった。「概要」の中には講義で触れられる概念的なキーワード（テクニカルターム）が入り込んでいる場合も多く、とりあえず、この大綱化以前の「テーマ」+「内容」にとどまるシラバスを「概念概要型」シラバスと呼んでおこう。

しかし鈴木のシラバスは、それにとどまらず、「暫定スケジュール」として、（1）から（15）までの、「暫定」ではあるが——なぜ授業計画としてのシラバスが「暫定」なのか不思議なことだが——「スケジュール」が記載してある。両括弧の中にある数字は、たとえば（1）は一回目の講義ということだ。つまり（15）まで一五回の授業「スケジュール」が書いてある。この一回毎の授業内容に言及したものを——たとえ「スケジュール」にとどまるものであっても——「一回毎」=「コマ毎」の「シラバス」と言う意味で「コマシラバス」と、とりあえず呼ぼう（「コマシラバス」という言葉の来歴については本稿第四章で触れる）。「大綱化」の九〇年代以降最近のシラバスと言えば、こういった一回毎の〝コマシラバス〟が付いている。

鈴木のコマシラバスは、最近の〝コマシラバス〟としてもできは決してよくない。最近のコマシラバスは、それ自体でもう少し詳しく三行〜五行くらい書き込んだものも多い。

一五回分を概念概要的にまとめると「テーマ」+「内容」に書かれた「概念概要」になるが、その意味で言えば、「コマシラバス」は授業一回毎に「テーマ」+「内容」を記載したものと考えればよい。最初に書かれた「テーマ」+「内容」を、大「テーマ」、大「内容」とすれば、コマシラバスは一回毎の小「テーマ」+小「内容」という感じだ。

一回九〇分の授業回毎に（以後、「コマ毎に」と略す）授業概要が存在する意味は、まずは概要が予復習の目安になるということである。しかし、九〇分×一五回（二単位授業）全体を概観した従来型の「概念概要型」シラバスにとどまる限りは、「選択科目」を選択する際の目安程度にはなるが実際の授業を受ける段階になると役に立たない。全体概観型の授業概要（大「テーマ」+大「内容」）では、そこに記載されている内容がどんなに詳細化してもその内容のあれこれが、いつどの授業回で実施される内容なのかわからないために、予復習の課題が見えない。つまり概念概要型シラバスでは、たとえ二〇〇〇文字書いて詳細化しても予習しようがない。極端に言えば、授業概要（概念概要型シラバス）の内容が二単位一五コマの授業中、最後の一コマでしか展開されなかったとしても、シラバスと実際の授業とが「一致していなかった」とは言えないことになる。「話さなかった訳ではない」と。概念概要型シラバスでは、その内容が一五コマの授業回のどこで話されることになるのかまでは書かれていないからだ。概念概要型シラバスをたとえ毎回の授業回に散らしてもそれ自体がその回の概要説明になるため、学生からは似たような話を何回もくり返しているようにしか見えない。概念概要型のシラバス＝コマシラバス（コマ毎のシラバスの内容も概念概要型になってしまっているコマシラバス）では、各授業回と全体の概要との関係が見えないからだ。既存の教科書があって授業進行が機械的に安定している場合であっても、まだ習ったことのない、翌週の授業の教科書該当箇所を自力で読む予習力が「多様な学生」にあるくらいなら誰も苦労しはしない。シラバスを嫌う教員にこそ、「教科書でさえわからない」と嘆く教員が多いのだから。コマシラバスは既存教科書がある場合でも、教科書予習の目安を提示する役目を負っているのである。

つまり概念概要型シラバスに欠けているものは、シラバスの〈時間〉化――一五コマの前後関係をどう組み立てるのか、あるいは一コマ九〇分をどう組み立てるのか――という観点だった。それが概念概要型シラバスの〈時間〉化、「コマ毎の」シラバスとしての〈コマシラバス〉――「概念概要型シラバス」に対比して「時間型シラバス」と呼んでおこう――の課題だった。概念概要的な内容を授業回毎のシラバス（コマシラバス）に拡大しても概念概要的な内容に変わりがないため、それではわざわざコマ化した意味がないのだ。つまり〈概念概要〉の反対語が〈時間〉だと考えればいい。

一言で言えば、〈コマシラバス〉は、〈シラバス〉のインカネーション[*7]（incarnation）だと言える。コマシラバスは、シラバスを血肉化《インカネーション》する。

＊7　ご存じのように中世神学「三位一体 Trinitas 論」の言葉であるが（父と子と聖霊の三位一体）、天空の父が大地の子であるイエスに肉化する incarnation という比喩をここでは借りることにする（私はクリスチャンでも何でもないが）。in-carnation の carnation の語源の caro は flesh

（肉）を意味する。ちなみに、花のcarnationはその色が人間の肌（肉）の色に似ていることから来ているらしい。インカネーションの〈肉〉は、「受肉した神の子」としての身体と「罪人の身体」との両面を持つ（コルバン・クルティーヌ・ヴィガレロ監修『身体の歴史』藤原書店、二〇一〇年参照のこと）。神の顕現はインカネーションの肉化において、計画《シラバス》の、その実際との泥だらけの格闘（計画の時間化、教室化）を意味する。この私の論考全体は、シラバスのコマシラバス化の泥だらけの格闘、「多様な学生」との格闘の運動（「概念の時間化」の運動）を多面的、総合的に扱うことにある。

ちなみに、この論考全体は、以下の一〇個のインカネーション（↓）の諸相を扱っている。

（1）シラバス↓コマシラバス
（2）コマシラバス↓科目単位に教場配付、毎回の授業で使用
（3）主題概要↓細目レベルの記述
（4）主題概要↓教材参照地図の完成
（5）教科書↓教材・資料
（6）科目目標・授業目標↓履修判定指標
（7）履修判定指標↓学生による模擬試験作成
（8）履修判定指標↓期末試験の点数分布（平均点八〇点前後で標準偏差が一二〜一五に収まること）
（9）履修判定指標↓期末試験の、コマシラバスの解釈による第三者作成

（10）第三者作成による期末試験の点数分布（平均点八〇点前後で標準偏差が一二〜一五に収まること）

項目8の「標準偏差」について言えば、点数分布が平均八〇点強を山のピークにして一〇〇点と六〇点へと広がった正規分布に近い形になると標準偏差はおおよそ一二〜一五くらいになる。これは、科目クラスの知的な経営が上手くいっている指標。中域を中心に、下位学生も諦めていない、上位学生もお互い競い合っている。中域は下には落ちたくない、少しでも上位に入りたいという状態。このようにクラス全体が知的な緊張力を維持している状態が試験の点数分布が標準偏差一二〜一五の状態。標準偏差が一桁にとどまると、上位学生と下位学生との点数差がないためにどちらもやる気がない状態、特に〝できる〟学生が（〝できない〟学生と点数差が開かないため）やる気を無くす状態に陥る。教員の教育目標の解像度が低いか、それとも落伍者が出るのを恐れて試験の難易度を人為的に下げているかのどちらか。

標準偏差が一八くらいを超えると、二山《ふたやま》現象になっており、下位グループが完全にやる気を無くしている状態。厳密には学生がやる気がないのではなく、教員が下位グループに見向きもしないで授業をやっている状態だと言える。この原因は学生の基礎学力不足ではなくて、教材（授業中の教材、予復習の教材）が不足している状態に過ぎない。授業中の小テストで標準偏差が一八を超える状態で本試験に突入すると大量落伍者が必ず出る（もしくは少数であっても再起不能な落伍者が出る）。こういった判断は平均点やGPAばかりを意味もなく記録し続けている今日の成績評価では出てこない。クラスが教育目標と関連してどんな状態で運営されているのかは、平均点やGPAだけではわからない。「学びの共同体」（佐藤学）とか「学び合い」（西川純）とか、そして「アクティブ・ラーニング」とか色々と学生の反応を大切にした「学習者中心の学びStudent-centered Learning」が昨今声高に提唱されているが、試験の標準偏差が一二〜一五の間にあることこそ、学生と教員との間に、そして学生同士の間に知的な共同性が形成されているもっとも実質的な指標だといえる。わいわいガヤガヤと「アクティブ」であっても、その教育目標を測る試験の成績分布の標準偏差が一桁であったり、一八を超え始めたりするとクラス経営としては失敗している。逆に沈黙が支配する授業であっても、まともな試験をやって学生点数の分布が正常ならそのクラスは「アクティブ」な状態にあると言っていい。

「シラバスは科目選択のための便宜」という観点からでは、シラバスは期首の科目登録のための配布物（冊子）として存在し、四月が過ぎればもうどこかに行ってしまうものでしかなかったが、コマシラバスは各科目の初回授業冒頭で科目毎のコマシラバスとして単独で配付されないと意味がない。そして毎回の授業で、それを書いた教員自身が言及しながら使用しないと意味がない。つまりコマシラバスは授業のレフェランスなのだ。コマシラバスは「見る（閲覧する）」ものではなくて、「使う」ものとしてしか機能しない。コマシラバスではそれが詳細であればあるほど〝教科書（書き下ろしの教科書）〟に近似するものになり、毎回の授業で参照される機会も自然に増えていく。それに応じて学生がコマシラバスを教材プリントの一つとして毎回の授業に持参する機会も増えてくる。教員も学生も——教員は講義ノートの骨格の一部として、学生は授業ノートの構成的な一部として——授業中に参照する機会も増える。つまり、コマシラバスは単に予復習の便宜をはかるだけのものではなく、毎回九〇分の授業ペースそのものを学生と教員とで共有するレフェランスになる。

第二節　教育＝学習の目標開示としてのコマシラバス

ところで、最近の学生アンケートでは、「シラバスと実際の授業とは同じものでしたか」などと問う場合も多いが、概念概要型シラバスを詳細化してもこの問いに答えることのできる学生はなかなかいない。概念概要のままでは、学生にとっては授業各回の内容が実体であるため、内容の一致の正否に答えるだけの資料（情報）が決定的に不足している。たとえ一回毎の内容が書かれていたとしても、二行、三行程度の概要コマシラバスでは授業とシラバスとの一致の正否に答えるのは難しい。授業内で学生と教員とが授業の目的や目標を共有できる仕組みを作らない限り、学生による授業評価にはほとんど実体などない。目標共有のない学生アンケートのなれの果てが「満足度」評価だ。シラバス（コマシラバス）で示すべきなのは、まずは学生の学習目標ではなく、教員の教育目標なのだから。その教育目標を学生と共有するプラットフォームがシラバス＝コマシラバスである。学ぶべき目標（学生の目標）が教えるべき目標（教員の目標）に先立つことなどあり得ない。

中島英博たち（名古屋大学）のシラバス論（『授業設計』玉川大学出版部、二〇一六年）、佐藤浩章たち（愛媛大学）のシラバス論（『大学教員のための授業方法とデザイン』玉川大学出版部、二〇一〇年）、また先ほど触れた鈴木克明（熊本大学）のシラバス論（『教材設計マニュアル』北大路書房、二〇〇二年）には、教員の教育目標の開示としてのシラバスという観点がすっかり抜け落ちている。教員のミッションとしての教育目標（授業目標）の開示という観点がない。したがって、学生の学習目標――教員の教育目標ではなくて――の情報開示、情報サービスとしてのシラバス論が前面化してしまう。「教員が主語の文」でシラバスを書くな、あくまでも「学生が主語の文」を書きなさいというように（たとえば佐藤浩章たちのように）。文科省の推奨する金沢工大の「シラバス」モデルさえも「学習支援計画文書（シラバス）」（傍点は引用者）となっている。情けないことだ。

大切なことは、科目概要（一科目としての概要）と授業概要（この時間における概要）とは根本的に意味が異なるという認識である。中島たちも佐藤たちも、そして鈴木もこの認識が決定的に欠けている。[*8] 佐藤たちの言葉を敢えて使って言えば、「今日のこの授業で、『私は』何を教えるつもりで、この教壇に立っているのか」を表明する文書が〈コマシラバス〉なのである。

これらの三組の教育学者たちの「学習支援」型、つまり授業サービス型のシラバス論こそが、教員がシラバスを（面倒くさいと言って）嫌う起源だ。「私はサービスを行うために教員になったのか」と。教育にサービスなど無縁だからである。私もそう思う。教育は教育でしかない。特に学校教育においては。以前、文科省の高等教育局長は、シラバスは「学習のペースメーカー」だと言っていたが、それは単に「学習の」ペースメーカーではなく、教員の授業時間の組み立ての「ペースメーカー」でもあり、教育＝学習共々の「ペースメーカー」を構成している。書式の在り方にもよるが、詳細なコマシラバスを教員が書き始めると授業時間（授業進行）をイメージする機会は格段に増える。

＊8　ただし中島（たち）には、「初回配布用」シラバスという概念がある。これはしかし「シラバス」と言うよりは、「学生の学習支援のため」のものだ。科目全体の履修ガイドのようなものだと思えばいい。従って、「コマ」シラバスという観点からは遠く離れている。

鈴木克明の、先ほど触れた「講義シラバス例」においては、コマシラバスは授業全体の「スケジュール」表示――映画館の放映スケジュールのような――にとどまっていた。鈴木が前掲書『教材設計マニュアル』で提示した「半期二単位」（必修）授業で例示した科目「教育方法」の一五回のコマシラバスは以下のようなものだったが、思い起こして欲しい。

（1）講義概要／キャロルの時間モデル
（2）教材作成の手順／キャランドラのたとえ話
（3）自作教材のアイデア交換

（4）試験1（第三・四章）と解説／企画書の書き方
（5）8：30 再試験1／9：00 企画書の相互チェック
（6）企画書提出／教材を構想する
（7）試験2（第五・六・七章）と解説／七つ道具
（8）8：30 再試験2／9：00 独学を支援する作戦
（9）七つ道具の相互チェック
（10）七つ道具点検表提出／形成的評価の実施
（11）試験3（第八・九章）と解説／報告書の書き方
（12）8：30 再試験3／9：00 教材の改善
（13）学習意欲を高める作戦
（14）半期をふり返って――学校の未来
（15）報告書提出（鈴木研究室前ボックス――提出後「祝杯をあげる!!」）

この程度のコマシラバスを「主題提示型」と呼んでおこう（本稿第二章第五節で後述するが）。最近のコマシラバスは、いくらひどくても（教育学の教授の授業でなくても）これよりは詳しいものになってきている。それに一五回の授業中に三回試験を行い、さらにそれの再試に、別の回のコマで三〇分。その「再試」も三回やっているから（三〇分×三回＝九〇分）九〇分一回分の授業が飛んでいることになる。その上、「アイデア交換」「構想する」「相互チェック」「報告書の書き方」などの言葉から類推できるように、〝作業〟時間の多い授業になっている。とどめを刺すように、一四回目はふり返り授業になっていて（そもそも最終回ではなくてなぜ一四回目でふり返りなのか）、一五回目は内容がない（報告書を「提出」することと「祝杯をあげる!!」ことに九〇分使うことになっている）。一四回目と一五回目は「単位」を形成し得ない授業になっており、先の授業内の「試験」やその解説時間、「再試験」の時間を考えると、この授業は、一五回中、少なくとも四回から五回の授業コマが飛んでいることになる。その上、履修判定も、この三回の「試験」「再試験」「報告書」などの〝総合的〟な判定になるのだろう。

シラバスがこれだけずさんなら履修判定の基準も曖昧にならざるを得ない。案の定、履修判定は、定期試験はなし（それにしても教育学者たちの挙げる「成績評価」にはどうして一六回目の定期試験がないのか）、授業内「試験」（小テスト）だけで六〇点は取れるようになっているのも問題だと思う（「履修判定試験」の在り方については、本稿第三章第五節を参照のこと）。この科目シラバスの「学習目標」の欄には二つの記載がある。「① 授業設計のシステム的アプローチ（教えるための準備と自己評価の手順）を自分で選択した領域での個別学習教材の自作プロジェクトに適用できるようになる。② 『ひとり歩きできる』教材の自作体験（目標1）をとおして、他の形態の指導にもシステム的アプローチを応用してみようという気持ちになる」とある。「目標①」を受けた「目標②」の結論は「気持ちになる」である。「気持ち」になればいいのである。これを「二単位」授業と見なしていいのかどうかきわめて疑義の多いシラバスだ（〈単位〉とは何かについては、本稿註19、およびその前後の本文の議論を参照のこと）。文科省の高等教育局のお役人が、このコマシラバスをみたら指導対象になるコマシラバスだと言える。

そもそもこの種の「授業設計」論で言えば、薄っぺらな教科の専門性しか持っていない教員（あるいはこの科目の登録学生）に〝授業設計〟ができるはずがない、と言って終わればいいだけのことだ。「教育方法論」の研究者がつまらないのは、街の講座屋さんのようなノウハウ論、「授業法」論に終始することだ（「授業法」議論がくだらないことについては本稿第四章第一節を参照のこと）。そのためまともなシラバスが書けず、授業内「成績評価」によって「気持ち」履修判定指標に終始する。「アクティブ・ラーニング」ふうの〝作業〟授業をやっておいて、「気持ち」目標で、「試験」とその解説で実質全一五コマの内、三分の一も取っているのだから、何が「アクティブ」なのかさっぱりわからない授業計画だと言える。最近は、「アクティブ・ラーニング」の名の元に、マーチン・トロウが日本の大学の入学後における「請負的な（sponsored）性格」と呼んだ履修判定の弛みがどんどん大きくなっているが、この科目も弛みっぱなしの授業計画なのである（本稿第四章第二節3を参照のこと）。

しかもこの授業の科目名は「教育方法」。かつ「必修」授業。しかも作業時間の多いこの授業を二年次生でも履修登録できる科目になっている。将来教員になる学生たちは、「教育方法」のプラットフォームであるシラバスのこんなずさんな授業を受けて、どんな教員になっていくのだろうか。「学校の未来」は不安でしかない。佐藤や中島のシラバス事例もこれほどひどくはないが、主題提示型のシラバスに留まっている。私のシラバス論の全体は、こういった、「電話帳」にすらならないシラバスの害悪をはっきりさせることにある。

第三節　コマシラバスと授業時間の設計
――教科書と教材との違い、あるいは概念を時間化するということ

この場合、「授業時間（授業進行）をイメージする」というのは、単なる時間の経過を意味するのではない。教科書と教材（授業資料）との違いを考えるとその意味はよく分かる。教科書はそれを使用し読み解く学生の顔を想い浮かべて作られてはいない。一方、教材（授業資料）は教員が担当する学生の顔を想い浮かべながら作られたものだ。どのクラスのどの学生にでも通用する教材を〈教材〉とは言わない。「クラスにできない学生がいるので困る」という教員ほどどのクラスでも同じ教材を使っているし、教材さえない教員も多い。「指導ターゲット（学力格差の上・中・下）をどこに定めて授業したらいいのか」と深刻そうに悩む教員もいるが、まさしくこのターゲットの変動を制御するのも〈教材〉次第ということになる。

「この一行だけでは、あの学生はわからないだろうなぁ」と思いながら、あと一行、あと二行と付け加え、躓きそうな箇所をシミュレーションしながら書き進む、「あの学生はこんな問題

くらいすぐ解けるだろうなぁ」と思って、解くのに時間がかかる問題をもう一問付けたす、そういったものが教材(授業資料)でなければならない。九〇分で、様々な学生の〝基礎学力〟の凸凹を平準化しながら授業目標を完遂するというのが、「授業時間(授業進行)をイメージする」ことの意味だ。いわゆる教科書と言われるものには初級・中級・上級のシミュレーションはあるが、それはなお概念的な区分にとどまっている。「授業時間」を意識するということには、受講学生のレベルを意識するということが含まれている。教科書(既成教科書)がある授業なら、それを補う書き下ろしの教材(授業資料)は、教科書を(受講学生の顔を想い浮かべながら)インカネーションするわけだ。そうやって初めて一般的な教科書が地上に、つまり教室に降りてくる。授業デザインは、その種のインカネーションなしには意味がない。

一回の授業のコマシラバスを記載する力は、まさに授業デザイン力そのものだと言える。学生の顔を想い浮かべて、教科書(既成教材)と書き下ろしの教材(授業資料)を九〇分の授業時間の中で案配するその設計、つまり「ペースメーカー」としてのシラバスは、詳細なコマシラバスを形成しない限り機能しない。「詳細」化すべきは、〈シラバス〉ではなくて、〈コマシラバス〉なのである。そしてこの〈コマシラバス〉をどんどん詳細化していけば、それ自体が書き下ろしの教科書に変貌する(これは学生が変わる分、年々更新されて版を重ねるオリジナル教科書であって、教科書と教材資料とがほとんど一体化したものになるはずだが、それでもなおメタ資料は必要になるだろう)。これはもはや〈教育〉ではなく、〈教育研究〉なのだ。

コマシラバスの「詳細」性の〈質〉は、概念概要型シラバスの詳細性とは異なり、授業時間をデザインする力——教材開発も含めてのデザイン力——の有無を表す徴表になる。詳細化ができない教員は概念の時間化が苦手な教員でもある。しかし九〇分で自分に何ができるのかという課題のないシラバスの詳細化は意味がない。つまり、授業デザイン力とは設計図の作成能力、概念展開（＝論理）の能力ではなく、時間の設計に関わっている。

〈論文〉を書くという行為は概念の詳細化で済むわけだが、コマシラバスを書くという行為は、九〇分の組み立てに挑んでいるため、単なる「概念の詳細化」にとどまらない時間との闘いになる。〈論文〉が時間に関わるとすれば枚数制限か締め切りの日時に過ぎないのだから。「九〇分」よりも融通のきかない枚数制限や締め切りがあるとすれば、売れっ子作家か連載漫画家の仕事以外ないだろう。たとえば偏差値の高い大学から偏差値の低い大学へたまたま移ってきた大学教員が、シラバスだけは（前の大学のものを）そのまま流用しながら、「基礎学力のない学生がたくさんいて困る」と嘆くことも多い。それは当たり前のことであって、学生が違うならシラバス（コマシラバス）が同じであるはずもない。たとえ教育目標が同じでもシラバスは変わるはず。そもそも同じ大学の同じカリキュラムの同じ科目であっても、年度が変われば（学生が変われば）、前年の実態（シラバスと実際の授業進行とのズレや試験結果の実際とのズレ）をフィードバックしつつ、コマシラバス内容があちこち変わっていくのは自然なことだ。変わらない方がおかしい。

それは、同じ目標が課された同じ科目であっても、担当教員が変われば一五コマの内容はかなり変化するのと同じ事態だ。その変化の質は、教員の専門性と教育力とに関わっている。まさにその意味で授業はたしかに〝計画〟には収まらない生きものなのだが、それ以前に計画（コマシラバス）もまた生きものなのだ。それというのも時間の設計というのは、個々の学生のいる教室で展開されることを含んでいるからだ。同じシラバスで違う学生のいる授業をやれば、そんな授業を受講して学生がわかるはずもない（もちろん同じ大学で一回の授業を何回もくり返す場合には事情は違うが）。そもそもカリキュラムが違う。年次も違うかもしれない。隣接する科目も違うだろう。カリキュラムと関係なく全く孤立した講座のような科目であったとしても、まさに受講学生の能力や目標が違う。そして科目名は同じでも、科目の目標も異なるかもしれない。同じものは「科目名」くらいのことだろう。概念概要型シラバスのダメなところは、実際の学生を想定しないことにある。概念が時間化しない、教科書が教材化しない、二つのインカネーションが欠けているわけだ。共通することは、受講学生の基礎学力の水準やカリキュラム内での科目目標を考慮しない普遍的なシラバスを流用しているということ。考慮することがあるとすれば、試験の難易度を下げるか、試験までも同じものを流用して採点を調整するかどちらかだ。

シラバスも試験も毎年変えず、大学が変わっても、学部が変わっても、学科が変わっても変えない。そして、必修科目でたくさん落伍者を出してもその単位認定権（成績評価権）だけは、手放さない。[*9]「必修科目だから、しっかり勉強しないと」と学生いじめには懸命だが、必修科目だからこそコマシラバスを練り上げ、しっかり教材を用意して落伍者を出さないことが真っ先に求められているにもかかわらず、必修科目担当の意味を取り違えている教員も多い。〈必修〉科目も〈概論〉科目とはまた別の意味でエース級の教員しか担当してはいけない。コアカリキュラムのコア科目だからである。これらの、学生を前にして、必修科目を前にして変わらないシラバスとは、シラバスを教材の一部（メタ教材）と考えない、大綱化以前のシラバス観に基づいている。

＊9　単位認定権（成績評価権）については本稿第五章で言及する。

第四節　コマシラバスの具体的な記載例
――「主題細目」と「細目レベル」表示のあるシラバス

私たちの大学のコマシラバス（九〇分一コマのシラバス）は、以下の九項目で成り立っている。

（1）今回の授業の主題（このコマ一回分の授業主題を簡潔に記載する）
（2）科目の中でのこのコマの位置付け（当該科目内部におけるこのコマの意味を記載する）一〇〇～二〇〇字程度
（3）コマ主題細目（この「授業の主題」における教育＝学習テーマの細目を三～五項目程度で主題提示する）
（4）細目レベル（上記3で挙げた主題をどの程度深掘りして教える＝学ぶかを提示する）各コマ主題細目につき二〇〇～三〇〇字程度
（5）キーワード（九〇分授業の理解の鍵を握る言葉を三～五個程度で提示する）

（6）コマの展開方法（パワポを使う、e-ラーニングを介在させる、アクティブ・ラーニング手法を使う、一部ゲストスピーカーを参加させるなど授業運営上のサブ情報を記載する）選択記述

（7）国家試験との関連（国家試験との関連テーマがある場合に記載。関連過去問の記載や出題傾向の提示なども有効）

（8）予習・復習課題（「この」授業九〇分一コマの予復習課題を教材テキストの該当箇所を指摘しながら具体的に記述する）一五〇～三〇〇字程度

（9）使用する教材（参照文献）・教具（「この」授業九〇分一コマの理解のために必要な参照文献（いわゆる教科書も含む）、参照教材などを上記3の「コマ主題細目」に関連付けて頁数を示しながら記載する）一〇〇～二〇〇字程度

以上9項目に渡って、一コマ九〇分授業で一〇〇〇文字程度のコマシラバスを用意すれば、概念概要型シラバスの時間化（incarnation）はその第一段階を終えたと言える。

9項目の中で一番重要な項目はもちろん3番の「コマ主題細目」と4番の「細目レベル」である。昨今の大学のシラバスでは、ほとんどの場合「コマシラバス」は存在している。一コマ毎に授業内容が書いてあるという意味では。しかしそれは詳細に書かれていたとしても、項目1の「今回の授業の主題」を概要化したものにすぎない。項目3、項目4が重要だというのは、まずこのセットで教員の教育目標を開示するということ、学生が教員の教育目標を共有すると

いうことだ。シラバスは学生の学習目標を記すところではなくて、教員のミッションを学生と共有する文書でなければならない。そのための目標開示がこの項目3と項目4とになる。

項目3は、だいたいが三個から五個の間で細目テーマが記載されるが、たとえばそれが三個である場合、その三個の順番は解説順（解説の時間順）でなければならない。項目3は、授業の進行の指標《マーカー》でもある。

「何を」テーマにして教える＝学ぶのかが項目3の「コマ主題細目」だとすれば、その「コマ主題細目」について、どの程度までどんなふうに教える＝学ぶべきかを示したものが項目4の「細目レベル」である。概念概要型シラバスでは「何を」教える＝学ぶのかの記述は充実している場合もあるが、その「何を」をどの程度まで掘り下げて教える＝学ぶのかのレベル表示が大概不足している。この「細目レベル」を詳細化すれば、この授業のレベル（教育レベル、学習レベル双方）も見えやすくなり、概念的なテーマ主義を脱することができる。

著作で言えば章題を拾っただけのようなコマシラバスも多い。それがなぜダメなのかと言えば、それでは、言及主義程度の消化しかできないからだ。「触れたし、話したし。一応シラバス通りだ」ということになる。理解や目標の「程度」や「レベル」が見えない。もちろん学生からすれば、予復習の程度（＝「細目レベル」）も見えない。シラバス（＝コマシラバス）における言及主義を避けるための鍵が、この項目の「細目レベル」である。一番詳しく「詳細」化すべきなのは、この項目4の「細目レベル」、項目8の「予習・復習課題」、項目9の「使用する教材（参照文献）・教具」。この3項目の「詳細」化が概念概要型シラバスを脱却する鍵だ。

これら三つの要素に共通するものは、学生への受講前、受講後のフォローメッセージだということ。「何を」の教育＝学習テーマ（「今回の授業の主題」ならびに「コマ主題細目」）だけでは、仮に図書館や自宅のパソコン、あるいはスマートフォンで、その用語に検索をかけてもとりつく島のないくらいにランダムな資料が出てくるだけ。「細目レベル」の記載がコマシラバスに存在していれば資料情報の任意性（拡散性）はかなり減少する。教材参照もコマ主題細目単位に該当頁数指示まで徹底すれば、「予習・復習課題」の明示と関わって、授業の前後でやるべきことが見えてくる。そして何よりも教員自身が単なる言及を超えて実体のある内容を語る課題を背負うことになる。特に項目4の「細目レベル」が授業実体の重力のような役目を果たしている。この重力なしには、予復習も実質化しない。

文科省が最近うるさく言っている「単位制の実質化」という点では、項目8が鍵を握っている。単位制とは、予習＋授業＋復習を等価な学習時間として捉えるものだ。その意味で言えば、本来は授業時間のシラバスと同じ分量と質の予習課題、復習課題が書き込まれていなければならない。特に授業本体のシラバスは、教員の指導でフォローできるが——授業は教育の時間——、予習と復習の時間は教員が随伴しているわけでないのだから——予復習は学習の時間——、むしろ予復習のシラバス項目こそ入念に書き込む必要があるかもしれない。項目8（予復習課題の記載）が貧弱なシラバスは〈単位〉を与える資格がない科目だと思った方がいい（単位制とは何かということについては後の章で触れる）。

第五節　パワーポイントプレゼンはなぜ教育的ではないのか

さて、コマシラバスの鍵を握る「細目レベル」の記述については、たとえば、PowerPointやKeynoteを使う授業の難点を考えるとよくわかる。結局それらは、言及主義的な媒体に過ぎないのだ。それらは言及主義的なキーワードを中心に構成しているために、その場ではわかった気になっていても自宅に持ち帰った瞬間に大切なことがすべて飛んでいる場合もよくある。「ハンドアウトあり」でもそうなのだから、教室や会場でのスライド投射だけなら余計にそうだ。

なぜそうなるのか。パワポは話者《スピーカー》のためにあるのであって、受講者や聴衆のためにあるのではない。「わかりやすいパワポを」と言うが、肝心な話はパワポスライドにあるタイトルキーワードについて話者が話す内容にある。つまり肝心なことはスライドには書かれていない。グラフや図が示されても、肝心なことは書かれていない。グラフや図をわかりやすく、つまり大きくスライドに示せば示すほどに肝心な解説はトークに飛散してしまう。そしてパワポプレゼンにおいて、その話す主題について詳しく話す中身＝「細目レベル」までをもスライドに展開すると、文字は一〇ポ（一〇ポイント）の大きさになってしまう。「これではパワポの意味がない。小さすぎて読めない」と言われてしまう。「もっと簡潔に文字数を少なくして」と。私が使うパワポなどは一〇ポだらけでいつも顰蹙《ひんしゅく》を買っている。資料は資料（いくらか一〇ポ的な）、パワポはパワポ（いくらかは簡潔気味な）ともっともらしく言う人がいるが、それはそれで重要なことはパワポと資料との間をつなぐトークに逃げていくことになる。必ずしもパワポと資料ともどもハンドアウトであるわけでもないのだから、そのトークの意味を理解することは受講者のノートやメモを書き込む能力に依存することになる。しかし得てして肝心の内容はその間をつなぐトークに存在しているのだ。

　結局、パワポは話者の自己喚起の道具でしかない。パワポは、話者が自分でわかりきっている内容を展開する機縁、話す機縁に火を付けるために機能しているだけのこと。徹底的に他者（学生）の授業理解に追従し続けなければならない教育には無縁のツールに過ぎない。授業には何の役にも立たない。なにもないよりはましという程度のものに過ぎない。コマシラバスで言えば、パワポで表明されているキーワードは、項目1の「今回の授業の主題」と項目3の「コマ主題細目」にとどまる。いずれも「〜について話します」という主題言及的提示にとどまっている。

　しかし大切なことは、「コマ主題細目」の一つ一つのテーマについてどのようにどの深さまで掘り下げて話すかの深度、つまり項目四の「細目レベル」である。「細目レベル」について言及のないシラバスは、パワポ程度のシラバスでしかない。パワポでは「細目レベル」の展開は不可能であり、パワポは概念概要型のシラバスと変わらない。それであれば、A４紙で五頁～一〇頁の書き下ろしの、コマシラバス「細目レベル」をさらに書き込んだ資料を作り込んで教場配付した方がはるかにまともな教材になる。[*10]

＊10　それを突き詰めれば一冊のオリジナル教科書になるだろう。シカゴ大学以来の大学「出版局」の使命はその意味でのシラバス＝コマシラバスを出版することにある（印刷や出版と大学や社会との関係は註45、およびその註前後の本文の議論を参照すること）。だからこそ、教育「と」研究は「教育研究」なのである。

その一〇枚のA４紙資料がプレゼンツールとしてパワポよりも劣るのは、参照指示性（そのつど「資料の～を見てください」というような指示性）が弱いことだが、MS-Wordの「行番号」機能を使えば、「教材資料～行目を見てください」と一言で参照指示は果たせる。頁を横断した通し行番号も連番で打てるようにできているため、スライドを探すよりははるかに指示の目的を果たせる（その点ではスライド指示より参照指示性は高い）。行番号の指示のあるパワポスライドなど見たことはないから（小刻みに震え続けるレーザーポインターがその機能を果たしているだけ[*11]）、参照指示性という点ではMS-Wordの「行番号」機能の方がはるかにまともだ。だらだらと文字が埋まるA4紙教材では内容のメリハリが見えづらくて、読解能力のない学生には視覚的なパワポよりも難しい教材になる場合もあるだろうが、その場合には段落分けを工夫するとかキーワードはボールド処理をするなどの工夫をすれば特に問題は起こらない。

＊11　レーザーポインターが教育的にダメなのは、指示された瞬間を見落とすとどの箇所かわからなくなるという点だ。また小刻みに、あるいは大きく揺れ動くレーザーポインターでは何を指しているのかさえわからないことも多い。レーザーポインターも話者の自己満足ツールに過ぎない。

要するにA4紙を一つのスライドと見なせば、主題と主題についての細目とのプレゼンは、パワポよりも古典的なA4紙の方がはるかに優れている。パワポプレゼンはプロジェクター投射によるスライドデザインなどで派手な演出が目立っているが、A4紙に、学生も教員も目を落としたままで「アクティブな」〝コミュニケーション〟のない授業の方が教育的な場合はいくらでもある。ハンドアウトがあれば、授業プレゼンがスライド投射である必要などないのだ。どうしてもスライドが使いたいのなら、ハンドアウトを前提に、スライド一枚につき一枚のA4紙を配し、「細目レベル」を一〇ポの大きさで書き込めば両者のメリットは活きるが、そんな贅沢なA４スライドハンドアウトにお目にかかることは滅多にない。[*12]

逆にパワポを使って授業を行い、唯一の教材がパワポスライドという教員も昨今では少なくない。しかしそうであれば、授業の教材資料は「コマ主題細目」を少々引き延ばしたものにとどまり、細目レベルを理解する機会――実授業の意義は「細目レベル」を解説することであって、主題を提示し概要をかいつまんで説明するくらいは誰でもできる――を資料としては失うことになる。これではノートを取ることに長けた学生以外は、授業に付いていけない。教材資料をパワポで代用する教員は危険なのだ。概念概要的な資料しか学生の手許に残らない授業になっているからだ。コマシラバスの「細目レベル」の書き込みがずさんな教員ほどパワポ依存型の、つまり資料不足の授業をやりがちなのである。

＊12　参照についてどうでもいいことにこだわっているように聞こえるかもしれないが、実は授業中の、教員による参照指示行為（板書への指示、パワポスライドへの指示、教材・資料への指示など）については、配慮される必要がある。二〇年前に五〇科目の授業を回って気がついたことなのだが（このときの授業評価については第四章でも触れる）、「資料の～を見てください」と指示して一斉にそこを見るまでにかなりの時間がかかっている。優れた資料を作っても、学生すべてがそこを見ることを確認して授業を進める教員は実際多くはない。もったいないことだと思う。せっかく資料を作っても参照指示性が悪いのだ。「九〇分で基礎学力の低い学生

を目標まで持ち上げるのは難しい」と言う教員に限って、参照させるまでに二分、三分と貴重な時間を無駄に費やしている。

これを私たちは授業における「ノイズ」と呼んできた。出席チェックの時間、資料配付にかかる時間、板書の時間（板書は、自分の言いたいことのすべてを書き尽くした資料を用意しても、なお実際の授業ではそのメタの説明が出てくるものであってその意味では無くすことのできないものだが、ここで言う「板書」のノイズは、前もって内容が見えていることの板書についてはは授業内でいちいち板書せず資料化すべきだ、という意味）、参照指示にかかる時間、プロジェクター投射の準備にかける時間などに配慮することによって、肝心の「教育そのものの時間」を確保すれば、相対的に九〇分授業を一〇〇分にすることも可能だと。実際、基礎学力の凸凹を嘆く教員ほど正味の教育時間は八〇分以下にとどまっている。それではなおさら基礎学力の凸凹を放置することになる。九〇分を純粋に教育的な時間として構成するには、事前にどんな準備が必要なのか、授業中の指示や準備をどう効率化すべきかにもう少しの配慮があってもいいと思う。

第六節　受講前・受講後フォローとしてのコマシラバス

主題主義で書かれたシラバスならどんな教員が書いても似たり寄ったりのものになるだろうが、「細目レベル」の記述まで踏み込めば、その授業の〈質〉が見えてくる。教員の専門性の〈質〉も見えてくる。授業では何を教えているのかよりもその何をどの程度まで、どんな方法（どんな視点とどんなアプローチ）で教えているのかの方が重要になる。細目レベルまで書き込まないと、必要とすべき教材（あるいは設備）や文献も見えてこない。そこまで踏み込んで初めて学生も予習や復習の仕方が見えてくる。[*13]

「最近の学生は予習や復習をしない」とよく言われるが、「概念概要型」「言及型」シラバスをいくら詳細化しても受講前フォロー、受講後フォローのきっかけは生まれない。大学側（教員側）に、予習・復習を促す工夫が足りない。そもそも教員がまともな予復習もしないで――その鍵を握るものがシラバス（コマシラバス）を書くことであって、教材が豊富であっても教材参照の司令塔（コマシラバス）がないと効果的に機能しない（この点については次節で論述する）――、学生が予復習するはずがない。田辺元でさえ講義日の二日前から毎週面会謝絶だったらしいから、学生の基礎学力不足を嘆く前に教員の授業準備不足を嘆くべきなのだ。「教育」であれ「研究」であれ、教員が研鑽を積むことなしに、どうやって学生が勉強するというのだろう。*14

*13 予習や復習などの学生便宜のためだけではなく、教員たちが〈カリキュラム〉を更新する場合もその主題に関して細目レベルの掘り下げをここまで指導できる教員がこの科目を担当しているのであれば、連接する科目の目標はもっと高度なところまで展開できるといった判断もできるようになる。概念概要的な主題主義に充ちたシラバスを検討するだけでは、こういった判断はできない。

*14 以下は、私たちの大学の「建学の精神」を説明する「人間環境学」講義（九〇分×一五回の二単位科目）の第三回目授業「コマ」シラバスの事例から。なお、左端の大きな欄の記載項目が項目一の「今回の授業の主題（この一回分の授業主題を簡潔に記載する）」、右端の大きな欄の記載項目が項目九の「使用する教材（参照文献を含む）・教具」を意味している。

この九個のコマシラバス項目以外に、科目全体の概要を記載する項目ももちろん存在している。「科目名」「単位数」「授業形態（講義、実習、演習など）」「必修・選択」「学習時間（予習・復習の想定時間)」などはもちろんのこと、「ディプロマ・ポリシー」「カリキュラム・ポリシー」とこの科目との関連を記載する項目、この科目を受講するための前提となる科目を記載する項目、この科目の受講成果と関連する科目の記載、さらには、「カリキュラム全体におけるこの科目の位置付け」「科目の目的」(この科目の社会的な意義などを記載する項目)、「到達目標」(最終的な履修判定に必要となる諸指標の開示)、「科目概要」(通常の授業概要的なシラバス)、「科目のキーワード」(授業コマ全体を通してのキーワード)、「授業の展開方法」(PowerPoint または Keynote を使う、「アクティブ(アクティブ・ラーニング)」型の授業を行う、毎回小テストを実施する、社会人講師をオムニバス的に挿入する、などの授業展開方法の記載)、「オフィスアワー」の記載などである。

間環境学」の指し示すところにしたがって、本学の各学部・学科の柱となっている、心理
は、第一回・第二回で人間環境学への導入を行った上で（第I部）、第三回から第六回にか
回から第十一回にかけては、他者の「生」への関わりについて（第III部）、第十二回から第
お、第六回・第十一回・第十五回はそれぞれ、それまでの内容を復習し、まとめるためのコ
は、第II部の１コマ目、すなわち「生」と自然環境との関わりについての議論の出発点に位
して、私たちの日常において、人間に特有の「生」（ビオス）と、他の生物とも共通する

人間	③	ニーチェによる伝統的な人間観への批判	④	シェーラーの哲学的人間学における人間と動物の区別

どの多様な意味が含まれているが、それと同様に、life, Leben といった「生」に該当するヨ
古代ギリシア語では、「生」（life, Leben）を意味する単語として、ビオス（bios）とゾーエー
は、日本語の「人生」や「生活」に概ね対応するものであり、biography（「伝記」）などの単
とで分かるように、biology といった単語は現代ではその意味を失ってしまっている）。他方、
り、これは zoology（「動物学」）などの単語の語源である（ただし、ゾーエー（zoe）は、「動
意している）。本コマでは、この二つの「生」（ビオスとゾーエー）について、私たち人間は、
＝ゾーエー）をもっていると同時に、他の生物には見られない高度に精神的・文化的な
私たちの日常生活においては、本来「ビオス」を支えているはずの「ゾーエー」が、文化・
教材(1)の文学作品（伊藤整『若い詩人の肖像』）を参考にして理解する。

という点が強調されており、それは例えば、人間が、古代ギリシアにおいて「ゾーオン・ロ
nimal rationale（「理性的動物」）と定義されたりしていることからもうかがえる。これは、人
じように肉体をもって生きているという点を否定的に捉えた上で、人間は他の生物とは異な
の例として、本コマでは、古代ギリシアの哲学者プラトン（紀元前 427 年 - 紀元前 347 年）
り上げる。プラトンによれば、肉体とその欲求は無数の厄介を私たちに背負わせるものであ
魂を肉体から解放しようとすることなのだと彼は考える。本コマでは、こうしたプラトンの
ると、ゾーエーに対するビオスの優位を説くものと捉えられる、というところまで押さえる。

の西洋の歴史を広く規定することになり、例えばそれは（本講義第六回で詳しく検討するよ
しかし、19 世紀末ごろになると、こうした（コマ主題細目②で見てきたような）西洋の伝統
性に対して劣位に置かれてきた人間の肉体の位置づけも見直されることになる。そうした思
ニーチェ（1844-1900 年）を挙げることができる。ニーチェによれば、プラトン以来のヨ
性的存在たることに優位を置くプラトン主義的なものであるのだという。ところがニーチェ
実のところ肉体の道具にすぎず、人間においてはむしろ肉体の方こそが理性よりもいっそう
ツァラトゥストラはこう言った』を実際に読み、こうした彼の議論を理解した上で、コマ
はビオスに対するゾーエーの力の根源性を説くものと捉えられる、という点まで押さえる。

次の第四回講義に備え、20 世紀に活躍したドイツの哲学者マックス・シェーラー（1874-
シェーラー『宇宙における人間の地位』）を参照しつつ確かめる。シェーラーの晩年の思索
うとする同時代の諸科学の飛躍的な発展により、人間を他の生物や自然に対して特権的に位
研究成果を踏まえながら、また、人間が生物的な「生」（ゾーエー）をもった存在であるこ
特異性を見出そうとするものである。本コマでは、シェーラーと同時代のドイツの心理学者
の実験を例として、人間と動物との間の決定的な差異が失われていった時代状況を押さえた
違いに着目して人間の特別な地位を確保しようとしたシェーラーの議論の概略を知る。併せ
回復させつつ、環境との関わりの中で人間の生を捉え直そうとする哲学的人間学の姿勢は、

精神（魂）	④	身体（肉体）	⑤	人間と環境
CT	□	PowerPoint・Keynote	✔	該当なし

ようになったものであるが、当時この語は、現在のように「生命の科学（the science of
いったいいかなる意味で用いられており、現代に至るまでの間にその意味はどのように変化
現代の生命倫理学者レオン・R・カスの著作からの抜粋（『生命操作は人を幸せにするのか—
頁））を読み、400 字程度で説明できるようにしておく。ポイントは、19 世紀に用いられ始
いう部分のギリシア語源に忠実な意味を担っていたものの、それがむしろ別の古代ギリシア
である。
life)」という語に対応する二つのギリシア語がどのようなものであり、その二つの意味の
である。もう一つは、魂と肉体に関する、プラトンとニーチェそれぞれの主張は、上の
ことができるか、ということである。まずは、「二つの生」についてその単語と意味を答え
主張の違いを 400 字程度で説明できるように復習しておくこと。

(1)伊藤整『若い詩人の肖像』、講談社文芸文庫、1998 年、185-186 頁。

(2)プラトン『パイドン—魂の不死について』（岩田靖夫訳）、1998 年、28-43 頁。

(3)ニーチェ『ツァラトゥストラはこう言った（上）』（氷上英廣訳）、岩波文庫、1967 年、51-54 頁（第一部の「身体の軽蔑者」の部分）。

(4)シェーラー『宇宙における人間の地位』（亀井裕・山本達訳）、白水社、2012 年、45-50 頁。

【教材・講義レジュメとコマ主題細目との対応】
主題細目①　教材 (1)『若い詩人の肖像』、第三回講義レジュメ §1

主題細目②　教材 (2)『パイドン—魂の不死について』、第三回講義レジュメ §2.1

主題細目③　教材 (3)『ツァラトゥストラはこう言った（上）』、第三回講義レジュメ §2.2

主題細目④　教材 (4)『宇宙における人間の地位』、第三回講義レジュメ §3"

<table>
<tr><td rowspan="10">3回目</td><td rowspan="10">私たちの「生」の二重性—人間的な「生」（ビオス）と生物的な「生」（ゾーエー）—</td><td>科目の中での位置付け</td><td colspan="5">本科目では、〈知の全体性の恢復〉という、本学の建学の理念である「人
学・環境科学・看護学の各領域へと向かって議論を展開する。具体的に
けては、私たちの「生」と自然環境との関わりについて（第II部）、第七
十五回にかけては、心と身体の問題について考えていく（第IV部）。な
マ（「復習コマ」）とする。上のような本科目全体の中で、本コマ（第三回
置づけられ、次コマ（第四回）以降にこの問題を考えていくための前提と
「生」（ゾーエー）とがどのように関わっているのかを考察するものである</td></tr>
<tr><td>コマ主題細目</td><td>①</td><td>人間の「生」（ビオス）と生物的な「生」（ゾーエー）</td><td>②</td><td colspan="2">西洋における伝統的な
理解とプラトンの思想</td></tr>
<tr><td rowspan="4">細目レベル</td><td>①</td><td colspan="4">日本語の「生」という語には、「人生」、「生活」、「生命」、「生存」な
ーロッパ語にも、上のような多義性が認められる。それに対して、
(zoe) という二つのものがある。このうちの前者、つまりビオスと
語にその意味は流れている（ただし、今回の予習課題に取り組むこ
後者のゾーエーは、日本語の「生命」や「生存」に当たる言葉であ
物」だけでなく「植物」も含む広い意味での「生物」の「生」を含
身体をもって生きる存在である限りで、他の生物とも共通する「生
「生」（＝ビオス）をももっている、という点を押さえる。その上で
儀礼・社会規範などによって隠蔽・抑圧される傾向にあることを</td></tr>
<tr><td>②</td><td colspan="4">西洋における伝統的な人間理解においては、人間が理性的存在である
ゴン・エコン」（「理性をもった生物」）と定義されたり、中世において
間が「ゾーエー」をもつ存在であるという点、つまり他の生物と同
る（ある意味で特権的な）存在であると主張することに通じる。そ
の議論（教材(2)（プラトン『パイドン―魂の不死について』））を取
り、肉体とは魂を欺き惑わす存在なのだという。そして、哲学とは
主張が、コマ主題細目①で学んだ「二つの生」を補助線にして考え</td></tr>
<tr><td>③</td><td colspan="4">プラトンに典型的に見られるような理性中心主義の考えは、その後
うに）近代科学の成立と相俟って人間による自然支配をもたらした。
的な人間観に対して疑いの眼差しがもたらされはじめ、それまで理
想の展開の際立った例として、19世紀ドイツの哲学者フリードリヒ
ーロッパの思想・宗教・道徳などは全て、肉体から魂を解放して理
は、一見すると肉体を支配しているように見える理性なるものは、
根源的に働いている、と主張する。本コマでは、教材(3)（ニーチェ
主題細目①の「二つの生」という観点からすると、ニーチェの主張</td></tr>
<tr><td>④</td><td colspan="4">本コマの最後に、コマ主題細目①〜③で学んだ内容を踏まえた上で
1928）による「哲学的人間学」の基本的なポイントを、教材(4
を端緒とする「哲学的人間学」という思想の潮流は、生物学をはじ
置づけることが困難になりつつある状況下で、個別科学の最新の
とを積極的に認めながら、しかも同時に人間の「生」（ビオス）の
ヴォルフガング・ケーラーによる、チンパンジーの知能行動に関す
上で、〈人間と環境との関わり〉と〈動物と環境との関わり〉との
て、同時代の諸学問に積極的に目を向け、学問知の〈まとまり〉を
「人間環境学」の理念に通じるものであることも押さえる。</td></tr>
<tr><td>キーワード</td><td>①</td><td>人間の「生」（ビオス）</td><td>②</td><td>生物的な「生」（ゾーエー）</td><td>③</td></tr>
<tr><td>コマの展開方法</td><td></td><td>社会人講師</td><td>□</td><td>AL</td><td>□</td></tr>
<tr><td>国家試験との関連</td><td colspan="5">—</td></tr>
<tr><td>復習・予習課題</td><td colspan="5">予習：biologyという英単語について、この語は19世紀初めから使用され
life)」という意味を表していたのではなかった。それでは、この語は当時
していったのだろうか。この点について、第二回講義の最後に配布する
蝕まれる人間の未来』（堤理華訳、日本教文社、2002年、377－378
めた当初biologyという語は、この語を構成している「バイオ」（bio）と
語単語「ゾーエー」（zoe）の意味に取って代わられていったということ
復習：今回の講義には大きく分けて二つのポイントがある。一つは、「生
「生」が、私たち人間においてはどのような仕方で見られるか、という
「二つの生」ということを補助線にした場合、いったいどのように捉え
られるようにした上で、その二つの言葉を用いながらプラトン・ニーチ</td></tr>
</table>

第七節　「見る」シラバスから「使う」シラバスへ
――メタ教材（教材参照体系）としてのコマシラバス

シラバスなどいくら「詳細化」しても役に立たない、と思っている大学教員はたくさんいる。またコマシラバスを「教案」と同じものだとみなして、初等・中等教育では「既にやってきたこと」とうそぶく関係者もいるが、それらの関係者の大きな勘違いは、ここで言う〈コマシラバス（時間型シラバス）〉は、実際に授業で〝使う〟シラバスだということだ。「教案」を実際の授業で〝使う〟教員などいない。「教案」は教「案」に過ぎないし、学習指導要領は「要領」に過ぎない。

そもそも詳細化しても元々その通りの授業ができていないし、その通りに授業をする気もないのだから、「役に立たない」と教員が思うのは当然のことだ。たとえば内田樹は、シラバス通りに授業をやることと学生の授業満足度とは「相関」がないと、次のようにまとめていた。「シラバスについて言えば、授業評価アンケートの統計処理でわかったことの一つは『授業がシラバス通りに行われているか？』という質問に対する回答が授業に対する満足度ともっとも相関度が低かったということである。教師が計画通りに授業をするかどうかが教育効果とあまり関係がないだろうということくらい予想がつきそうなものだが、シラバスで事細かに授業計画を書くように文部科学省は大学に求めてきた。いったい何のために……」（『街場の大学論』角川文庫、二〇一〇年）。

大学教員の実感がこの内田の発言によく表れているが、二つ指摘しておくことにする。まず現在の大学において、授業の毎回が「シラバス通りに行われているか？」どうかを学生が判断できる授業情報を記載しているシラバスなどないということ。二つ目は、師弟関係は「美しい誤解」（『先生はえらい』筑摩プリマー新書、二〇〇五年）に基づくものだと主張する内田が――実に正しい認識だ――「満足度」を指標に授業評価するのもおかしなことだということ。内田は、授業を、学生を満足させるためにやっていたのだろうか。ちなみに内田とのこのやりとりに加わっていたのは、当時文科省の高等教育局私学行政課長の杉野剛。杉野は考えられないくらいに内田のシラバス不要論に迎合しているが、高等教育局のお役人がいかにシラバスの意義を理解していないのかがよくわかる。彼らは大学の管理手段（財務省向けの）としてしかシラバスを理解していない。

内田は、シラバスを前もって読んで授業の内容を判断できるのなら学生はもともと授業を受ける必要などないとも言っていたが――それはそれでまたもっともな意見だが――、これもまた

〝使う〟シラバスについての無理解から来ている。〈時間〉型シラバス＝コマシラバスは、その意味では〈教材〉シラバスでもある。正確に言えば、コマシラバスはメタ教材である。いろいろと豊富な教材を持ち込むのが好きな教員はいくらでもいるが、九〇分間でそんなにたくさんの教材など使いこなせはしない。それは「必要だから」こそ用意した教材だというのなら、その教材がこの授業内のあれこれの教育テーマの何にどう関わっているのかを示す必要がある。[*15]

＊15　ここで言う「教材」とは、教科書（そんなものが在るとすれば）を含め、レジュメテキスト教材（パワポなどを含めた）はもちろんのこと、使用する実習機材・設備なども全て含んでいる。要するに、教員がその授業で利用する、トーク以外のすべてのメディアを指している。

そうでないと、学生はまともに参照されなかった教材を自宅に持ち帰っても使いようがないからだ。教材としてのコマシラバスがそれ自体メタ教材であるというのは、その意味で、授業内で配付されたり、参照されたり、使用されたりする教材・教具・設備すべての司令塔でなければならないということだ。つまりコマシラバスには、単なる授業内容の詳細だけではなく教材参照の体系が記されていなければならない。シラバスは苅谷剛彦が言うように「文献講読のペースメーカー[*16]」（『アメリカの大学・ニッポンの大学』玉川大学出版部、一九九二年）でもある。

＊16　この苅谷剛彦の著作は彼の「インセンティブ・ディバイド（意欲の階層差）」論である『階層化日本と教育危機』（有信堂高文社、二〇〇一年）――この著作については註49で触れる――の二〇年前のもので、先の中島（名古屋大学）、佐藤（愛媛大学）、鈴木（熊本大学）たちの著作に比べても一〇年以上前のものだが、彼らのシラバス論よりもはるかにまともなシラバス論になっている。シラバスを授業法や学生支援の一部としてしか考えない教育学者たちのシラバス論――しかも海外のシラバス文献に頼っているだけ――には役に立つものが一つもない。

なお苅谷の、イギリスの大学を論じた著作（先の『アメリカの大学・ニッポンの大学』の一〇年後の『イギリスの大学・ニッポンの大学』中公新書ラクレ、二〇一二年）では「シラバス」という言葉は一回しか出てこない。「シラバス」は主にはアメリカの大学の言葉だからだ。理由ははっきりしている。イギリスはアメリカに比べればまだまだ階級的な社会にとどまっている。苅谷が、二〇一二年のその著作で「教育された市民（an educated citizen）」（と「ただの市民」）というイギリス社会の言葉に気をとめる議論の通りのことである。D・H・ロレンスが嘆いたイギリス社会の階級性に比べればアメリカはまだましで、日本はもっとまし。むしろ日本の大学ははるかに「多様な学生」の大学だ。

ピケティによれば（『21世紀の資本』みすず書房、二〇一四年）、ハーバード大学の学生の親の平均年収は五〇〇〇万円弱（四五万ドル）となるらしい。全体の平均年収は、大学進学の子どもを抱える四〇代男性で日本が六〇〇万円、アメリカが六八〇万円くらいとそれほど変わらない（女性の年収を加えて世帯年収となると一〇〇万円〜一五〇万円多いが。いずれの数値も平成二六年度国税庁「民間給与実態統計調査」より）。一方、東京大学が実施している「学生生活実態調査の結果」（二〇一六年）では年収一五五〇万円以上は一二・六％しかいない。経済格差がそのまま学歴格差だという議論はよくある話だが、アメリカに比べれば日本ははるかにメリトクラシーが生きている社会だと言える。しかしそうではあっても、あるいはだからこそ、シラバス論については苅谷がレポートを書くぐらいにはアメリカでは活発だ。シラバス論は、日本においては、そのアメリカの一〇倍の議論があってもいい。私は、アメリカのシラバス論をありがたがって借用することしかできない日本の教育学者たち（苅谷はその中でははるかにまともだが）の一〇倍のシラバス論をこの論考で展開したいと思っている。

参照体系が貧弱な授業は、とりつく島のないお喋りに充ちた授業になってしまう。偏差値七〇以上の学生にはノートを取る天才が何人かいて、そんな授業でもきれいにノートにまとめるだろうが、「多様な学生」で埋まる今日の教室でそんな授業をやれば教員の教育目標は宙に浮いてしまう。そもそも偏差値七〇もあれば、そんな授業をやった途端に、「先生、今日の話はとても参考になりましたが、なにかそれについての参照・参考文献はないのでしょうか」と必ず訊いてくる。授業の「参照・参考文献」と言ってシラバス巻末や巻頭に必要な文献を挙げるシラバス書式がそこかしこで見られるが、一五回分全体のシラバス末尾に、あるいはシラバス冒頭に「アリストテレス『形而上学』、ヘーゲル『精神現象学』」と掲げられても意味はない。当の教員さえまともに読めてもいない参照文献を挙げている場合もいくらでもあるのだから。それらは自分の授業内容の貧弱さを補うためのこけおどしの文献参照指示にとどまっており――ちょうど業績稼ぎのための参照文献指示のように――、学生にとっては迷惑なだけのこと。そもそも、たった一五回（九〇分×一五回）しかない授業において何百頁もある文献を頁指示もなく何冊も挙げられてそれらの授業各回と文献との関係を推測できるのなら、そんな学生はその教員よりも〝優秀〟な学生だ。

少なくとももどの授業回で、そしてその授業回のどのテーマと関連して、それらの文献のどの箇所が重要なテキストになるのかを示すことなしに巻末文献の表示が意味あるものになることはない。つまり参照文献も含めた教材参照もコマ毎に記載すべきであって、更に言えば（コマ内の）細目毎の教材参照にまで展開する必要がある。特に〈教科書〉を使うことが少ない高等教育の授業では授業回毎の参照の体系を組み立てる必要がある。そもそも中等教育以下で使用する〈教科書〉を使う人ではなくて書く人（あるいはその候補者）が教員をやっているのが〈大学〉というところなのだから、大学のすべての授業の教材体系は、（毎年更新される）書き下ろしの体系であるはず。書き下ろしであればあるほど、その教材展開の意味を紐解くのは毎回の授業以外にはない。つまりその解説書は授業行為そのものなのだから、具体的な頁数などととともに毎回指示する以外にその書き下ろしのコマシラバスが有効になることなどありはしない。

そのように教材は〈科目〉に属しているのではなく、毎回の〈授業〉――〈科目〉の incarnation としての――に属している。そして、毎回の授業の中のさらにいくつかの教育テーマ（学習テーマ）のそれぞれに属している。その関連が明示されてこそ、授業の中の教材は意味あるものとなる。コマシラバスは、単なる「ペースメーカー」ではなく授業内の参照地図でもあるわけだ。というより、この学生たちを前にして、この教員である「私は」、どんな教材を各所に案配しているのかを指示する司令塔がコマシラバスである。天空（教育目標）と地上（クラス学生の基礎学力の現状）とを仲介するのがコマシラバスの記載内容で問われていることなのである。

シラバス（コマシラバス）には難しい概念が並んでいるのに教材参照欄が貧弱であるとしたら、その教員は学生の現状に顧慮せず、好き勝手話して授業を終えるのだなと邪推できるかもしれない。いまどき簡単な内容さえ教えるのに難しい「多様な学生」たちなのだから、教材参照欄がまともでないコマシラバスではほとんどまともな授業などやれてはいない。たとえコマ毎に教材参照欄が存在しているシラバス書式であっても、その欄がコピペで一様に「授業当日配布」などとなっている場合は特にそうだ。こういったコピペ教員は、「どっちにしても授業も聴いていない学生なのだから教材参照欄を詳細化しても意味などない」と思っているに違いない。その問題については四点ある。言わば、参照文献におけるインカネーションの四段階だ。一つは、巻末文献提示（授業全回に渡る一括の文献提示）からコマ毎の文献提示にすること。二つ目には、コマ毎の授業に関連する文献の該当頁数を挙げること。三つ目には、主題細目毎に文献提示（およびその該当頁数）を行うこと。四つ目には、授業中にかならずその主題とその該当頁の内容に言及し、それがコマ目標の理解にとっていかに重要なテキストなのかを学生にわからせること。この四つである。この四段階を経ても、「学生は参照文献なんて見ないよ」という事実があるとすれば、それは学生のせいではなくその教員が授業に失敗しているだけのことだ。こういう教員は、自分の研究論文でもからまわりの文献参照しかできていない教員なのかもしれない。

第八節　授業評価・授業改善のプラットフォームとしてのコマシラバス

――思惑の差分を意識することの〈双務性〉について

このように〈コマシラバス〉を参照体系共々詳細化していくと授業が硬直化し、教育が本来有する活き活きとした果実を得ることを阻害するのではないかと言う関係者が必ず出てくる。教員は機械のように（時間に追われて）定められたレールを走る授業しかできなくなるではないかという懸念だ。

しかし今日のこの授業で何を教えるべきなのかについて、何も決めずに教壇に立つ教員などさすがにいないはず。〈コマシラバス〉は、とりあえずは何をどの程度までどういうふうに話そうかという教員の思いを綴ったもの。しかし思い通りにはいかないものが〈授業〉。どう思い通りにいかなかったのかは、その思いが明示化されていない限り見えない。教員本人にさえわからない場合も多い。〈コマシラバス〉が一義的に学生サービスのためでないのは、その実際の授業の場で計画との狂いが生じたとき、その差分の参照項としてコマシラバスが自然に機能するからだ。コマシラバスは、それを書き込めば書き込むほど授業についての自己管理意識が高くなる。つまり〈コマシラバス〉はまずは教員のためにある。この差分の意識が授業改善（授業デザインと授業運営との改善）の契機、そしてまたカリキュラム開発（科目同士の縦横の関係を設計すること）の契機になっていく。

差分の意識がない授業は、何回やってもいい授業になっては行かない。「冗長すぎた」「展開に無理な飛躍があった」などの反省が具体化していくのは——この反省は教員たちが論文を書く場合とほとんど同じ反省の質に関わっている——、授業開始前の〝教員の思い〟が事前に明示化されていなければ不可能。その思いが詳細化されていれば、反省や改善の具体化はもっと容易なものとなっていく。しかもこの〝教員の思い〟が具体的で詳細なコマシラバスにおいて、学生と（実時間的に）共有されていれば、「先生、時間足らずで終わりましたね」という指摘とともに、その反省が外部共有化される。概念概要型シラバスでは、教員が思い通りの授業ができたのかできていないのか、学生にはさっぱりわからない。教員さえ自覚できていない。概念概要型シラバスにとどまる限り、学生に「シラバスと実際の授業とは一致していましたか」と聞いても意味はない。

学生には、今日のこの授業において先生が教えたかった内容（テーマとそのテーマの細目とその個々の細目のレベル）の全体が見えない。概念概要型（主題概要型）のコマシラバスでは全く見えない。しかし、教員が「今日の授業は、主題はこれ、その主題細目の三つはこれ、それぞれの細目レベルはこれこれまで」というように宣言して授業を始めれば、「先生、時間足らずで終わりましたね」と学生は言い始める。この授業の〈全体〉を学生と教員とで共有することから授業が始まるからだ。*17

＊17　したがってこの差分の意識に関わるコマシラバスの機能はＰＩＳＡの言う、最も教育＝学習効果の高い「制御方略」(control strategies) にかかわっている。「制御方略」については註38で再度触れる。

この〈全体〉の共有は、内田樹が『最終講義』(技術評論社、二〇一一年) で言う「一覧性」とは別のものだ。「未知の知見」に出会うのが教育の場であって、シラバス的な「一覧性」はそれを阻害すると内田は言うが、「一覧性」を詳細化しても、それくらいで消滅してしまわないのが「未知の知見」というものだ。分厚い博士論文や分厚い著作 (あるいはたくさんの著作) を熟読しているからといって、その人の (今更の) 講義を聞く気にはならないだろうか。それらを焼き直したようなシラバスを見たらもう聞くことはないと思うだろうか。それでも (だからこそ)、講義を聞きたいと思うことはいくらでもある。「未知の知見」は、それが程度のよいものであればあるほど、同じものに基づいて反復し再生する。内田の「未知」論によるシラバス否定論は、手品の種明かし論にとどまっているのである。「未知」のドキドキわくわく感が面白いというのもわからないわけではないが、何回聴いても「未知」のまま終わってしまう授業にも学生たちはうんざりしているはずだ。

さて、九〇分の授業においては教員と学生との時間は逆行しており、教員は授業の終わり（目標）から授業を始める。学生は授業の始まり、つまり前から順に受講を始める。〈全体〉が見えているのは教員だけなのだ。前から授業を始める（授業を受講する）ということは、学生は授業の中で〝起こったこと〟〝語られたこと〟だけを当てにして、授業（教員の〝言うこと〟）に付いていくしかないということだ。

つまり授業の中で〝起こったこと〟〝語られたこと〟の解釈の原理《アルケー》が教員と学生とでは異なっている。教員は後（＝全体）から、その〝起こったこと〟〝語られたこと〟を解釈し、学生は、これまでの歩みからそれらを解釈するという点で、授業の〈今〉の見方が異なる。〝前から〟受講する学生の躓きについて、「たとえ躓いたとしても『後で』わかるようになる」と教員が思っていても、その後《あと》の内容は「前から」進む学生には見えない。授業の顛末がわかる、全体が見えている教員からすれば些細な躓きであっても、学生にはとても深刻な躓きであったりもする。ドラマの演出家や脚本家が、途中でドラマを見るのをやめた視聴者やプロデューサーに「面白くない」と言われ、「最後まで見ないあなたが悪い」と愚痴を言ったりもすることがよくあるが、最後まで見させるか見させないかは、最初（＝前からの時間）で決まるのである。前からしか進めない視聴者にとっては、やめた途中までが全体でしかない。授業の一五回分の組み立てや、一回九〇分の組み立てても、そういった前から進む時間と後から俯瞰している教員の時間が異質であることを踏まえないと、必ず失敗する。コマシラバスは、その時間の逆行を埋める緩衝地帯なのである。

したがって授業計画の成否について学生アンケートを取る限りは、計画は詳細な（＝〈全体〉が見える）コマ計画（コマ単位の授業目標）にまで展開する必要がある。しかもそのコマ計画は、授業中の使用に耐えるもの、耐えるように詳細なものになっていなければならない。シラバスにおいてもっとも大切なことは、学生の学習目標を教員が一方的に（自分の目標を棚に上げて）提示することではなくて、教員の教育目標（教員の、授業についての「全体」意識）をまずは学生と共有すること（いまこの授業中において）であって、その共有は、授業中のシラバス使用、具体的なシラバス使用なしには不可能だ。そしてその共有評価を学生アンケートなどで反映させていけば、授業改善に組織的に取り組むこともできるようになる。そうやってはじめてシラバスが「双務契約書」（苅谷剛彦）と呼べるものになる。

たしかに内田樹が考えているとおり、授業を受講する前に学生がシラバスを読んで評価できればそれはもはや学生ではない（そもそも内田はシラバスを「選択科目」の選択便宜としか考えていない）。授業を受講する意味もほとんどないことになる。その意味ではシラバスは契約書ではない。[*18] 契約者の双方は対等の権利関係になるが、教員と学生との関係は対等の権利関係などではない。その意味では学生は〈顧客〉でも〈消費者〉でもない。しかし授業を受講すること、シラバスを授業利用することを前提とすればシラバスの存在意味は変わってくる。受講後のシラバス評価によってこそシラバスは〝契約書〟と類似した関係に入る。苅谷剛彦が「双務契約書」という場合の「双務」性は受講前ではなくて、受講中評価、受講後評価が加わってはじめて機能するわけだ。つまり学校教育における〝契約〟の双務性は進行形としてしか存在し得ない。そしてその「双務」性においてこそ、「先生、時間足らずで終わりましたね」という差分の意識は際立ってくる。

＊18　井下理の次の「シラバス」論は、昨今のシラバス論の錯誤の〝総合商社〟のような解説になっている。「詳しい説明書にあたるシラバスは学生にとって重要な情報源となるはずであり、大学はそうした形での情報提供を学生から求められている。日本では、大学の授業料は学期の初めに納付する。定額方式で科目数によって授業料が変化するわけではないのが一般的なあり方であろう。一般的には、購買者がこれから購入しようとする製品やサービスの中身について情報を欲しがるのは当然である。シラバスが学生にもたらす情報価値は高いはずである。シラバスの配布は、学生の満足度を左右すると考えられる。一方、顧客が購入したサービスに満足したかどうか、購入後、不満は残ったのかどうか。これらは今後の販売動向にも影響する。したがって、購買後の購買者の状況を把握することが、教育サービスの売り手としての大学には求められる。自分たちの行動の成果を確かめるためにも情報収集活動は

不可欠である。大学にとって顧客情報の収集活動のひとつが「学生による授業評価」である。学生による授業評価をまだ実施していない大学では、しばしば学生による授業評価の実施に反対する意見が出るという。その反対の論拠のひとつが「学生に評価能力がない」というものである。しかし、企業では消費者に製品やサービスの購買後の意見や感想を聞くというのはほとんど常識となっている。企業の場合、顧客満足（C.S.＝Customer Satisfaction）推進室という専門部署を常設しているところも多い。消費者の満足や不満、問い合わせや苦情などを多角的・組織的に調査分析し、次の製品開発や販促活動に活かしているケースも多い。顧客中心の事業展開、顧客重視の発想はいまや常識となっている。経営手法の導入にも積極的で、TQM（全体的品質管理）やCRM（顧客関係重視の経営）といった経営手法の導入は、企業だけではなく大学においても今後ますます検討し導入すべき方法であろう。交換は交換相手を無視して成立しない。大学教育もその購買者である学生が、購買後、その交換行動をどう評価しているのか、重要な関心を向け、学習者を中心にした視点から教育改革をみなおす必要がある」（「『実学』再考――教育改革の動向」、高等教育研究・第四巻、二〇〇一年）。私のシラバス論の全体は、こういったシラバス論調全体を破壊することにある。この議論である限りは、内田樹のシラバス不要論は全く正当なものだ。しかしながら教員は契約文書を書くために大学に存在しているわけではない。

第三章

コマシラバスによる
カリキュラムの構築

第一節　単位制科目における深化の時間性

さて、なぜ授業計画（シラバス＝コマシラバス）と実際の授業との差分は共有され組織化される必要があるのか。それは各科目の仕上がりの接合性が不安定になることについての懸念からである。教養主義に徹してすべての科目が自己完結し、科目単独の啓発性のランダムな結合を目指すカリキュラムならその種の共有性や組織性は不要かもしれないが、普通、それを〈カリキュラム〉とは言わない。〈カリキュラム〉とは科目の自立性の否定（いわゆる〈講座制〉の否定）のことだ。言い換えれば、〈カリキュラム〉とは全体で一つの科目、一二四単位（あるいは一二四単位以上）の一科目という考え方を前提して初めて成り立つものだ。

早稲田大学のとある学部のカリキュラムは、一〇〇〇科目以上の選択科目カリキュラムになっているらしいが、これは、カリキュラムというよりはカリキュラムの断念にすぎない。バイキングメニューの料理が専門店の料理を越えられないのと同じことだ。たしかに、下手な専門店よりバイキングメニューの方がましだという言い方もできるが、その言い方も、カリキュラムなんてできないという諦念から来ていることに変わりはない。「選択科目が多いというのもカリキュラムの特徴の一つだ」とうそぶくしかない。そもそも「多様な学生」を受け入れなければならない昨今の大学では、一科目の完結性で、基礎、応用、高度教育まで展開することは不可能。進学率二〇％台（九〇年代以前）の頃の大学の「二単位」科目による教育の成果は、昨今の大学では四単位、六単位、八単位といくつかの科目を重ねないと達成不可能な成果だと言える。教員がお互い縦横の科目連携を意識しながら、一つ一つの階段を上っていくように科目の端緒と出口の構成を考えていくことが必要になる。構成を概念的に考えるだけではなく、実際の授業もまたその実際の成果が問われることになる。

　昨今の大学の授業は、全体としてみればカオス。個々の授業科目にいくつか優れた授業があっても科目間連携としてはすべてが断絶している。大学の教育には期待しないという風潮が蔓延しているが、大学の無力はこのカオスによるカリキュラムの不在にすぎない。四年間もあれば、一つ一つの階段が緩やかでもその一つ一つの階段がきちんと踏みしめられる強度を持てば、「多様な学生」であってもかなりの高さまで登ることができる。四年間もあれば、偏差値四〇以下からでも高度人材育成が可能になる。そのためには毎回の授業での差分の意識を持つ体制を築くことが必須の課題になる。「先生、時間足らずで終わりましたね」という学生の指摘は、ナン癖というよりは、後の科目受講（カリキュラム）に影響があることとも関わっている。もちろん、それは一つの科目の構成にも関わっている。同じ科目内の授業において二コマ目の授業に失敗すると三コマ目以降の授業の負担も大きくなる。差分の意識を持つことなしに授業を続けると、どんどん教育目標は先送りされ、後半になればなるほど取り返し不可能な状態に陥る。そこで未完結なまま終わると、「後の科目」（後のナンバーを持つ科目の受講前提）に影響が出てくることになる。それが〈カリキュラム〉における科目と科目との関係だ。そもそも他の科目との関係以前に、その科目自身の履修判定自体も曖昧なものになる。そもそも〈単位〉（単位制）とは、それに該当するコマ数が積み上がることを前提にして与えられるものだ。[*19]

＊19　「単位制」は、元々はハーバード大学で選択科目制が導入されたときに採用されたものらしい。当時の学長のエリオット（一八六九年学長就任）は「学生が足並み揃えて同じ科目を履修するのは、あたかも『兵士の行進』のようだなどと揶揄して選択の自由のなさを批判した」（土持ゲーリー法一『戦後日本の高等教育改革政策』玉川大学出版部、二〇〇六年）。つまり「単位制の起源は選択制が導入されたことによる必然的な帰趨であった（…）単位制は選択制によるカリキュラムの自由化の副産物であった」（同前）のである。

エリオット学長就任直前の「ハーバードのカリキュラムでは一年生のカリキュラムはすべて必修カリキュラムで充たされており、二年生の場合には約半数が必修科目で残りが選択科目、三、四年生でも半数弱は必修科目で構成されるという形をとっていた」（潮木守一『アメリカの大学』講談社学術文庫、一九九三年)。ドイツの大学のように国家試験のための予備校のような明確な目的を有していたわけではない当時のアメリカのカレッジでは「勉強文化」(潮木)は育ちづらい状況があった。

当時のカレッジは卒業生の半数くらいが牧師になり、あとは法律家・医師になるものが一〇%～四〇%くらい。それくらいの進路なら「伝統的なカリキュラム」であってもなんとかなったが、エリオットが学長に就任するときには、牧師になるものは一〇%台に減少し「学生の多様化」対応に迫られていた。エリオットの、いくらかは個人主義的な傾向はあるにしても――潮木はエリオットを「個性尊重主義者」(同前)と言っている――「自学自修の精神」による選択科目制の導入はそういった伝統的なカリキュラムの形骸化に対してのエリオットの決断だった。

しかしこのような「多様な学生」対策のための選択制導入は大概が失敗する。ハーバードの内外から「ごうごうたる批判の炎が燃え上がった」と潮木は報告している。イエール大学のポーター(エリオット学長就任の二年後一八七一年にイエール大学学長就任)などは「我々はこのプラン――エリオットの選択科目主義(引用者註)――が、比較的真面目な学生に、束の間の満足感を与えることを否定しようとは思わないが(…)学部生の大部分は各科目の重要性を判断し、それらが将来の職業とどのようにかかわっているのか、それを判断できるほど成熟していないし、それだけの知識を持ち合わせてはいない」と喝破している。潮木はこのエリオットの選択科目主義をまるで今日の日本の学生の様子を描くように、以下のようにまとめている。

「自由選択下のハーバードでは、ある学生は特定領域の科目ばかり学習し他の領域については四年間何も学習しないで卒業していったし、またある学生は無秩序に手当たり次第にあちこちの専門の講義をとり何が専門だったのかわからないような状態で卒業していったし、ある学生はやさしい入門コースばかりを選んで卒業していったし、ある学生は点の甘い教師の講義だけ選んで卒業していった。(…)多くの学生はたくみにこの制度を利用し、最小のエネルギーで卒業に必要な科目数だけそろえて卒業していった」(同前)。早稲田の(とある学部のカリキュラムの)ように選択科目を一〇〇〇科目以上も用意すればこうなることは目に見えている。歴史はくり返す。

いずれにしても「単位制」の起源としての本質は、学生の「自学自修の精神」に基づいており、その「自学自修の精神」は科目選択の自学自修と授業時間外での自学自修(予習・復習)の二つから構成されている。

その意味では、カリキュラム(科目相互の組織性や順次性)を重視するということと単位制を重視するということとは矛盾する。単位制は科目単独の重力を高める要素として働くからだ。別の言い方をすれば、単位制は科目相互の価値を〝時間〟を媒介にして交換可能な価値——「単位の互換性」などという交換性——として認めることであって、カリキュラムにおける「ナンバリング」の思想、つまり科目は有機的な体系の要素として組み込まれていて交換できないという考え方と相容れない。「カリキュラム・ポリシー」の有無を問いながら「単位制の実質化」を求める文科省の施策もなかなかまともに受け入れるのは難しい。

マーチン・トロウは、「マス段階」（進学率一五％〜五〇％）から「ユニバーサル段階」（進学率五〇％以上）へと進む大学における単位制の隆盛とカリキュラムとの関係をうまく説明している。「マス段階になると、教育はずっと弾力性に富んだものに変わる。教育課程の構造性は弱められ、単位制による選択履修が優勢になり、コースの弾力的な組み合わせが認められるようになる。また学生は簡単に、専門分野や教育機関に自由に出入りし、またその間を移動することができるようになる。こうした弾力的な教育課程の編成は、いま姿をあらわしつつあるユニバーサル高等教育にもひきつがれるが、しかしそこでは教育の構造性は失われ、段階を追って進む学習方式がくずれ、さらにコース間の境界自体があいまい化していく。このように高等教育とはなにかについて支配的な概念が姿を消し、教育の形態・構造・基準などの否定が試験や評価の面にまで影響を及ぼすようになり、また学習と生活とをわける壁がうすいものになると、定められたコースの履修を求めることはむずかしくなる。（…）ユニバーサル段階になれば、大学で学んだからといって特定の職業に必要な資格がえられるわけではないから、成績評価の必要性もますますあいまいになっていく」（「高等教育の構造変動」、『高学歴社会の大学』所収、東京大学出版会、一九七六年）。トロウは現代の預言者のように〈単位制〉が「成績評価」までも曖昧にすることを洞察している（この、トロウの言う「成績評価」の弛みについては、本節後半、及び次節で扱う）。

いずれにしても、現在の文科省が言う「単位制の実質化」というのは、自学自修の第二の局面である「予習・復習」の実質化に特に向けられているが、それこそがシラバスのコマシラバス化なしにはできないことだ。「単位制の実質化」は、一言で言えばそのコマ（授業一回分）のシラバスの内容と同じくらいの詳細度で予復習の中身（予復習の課題）を書き込むことである。予復習に要する時間を書き込むくらいでは「単位制の実質化」は不可能だ。

カリキュラムの重視ということと単位制の重視ということとをもし矛盾することなく理解するとすれば、各科目の仕上がりを可視化することと単位時間というものを内容の深化の時間性として理解すること、この二つを押さえることとである。K・P・リースマンは、「近代化とはすなわち計量化である」と言い、「単位互換制」をマルクスの労働価値説の「復活」になぞらえて「世界史の皮肉」とまで揶揄している（『反教養の理論』法政大学出版局、二〇一七年）。

リースマンも単位制を「学生の成績が一連の授業の成り立ちから切り離されていく傾向が生じる」と指摘しながら、単位制とカリキュラム——リースマンは私が〈カリキュラム〉と呼ぶものを「特有の学問の体系性と方法論」と言っているが——との齟齬を指摘している。その結果は「教育者と学修者との共同体」の崩壊である。「関心の中心を集めているのはもはや講義のテーマではなく、クレジット・ポイント——ヨーロッパ単位互換制度（ＥＣＴＳ）に基づくドイツの単位数名称（引用者註）――や帰属モジュール、単位互換数の算入法であることがわかる（…）そこから感得されるものはほとんどない（…）学生たちが真に熟練の域に達するのはクレジット・ポイントとモジュールの組み合わせを用いた曲芸の手腕においてということになりかねない」とリースマンは単位制に厳しい。リースマン自身は「教育者と学修者との共同体」のイメージをシェリングやフンボルトの大学論に基づいていくぶん教授主義（講座主義）的に展開しているが、本稿では単位制とカリキュラムとの関係をエリオットからもリースマンからも離れて、（あえて言えば）ヘーゲル＝マルクス的な時間性に基づいて「労働価値説」的に理解しておくことにする。リースマンは「労働価値説」を〈交換価値〉に寄せて理解しているため単位制＝単位互換制になるのだが、「労働価値説」という言葉は、ここでは、どれだけの時間をかけて教育＝学習が成立しているのかと理解すればいいだけのこと。そもそも大学での学習を設置基準上「学修」と言い換える所以も、復習や予習の時間を含めた「身につく」プロセスを意識してのことだから、「単位」の「労働価値説」理解はそれほど無謀な理解でもないのだ。むしろ「単位制」＝選択科目主義と理解する方がはるかに危険だと思う。

二単位科目であれば、最後の一五コマ目は一四コマのそれぞれの階段を確実に踏みしめて上がることなしには達成不可能な成果であるように組み立てられていなければならない。担当教員が一五コマ二単位の科目担当者になるということは、九〇分×一五回でないと話せないような深さの授業内容を話すことができる――それだけの専門性がある――ということでしかない。もっと言えば、論文（一二〇〇〇文字程度の）を書くくらいの専門性だけではコマシラバスは書けないかもしれない。

深さと階段の意味は、たとえば小テストとは何かと自問するときでもはっきりする。毎コマか二コマ、三コマ置きに〈小テスト〉を実施するのはいいことだが、それを履修判定の一部として組み入れるのは（厳密には）間違っている。一コマ目が満点取れることと一五コマ目が満点取れることとは原理的には無関係だからだ。教員は、すべてのコマを終わったときに満点を取れるよう（あるいは六〇点以上取れる点数分布を意識して）各コマを積み上げているのであって、終わるまでの一コマ一コマは目標ではない。たとえば前半で小テストの平均九〇点の学生が後半で小テストの平均五〇点であった場合、小テスト全体の平均値は六〇点以上ということになり、その学生は合格点を取ることになる。科目全体の目的や目標に近づけば近づくほど点数が下がることもありえる学生の小テスト（小テスト点数のコマ分布）を科目履修の判定材料にすることは単位制の学生評価としては適切とは言えない。それでも小テストに意義があるとすれば、学生の自己評価（きちんと授業を聴いていたかどうか）、教員の自己評価（思ったように指導ができたかどうか）に使おうと思えば使える程度のこと。履修判定の一部に使うのであれば、初回ほど評価に傾斜を付けて、一回目から五回目までは七〇％評価（学生がその小テストで一〇〇点取ったとすれば七〇点の評価）、六回目から一〇回目までは八〇％評価などとやるしかない。

原則として小テストは、期末の履修判定試験が六〇点未満の学生の救済にあててはいけない。小テストの履修判定に関わる加点があるとすれば（百歩譲って）、あくまでも六〇点以上の合格点を取っている学生への恩情加点としてしか存在し得ない。

しかし、実際はこういった組み立てにはなっていない。たとえば、中島英博たち（前掲書『授業設計』）の「大学組織論」という科目のシラバスに記載されている「成績評価」欄はこんな書き方になっている。なお、このシラバス自体は中井俊樹による名古屋大学での授業シラバス（二〇〇六年度）によるものらしい。

授業への参加　三〇％
課題1 大学組織の特徴分析
　レポート一〇％
　発表一〇％
課題2 文献レビュー
　レポート一〇％
　発表一〇％
課題3 大学組織のケース分析
　レポート一五％

発表一五%

合計一〇〇%

これだと授業の進行による深化の履修レベルが問えない。なぜかというと、履修内容に関わる「課題」(1~3)を五〇%しか履修できていないままでも、「授業への参加」さえしていれば合格できることになる。たとえ「授業への参加」に「学習活動に積極的に関わって下さい」とコメントが付いていたとしても(そもそも「出席点」を文科省は認めていないために、わざわざこういう書き方になっているのだと思う)。しかし授業に一〇〇%出席していて発言も積極的な学生でも試験をするとまったくできない場合はいくらでもある。結局、期末試験(最終の高みの履修判定)のない授業であるために、この種の「観点別評価」の亜種のような履修判定(要素の機械的な集合評価)は論理的にも破綻している。その上、一五回の授業中、五回も学生発表型授業が組み込まれているため、「二単位」の履修判定に見合う内容があるかどうかも検討が必要なシラバスだ。このような「アクティブ・ラーニング」型授業と並存して要素の機械的な集合評価、いわゆる「多面的な」「総合的な」評価が前面化すると、学生評価ばかりが前面化して、教員の授業評価(教員への授業評価)が遥か後方に後退する。機械的な総合評価になると教員による学生への裁量評価が前面化して履修評価体制も含めた授業評価が前面化せず、授業改善課題が見えてこないからだ。これもまたトロウが言うように日本の大学における入学後の「請負的な（sponsored）性格」（「エリート高等教育の危機」、『高学歴社会の大学』）が響いている。

なぜ入学後の日本的な請負主義は蔓延するのか。中島たちのシラバス論にはやはりコマシラバス論がないからだ。文献参照についてはコマ毎の記載がないし、コマシラバスに該当する記載欄は「スケジュール」記載に代替できる程度のものでしかない。したがって、「成績評価」もインカネーションする契機がないのだ。

そうなるのは、授業が上手くいっているのか、それとも思うように運んでいないのかのレフェランスが不在だからである。その判断と評価は授業をやっている教員本人でさえもわからない場合が多い。授業を終えてからの試験作成における難易度設定さえ狂う場合もあるのだから、その手前の授業評価の正否など、他人はもちろんのこと、本人さえもわからない場合がある。よほどの大失敗をしない限りは。

したがってシラバスや履修判定基準が曖昧であることは、請負性格をますます強め、「履修」出席主義のような体裁――「修得」と区別された「履修」主義については、第五章第一節を参照のこと――を大学においてさえ取らざるを得ないというのが現状だ。大学までも出席主義にしてしまうこの請負性格は、トロウも指摘するように欧米と較べても日本独自のものだが、「修得」性評価のレフェランスを明示することなしには何も始まりはしない。

第二節　小テストの累積では問えない科目の〈全体〉

あるいはこんな小テスト論もある。たとえば「解剖生理学」の授業では、臓器単位で一コマ九〇分ずつ振り分けた授業になっている場合もある。一コマ目は「心臓」、二コマ目には「肺」（…）五コマ目には「肝臓」とかいうように。つまりコマが積み上がらずに単元毎に自立している場合には、小テストもそこで完結するわけだから、毎回の小テストはそのまま履修判定に使ってもいいのではないかと。この場合、期末テストは期末テストで「心臓」から二問、「肝臓」から二問というように小テストの外面的な総合版のような試験になるのだろう。

この問題の基本は、「観点別評価」の問題と同じだと思う。要は、肝心の期末テストで五〇点、あるいは四〇点しか取れなかった学生をどう評価するかという問題である。小テストを履修判定に加えるということは、肝心の期末テストで五〇点しかとれなかった学生を小テストの「平常点」で、たとえば一〇点加えて合格扱いするということだ。しかし、授業当日「心臓」

の小テストで一〇〇点を取れていた学生が期末試験では点数が取れずに、五〇点にとどまることを教員がどう扱うのか、ここが履修判定の課題になる。結局、「学んだときから時間が経ったので忘れた」ということだろうが、それは許されることなのだろうか。短い時間（授業直後）でなら一〇〇点取れるが時間が経つと忘れるのなら、何を教えても意味がないことになる。「パブロフの犬」、あるいは「スキナー箱のハト」のような条件反射で小テスト一〇〇点を取っているだけのこと。

日本の若者が一番勉強するときは受験勉強の時だと言うが、その意味は範囲が広範であることとINPUT（受験勉強）とOUTPUT（試験）との間の時間が長いことの二つがその勉強の要素になっているからだ。知識を身につけることなしには受験勉強を突破できない。内容が広範囲に渡ることとOUTPUTまでの時間の長さという二つの課題は「パブロフの犬」のような条件反射や単なる暗記だけでは突破できない。期末試験という半期の時間の長さにも耐えられない五〇点学生を合格扱いする問題はそこにある。試験は原則、INPUTされた時から長い時間をおいて、かつ広範囲にわたるINPUTから長い時間をおいて実施されるときにこそ学生の〈実力〉を測定できるものであって、それはその教員の教育力の実力を問う契機でもある。

さらに言えば、いくら単元別で臓器単位に授業を細分化しても〈人体〉とは何か、人体の〈要素〉とは何であるかが「解剖生理学」を理解することの本旨であるだろうから——三木成夫ほどにメタフィジカルな物語を作り上げる必要はないにしても——単元が進む毎に見えてくる全体

（あるいは基本）があるはずで、その内実こそ期末試験に結実させるべき単位制における履修判定の本来の在り方だと思われる。小テストの点数を履修判定（期末試験の六〇点未満）に加えるとすれば、ケアレスミスで数点失うときの恩情点以上に意味はないし、それ以上の意味を持たせるべきではない。いずれにしても、単位制の科目を履修する意味は、時間数と内容（内容の深度）とが相関していることが前提なのだから、単元単位で分断されるオムニバス型の授業など本来は許されないことなのだ。

第三節　カリキュラム・リテラシーとしてのコマシラバス

一つの科目の内部でさえ小テスト細分型の履修判定とかオムニバス型コマ構成などが横行している現状で、つまり一つの科目のなかでさえ〈カリキュラム〉になっていない現状で、科目自体を積み上げるカリキュラムなどできるはずがない。しかしそうであるにもかかわらず、なぜ教員は小テスト評価を含めた「観点別評価」などで履修判定をごまかしながら、そのことに鈍感であり続けるのか。科目の履修判定（期末試験）に第三者性がなく、授業計画は（単なる）授業〝計画〟として、実際やったところまでを試験すればいいという現状があるからだ。選択科目の多いカリキュラム、オムニバス型授業の多いカリキュラムほどそうなる。選択科目とは他の科目との接続性のより希薄な科目なのだから、失敗しても誰の迷惑にもならない。途中で終わったかどうかさえもわからない科目でしかない。

その上、履修判定評価が曖昧であるとすれば、選択科目だけではなく必修科目さえも科目内部で崩壊している。つまりシラバスは「ペースメーカー」にはならず、教員自身の「ペース」そのものが存在してない。「経済学Ⅱ」よりも難易度が高い「経済学Ⅰ」、「経済学Ⅱ」よりも易しい「経済学Ⅲ」がある理由は、その種の「ペース」が不在だからだ。一つ一つの階段自体が崩壊しており、階段でさえない。これでは〈カリキュラム〉は存在し得ない。極端なことを言えば、経済学部の科目名なら、「経済学Ⅰ」〜「経済学LX」までの「ナンバー」（四年間分の通しナンバー）だけでよく、選択科目もゼロにするくらいの気持ちで取り組んでこそ初めて〈カリキュラム〉は存在することができる。連続する二、三科目さえ管理できない大学教学体制で、どうやって選択科目が多数あるカリキュラム——選択科目が増える度にポリシー管理変数が複雑になるカリキュラム——の仕上がり人材像をコントロールするというのだろう。

現在のところ、カリキュラムを意識した、つまり他の科目との接合を意識した科目運営を配慮すべきだと思っている大学教員は、三割くらいはいる。[*20]カリキュラムがほとんど機能していない現在の大学において、この三割という数字は私にはとても有望な数字だと思える。「多様な学生」を前にして、科目連携の意識は日増しに高くなりつつある。しかしカリキュラムを考えようと考えまいと、自分が担当する一つの科目内の一五コマの階段自体がカリキュラムであることに変わりはない。自分の科目のカリキュラム構築（コマ管理）ができない教員たちが科目を超えた連携を模索することなどありえない。まずはコマシラバスが書けることがカリキュラム・リテラシーの基本なのだ。

＊20　小方直幸が、全国の工学系、法学系、経済学系の大学教員を対象に実施した「大学教員の授業観と教育行動」調査による。調査対象は二二〇五名。回収率は三一%（「大学の授業の何が課題か」、「高等教育研究 第一七集」所収、玉川大学出版部、二〇一四年）。

第四節　教育と研究との接点としてのコマシラバス

第四節第一項　教員はなぜコマシラバスを嫌うのか

このカリキュラムリテラシーに習熟することは、教員はシラバスに追われて〝機械のように〝授業をやるしかないということになるのだろうか。授業は〝生きもの〟であって、その躍動性を殺ぐのではないかという、何度も再生するコマシラバスへの懸念だ。しかしシラバス＝コマシラバスの授業内容は、中等教育までのように〝学習指導要領〟に拘束されて教育目標を強制されるものではない。機械のような授業をやるとすれば、自分が〝自由に〟書いたコマシラバスの記載が機械的なだけのこと。シラバスを生きたものにするかしないかは大学教員の力量にのみ関わっている。

たとえ〝自己管理〟であっても、「授業は計画通りにはいかない」と思うのなら、〝復習コマ〃や〃踊り場コマ〃[*21]を一五コマ（二単位九〇分×一五回授業の場合）の間に二回程度挟めばいい。そのような進行のバッファー（buffer）を入れると中身の厳選が必須の課題にもなるが、〃機械化〃を嘆く教員のシラバスは、大概は「あれもこれも」の内容になっているものが多い。あれこれの既成の教科書や参照資料などの見出しを任意に拾い、それを赴任先のシラバス（コマシラバス）書式に流し込んだりすると、大抵の場合、「先生、時間足らずで終わりましたね」と、学生に突っ込まれることになる。コマシラバスの記載が形式的、機械的なのだ。

＊21　たとえば、先の「人間環境学」一五コマ講義の場合、六回目と一一回目に〃復習コマ〃として、一回目〜五回目、七回目〜一〇回目の進行スピードを調整するコマを置いている。単位制の授業コマで「復習」コマという言葉を本気で使うわけにはいかないが、緩急をつけるという意味で〃踊り場〃コマ、あるいは〃バッファー〃コマを挿入するということだ。こうすると〃生きもの〃としての授業の〃機械化〃〃形式化〃も避けられる。

「あれもこれも」型とは別に、研究室などでコマシラバスを書いているうちに概念連鎖が盛り上がり、どんどん書き込みたくなってきて内容自体が膨張してしまうということもある。それでは、コマシラバスの記載がコマシラバスにもかかわらず概念概要的なものにとどまってしまう。たとえ「詳細」であっても。

両者とも実際の授業では必ず破綻する。こういったタイプの教員は、コマシラバスがあろうがなかろうが、もともと授業が苦手な教員であって、こういう教員にこそコマシラバスを書いてもらって差分の意識（計画倒れの意識）を持ってもらう必要がある。授業が苦手な教員ほどコマシラバスを嫌うのだから。「あれもこれも」の内容になり概念膨張したようなコマシラバスになるのは、結局その九〇分で必ず押さえなくてはならないことは何なのかについて自覚が足りないためであって、その意味は、今日の仕上がりの成否が次のコマ、次の科目の展開に影響を与えることに配慮が足らないということなのである。

売れっ子人気講師みたいな教員や実務家教員は、二単位授業を持ちこたえる力が不足しており、前者は講演のような授業をやり、後者は実務経験の自慢話に終わる授業になりがちだ。こういった教員たちは、授業コマ（の成果）を積み上げる、科目（の成果）を積み上げるという感覚が薄い。毎回が単発の講演のような人物主義授業——教員である私のもろもろを知って欲しいというような——になる。シラバスやコマシラバスを嫌う傾向の本質は、積み上げることを嫌うことにある。

第四節 第二項　長い時間をかける教育としての大学教育とシラバス

しかし狭義の生涯学習とは異なり、学校教育における教育の特徴は長い時間の教育、時間を積み上げる教育にある。六年間（小学校）、三年間（中学＋高校＝六年間）、そして四年間の大学教育。長い時間の教育であるにしても中等教育までの教科に分断された教育に比べれば、大学教育こそが唯一四年間を一つの科目のようにして構成できる特徴を有している。大学教育こそが〈カリキュラム〉教育が可能な学校（大学）の本質を有しているのだから。学習指導要領のない自由な大学においてこそ、教員がその専門性において自ら自由に書き込んでいく〝学習指導要領〟としてのシラバス＝コマシラバスが前面化する。大学教育の自由とは、計画を詳細化できる自由であって、授業計画は毎回書き下ろしの教科書を書ける（はずの）大学教員の専門性を反映している。

シラバス（コマシラバス）とは、文科省が「教育と研究」と言わずに「教育研究」と一体化して使う場合の要《かなめ》の内実である。実際、コマシラバスを書き進むときに中身が具体化せず形式的になるのは、「授業が苦手」というよりはそのコマのテーマが自分の専門性の薄い箇所であったりする場合も多い。二単位一五回の授業を担当する、そのシラバスが書けるというのは、教育能力以前の専門性（研究専門性）に関わっている。だからこそ、アメリカの学会は、「日本の学会以上に、専門教育の実践についての情報を豊富に提供している」（苅谷剛彦・前掲書『アメリカの大学・ニッポンの大学』）。学会（研究）と教育とが分離している日本の教授たちはだからシラバスを書くことを嫌う。しかし自分の授業の〝教科書《コマシラバス》〟もまともに書かないで、「教育ばかりやってられない」というのは本末転倒なのである。そもそもあの蓮實重彦（第二六代東京大学総長)さえ「教育の重視」ということを言い出す時代なのだから(『私が大学について知っている二、三の事柄』東京大学出版会、二〇〇一年)。「〝研究〟をやりたい」という教員は一体どこの大学に勤務したいと思っているのだろうか。

敢えて言えば、一回九〇分の授業トークを有意義にもたせるためには一〇〇枚(四〇〇〇〇字)くらいの論文が書けるだけの能力がないと不可能である。トークは場合によっては書き言葉(論文)よりも圧縮力が高い。三〇〇枚の論文を書いても、何が書いてあるのか話してみて、と言われて、九〇分×一五回も話し続けられるのかといえば、そんなに簡単なことではない。そもそも各大学で行われている大学教員採用審査は、大概は担当予定科目を提示して、それに耐えるだけの論文数や論文の質をチェックしているのだから。それは結果的には、この教員は少なくとも二単位のシラバス(コマシラバス)が数科目分書ける専門性を有しているかどうかを審査しているわけだ。

授業が〝生きもの〟だからというのならば、論文もたった一行で、あるいはたった一語の助詞の使い方ですべての内容が死んでしまう場合もある。論文もその意味では生きものだろうし、生きものには授業であれ、論文であれ生きるための法則やルールやリズムがある。ストックのない生命は存在しない。〝生きもの〟だから、ということと準備が要らないということとは何の関係もないことだ。〝生きもの〟だからこそ、あらゆることに備えて準備を周到にしなければならないという点で、論文のみならず、授業も準備が必要なのである。論文は時間を溜めることができるが、授業は九〇分の流れる時間の中での準備である分、論文よりももっと周到な準備が必要になるだろう。少しでも準備が上手くいった授業は授業自体も安定することくらいはどんな教員でも知っていることだ。

一コマ九〇分の授業の最後に小テストなどを一度でもやったことのある教員なら、思ったように学生が理解していないことはよくわかっている。授業「活き活き」派や「アクティブ・ラーニング」派の教員たちの授業は、テストすれば惨憺たる試験結果になる。それを隠すようにその種の授業の成績評価は先にも指摘したように授業内の参加具合や発表評価のような総合評価が多く、期末試験中の試験になっていない（註8を参照のこと）。内容が身についていないことを〝意欲〟評価で補っているわけだ。このような〝意欲〟評価が前面化する授業はシラバスが書けない。ましてコマシラバスは書けない。〝意欲〟に内容などないからだ。

色々と話したけれども何が核（ストック）となっている話なのかへの留意がない授業は、仮にテストをやっても平均六〇点程度の授業にとどまる。標準偏差も大概の場合二〇・〇以上になる。その結果を見て「やる学生はやる、やらない学生はやらない」とうそぶくことになる。かといって大量落伍者も出せない分、〝意欲〟評価に逃げてしまう。

喋りっぱなしで授業を終える教員は、「必要なことにはすべて触れてある」という言及主義型の授業を行い、学生の身につくプロセスまでを追わない。身につくところまでの成果の可否を意識して「授業を終えた」という自己評価をしない。いつも言及主義で終わる。シラバスも

（教育・学習目標を）書くだけ書いて終わり。こういった教員は、コマシラバスを書いても概念概要型になり、「言及はしてある」というように書き終える。身につくプロセスを追うのがコマシラバスの意義であるにもかかわらず、これではカリキュラム（他の科目への仕上がり接続）を担う科目のシラバスにならない。

結局、コマシラバスは授業を機械化、マニュアル化し、生きものである授業を平板化するという批判は、シラバスを平板に書いているか、自分勝手に書いているかの裏返しの反応に過ぎない。自分が教えたいことについて学生の理解過程（学修過程）を追うシラバスを心がけるなら、コマシラバスは詳細化した方がいいに決まっている。

第四節 第三項 「できる」評価＝「行動目標」評価における行動主義（behaviorism）

実習授業の場合も、教材や教具、実習設備に紛れて——さすがに実習最中に寝ている学生はいないため——、一人一人の学生の実質的な仕上がりに鈍感になってしまう場合が多い。実習仕上がり試験も「よくできた」「普通」「なんとかできた」（あとは「不合格」）の三段階程度にとどまることも多く、せめて五点差の解像度で——つまり、一〇〇点満点を二〇段階の評価解像度で——、合格グループを分布させる必要がある。不合格組の補習も努力主義評価で「それなり合格」扱いする場合も多く、（大学であるからこそ）知性化すべき実習評価の体制もまだまだ不十分だ。

そんな実習授業の「細目レベル」こそ、きちんと詳細化して書き込むべきなのである。実習は寝ている学生がいない分、講義授業よりも授業の凸凹が見えづらい。だからこそ、「細目レベル」の詳細化と履修判定（期末テスト）の解像度との整合性を取る必要がある。「講義のシラバスはまだ書きやすいが、実習のシラバスは書きづらい」と嘆く教員がいるが、そんな教員はほとんどの場合、解像度の低い実習試験、実習補習、その追再試で授業を終えている。実習授業において最悪の評価指標が「できる」評価だ（先の佐藤たちが推奨する「行動目標」評価、あるいは「Can-do」評価）。これはいかにも客観的で実践的な指標のように見えるが、たとえば「トリプルアクセルができる」とか「一〇〇メートルを一〇秒未満で走ることができる」などのように〈行動〉がただちに〈質〉を意味するような「できる」目標でない限り、教育目標にはならない。しかも〈行動〉がただちに〈質〉を意味するような目標とは、常人では不可能な（オリンピック選手でなければできないような）目標を掲げる場合のみだ。

たとえば「ピペットを適切に扱うことができる」はその行動に伴う質をただちに意味しはしない。「適切」と言っても、数多の水準があるからだ。「適切」とは何かこそ、「細目レベル」で刻むべき内実であって、刻む段階の数がピペット操作教育の〈質〉の諸段階（解像度）を意味することになる。〈実習〉単位が〈講義〉の二分の一しか与えられていない現状は、〈行動《ビヘイビア》〉よりも重要な行動の〈質〉（行動の「細目レベル」）が問われてこなかったからだ。実習が授業時間内に限定されているからと言って、実習には予復習指示ができないというのは、あまりにも行動主義的ではないか。〈行動（behavior）〉だけなら、猿だって人間と同じことができる。実際、行動主義心理学では、人間と動物との間に質的な断絶など認めていない。[*22]

＊22「行動主義 behaviorism」――私なら behaviorism を「外貌主義」と訳すが――についてのより進んだ言及については拙著『努力する人間になってはいけない――学校と仕事と社会の新人論』（ロゼッタストーン、二〇一三年）を参照のこと。

実習教育目標自体の解像度が、「できる」表現に行動主義的に終始する限り教育成果は期待できない。わいわいガヤガヤ型の演習授業の場合も同じことが言える。実習や演習のような「アクティブ（アクティブ・ラーニング）」型の授業こそ、「細目レベル」の解像度を上げる必要がある。大学の履修判定はどんな授業であっても、behaviorism（あるいはオペレーション評価）に陥ってはいけない。

「演習《ゼミ》」授業などもシラバスが曖昧な「わいわいガヤガヤ」型の授業にとどまり続けている場合がある。「学生の基礎学力が低い」と嘆く大学に限って、「わいわいガヤガヤ」型演習が多いこともある。しかし〈演習〉は、すでに学習主体にそこそこの知識ストックがあると認められている場合にしか成功しない。「知識」INPUT型だと学生が寝てしまうので、「演習」でなんとか盛り上げるというような演習こそシラバスが書けない演習になる。「私は演習担当なんですが、詳細シラバスをどう書けばいいですか」などというような演習授業なら、もうやめた方がいい。[*23] 講義で充分な教材・資料を用意できない教員が演習でまともな教材・資料を用意などできないからだ。しっかりとした講義が成立していない中で演習をやっても成果は出ない。大学のカリキュラム目標が何になるにせよ、その目標の成否の鍵を握るのは講義授業（知識INPUT）である。講義が成功しないのに、実習もフィールドワークもインターンシップも成功するはずがない。演習、フィールドワーク、インターンシップなども講義とセットにしてカリキュラムを組み、成績優秀学生しか参加できないような仕組みを作らないと「わいわいガヤガヤ」型演習は意味がない。演習における behaviorism は、「寝てはいない、起きてはいる」というものにとどまる。カリキュラムにおける科目接続とは、講義であれ、実習であれ、言及や行為《ビヘイビア》（みかけ）の連鎖ではなく、質的な仕上がりの連鎖でなければならない。ある科目の受講は、それより時間的に早期に受ける他科目のシラバス主題（教員の教育目標＝学生の学習目標）を〝それなり〟に理解していることが前提になる。これを「単なる目標に過ぎない」と言ってしまうと、科目「連鎖」はあやしくなり〈カリキュラム〉は崩壊する。

*23 「講義（lecture）」の原義はラテン語で「読むこと（lectio）」を意味する。この「学部段階」の講義が元になってはじめて「上級学生向けの授業形態」である演習的な「討論（disputatio）」の授業がやっと始まる。

川添信介は次のように言っている。「中世の大学の特徴の一つはカリキュラムが厳密に設定されていたということである。それぞれの学問分野において権威として認められていた書物によってカリキュラムは構成されていた。教師も学生も自己流に好みの内容を教え学ぶということはなかったのである。その書物は神学部の場合にはまず聖書であり、次の段階ではペトルス・ロンバルドゥス（一一〇〇頃〜一一六〇）の『命題集』であった。学芸学部では（大学や時期によって変化するが）学部段階で主として『オルガノン』、修士段階になって自然学関係の書物や『ニコマコス倫理学』『形而上学』などとされていた。したがって、中世の大学の授業の基本は教師が権威あるテクストの意味を解説することであって、これが『読むこと』を意味する『講義（lecture, lectio）』という授業形態である。『読むこと』は自分の解釈を示すことであるから、この講義の文字による記録が『注解書』というかたちでわれわれに残されている。だが、中世の大学における教育の最大の特徴とされるのは『討論（disputatio）』と呼ばれる上級学生向けの授業形態である。教師が討論のテーマを、たとえば『神は存在するか』という問いのかたちであらかじめ提示しておき、討論当日にこの問いに肯定的立場の学生と否定的な立場の学生がなんらかの根拠によって自分の立場を弁証し、その後に教師が裁定を下し、さらに両方の学生の根拠に批判を加えるというスタイルをとるものであった。その記録は『討論集』という形式で残された」。討論は、注解のプロセスの上に位置付いている。「この授業形態の起源は明確ではないが、本来は『講義』のテクストが含む難解な個所についての解決を得ようとして始まったと考えられている」と川添は続けている。後に、トマス・アクィナスの『真理論』のように「特定のテキストを離れて、教師の自由な問題設定と議論構造をとるようになった」(『哲学の歴史（第三巻――神との対話)』中央公論新社、二〇〇八年）と川添は言うが、それもまた「注解書」の歴史的な蓄積の上でのことである。「講義(lecture, lectio)」が崩壊している大学ほど〝討論〟だらけの「演習」をやりたがるが、それは本末転倒した事態なのである。

ハーバードのサンデル「白熱教室」も「討論」の場面だけが取りあげられて、そこだけをマネするお調子者授業も日本で流行ったが（まるで「アクティブ・ラーニング」の見本のように）、サンデルの授業さえ、前半は「正義」なら「正義」についての学説を扱い、その後で具体的な事例を扱って学生たちとのやりとり（あるいは学生同士のやりとり）が行われている。世間的に取りあげられているのは、後半のやりとりが中心だが、この講義の弱点は、前半の学説と後半の「討論」の内容とが有機的に結びついていないことだ。学説を扱う前半では、サンデルは普通の講義をやっているに過ぎない。しかもこの前半の「講義（lecture, lectio)」で言及されるテクニカルタームを使って「討論」が盛り上がるわけでもない。ハーバードの学生さえ幼稚な自分の意見をやりとりしているだけで前半の学説を踏まえた討論になっているわけではない。討論から学説へ、学説から討論へという流れができれば、もう少し〝知的な〟討論になると思うが。そもそも古典の学説はそれ自体が討論を蔵したもの。多様な個人同士の

「討論」を超えた討論を一冊の古典はそれ自体で蔵している。「もはや言うことは何もない」というほどに。その認識からしか「討論」は始まらない。あの教室で目立った発言をしている学生たちの背後に、その学説（学説が自ら蔵している歴史的な議論）に沈思するまともな学生たちがたくさんいるに違いない。勉強している学生ほどあの「白熱教室」では発言はしない。「討論」の本来の目的は「学説」、あるいは「原典」により深く分け入っていくためのものであるからだ。川添も言うように「本来は『講義』のテクストが含む難解な個所についての解決を得ようとして始まった」のが「討論」だったのだから。

数年前、福澤諭吉の『学問のすゝめ』感想文コンクールの審査委員（猪瀬直樹さんと二人だけでの審査だったが）をやったことがあった。感想文の書き手は中学生・高校生が中心だったが、どの感想文も福澤諭吉の『学問のすゝめ』のあれこれのテクストについて、「これは間違っていると思う」とか「これは賛成です」という〝感想〟にあふれかえっていた。自分の意見を言う前にテクストを丁寧になぞる訓練が総じてできていなかった。理由は（後で知ったことだが）、学習指導要領などに「自分の意見を持って感想を書くこと」などといったような指導を推奨する記述があるとのこと。こんな指導は、テキストにまっすぐに向かう姿勢を殺ぐことでしかない。古典、あるいは学説への冒瀆に過ぎない。そもそも自分の意見を言うことを優先させるのなら、〝先生〟とともに（先生の指導を仰いで）テキストを読む意味はない。歴史を超えて残るテキストに対峙すれば、普通は、「間違っている」と簡単には言えない何かがあると思わせるところからしか感想文指導は始まらないはず。「白熱」すべきなのは、自分の意見を言うことへの白熱ではなく、テキスト自体が有する白熱に白熱することでしかない。

もっとも演習授業が、「講義」授業でさえまともに機能しない大学の今日において減らない原因は、なにも「アクティブ・ラーニング」の隆盛にあるわけではない。実際、週持ちコマ数六コマ（一週間に一回九〇分の授業を六回担当する状態）の教員であっても、「講義」六コマ担当ということはほとんどなくて、そこには「演習」も二コマくらいは入っていたりもする。「講義」六コマでは〝身が持たない〟からである。しかもその六コマがすべて別科目の六コマであるとすれば、授業準備は大変なことになる。「講義」における一コマと「演習」授業の一コマでは授業負担の質が違う。シラバス（コマシラバス）の濃度がそれを語っている。「演習」授業のシラバスなどでまともなものは何一つない。現場では「演習二コマあるから週六コマでもやれるでしょ」というような教員へのお願いは日常茶飯事なのだ。その上、授業準備が嫌いな教員は、「講義」授業でさえ演習型の発表授業やディスカッション型の授業にしたりもする。文科省が予算を付けてまで導入しようとしている「アクティブ・ラーニング」はまともな授業準備ができない教員にとっては〝救いの神〟のような授業なのである。

第五節　カリキュラム体系の一部としてのアセスメント・ポリシー

第五節 第一項　履修判定指標の必要性——科目間接合とカリキュラム

科目と科目との接合性の度合いを測るものが期末試験（履修判定試験）の点数やその点数分布である。言及主義の限界は、①履修判定試験の内容　②履修判定試験の点数分布（標準偏差）を見ればわかる。

履修判定試験（期末試験）の内容は以下の三つの観点からの整合性を問う必要がある。

①シラバス＝コマシラバスと期末試験の内容との整合性
②実際の授業とコマシラバスとの整合性
③実際の授業と期末試験との整合性
（＊この三つの絡み合いは、本章「第五節 第三項　シラバスアンケートの実施」で再度詳述する）

シラバスも授業もそう悪くはないのに、期末試験の内容が杜撰なものはいくらでもあるし、逆に期末試験の内容はとても立派なのに、シラバスも授業も杜撰という場合も多い。大学における期末試験は、中等教育以下の試験に比べてもお粗末なものが多い。そもそも難易度設定が個々の教員任せになっているために、六〇点合格の意味がないも同然。他科目との接合性以前の問題が多すぎるのだ。GPA評価が効果的に機能しない原因もそこにある。今回の「高等教育の負担軽減制度」利用受け入れ校側の「機関要件」にも、「厳格な成績管理の実施・公表」が義務付けられているとおりだ。本来は、シラバスを作成する場合に、試験指標も、シラバス項目の一つとして書き込む書式を用意しないと、この三つの整合性は取れない。

私たちの大学では、シラバス作成と同時に、期末試験（履修判定試験）の指標（履修判定指標）も記載し、シラバス＝コマシラバス＝コマシラバスの巻末に「履修判定指標」として五〜一〇指標程度挙げている。これは通常、各大学で「授業の目標」「科目の目標」「到達目標」などという言葉でシラバスに記載されてきたものだ。

しかし、これらの「目標」記述は、結局は、履修判定の指標として具体化しないと意味がない。「目標」が具体化するのは、期末試験（履修判定試験）においてのことだからだ。従来、これらの「目標」は概念概要型シラバスと同じように、概念的な目標記述にとどまっていた。しかし目標を概念的に記述しても、それらが一五回授業（二単位授業）の中でどんな関連をもって展開するのかが見えない限り、ほとんど意味のない記述にとどまる。目標にもインカネーションが必要なのである。

ちなみに私たちの大学では、履修判定指標は、「履修指標」「履修指標の水準」「キーワード」「配点」「関連回」と五個の要素で書き込んでいる。[*24]「履修指標」は、何を履修のテーマにするかの「何（何を）」、「履修指標の水準」は、その「何（何を）」についてどの程度掘り下げた内容を問うかの水準。「キーワード」は、その「水準」を構成するキーワード。「配点」は一〇〇点満点における各指標の配点。「関連回」は、「履修指標」「履修指標の水準」「キーワード」までの理解の鍵を握る授業回（一五コマの内、どこでその話をするのかの関連回）の提示となる。なお履修指標（五〜一〇指標）は、シラバス＝コマシラバス書式表の最後に記載して、授業開始日に科目毎に配付するシラバス＝コマシラバス資料と一体化させる必要がある。そうすることによって、学生たちは毎回の授業が何を目指して進んでいるのかをシラバスの巻末の履修判定指標と照合しながら受講することができるようになる。

私たちの大学の「履修判定指標」の実際の記述は以下のようなものとなる。

＊24　以下（一七〇〜一七一頁）は、私たちの大学の「建学の精神」を説明する「人間環境学」講義（九〇分×一五回の二単位科目）「履修判定指標」の事例から。

これらの指標提示は試験内容とその解答を前もって開示しているような体裁を有しているが、この提示の目的はそこにあるわけではない。時間的に進んできた一五回が何を基盤にして（何を目標にして）成立しているかの提示がこの指標提示の意味。一五回のコマシラバスをもう一つ別の観点から解釈し直すための指標提示である。「関連回」の提示をみても、必ずしも関連回が連続していない指標もいくつか混じっているが、これらは理解の道筋と理解の目標とが必ずしも同じものではないことを意味する。こういった理解のジグザグを反映するからこそ、一五回を振り返る「目標」（履修判定指標）の提示は意味を持つ。何より、授業の中身を立体的なものにできる。履修判定指標の提示自体もまた教育的な機能を有しているのである。

第五節 第二項　「アセスメント・ポリシー」は「観点別評価」では代替できない

最近、文科省は三つのポリシー（アドミッション・ポリシー、カリキュラム・ポリシー、ディプロマ・ポリシー）に加えて、アセスメント・ポリシー（Assessment policy）を付け加えるようになった。[*25]

＊25　最近は、これらが「入学者受入れの方針」「教育課程編成・実施の方針」「卒業認定・学位

	キーワード	配点	関連回
て理解しておくこと。また同時に、人間環境学の理念そのものに より具体的には、以下の二つのことが求められる。(1)「なぜ人間 字程度で説明できるようにしておくこと（そのためには、第一回)。(2)「人間」・「環境」・「時間」という用語が人間環境学において おくこと。	人間環境学、学問の在り方、人間、環境、時間	10	第 1 回、第 11 回、第 15 回
、〈自己への関心（気遣い・ケア）〉というハイデガーの用語を用 コマ主題細目①（「私たちの生の現場における「もの」との関わり） 〈自己への関心〉という上の用語と結びつけて理解しておく必要が おける「ひと」との関わり）を振り返り、私たちが日常生活にお 重要である。	もの、ひと、（環境）世界、自己への関心（気遣い・ケア）、ハイデガー	10	第 2 回、第 4 回
れるようにしておくこと。また、魂と肉体の関係についての、プ 理解しておくこと。この水準に至るためには、先の二つの古代ギ で、第三回講義のコマ主題細目②（「西洋における伝統的な人間理 「二つの生」という観点からプラトン・ニーチェ双方の主張をまと	人間の生（ビオス）、生物的な生（ゾーエー）、魂、肉体、プラトン、ニーチェ	10	第 3 回、第 12 回
境世界」への関わり〉とどのように異なっていると考えているのか （そのためには、第三回講義のコマ主題細目④（「シェーラーの哲 」からの自由」）の各内容を振り返り、人間・生き物双方の「環境 か、また、（イ）ユクスキュルの環境世界論とはどの点において異 義のコマ主題細目②「ユクスキュルの環境世界論」を上の二つの	環境世界、世界開放性、シェーラー、ユクスキュル	10	第 3 回、第 4 回
、どのように異なるものと考えられるか、300 字程度で説明でき 」、「非人間中心主義（自然中心主義）」の立場とそれぞれどのよう 心主義」の考えを復習した上で、これを、第六回講義で学ぶ丸山 責任」の考えとはどのようなものであるか、200 字程度で説明で のかという点について、社会学者ルーマンと政治哲学者サンデル 説明できるようにしておくこと。「環境の価値」を「経済的な価値」	人間中心主義、非人間中心主義（自然中心主義）、〈環境の価値〉と〈経済的な価値〉、ヨナス、丸山眞男、ルーマン、サンデル	10	第 4 回、 第 5 回、第 6 回
であるか、それぞれのタイプについて、「自己への関心」というキ ・ベナーが看護学の観点から挙げている具体例が参考になる。第 とを表現しているのか、また（イ）それは上の二つのタイプの「他 。第七回講義のコマ主題細目③を、同回の教材『ツァラトゥスト ことができるようにしておくこと。他者の固有の世界を理解する く必要がある。	他者への関心（気遣い・ケア）、自己への関心（気遣い・ケア）、環境世界、同行、ハイデガー、ニーチェ	10	第 2 回、 第 7 回、第 8 回、第 11 回
いて、「脳死」と「人工妊娠中絶」の問題を例として、400 字程度 人称の視点」・「三人称の視点」のどちらに立つかによって異なって られている時期までの中絶であっても、やはり「二人称の視点」 ものを選択肢の中から選べるようにしておくこと。具体的には、 レス、トマス・ド・ファイネスらの歴史的に画期となるような主	二人称の視点、三人称の視点、脳死、人工妊娠中絶	10	第 9 回、第 10 回、第 15 回
いるか、両者の主張の違いを明らかにしつつ、400 文字程度で説 には「魂の輪廻」の考えがあり、「プシュケー」（魂）は「ソーマ」 については、プラトンとは対照的に彼の考えでは「プシュケー」 、理性的働きといった）生き物における或る種の働きのことを指 オス」・「ゾーエー」の「二つの生」という観点も取り入れて、プラ 。	プシュケー（魂）、ソーマ（身体）、人間の生（ビオス）、生物的な生（ゾーエー）、プラトン、アリストテレス	10	第 3 回、第 12 回
身二元論」の考えを踏まえた上で、400 文字程度で説明できるよう 心」と、〈ひろがり〉をその本質とする「物体」とを、互いに独立 な問題が生じ、また、脳科学や生理学の発達した現代においては 関係にあるのかを 200 文字程度で説明できるようにしておくこと。 ついて、デカルトは、プラトン・アリストテレスのどちらに近い	心身問題、心身二元論、プシュケー（魂・心）、ソーマ（身体）、デカルト	10	第 12 回、第 13 回
方について、それは、デカルトの「心身二元論」における身体の 講義において学んだデカルトの「心身二元論」においては、「身体」 れとは異なる仕方で位置づけられている。「黒板を見る」、「ペンを て規定された身体的習慣の例を三つ挙げられるようにしておくこ 習慣と同様に、私たちが世界の中で生きる上でのいわば〈地盤〉 得られる習慣と混同しないようにしておく必要がある。	生きた身体、習慣と身体、身体と環境	10	第 14 回、第 15 回

	履修指標		履修指標の水準
履修判定指標	1	人間環境学の理念とその背景にある問題意識	人間環境学の理念が登場した背景について、〈現代に至るまでの学問の在り方〉という点から ついて、そのキーワードである「人間」・「環境」・「時間」の意味などを復習して理解しておく 環境学が必要なのか？」という問いに対して、〈学問の在り方〉というキーワードを用い 講義資料（梅原猛・河合隼雄・竹市明弘「人間環境大学が目指すもの」）を熟読しておく必要 使用される際の意味について、複数の選択肢の中からこれを説明した正しいものを選べるよう
	2	日常性における「もの」や「ひと」との関わり	日常の「生」の現場において、私たちが個々の「もの」や「ひと」とどのように関わっている いて、400字程度で説明できるようにしておくこと。「もの」との関わりに関しては、第二回 を復習し、私たちの周囲の「もの」はいつも「何らかの目的」のもとに存在しているという ある。また、「ひと」との関わりに関しては、第二回講義のコマ主題細目②（「私たちの生の いて他者と関わっている際にも常に〈自己への関心〉が伴っている、という点を押さえておく
	3	人間の「生」（ビオス）と生物的な「生」（ゾーエー）	「生（life）」という語に対応する、二つの古代ギリシア語（カタカナでよい）と、その意味を ラトンとニーチェの主張の違いを、上の二つの語を用いて400字程度で説明できるよう、復 リシア語を、それが語源となっているbiographyやzoologyといった英単語と結びつけて理解 解とプラトンの思想」）・コマ主題細目③（「ニーチェによる伝統的な人間観への批判」）を復 めておくことが求められる。
	4	人間の「環境」への関わりと、生き物の「環境」への関わり	①20世紀に活躍した哲学者シェーラーが、〈人間の「（環境）世界」への関わり〉は、〈生き物 を、人間の「世界開放性」というキーワードを用いて200字程度で説明できるようにしてお 学的人間学における人間と動物の区別」）・第四回講義のコマ主題細目①（「人間における「環 世界」への関わりを押さえておく必要がある）。 ②シェーラーの議論は、（ア）生物学者ユクスキュルの環境世界論のどのような点を継承して なっているのかを、（ア）、（イ）それぞれ150字程度で説明できるようにしておくこと（第 観点（（ア）・（イ））から復習しておく）。
	5	環境を守ることの「なぜ」と「どのように」	①日本の思想家である丸山眞男の議論によれば、日本と西洋それぞれにおける自然環境の捉 るようにしておくこと。その際、日本と西洋それぞれにおける自然環境の捉え方が、「人間中 な関係にあるのかも示すこと（第四回講義で学ぶ、環境思想における「人間中心主義」・「非 の議論の「なる」・「つくる」という各発想と結びつけて整理しておく）。 ②第五回講義のコマ主題細目①を復習し、ドイツの哲学者ハンス・ヨナスにおける「未来世 きるようにしておくこと。 ③第五回講義のコマ主題細目②〜④を復習し、私たちはどのように環境を守っていくことか の考えの対立点を、「環境の価値」、「経済的な価値」という二つのキーワードを用いて200字 から独立に考えるか否かがポイントである。
	6	他者への「ケア」と「環境」	①ハイデガーが挙げている、「他者への関心（気遣い・ケア）」の二つのタイプとはどのよう ーワードを用いつつ100文字程度で説明できるようにしておくこと。その際には看護学者パト 七回講義のコマ主題細目①・②を復習のこと。 ②19世紀の哲学者ニーチェが「道」の比喩で述べていることについて、（ア）それはどのよ 者への関心」とどのような関係にあるのかを、それぞれ150字程度で説明できるようにしてお ラはこう言った』の重要部分を中心に再読しておく。 ③ハイデガーにおける「同行」の概念を、「感情移入」との違いを示しつつ、200字程度で説 ためには自己自身を放棄するべきなのか、というポイントを中心に、第八回講義の内容を復習
	7	他者の「生」の始まりと終わり	①他者の「生」や「死」を考える際の二つの視点（「二人称の視点」、「三人称の視点」）の違 で説明できるようにしておくこと。「脳死」については、「脳死」は「人の死」かという問題 見えてくるということ、他方、「人工妊娠中絶」については、法的に（「母体保護法」によっ と「三人称の視点」とではその見方は違うものになる、という点がポイントである。 ②アリストテレス以来の、「中絶」（「堕胎」）に関する言説の歴史について、その説明として 第十回講義のコマ主題細目①（「中絶（堕胎）に関する言説の歴史」）の内容に関して、アリ 張を、「生命はいつ始まるのか」という観点から押さえておくことが求められる。
	8	古代ギリシアにおける「プシュケーの学」	プラトンとアリストテレスにおいては、「プシュケー」がそれぞれどのようなものとして捉え 明できるようにしておくこと。この水準に至るために、まずプラトンについては、彼の主張 （身体）から独立に存在しうるものとされている点を押さえておく必要がある。他方アリスト が「ソーマ」から独立に存在するものとはされておらず、むしろそれは（植物的働き、動物 すものとされている点が重要である。このように「ソーマ」との関係を中心にしつつ、さら トン・アリストテレス双方における「プシュケー」理解をより詳細に述べられるようにしてお
	9	私たちの「心」と「身体」—「心身問題」—	①「心身問題」とはどのようなものであるかを、この問題の前提となっている、デカルト にしておくこと。第十三回講義の内容全体を振り返り、デカルトが、〈考える〉という働きを の領域のものとして捉えた上で、「身体」を「物体」の側に位置づけたことから、いったいど この問題がどのように考えられているのかをまとめておく必要がある。 ②デカルトの議論が、プシュケーとソーマに関する、プラトンやアリストテレスの議論との 第十二回講義の内容も復習することで、プシュケーのソーマからの独立を認めるか否か、とい 発想をもっているのかを押さえておく。
	10	私たちの「身体」と「環境」—「生きた身体」・「習慣としての身体」—	①20世紀フランスの哲学者メルロ＝ポンティによる、「媒体としての身体」という「身体」 捉え方とどのように異なるものであるか、300字程度で説明できるようにしておくこと。第 は「物体」の領域に存在するものとされていたのに対して、メルロ＝ポンティの場合、「身体 握る」といった具体的な日常経験を例に理解を深めておくことが肝要である。 ②メルロ＝ポンティにおける「習慣としての身体」という考えに関して、歴史的・文化的環境 と。なお、このとき、「まばたきをする」、「呼吸をする」といった生理的な働きも、そうした としての役割を果たしているものと考えられるが、これらを一定の歴史・文化環境の中で後

授与の方針」「学修成果の評価の方針」と日本語で表記されるようになっている。一説によれば中教審の委員から、なぜわざわざ英語で表記するのか、との発言があったらしい。

その基本となるのが科目の単位認定（履修判定）にかかわる方針なのだが、この新方針は、九〇年代初頭に始まった（中等教育における）「観点別評価」の方針開示か、その亜種で代替されそうな気配もある。

たとえば、「期末テスト」五〇％、「小テスト」三〇％、「レポート」二〇％などというような評価のポートフォリオがシラバスで表示されている大学も多々存在している。[*26] ひどいものになると、質問点、出席点などという「観点」をいまだに挙げる大学も存在する。これも確かに〈アセスメント・ポリシー〉の一部をなすかもしれないが、本来の〈アセスメント・ポリシー〉は、「期末テスト」自体の評価方針（評価基準）、「小テスト」自体の評価方針（評価基準）、「レポート」自体の評価方針（評価基準）などを掲げることである。

＊26　ちなみに、私はこの「観点別評価」自体が中等教育、高等教育の教育力を大幅に殺いだものだと思っているが、すでにそれは別稿――「大学入試改革の時代錯誤について――『人物本位入試』は階層格差を拡大する」（「教育と医学」慶應義塾大学出版会、No.733）、およびその拡大補筆版である本書の附論1「大学入試改革と人物評価主義について」――で詳しく論じているので参照のこと。

なぜそれらの基準自体が具体的に示されないのか。理由ははっきりしている。ほとんどの教員は、シラバスを書くときには（半年近く実施が先になる）試験内容のことなど考えていないからだ。「シラバスを書くのでさえ面倒くさいのに、試験方法やその基準開示などやっていられるか」というのが多くの教員の現状だろう。

しかし授業計画（シラバス）を書き上げるときには、その計画の〝成果〟がどんなふうに確かめられるのかを同時に示すべきなのだ。むしろ〝成果（あるいは目標）〟から逆算して授業計画は書かれなくてはならない。目標なしに計画を立てても意味がないからだ。それを棚に上げて、評価割合を観点別に挙げても、いったいその割合の提示が何を意味するのかは全くわからない。おそらく〈目標（試験指標）〉と〈計画〉とが別々に立てられている分、教員は観点別の割合くらいしか思いつくことがないのだ。この程度では、学生は「期末テスト」の割合が低い授業の履修に傾きがちになるに違いない。試験一回で決まる〝リスク〟が低くなるからだ。その程度の「ポリシー」開示にすぎない。

しかし〈アセスメント・ポリシー〉の内実はそこにはない。その本質は、どんな要件をどの程度満たしたらその科目を履修したことになるかという基準の開示である。それは同時に科目同士縦横の接合性（＝カリキュラム）の基準でもある。シラバスが目指すところがアセスメント・ポリシーの開示にあるとすれば、あるいはアセスメント・ポリシーの具体的な実現の過程がシラバス＝コマシラバス編成にあるとすれば、シラバス・ポリシーのないアセスメント・ポリシーは存在しえない。むしろアセスメント・ポリシーはシラバス・ポリシーに内属しなくてはならない。言い換えれば、「なぜこんな試験をするのか」の説明文書がシラバス（コマシラバス）なのである。シラバスは、単位（単位制における）の内実を示すものだからだ。試験の在り方と関係のないシラバスはないし、シラバスと関係のない試験もあり得ない。

さらに言えば、目標（履修判定指標）までの長い授業過程（コマシラバスの一五回展開）を追って科目全体を評価するのはその長さや詳細さも含めて困難も多いが、履修判定指標のそれぞれの項目を見て、「こんな問いかけに答えられるようになる授業なら、ぜひ受講してみたい」と思う学生や学内外の関係者も出てくるはず。履修判定指標は、授業の内外を見通す〝窓〟なのである。その意味でも、履修判定指標は単なる受験ツールではなく、シラバスの一部でなければならない。

第五節 第三項　シラバスアンケートの実施

こういったシラバスと履修判定指標と実際の授業運営の関係の実質化は、シラバスアンケートが鍵を握っている。通常、アンケートは最終回の授業で取る場合が多いが、それでは試験評価ができない。

学生がシラバスをまともに読まないのは、試験内容と密接に関連している「授業目標」「科目の目標」「到達目標」などの記載が杜撰か、試験内容自体が「目標」の記載内容とかけ離れているかのどちらかだからである。しかも授業自体がどんなに杜撰でも、試験判定（試験内容）に関心のない学生はいない。だとすると、最終回の授業で取る授業アンケートは、学生の関心（シラバスおよび授業運営全体への関心）の一番希薄なところでのアンケートに過ぎない。大切なことは、試験評価からする授業計画（シラバス＝コマシラバス）＋授業運営全体の評価アンケートを取ることなのである。

私たちの大学では、「シラバスアンケート」*27と称して、試験終了後五分くらい時間を取って以下六項目のアンケートを取っている。

（1）あなたは、コマシラバスを授業の度に毎回、持参して使用していましたか
（2）教員は、授業中、毎回、コマシラバスに言及していましたか
（3）コマシラバスと実際の授業とは一致していましたか
（4）コマシラバス（履修判定指標）と実際の試験とは一致していましたか
（5）実際の授業と実際の試験とは一致していましたか
（6）授業は全般にわかりやすかったですか

この集計を行うと（すべての項目で、良い評価で二段階、悪い評価で二段階、合計四段階の格差を付けた四択アンケート。最良評価で一〇〇点、次良の評価で六七点、次悪の評価で三三点、最悪の評価で〇点で、期末に、科目ごと集計実施）、試験評価を含めたシラバス評価と実際の授業運営全体の授業評価が完成する。教員同士でもできない試験評価――シラバス評価さえなかなかできないのだから――、かつシラバスには目もくれないが試験内容には関心のある学生の試験評価を知的に行うためにこそ、履修判定指標の詳細化とそれに基づくシラバスアンケートは必須だった。

「レポート」試験などをやる場合でも紙試験《ペーパーテスト》と同じように履修判定指標（レポート内容の評価要件）をシラバスで開示し、試験週間中の試験日に、採点したものを返却すればいい。レポート試験の場合は試験週間中における試験日が採点したレポートの返却日（返却時間）＝レポートコメント日（解説時間）となる。レポートは紙試験《ペーパーテスト》と違って、実際の採点結果を見ないと履修判定指標との関係を学生が評価することができないからだ。授業展開・試験指標と試験内容とが一致しない元凶が「レポート」という試験形態だが、レポート点数開示日にシラバスアンケートを行えば、採点の正当性や合理性を教員・学生共々評価し、確認することができる。この場合、「授業最終回後数日で学生がレポートを書けるとは思えない」ということと「レポートの採点を数日間でやり終えるのも大変だ」ということの二つが難点だが、レポート指導は全授業回を通したレポート指導であるはず。その果ての試験週間突入であり、また日々のレポート指導はそれ自体が日々のレポート評価でもあるはず。学生にとっても教員にとっても、その作成も評価も未聞の課題ではない。そもそもレポートがその授業の最終目標ならレポートリテラシー自体がコマシラバスのそこかしこに記載されていなければならない。見たこともない、予想も付かない「コピペ」だらけのレポートが提出されるとすれば、わざわざ「レポート」という形式をとった試験をする必要もない授業に過ぎない。それでもなお「短期間では無理だ」と言うのなら、紙試験《ペーパーテスト》をやればいいだけのこと。「短期間では無理だ」――つまり授業が全回終わってから初めてレポートをどう書くかを考え始める授業――というのは、「レポート」試験が授業内容に内在した試験形式ではないということを意味しているのだから。したがってこの苦情を訴えるにもかかわらずレポートに拘る教員は、①試験問題を作ること、採点することが面倒くさい（レポート評価は最初の数行で評価できる場合も多い）、②採点の融通が利く試験をやりたがる（授業計画や実際の授業の破綻を処理しやすい）、③試験日勤務を省ける、という三点を動機としている場合も多い。試験日どころか、中には授業最終回をレポート提出日にしている手抜き授業も多々存在している（本書第二章第一節参照のこと）。

　いずれにしてもすべての履修判定試験の試験週間実行を徹底して、このように履修判定指標とセットでシラバスアンケートを実施すれば、試験評価も含めた学生アンケート体制が完成する。

＊27　なお、私たちの大学では、この「シラバスアンケート」を含めて二種類の〈学生アンケー

ト〉を取っている。期末のアンケートが「シラバスアンケート」、期中のアンケートが「授業アンケート」となっている。「授業アンケート」は「期中」七回目～八回目に取るアンケートで、期末で大量落伍者を出すような気配のある授業に対して授業改善を求めるためのものだ。期末アンケートで「まったくわからない授業だった」と学生からの評価の結論を得ても、それは〝後の祭り〟。一五回の苦渋の受講を放置するわけにはいかない。そのための「期中」アンケートである。授業の翌日には集計結果がでて全学で共有する体制ができている。

第四章

「コマシラバス」という言葉と一〇年後のシラバス論

第一節　教員の自己管理のためのコマシラバス

私が「コマシラバス」という言葉を最初に使ったのは、一九九八年だった。その時にはインターネットで検索しても三つしかその検索がヒットしなかった。その三つは、主に小学校の「教案」に使われていたものだった。

しかし、私が「コマシラバス」という言葉を思いついたのはそれとは全く別個の動機からだった。

あるとき、カリキュラム議論ばかりしていないで実際の授業をみんなで見てみようという提案があり、五〇クラスの授業（五〇科目）を、学科を超えて見学。見学者も当該学科を超えた教員が含まれていた。毎回一〇人くらいの教員が見学に入った。授業終了後、授業担当教員を交えて、「この授業をどう思うか」と見学者に振ったが、意見はまちまち。「いい」と言う教員もいれば、「これはまずいでしょ」という教員もいて、評価が決まらない。話を聞いていると、ほとんどの発言は授業法に関わるものばかりだった。「板書が下手だ」「教壇にばかり張り付いてないで教室の後ろにも回れ」「教材の使い方がよくない」「声が小さい」「授業にメリハリがない」「早口でよく聞き取れない」などなど。

これらの評価は、評価者が「私はそうではない」と言っているだけのこと。声の大きな人は小さい声の人に「小さい」と非難する、板書のうまい人は「板書が下手だ」と指摘する、そんなことの応酬になる。そのように大概の授業評価会は、「私はそうではない」という議論に終始する。そしてその反対現象を少し整理して列挙すると、「インストラクショナルデザイン」体系ができあがることになる。全く不毛な。

大概の教員が自分の授業に受講生以外の他人を入れたがらない理由は、メモ帳以外にろくな資料も持たずに入室してくる見学者の授業評価が自分の方法を押しつける授業法議論にとどまり、それ以上のまともな感想を聞いたことがないからだ。この拒絶反応は健全なものだ。そんな経験をしたのが、二〇〇〇年を前にした私の授業評価初体験だった。

しかしなぜそんなことになるのか。おそらくそれは、見学した授業のその回の授業目的を示す文書や資料が授業内はもちろんのこと学内のどこにも存在していないからだ。

当時存在していたのは、旧来型の科目説明としての「授業概要」（授業計画）でしかなかった。ところが見学の対象としての授業評価は、個々の毎回の授業に対して行われるものであって、科目概要の批評ではない。科目概要の批評など大学教員同士でやり始めたらつかみ合いの喧嘩にしかならない。何時間かけても決着は付かない。その意味でも、〈概要〉にとどまる限りは、評価の手前で終えることができる。粗《あら》が目立たない。というより〈概要〉だけでは評価に手を付ける方法が存在しない。普通に授業見学しても、この授業が何をどの程度教えれば教員の本望を果たした（果たせる）ことになるのかの資料や情報が存在していないからだ。たとえ「講義ノート」が存在しているとしても開示されてはいない（開示を前提にしていないからこそ、それは「ノート」と言われている）。つまり科目目標はあっても、授業評価できるだけの授業目標が存在していない、共有されていない状態だった。あっても一、二行、概念概要的に書かれているだけだったのである。

授業目標の開示のない、その資料が不在の授業を何回見学しても授業法議論にとどまるのは明らかなことだった。授業法議論は、授業目的、授業目標に従属する。「その教育目的なら、この方法はまずいよね」「この試験で合格点を取らせるつもりなら、この方法はまずいよね」と指摘しない限り、授業法議論は成り立たない。どんなに「アクティブ」に授業が盛り上がっていても厳粛な試験に合格しない限り意味はないからだ。目的に応じて方法も変わる。目的の数だけ方法も多種多様だ。授業法議論は授業目標の自己管理としてしか意味を持たないわけだ。

したがって、授業評価を有効に働かせるには、毎回の授業目標ができうる限り具体的に開示される必要がある。「シラバスではなくて、コマシラバスが必要なのだ」と。「コマシラバス」という言葉は、そのときに浮かんだ言葉だった。もちろん、それは授業評価に終わる授業評価

（評価主義的な評価）のためだけではなかった。教員も学生も、今日の授業で何を教えるべきか（学ぶべきか）の情報共有がない。だから評価の基準がない。こんな段階で学生アンケートを何回取っても授業改善につながることはない。学生アンケート自体が授業法評価――「授業の進行は適切でしたか」などの――か、心理主義的な評価――「授業に満足していますか」などの――に終始するだけのことだ。〈学校（大学）〉が組織的に授業評価できる環境にないという結論は、教員自身が授業評価（授業自己評価）できる環境にないということを意味している。

　これは私にとって深刻な事態だった。干渉主義的な、そして管理主義的な授業評価を招来する原因はむしろ自らの授業目標を具体化したり、詳細化したりしていない教員自身にあったのだから。またそういった体制を取ることなく、〝神聖な〟教室に土足で入るかのような（無益な）授業評価会を重ねる管理職や同僚教員にも問題があった。授業評価の前に取り組むべきなのは、コマシラバスだったのだ。コマシラバスのない授業評価はすべて干渉主義でしかない。言い換えれば、「インストラクショナルデザイン」FD研修を教員が受講して、自分が担当する科目のコマシラバスに変化がない研修は全く意味のない研修なのだ。そこから、私たちのコマシラバスの書式開発が始まった。これは授業時間単位（一コマ単位）の教育目標を共有する方法だったのである。まず何よりも教員の自己管理のための。

第二節　生涯学習的なコマシラバス

第二節第一項　学校教育の学生は生涯学習的な受講主体ではないということ

もう一つの私のコマシラバス動機は、生涯学習論に関わっている。私は一九九五年から約五年間、生涯学習（狭義の社会人教育）カリキュラム&マーケット開発に責任者として関わっていた。学校教育の附帯教育部門として。

最初は、社会人向け初心者パソコン教育カリキュラム程度のものにとどまり、「Excel 初級」「中級」「上級」などの難易度パッケージ（各レベルで九〇分×一〇回程度のパッケージ）で受講者を集めようとしたが、これが全くの不人気。ほとんど受講者は集まらなかった。原因は、「難易度」と言っても人それぞれだからだ。「人それぞれ」ということは、難易度パッケージされた一〇回の講義の内に三回〜五回は自分にとって不要な講義が存在しているということだ。その上、受講料はパッケージ化されている分＝一〇回分取られることになる。自分が稼いだお金で受講料を払う社会人にとっては、「これは損だ」ということになる。

そこで私はパッケージ化そのものが無駄だと思うようになった。難易度とはゼロから始める学校教育体系からの発想であって、受講者がすでに一定の目的を有する社会人教育には向かないということに気付いたからだ。学生教育の主体は〈学校〉にあるが、社会人教育の主体は受講者の目的に属するのであって、前者の教育の特徴がその生産性にあることに対して後者の教育の特徴はその消費性にあるわけだ。社会人教育の鍵をなす資格学校に〝同窓生〟組織が生まれづらい理由もそこにある。

したがって社会人教育の場合、何が〈初級〉で何が〈上級〉かの難易度自体は、つまり何をどんなときにどんなふうに学ぶべきかは受講者が決めるものであって〈学校〉が決めるものではない、というのがその時の私の判断だった。これはテッド・ネルソンが一九六〇年代に「ハイパーテキスト」という言葉で表明したものとほとんど同じ思想だった。学ぶ者の数だけ学ぶ順序がある、というものだった。テッド・ネルソンは、秩序だった（＝単線的な）学校教育体系そのものを破壊するために「ハイパーテキスト」という概念を持ちだしたのだったが（『リテラリーマシン――ハイパーテキスト原論』アスキー、一九九四年）、それはむしろ生涯学習の概念でしかない。[*28]

＊28　なぜかと言えば、学校教育では〈学ぶ主体〉などまだ完成していないのだから。むしろ〈学ぶ主体〉を形成するのが学校教育全体の目的であって――教育基本法では「人格の完成」という言葉があるが、これは第一条「教育の目的」に属している言葉であって、まだ人格として完成していない子どもたちを前提とした言葉である――、〈学ぶ主体〉を前提にするのであれば、〈学校教育〉は存在する意味がない。

〈学校教育〉に〈学ぶ主体〉が存在するかのように思えるのは、家族や地域の文化環境（〝裕福な〟環境）のせいであって子どもそのものの力によってではない。学校教育は、家族や地域の文化環境をとりあえずは括弧に入れて、クラスに入れば子どもたちを公平平等に扱うところにある。すべてはこれからというところにしか学校教育の存在意味はない。そこで初めて、次世代を担う子どもたちは親の世代や階層（家族や地域の文化環境）を超えてあらたな階層を形成していくのだから。学歴社会（メリトクラシー）というのはもともとそういう意味だった。一言で言えば、学歴主義とは家族や地域の文化環境をリセットし続ける成金主義である――このリセット装置を、竹内洋は「敗者復活装置」「過去の達成の御破算主義」と呼び（『日本のメリトクラシー』東京大学出版会、一九九五年）、「学歴貴族」（竹内洋）、「グロテスクな教養」（高田里惠子）という言葉も生まれた。いい意味でも悪い意味でも、大学教授会ほど「多様な」人々が集まる組織はないが、それは学歴主義の恩恵をもっとも受けた人たちの組織だからだ。〈知識〉に定位するからこそ、〈多様性〉が生まれるのである。教授会は文科省がコントロールできないほど「多様な」組織なのだから。その一方、テッド・ネルソンが前提する〝学びの主体〟とは、すでに充分に家庭的文化的な恩恵を受けている〝裕福な〟主体に過ぎない。そんな〝裕福な〟主体の教育は東京の名門私立学校に任せておけばいい。

この議論は中曽根臨教審の「学校派と生涯派の論争」（内田健三『臨教審の軌跡』第一法規出版、一九八七年）から今でも延々と続いていると思われる。そもそも、一九九一年の大学「大綱化」は中曽根臨教審の思想（「学校教育は生涯学習の一部」という思想）に基づいて始まったものだ。有田一寿たちの学校派は生涯派（香山健一たち）に敗北する。二〇一三年に、私はこの「学校派と生涯派の論争」について以下のようにまとめている。

「（…）結局、『学校中心主義からの転換』としての生涯学習論は、〈学校教育〉否定論であり、〈学校教育〉以前に〈学びの主体〉を想定する家族論＝地域論＝社会的ニーズ論（キャリア教育）である。臨教審全体は、内田健三も言うように「学校派と生涯派の論争」（内田健三『臨教審の軌跡』）の場所だったと言える。

高等教育が学生顧客論（学生消費者論）に立つのは、九〇年代に始まる少子化現象がマーケット主義を増長させるからではない。生涯学習はもともとが顧客＝消費者主義。〈学ぶ〉ことは、学ぶ者の〈手段〉にすぎない。通常、生涯学習的な講座の受講者傾向は、学ぶ目的は受講者の側にあり、カリキュラムや科目は手段にすぎないということにある。何のために役立てるかは、受講者の受講目的次第ということになる。生涯学習マーケットの大半を構成する社会人がいまさら何の役に立つかもわからないものを自費で受講したりはしないからだ。したがって生涯学習講座評価の根拠は受講者の側にある。この種の講座評価が受講生アンケートでなされるのはその意味でのことだ。

しかし〈学校教育〉が対象とする児童・生徒・学生は、まだ社会人のようには〈目的〉を自律的に持てない。この「持てない」というのは何らかの限界や無能力を意味しているわけではない。何にでもなれるし、何を目的にすることもできるということが若者（児童・生徒・学生）の、つまり次世代を形成する人材の特質だということだ。〈学校教育〉の対象である若者（児童・生徒・学生）は、〈学校教育〉を通じて目標を見出すのであって、そこに〈学びの主体〉は（まだ）存在しない。〈学びの主体〉を形成するところが〈学校〉であって、〈学校教育〉は〈学校学習〉ではない」（『努力する人間になってはいけない——学校と仕事と社会の新人論』ロゼッタストーン、二〇一三年）。

そこで私がやったことは、九〇分単位の講義の単独切り売りだった。Excelであれば「データ入力講座」「数式作成」「表作成」「グラフ作成」「ワープロ活用」「関数（数学関数編）」「関数（論理／情報関数編）」「関数（日付／時刻関数編）」「関数（財務関数編）」「関数（検索／行列・文字列操作関数編）」「関数（関数複合編）」「データベース活用（内部リソース編）」「データベース活用（外部リソース編）」「非統計処理データ分析講座」「統計処理（ヒストグラム・代表値編）」「統計処理（相関係数・回帰分析編）」「統計処理（t検定編）」「統計処理（分散分析編）」「統計処理（多変量解析編）」「VBA（文法編）」「VBA（オブジェクト操作編）」「VBA（オートメーション編）」「経営分析」「システムダイナミクス（複雑系）」などなど、難易度パッケージからすべて開放してこれら「」内の講座それぞれにおいて九〇分単位の講座の切り売りができるようにした。Excelの最後半の講座などは当時、一橋大学の経営系の教授たち（主には新橋の「統計研究会」系）の講師支援も得て展開していた。

この細分化と同じやり方で、Word、PowerPoint、Access、SQL Server、Oracle、Photoshop、Illustrator、「ネットワーク環境」「ホームページ作成」「DTP&DTV&DTM&CG講座」「CAD&3DCG講座」、プログラミング言語各種（C、C++、Java、Visual Basic.NET、C#.NET）講座（一九九〇年代後半〜二〇〇〇年代当時のプログラミング言語各種）なども細分化していったのである。

これなら、講座名と講義概要（シラバス）、および「受講の前提」を見ただけで自分の学びたいこと、および学べる講座が何であるのかを受講前に理解することができる。

受講料はその分単独受講料も設定したが、それを積み重ねるとパッケージ料金よりも一回分が高くなるために、一ヶ月、三ヶ月というように期間定額受講料にし、それを払えばどの分野のどんな講座も受講数制限なしで単独で受講できるようにした。期間内において、自分で自由にカリキュラムを形成できるカリキュラム、まさに「ハイパーカリキュラム」が誕生した瞬間だった。受講生はそれ以後、爆発的に増えていった。資格を一切目指さない「ユーザーコンピューティング」カリキュラムで成功した社会人教育としては国内初のものだったと思う。

このハイパーカリキュラムの運営の課題は明白だった。「九〇分」単独受講で切り売りする分、九〇分のシラバス通りの授業がやれるかということ。学校教育なら、三学期とか前期・後期とか、修業年限という比較的長い時間で〝つじつま〟を合わせることも可能だが、社内の会議をわざわざ欠席してこの講座（の授業時間）のためにのみ駆けつける忙しい社会人を満足させるには、九〇分で終わりと始まりの〝ケリを付ける〟ノウハウの形成が必須だった。九〇分のシラバスを詳細化すること、詳細化したシラバス通りの授業をやること、それも機械的にではなく身につくようにやること（受講目的を成就させること）、この三つがハイパーカリキュラムの成立の要件だった。四つ目があるとすれば、その三要件を支える全編書き下ろしの教材テキストの開発だった。学生のように「基礎学力（偏差値）」のばらつきよりは、「受講目的」がばらばらな受講生が多い――学校教育にはない社会人教育の特徴――こともあり、学生教育とはまた別の苦労も多かった。「わかりやすい」テキストはもちろんのことだが、それに加え、いろいろな受講動機や受講目的に耐えるテキストを自力で開発する必要があった。

第二節 第二項 〝後がない〟社会人教育の緊密感

この時、私が思ったことは、学校教育は学年や履修単位の卒業要件で学生を閉じ込めている分、前から一コマずつ進む受講がいかに問題の多いものであってもそれが見えづらいということだった。授業に失敗しても試験認定するのは、その失敗した教員であるため、失敗した分、試験基準（履修判定基準）をゆるめれば、その失敗は見えなくなる。学生も最終（あるいは最低）目標は〝卒業（学歴取得）〟だから、試験基準が緩むことにそれほどの不満は生じない。[*29] あるいは、本試験では自分の教育力を棚に上げて落とすだけ落とし、あとは再試で少々いじめてからそこそこの学生たちを救うという〝処理〟を行う教員もいる。前者であれ、後者であれ、大学では「素点」という、最終報告される成績点数とは別の、〈点数〉の二重処理が慢性化しており、これが授業の問題点を覆い隠している（「素点」処理については本章第三節第三項で再度触れる）。

＊29　逆に〝資格の専門学校〟においては、補習や追再試の慢性化が学期末試験の厳粛な判定全体を形骸化することによって、本来のカリキュラムは空洞化し、第三者試験としての官許試験（非文科系の国交省、厚労省、経産省がらみの）に対して正規カリキュラム外の〝集中対策〟講座や〝集中対策〟補講でこなすという本末転倒した事態に陥っている。専門学校の教育課程全体は、あまりに主観的な学期末試験とあまりに客観的な外部試験との股裂きにあっているのである。そんな事態に陥るのも学生に対する授業情報が決定的に欠けているからだ。専門学校がそうなるのは、一九九四年の「専門士」タイトルが付与されるまでの学校運営の基本が「出席率」を中心に回っていたからである。専門学校は、一九九四年の「専門士」タイトルが付くまでは時間制（反対語は単位制）の〝学校〟だった。そのときの〈専門士〉の付与条

件は三つあり、その二つは従来通り授業時間の規定であるが、三番目に「試験等により成績評価を、その評価に基づいて卒業認定を行っている」という条件が加わったところが新たな規定だった。質的な評価を新たに加えることを条件に初めて〈学校〉扱いされたのがこの一九九四年の〈専門士〉付与だった。一言で言えば「資格の専門学校」に代わる内実を持ちなさい、という文科省からの励ましの設置要件だったが、いまだに学期末試験の厳粛性を構成するシラバスや履修判定指標などに無頓着な学校が多い。

その上、学生教育と社会人教育との違いは、学生はゼロから学ぶために何を学べなかったかの判断が薄くなるが、自分で受講目的を有している社会人受講生は目的満足度の評価に厳しいということだ。社会人受講者は授業評価基準を自分の中に最初から有しているが——したがって、受講者アンケートがそのままほぼ一〇〇%の授業評価（教員への評価）と重なるが——、ゼロから目標なしに教室で静かに座って受講する「学校教育」下の学生（による授業）評価は、学生アンケートだけではすまない難しさが存在している。教育内容を主導権を持って作る者、それに基づいて授業を行う者、その履修判定をする者の三者が同じ（同じ教員）だからだ。三者が同じである分——そして「学校教育」における学生は〈顧客〉ではない分——、教員は自己管理に厳しい体制を取る必要がある。

〈学校教育〉の教員は学生に自分の教育を買ってもらっているにもかかわらず、その学生をしかりつけることができ、挙げ句の果てに〝落第〟を宣明できるというきわめて特殊な（学生との）関係に入り込んでいる。これを〈顧客〉論で、「学生もお客様なのだから大切に扱おう」と言うのは筋が違う話なのだ。顧客論の本質は顧客〝満足〟だが、学生と教員（師匠）との関係は（教員への）〈尊敬〉でしかない。わざわざ学生から授業料をもらって、その上〈尊敬〉されるのだから不思議な関係だと言える。この尊敬関係に値する（最低限の）組織的な自己管理文書が、〈コマシラバス〉でなければならない。

内田樹が大学教育に「シラバス」は不要だと言うのは（『下流志向〈学ばない子どもたち 働かない若者たち〉』講談社文庫、二〇〇九年）、学校教育を消費モデル、つまり生涯学習モデルで考える傾向を批判してのことだが――それはそれでもっともなことだが――、しかし「尊敬」に関わる片務的な学校教育にこそ、シラバス開示が必要な局面もある。片務的だからこそ尽き果てぬ説明がいるというように。生涯学習型のシラバスなら受講者（消費者）が「満足」すれば済むが、片務的な学校教育では、Docendo discimus（ドケンドー・ディスキムス）の精神[*30]においてこれでもかこれでもかとシラバス＝コマシラバスを書き続けなければならない。シラバスが嫌いな内田さえも「『学ぶ』仕方は、現に『学んでいる』人からしか学ぶことができない。教える立場にある者自身が今この瞬間も学びつつある学びの当事者であるということがなければ、子どもたちは学ぶ仕方を学ぶことができません」（第七講「踊り、踊れ続けよ」、『街場の教育論』所収、ミシマ社、二〇〇八年）と言っている。[*31]

＊30　Docendo discimus（ドケンドー・ディスキムス）は、セネカの言葉である（『セネカ哲学全集（第五巻）』倫理書簡集I、岩波書店、二〇〇五年）。「教えることによって学ぶ（教えながら学ぶ）」という意味だが、これは西川純（上越教育大学）たちのくだらない『学び合い』教育とは何の関係もない。いつでもどこでも最高判断、最高認識が露呈する仕方で学ぶ者に接しなさいということだ。「君は君自身のために学んできたのだから」（同前、二一頁）とセネカは教えることの啓蒙主義を退けていたのだから。

学ぶ者の程度を考えることは教える者自身の堕落に他ならない。「程度を考えて」教える教員は大概がその「程度」の教員に成り下がる。「わかりやすく言うと」と言いつづけて教える教員が、いつの間にかわかりやすいことしか考えられなくなることも多々ある。それは啓蒙主義の限界でもある。一方、留保なく教えることができるときにこそ、〈教育〉と〈研究〉は重なることが可能になる。そもそも学ぶ者の程度を選ばないためにこそ専門性探求は存在するのではなかったのか。できない研究者ほど、学ぶ者（の程度）を選びたがる。そんなに偏差値の低い学生が嫌いなら、偏差値の高い大学へ行けばいいじゃないかと言いたくなるくらいに。そもそも〝できない〟学生たちほど本質的な理解を欲している。〝できない〟学生たちに必要なのは（程度の低い教員による）機械的な暗記教育や中学校教育の形式的な反復教育ではなくて、大学教員の専門性からする〈基本〉教育なのだ（この基本教育の〈基本〉については第四章第四節の議論全体を参照のこと）。

そもそもフンボルト理念の大学における〈研究〉重視の志向も、「『すべての知識を未だ解決していないものとして扱え』という知識観に基づいている」（潮木守一『世界の大学危機』中公新書、二〇〇四年）のであって、研究と教育とをご都合主義的に分離するためのものではない。そもそもベルリン大学創設以前は――もっともベルリン大学の創設も、（梅根悟によれば）フィヒテの意向に沿ったものであって、フンボルト自体は地方大学（既存のフランクフルト大学、ケーニヒスベルク大学）の改善と拡充を考えていたらしい（『大学の理念と構想（世界教育学選集〈53〉）』の訳者後書きより）――、「大学教員の職務は学生を教えることであって、研究することは必ずしも教授の職務の中には入っていなかった」（潮木守一、前掲書）のだから。「すべての知識を未だ解決していないものとして扱え」は、まさにその意味で Docendo discimus の精神そのものである。

フンボルトは言う。「学校というものは既存既成の知識を教え学ぶところであるのに反して、高等教育施設は学問をつねにいまだに完全に解決されていない『問題』として、したがってたえず研究されつつあるものとして扱うところにその特色をもつものである。したがってここでは教師と学生との関係はそれ以前の学校におけるそれとはまったくおもむきを異にする。すなわちここでは教師は学生のためにそこに居るのではなくて、教師も学生も学問のためにそこにいるのである。教師の職分は学生がそこに居ることにかかっている。学生が居ないことにはどうしようもない。そこでもし学生たちが自発的に自分の周りに集まってこないなら、彼は自分の熟達した、しかしそのゆえに偏ったものになりがちの、そしてすでにいきいきした力が弱くなっている力と、まだ弱いが、なお偏ることなくあらゆる方向に向かって進んでゆこうとしている力とを結びつけることによって、少しでも自分の目的に近づこうとして学生さがしに出かけるであろう」(「ベルリン高等学問施設の内的ならびに外的組織の理念」、『大学の理念と構想』所収、明治図書出版、一九七〇年)。

したがってシラバスを〈教育〉(あるいは教育サービス)と割り切って、授業内容や授業方法を更新しないこと自体がフンボルト的な〈知識〉に基づいた研究者の在り方ではないのだ。フンボルトは〈研究〉を重視したのではなく、教育こそが研究でなければならないと考えたのである。ハイデガーにも大きな影響を与えたフンボルトの『言語と精神』(法政大学出版局、一九八四年)などを読んでいると、言語を、生命や精神、そしてアリストテレス的なエネルゲイアとして捉える彼にとっては、〈知識〉さえも一つの息吹(ヘーゲル的な精神《ガイスト》)だったというのがよくわかる。

もっとも「フンボルト理念」という言葉自体は一八一〇年のベルリン大学創設時の「理念」ではなく、「フンボルトという存在は一九〇三年までは世間では知られていなかった。彼が書いた大学についての構想は一〇〇年ほど倉庫の中で眠っていた」というパレチェクの研究を潮木はこっそり紹介している(アルカディア学報「『フンボルト理念』とは神話だったのか?——自己理解の〝進歩〟と〝後退〟」二二三五号、二〇〇六年)。そして、「一九一〇年、ベルリン大学創設一〇〇周年記念の席上、当時のドイツ皇帝は『フンボルト理念』とはまったく逆の『研究と教育の分離』を主張した。本来ならば『フンボルト理念』の栄光をたたえるべきその瞬間に、すでに『フンボルト理念』は死亡宣告を受けていた。これほど、われわれの歴史はパラドックスに満ちている。われわれの自己理解は進んでいるのか、それとも後退しているのであろうか」（同前）と潮木は自分自身のフンボルト論に疑惑を投げかけるように自問している――このパレチェクによるフンボルトショックから二年後、潮木は『フンボルト理念の終焉？――現代大学の新次元』（東信堂、二〇〇八年）を上梓することになる。

たしかにフンボルトの構想した大学は「教育の機関ではなく陶冶の機関」だった。「学問の探究それ自体は諸個人の自己陶冶以上に優先されるものではなかった」と伊藤敦広は指摘している（「『個別的理想』と大学の理念」、「シェリング年報」二〇一八年二六号所収）。「大学で自己陶冶に励むのは、そもそも学問の世界に憧れを抱くごく少数の自立的人間だけである（…）そこに見られるのは教養人同士で自由な社交の行われるサロンのような風景である」（同前）。リオタールも「フンボルトの計画は、単に個人による知識の獲得ではなく、知そして社会の、十全に正当化された主体の形成を目指している」（『ポスト・モダンの条件』水声社、一九八九年）と言っている。その意味では「フンボルト理念」は元から大学組織論の理念ではなかったとも言える。

ゲーテ（一七四九年生まれ）、シラー（一七五九年生まれ）、フンボルト（一七六九年生まれ）、へーゲル（一七七〇年生まれ）、シェリング（一七七五年生まれ）などの〈陶冶〉＝〈教養〉主義の大きな思潮――「疾風怒濤のドイツ啓蒙主義者達」と吉見俊哉（前掲書）は言っていた――の中での出来事だった。これらの文化主義に見られる天才五人の共通の要素は、自然としての人間が「生まれ変わる」こと、精神の自然＝〈教養〉を得ることだったのである。これについては別稿を用意してまた詳論したい。

＊31　内田樹はラカンの言葉――「教えるということは、非常に問題の多いことで、私は今教卓のこちら側に立っていますが。この場所に連れてこられると、少なくとも見掛け上は、誰でも一応それなりの役割は果たせます。（…）無知ゆえに不適格である教授はいたためしはありません。人は知っている者の立場に立たされている間は常に十分に知っているのです。誰かが教える者としての立場に立つ限り、その人が役に立たないということなど決してありません」（ラカン『自我（下）』岩波書店、一九九八年）――を引いて「教壇の上には誰が立っていても構わない」という結論を導き出しているが（第六講「葛藤させる人」、『街場の教育論』所収、ミシマ社、二〇〇八年）、ラカンがここで言いたいことは「無知ゆえに不適格である教授はいたためしはありません」ということだ。ラカンは、この内田が引いたテキストの直後で次のように言っている。「真の教育とは、たんに聴いている人々だけではなく、教える側にもある種の執拗さを呼び覚ます教育をおいて他にはありません。つまり自分がどれ程知らないかをきちんととらえた時にしか現れない――無知は無知として実り豊かなも

のですから――知りたいという欲望を呼び覚ます教育です」（ラカン・同前）。つまり「人は知っている者の立場に立たされている間は常に十分に知っているのです」の「十分に」は、「無知は無知として実り豊かなもの」、つまり無知の豊かさを受けている。〈豊かさ〉というのは、知らないということにおいて教える側も教わる側も平等だということだ。「知りたいという欲望」においてこそ、内田の言うように「教壇の上には誰が立っていても構わない」のである。つまりラカンもまたここでDocendo discimusの立場に立っているわけだ。

さて、会議を休んでかけつけた社会人受講生が「看板に偽りあり」と九〇分単位でクレームの声を上げ始めたらどうだろう。実際そう言って、受講後、私の面前に駆けつけてきて私の座る机の幕板を蹴り破り、立ち去っていった受講者もいた。その種のクレームは、これだけ細分化して二ヶ月間で一〇〇〇講座以上も管理する状況では少なからず何回かあった。要するに一回勝負で取り返しが付かないわけだ。学校教育なら〝次回〟があるし、〝補習〟もあるが、社会人教育ではそれは許されない。忙しい人たちばかりだからだ。「九〇分で教える、学べると書いてあるだろう」と言われたら言い訳ができない。

そういう言い訳なしに一〇〇〇講座以上のシラバスと授業運営を管理して、この「ハイパーカリキュラム」はたくさんの受講者（最盛期で月間一万人以上）に恵まれた。「ワープロ（MS-Word）くらいはできるようになりたい」と、このカリキュラムで学ぶことになった四〇才くらいの失業中の女性が、一年も経たないうちにMicrosoftの（何十万円もする）開発ツールを御自身で購入されて立派なリレーショナルデータベースシステムを構築するようになった、みたいな事例はいくつもこのカリキュラムから生まれていた。どこから入ってもOK、どこから出てもOK。どこを目指しても果てしなく上っていくことができるハイパーカリキュラムだったからだ。

そして、もしこの〝後がない〟緊密感——確実に踏みしめることのできる階段（緩やかではあるが、長時間かければかなりの高さまで登れる階段）——を、〈学校教育〉に持ち込めばどんなことが起こるのだろうというのが当時の私の感慨だった。そのためには、何を学べなかったのかがわからない学生でも（社会人のように）授業評価できる資料を用意することが必要になる。それが「コマシラバス」という言葉に私がこめた意味だった。教員もたとえ二単位一五回授業であって、一コマ一コマを切り売りするつもりでシラバスを書いたらどうなるだろう、それに基づいた授業成果を積み上げたらどうなるのだろうかというのが、私が考えたことだった。それができれば、元々異質な学生教育と社会人教育との関係はぐるっと一周して同一化する。大学のカリキュラムもまた科目等履修生も含めて切り売り可能な、出入り自由な科目体制となる。

大学の地域連携、企業・組織連携、そして社会貢献の本質は、大学の本旨であり最も豊富なリソースである日々の授業情報を透明化する——内外からアプローチできるように透明化する——ことである。そのためには、授業一コマ一コマの計画、実行、評価を学生による授業評価が可能な情報提供によって練り上げるしかない。授業一コマ一コマの精度を上げること。大学の多産な生産性の基礎はそこにしかない。

第二節 第三項 「アクティブな」授業評価者としての学生の育成

教育判定の期間単位が期末（二単位、四単位、六単位、八単位）や一年、二年、三年、四年と比較的長い時間で括られる学校教育の在り方、つまり厳粛な結論（履修判定）を補習や追再試によって後回しにしていく〝次回先送り〟型教育が、大学の本来の社会開放を遅らせ、何よりも〈カリキュラム〉の実質化を阻害してきた。

補習や追再試は、場合によっては学生サービスの一環のように扱われたりもするが、教員が（時間内で）「多様な学生」に対する教育目標を達成できなかった〝ツケ〟でしかないとも言える。それらは、一五回（二単位授業の場合）も取り戻しのチャンスがあったにもかかわらず、やるべき何がやれなかったのだろうという反省（教育の反省）のきっかけを奪う処置でもある。

選択科目が多いカリキュラムにも同じ問題がある。ある科目の履修判定は厳しい、ある科目の履修判定は緩い、この凸凹も、そのような凸凹がたくさんあることによって、履修上は平均化され、履修判定のいい加減さが目立たない。補習や追再試の慢性化も選択科目のたくさんあるカリキュラムも、それを学生サービスのように語る大学には〈教育〉が存在していない。この履修判定上の緩みは、トロウが日本の大学における入学後の「請負的な（sponsored）性格」と指摘したものだが（「エリート高等教育の危機」、『高学歴社会の大学』所収、東京大学出版会、一九七六年）、それは入学競争性が極めて高い日本の「エリート」高等教育においての指摘だった。今では日本の大学の上から下までが請負的性格を強めている。入学競争性が低い大学におけるその「請負」性格の弊害は計り知れない（この根底には、日本企業の「会社員」主義が潜んでいるが、それについては註53で触れることとする）。

さて、履修判定を緩めず長い時間の教育の効果を期待するためには、一回毎の階段（授業コマ）を実質化することが必須である。現在の「長い時間」の教育への期待と成果は、科目自立型の〝曖昧〟で〝個人的な（教員個人的な）〟裁量主義によって雲散霧消している。授業外の補習や追再試を主観的に処理することによって落伍者を出さない裁量主義は、授業時間内で何ができるのかという根本の課題に目を塞いでいる。毎年同じ箇所で同じように躓く学生を毎年授業時間外で処理する。時間をどれだけかけたかという時間主義的な補習やレベルがコントロールされた追再試を学生「サービス」だと称しながら、実際は教員である自分自身の授業改善課題を棚上げにする自分へのサービスを行っているにすぎない。しかも学生たちには（補習を時間外でもわざわざやってあげているというように）恩着せがましく。

こういったことを回避するためには、まずは本質的に受動的な学生（＝学校教育における受講者）を社会人による授業評価のような「アクティブ」な評価者に変えなければならない。「アクティブ」な評価者を形成するには、授業情報の系統だった詳細化が必要になる。その情報開示の核が「コマシラバス」だった。社会人講座の成否が受講生アンケートに帰趨し心理主義的評価が前面化するのは商業主義的にも仕方のないことだが、学校教育ではコマシラバスを強化すると、学生による授業評価もより知性化し「満足度」評価で終わらない教学マネジメント体制ができあがる。[*32]

＊32　授業アンケート情報を（教授会においてさえ）公開するのは、「人権侵害だ」と訴える教員をかかえる大学もあると聞くが――未だに学生アンケート情報をＦＤ委員会などで管理している大学も多いが、本来は教学委員会マターだと私は思う――、授業は教員個人のものではないし、教員のものであるにしても、学生のものでもある。教員の〝人権〟もあるが、学生の〝人権〟もある。また大学としては、組織として授業を提供している立場から、双方の評価（教員による学生評価、学生による教員評価）を組織として評価できる体制を築く必要がある。そうでないと科目の配置と教員の配置ができない。学内の組織的なアンケート評価はもとより、その学内外の公開と公開の一環としてのアンケート情報の評価検討における第三者の参加（「各学部等の授業評価結果の分析・検討内容を受けて、授業改善に向けて、学生の代表者や企業等学外者から意見を聴取する活動等」）を文科省は推奨している（「平成三〇年度私立大学等改革総合支援事業」における文科省の第二六コメントより）。ただし、このコメントの前後でも文科省は学生アンケートをＦＤ的な

「授業改善」どまりの課題としてしか考えていない。学生アンケートは、現在の大学で授業評価を（学生の力を借りずに）自己管理できる大学など存在していないのだから、カリキュラムマターでもある。その意味で、授業改善課題は教学委員会マター（あるいは学部長・学科長マター、延いては全学教学マネジメント委員会マター）でなければならない。

「シラバスは学生による授業評価と密接な関係がある」（前掲書『アメリカの大学・ニッポンの大学』）と苅谷剛彦が言うのはそのためである。シラバスは学生サービス以前に、学生による授業評価の資料であるべきなのだ。学生による授業評価に知的に貢献しないシラバス項目を長々と書いても意味がない。大学教育における学生の育成という観点に従来欠けてきたものは、授業評価ができる学生の育成という視点だった。なぜそれが困難だったかというと、内田樹が言うように学生たちが授業評価できるのならばそもそもその学生たちは授業を受ける必要がないからだ。今から初めて学ぶ者が、これから学ぶ内容を評価などできるはずもない。この道理の軽重は、シラバスの位置付けに関わっている。シラバスの、授業における活用比重が高ければ高いほど学生の授業評価力は上がってくるからだ。大学における学生の人材育成は、誰からも指図を受ける必要がない分——カントやデリダの言う〈自由〉によって〈自律〉的である分——、その学生自身を評価主体に形成していく課題を背負っている。大学は外部から変わらないからこそ大学なのだから。

学生アンケートの点数が高いことが、その授業が「よい」ことと必ずしもリンクしないのは、そしてまたシラバスが「よい」ことと授業が「よい」こととも必ずしもリンクしないのは、シラバスが「使う」コマシラバスとして展開していないからだ。さらには、そのコマシラバスの記載が履修判定試験と実質的に一体化していないからだ。それらの分節がしっかりと透明化すれば、学生評価（学生による授業評価）はより知的なものとなる。なによりも学生アンケートはそれらの諸分節を透明化するためのものだった。そのことによって、教員にも、自学の学生に対して九〇分で何ができるのか、何が二単位の実質化なのかの自己管理課題が見えてくる。そのためにこそ、シラバスはコマシラバスでなければならなかったのである。

第三節　一〇年後のコマシラバス論
——試験センターの創設と科目数の削減

第三節 第一項　最もリアルな授業評価としての学生模擬試験作成

さて、ここまで議論してきたコマシラバスがそれでも教員によってまちまちな仕上がりになることはいくらでもある。書式が充実することとその中身が充実することとは直接関係のないことだからだ。中身の充実があるとすれば、実際の試験内容を第三者化して作成実施するしかない。コマシラバスを詳細化し、履修判定指標も詳細化するということは、当該分野の他の教員（第三者）がそれらを見て実際の試験を作ることができることを意味している。そのような志向がなければ、両者を「詳細化」する意味はない。詳細化の実質はそこまで練り上げられなければ意味がない。

さて、そんなことが本当にできるのかということについては、以下の三つの段階を経ることが必要になるだろう。

最初の段階は、受講クラスの上級学生を中心に——あるいは、上・中・下それぞれの受講生から代表を選んで（これも教員による選抜か、学生による他薦、自薦、どれでもよいが）——、期末試験前の最終授業回において予想試験発表をさせるということだ。先生はどんな試験を出すだろうか、という模擬試験・模範解答を学生自身が作成（場合によってはグループ発表でもよい）、それをクラス内で発表し、学生同士で検討するという仕組みの導入である。「詳細なシラバス＋詳細な履修判定指標＋実際の授業＋実際に受講した学生の評価（試験予想）＝授業の実体」である。このとき、担当教員がそれらの発表を聞いて自分が作成しようとしていた試験問題と解答を学生たちがシミュレーションできていれば、その授業は成功だったと言える。「アクティブ・ラーニング」というものが流行っているが、授業における「アクティブ」の最上級は、授業の模擬試験・模範解答を受講学生が作成できることである。ルーブリック評価などをいくら積み重ねても意味はない。

そして、これらの発表された模擬試験をどう処理するかが最後の授業課題になる。それを真似て当該教員が期末試験を作るわけにも行かない。試験に通ればいいというものでもないからだ。なぜなら、〈試験〉とは、授業で教えたかったことの全体を一側面からえぐったものでしかないからである。一つの授業（コマシラバス＋履修判定指標＋実際の授業）には、多様な何種類もの試験問題が潜在的に含まれている。「この問題」が解けたということは、それに関わる多数の別のことも理解しているというように試験問題は存在しているからだ。「この問題」を最初から教えてしまうと、「それに関わる多数の別のこと」の理解は消え去る。それでは試験を実施する意味はない。「よい」試験問題とは、それに答えるために多数の別のことも知っていなければならない問題のことを言う。したがって、試験を試験主義的に処理してはいけない。学生の模擬試験を担当教員が評価する難しさは「それに関わる多数の別のこと」の処理が難しいということだ。

模擬試験・模擬解答発表を評価する教員は、自分自身に対する授業評価をいちばん厳しく受け止めなければいけない立場に立たされる。あまりにもずれた発表をされたときには落伍者がたくさん出ることを覚悟しなければならないが、しかしそこで教えるわけにもいかないというように。ただし、そんな不安は、躓きやすいところで小テストなどを実施していれば、不断に補正できることでもある。授業を行うということは元からそういうことなのだから。最後の模擬試験・模擬解答発表はその補正の連続の集大成でしかない。

模擬試験・模擬解答発表会は、まさに最もリアルな授業評価会である。計画通り授業が実施されたかどうか、教育は効果的に機能したかの。学生アンケートで「シラバス通り授業は実施されたか」「計画通り試験は実施されたか」などの問いには学生の未熟な判断がまだまだ残るが、模擬試験・模擬解答発表会はその不備を補う機能を有している。授業計画とその実際との「差分の意識」は、この学生による模擬試験作成において、もっとも具体的に先鋭化して表れる。

第三節 第二項　〝できる〟評価の解像度再論

　実習模擬試験などでは学生自身が試験官になり、解像度が高い厳密なジャッジができるかどうかの模試をやらせればいい。教員から見て不合格のジャッジを間違えて合格ジャッジする学生がいるとすれば、教員の授業自体が不合格判定されているのとほぼ同じ事態だが、それより試験官である学生が合格と不合格とのそれぞれにどれくらいの点数差（点数の度）を保持しているのかが、実習模擬試験評価会（実習授業の最終回）において教員が問われることになる授業評価の内実になる。学生試験官が留意することとは、実習のこの〝行動（behavior）〟において、わかっていなければならないことは何かである。行動《ビヘイビア》上は同じであっても、わかっていなければならないことの程度は、一〇段階、二〇段階とあるだろう。それを取り出すには、「あなたは何に注意してこの行動（behavior）を取りますか？」ということになる。この時の注意点が、一〇段階、二〇段階と挙げられるかどうかが、「知的な」実習課題だ。むしろ専門学校や大学教育の実習において課題となるのは、この紙試験《ペーパーテスト》的な注意点の解像度の方だ。実際その行動が〝できる〟かどうかは実は大きな課題ではない。その〝できる〟目標が前人未踏の行動目標でもない限り。

　どんなに知的でない（あるいは専門的でない）人でも経験（実務）を経れば〝できる〟ようになることについて、時間を充分に取れない、設備にも限界のある学校教育の中でなぜわざわざ

〝できる〟評価を行うのか。「頭の中でわかっているだけではダメで、実際に手が動かないと」とうそぶく実習教員もいるが、そんな授業の学生に行動の中身についてあれこれと聞くと、頭の中でわかっていることなどほとんどない。ただ〝できる〟だけ。行動に質がない教育を学校教育の中でいくらやっても不毛であって、むしろ（少しくらい不器用でも）わかっている学生を作っておくことの方がはるかに大切なことなのである。行動の細目指標（質）の体系性こそが実務現場にないものなのだから。どんな職場（どんな小さな事業所）に入っても、どんなに経験主義的な上長に指導されても、そのことを相対化できる基礎能力（体系性）を有していることが文科省の言う〈自立〉した職業人の育成課題だったからである。その〈自立〉意識なしに実務主義（行動主義）の実習をやり続けることは、実務現場の使い捨て要員を育成していることを意味する。高等教育の実習教育は、〈即戦力〉人材を作ることのためにあるのではない。新卒で即戦力になるという評価を得るとすれば、それはその職場の実務偏差値が低いだけのことだからだ。[*33]

＊33　二〇〇八年一二月二四日の中央教育審議会答申「学士課程教育の構築に向けて」において――この答申は二〇〇〇年以降の文科省の答申において最も印象に残る答申である。特に二〇〇〇年をまたいで長く続いてきた大学「特色」「多様」化施策を自己反省して「多様性と標準性との調和」（傍点は引用者）ということを言い出し始めた答申だった（この答申については最終章でも触れる）。inter-discipline な（＝

学際的な）取り組みにもdisciplineがなければならないというように、遠山文科大臣以降の「特色GP」取り組み（私もこの「特色GP」の審査員を長い間やらせていただいたが）に見られたハイパー・メリトクラシー傾向（語句の最後に「コミュニケーション力」育成などの〝〜力《りょく》〟が付く能力育成）の強い学際的な取り組みをdiscipline無き取り組みと喝破したのがこの答申だったが――、この種の「即戦力」論は次のように言及されている。「近年、『企業は即戦力を望んでいる』という言説が広がり、学生の資格取得などの就職対策に精力を傾ける大学が目立っている。しかしながら、実際に企業の多くが望んでいることは、むしろ汎用性のある基礎的な能力であり、就職後直ちに業務の役に立つような即戦力は、主として中途採用者に対する需要であると言われる」。また二〇〇八年に専門学校の卒業生調査を行った小方直幸（当時は広島大学）は――この調査には私も関わったが――次のように言っている。「職業教育でよく『即戦力』という言葉が使われますが、『即戦力』というのは基本的に『ウソ』ではないかと思います。二〇歳〜二二歳あたりで即戦力だなんて、あり得ないだろうと感じています。悪く言えば、すぐ使えるけれども、それは業務が高度化していないのでその程度の力でも対応できてしまうといった意味で『即戦力』という言葉が使われている場合も多いのではないでしょうか？」（「『専門学校教育と卒業生のキャリアに関する調査』から見えてきた課題」、『キャリアエデュ』No.26所収、東京都専修学校各種学校連合会、二〇〇九年）。

　またこの問題は小方の指摘とは別に、日本の企業が「職位」主義と言うより、会社「社員」主義的な採用を優先するという問題にも関係している。つまり偏差値という抽象的な規準に基づく「潜在能力」を優先するという傾向である。何を学んできたかよりもどんな人物であるかの、いわゆる「メンバーシップ型雇用」である（濱口桂一郎『新しい労働社会』岩波新書、二〇〇九年）。職位主義なら請負雇用になるため、個室かコンパートメントで各自の職務をこなすことになるが、日本では大部屋の共同作業型の仕事になる。小熊英二は、この大部屋主義は民間企業の特徴だけではなく、「日本の官庁の特徴でもある」と指摘している（『日本社会のしくみ——雇用・教育・福祉の歴史社会学』講談社現代新書、二〇一九年）。大部屋型官僚採用が東京大学法学部偏差値主義になるゆえんである。これらの問題については註53において再度言及する。

その意味で学生試験官が行動評価するとき、どの程度の（知的な）注意点を頭に入れてジャッジするかがその実習授業の成否をはかる鍵になる。講義であれ実習であれ、いつも「よい」授業とは何かとよく聞かれるが、それは（とりあえずは）シラバス読解とその実際の授業を経て学生の作る模擬試験（あるいは実習模擬試験判定）が、教員が思い描いていた本試験の水準と同じものになる授業のことだ。授業に失敗していれば、甘い模擬試験（あるいは実習判定）、あるいは的外れの模擬試験しか出てこない。しかしいずれにしても、この学生第三者評価試験では、試験主義的な処理——模試の内容を実際の試験内容に誘導するような——を根本的に無くすことはできない。

次の二つ目の段階は、その模擬試験・模擬解答評価会（最終授業回の一部）に、学内の教職員を一名以上参加させることだ。そうすることによって、その最終回授業の試験主義をかなり軽減させることができる。第三者の教員の試験作成が運営上考えられない場合には、この二つ目の段階を実施するだけでも第三者性の効果はかなり上がる。

第三節　第三項　第三者試験を実施することなしにはシラバス記載の凸凹は防げない

そして最後の三つ目の段階は試験問題を第三者の教員が作成することだ。そのときのレフェランスが詳細なコマシラバスと詳細な履修判定指標になる。第三者の教員は実際の授業を受けずに――実際の授業には無関心であればあるほどいい――、詳細なコマシラバスと詳細な履修判定指標に基づいてのみ文献的に履修判定試験を作ることになる。「詳細な」という意味は単に文字数が多いことではなく、他の教員がそれを見て試験を作った場合、ほぼイメージ通りの試験ができあがるかどうかまで練られたコマシラバスと履修判定指標になっているかどうかだ。特に「細目レベル」などが徹底して書き込まれていないと試験の難易度にかなり影響が出ることになる。逆にそこが「詳細に」書き込まれていれば、試験問題は第三者が作成してもそれほどずれることはない。

第三者の教員が学内にいるかどうかの問題は残るが、コマシラバスと履修判定指標の本来の充実は、この授業外の第三者の試験作成者を準備するときに完成する。授業担当教員から履修判定試験の作成管理を取りあげれば、シラバス文書（履修判定指標を含む）は放っておいても「詳細化」する。シラバス記載の教員による濃淡は、その大学の教学マネジメントの程度を一番端的に示すものだが下限文字数制限をつければ解決するというものでもない。シラバスの解釈としての期末試験という立場に立って、シラバス作成と試験作成を分離するしかない。その解釈の齟齬の大小はシラバス記載の質に関わっているのだから。「こんなシラバスでは試験は作れない」ということになれば、単なる試験の正否だけではなく授業の内容も含めての評価になるに違いない。

試験作成（と採点管理）――もちろん最終の履修判定権＝単位認定権は担当教員が有している――は、元から教員がやる必要などないのかもしれない。教員は授業計画（履修判定指標の作成や教材開発を伴う）と授業そのものに集中できる体制を取った方がいいのではないか。「単位認定権」が担当教員にあることは言うまでもないが、その権利の強弱は授業計画の中身とそれに基づいて行う授業の実態のそれぞれと相関している。その相関性を吟味することが担当教員の単位認定権の在り方であってもいいのではないか。学生の点数は教員の点数でもある。試験点数こそがその意味で「双務的」なのだから、単位認定権の在り方ももっと多面的に検討される必要がある。[*34] この第三者の教員が学内にいる可能性は低いかもしれないが――しかし厳密なカリキュラム体系（諸科目の詳細なナンバリング体制）が存在しているとすれば、その科目の次の科目担当者が試験を作成するのがもっともまともな作り方だとは思うが――、大学ネットワーク、大学地域連携、あるいは大学院のオーバードクターなどを組織してやればやれないこともない。

＊34　大阪高裁の平成二八年の判決（確定された判決）でも、教員の単位認定権（「成績評価を行う権利」と、この判決文では言われているが）は「専門の研究結果を教授することとの不可欠な要素を構成するものとまではいえず、教授に伴って付随的に生ずるものというべきである」（「判例時報」判例時報社、No.2335）とされている。

大学には、たくさんの非常勤講師が出入りしている。試験作成非常勤（授業は主業務としてはやらずに試験作成だけを行う教員、つまりコマシラバス＋履修判定指標をひたすら文献批評する教員）を公募して試験作成させるというのも一つのやり方かもしれない。もちろんその作成をそのまま鵜呑みにして実施するわけにはいかないだろう。授業担当教員がその試験をみて（試験前でも、試験後でも）、どんなズレを表明するのかをきちんと文書記録していけば、それがもっともまともなＦＤ文書になるだろう。いずれにしてもそういった第三者試験の実施と評価を管理する〈試験センター〉こそ、教学組織の要《かなめ》になるに違いない。

現在の大学は、履修判定試験の質的な管理に関心が薄すぎる。だからこそ、「アセスメント・

ポリシー」も問われることになった。「カリキュラム改革」などいくら重ねても、肝心の履修判定試験の内実を保持する仕組みが用意されていなければ広報上のカリキュラム改革にしかならない。バケツの底に穴が空いたまま水を入れ続けているようなカリキュラム（と授業）を思案しても大学教育の展望は見えない。もちろんそんな〝無責任〟な試験作成をして学生が大量不合格したらどうするのかという懸念も出てくるだろうが、素点処理を終えた試験成績表を提出する――実点数（＝素点）が四〇点であっても、最高点が六〇点しか取れていない分布の試験を実施した場合などに、その教員が素点四〇点の学生に下駄を履かせて合格を付けるようなことを〝素点処理〟と言う――大学教員の方がよほど（試験作成に関して）無責任だとも言える。素点処理をやっている教員の「単位認定権」も、すでに教員自身の中で二重化しているのだ。このような二重化を許す限り――「観点別評価」もこの二重化に手を貸しているが――、「アセスメント・ポリシー」も宙に浮き、なによりＧＰＡの標準化も進まない。

第三者が作った試験の「素点」処理はあり得ても、自分がシラバスを計画し実際の授業もやり、学生と一五週（九〇分×一五回）に渡って付き合った教員が素点処理するというのもおかしなことなのだ。素点処理はその教員自らが試験作成のノウハウがないか、授業に失敗したことの隠蔽に過ぎない。いずれにしてもこの「第三者の教員」による試験というのは、当面理念にとどまる。教員は、自分が書いたコマシラバスと履修判定指標を第三者の教員（同じ分野の）が読み込んで試験を作成するとすれば自分が作ろうとしている試験と同質で同程度のものができるだろうかと自問すべきなのだ。それをたえずシミュレーションしながら書き込んでいけば、「詳細化」は質を有した詳細化になる。なによりそれは、学生を教育することの実質に応える授業計画（コマシラバス作成＋履修判定指標作成）になっていると言える。

従来、シラバスが「学習支援」シラバスというように学生向けサービスでしかないことが、シラバスの詳細性の深浅の要因になっていた。そうなるのは、計画と実施とその評価（試験）の三要素がすべて同じ教員によって担われているからだ。それらを一人で厳粛にやれる者が大学教員（研究者としての教員）ではないかと言われればその通りであるが、そのときだけ理想論（理念）を唱えるわけにもいかない。入学試験さえ自分たちで作ることができず業者に任せる大学もある中で、「多様な学生」の時代には多様な教員がいることを忘れてはいけない。

第三節 第四項　科目数の削減と必修科目の拡大——五年後にできること

シラバスの詳細化の課題は、苅谷剛彦も言うように（前掲書『アメリカの大学・ニッポンの大学』）、日本の大学における科目数の多さの問題とからんでいる。たとえば、週持ちコマ数六コマ（九〇分授業を週六回担当する状態）の教員がいるとする。その六コマのすべてが別の科目である場合と、たとえば三科目×二コマの場合（同じ授業を別クラスでくり返すか、一科目が二コマ連続で実施されるか、など）だと教員の負担感は前者の方がはるかに多い。週に六回別々の質を持った教材作成を余儀なくされるからだ。その分、シラバス＝コマシラバス記載の集中力も相対的に落ちることになる。問題は持ちコマ数の負担ではなくて、科目数の負担なのだ。六コマ一科目と六コマ六科目では、前者のシラバス精度ははるかに上がることになる。逆に後者（六コマ六科目）では概要しか書けない。書く気も起こらない。もちろん、これは学生側にとっても同じ問題だ。週に一〇～一五科目以上も（特に初年次）履修科目を登録すると、まともな予復習などほとんどできない。教員が集中できないのに学生が集中などできるはずがない。しかも大綱化以降、バイキングメニューのように選択科目が増えた今日の大学のカリキュラムでは、教員も学生も自分たちが何に向かって教えているのか、学習しているのかさっぱりわからない状況が続いている。

一二四単位以上が日本の大学の卒業要件最小単位数だが、たとえば二単位（九〇分×一五回）の講義科目でその要件を満たすとすれば、六二科目をコントロールしなければならない。しかし科目数を減らして、四単位（二コマ連続か、週に二コマ開講）でそれらを展開すれば、コントロールすべき科目は四年間で三一科目に減る。実習などはもともと二コマ連続のものも多いが、肝心の講義の集中感がないようでは、大学らしい知性に基づいた実習体系にもならない。実習は寝ないが講義は寝るというのも、手を動かすか、机上に張り付いたままかの動作の違いではなくて、授業時間の組み立て（二コマ以上の連続授業か、単発一コマか）の問題の方が大きいのかもしれない。

もちろん二コマ連続の講義と言っても、従来型の講義をただ外面的に二コマ連続となるように足しただけでは弊害も多い。一コマ目はINPUT中心型の授業を行い、二コマ目にはOUTPUT型の授業（質問や議論、小テストを織り交ぜて学生の理解を固めつつ先へのステップを準備するような）を組み込むなどの工夫が要るが、そのためには内容を厳選して「あれもこれも」型の授業計画を避ける必要がある。このような科目の厳選、内容の厳選を積み重ねれば、シラバスへの集中度はかなり上がってくる。そして科目数が半減すれば、そこではじめて〈カリキュラム〉を組むことが可能になる。少なくとも一〇〇科目以上もある科目群を放置して、〈カリキュラム〉など組めるはずがない。仮に組めたとしても一〇〇科目以上の科目仕上がりをコントロールすることなど不可能だ。

科目数の削減に加えてもう一つの前提は、必修科目を増やすこと。五〇単位〜八〇単位の必修科目がないと「多様な学生」を「標準性」（「学士課程教育の構築に向けて」中央教育審議会答申、二〇〇八年）をクリアして卒業させることなどできない。[*35]

＊35　「標準性」の問題は、中曽根臨教審以降への反省から来ていると思っていい。市川昭午は、「個性重視（多様性）の教育」について、それが「受容される理由」を四つ（思い付きのような書き方で）あげている。

一つは「子供たちが楽になる。（…）内容が難しい科目は履修しなくてもよくなる（…）無理に学校に行かなくてもよくなる（…）嫌なことを強いられることはなくなる」。

二つ目には「学校やコースを選択する自由が拡大する（…）好きな教育をする自由、受ける自由が期待できる」。

三つ目には「評価基準がなくなれば偏差値も使えなくなる（…）到達目標がなくなるわけだから、教育水準の維持や教育目標の達成ができないからといって責任を追及されることもなくなる（…）教職員は生徒に学業を達成させる責任を解除されるし、生徒も目標達成のための努力を要求されなくなる」。

四つ目に「個性主義ということになれば、学校への入学資格や卒業資格というのは事実上存在しなくなる。従来の基準であれば到底入学を認めることができないような資質・能力の者でも入学させることができるようになる。これは、青少年人口の減少に伴って入学者の確保に苦しむ学校関係者にとっては救いである」（『未来形の教育』教育開発研究所、二〇〇〇年）。

そして、「学校教育の形骸化・空洞化がいっそう進展する」。その結果、「社会に出てから、最低限の学力さえ身につけることなしに学校から放り出されたことに気づくことになる（…）個性では飯が食えないことがわかってくる（…）個性主義というと大変聞こえはいいが、しばしば学校が一定水準確保の責任を放棄した無責任体制である場合も少なくない（…）学校教育と個性主義は本来あい容れぬところがある」（同前）。市川は、この「一定水準」のことを「ディシプリン（学問と規律）」とも言っているが、これが「学士課程教育の構築に向けて」

答申の言葉で言えば「標準性」のことである。この担保なしには学校教育は「崩壊」するしかない。シラバス反対派が好きな「観点別評価」「演習」「アクティブ・ラーニング」などの原則は個性重視、多様性重視であり（だからといって何かその趣旨にそった工夫がなされているわけでもないため、私にとってはそれらは「手抜き」授業にしか見えない）、「シラバスには書けない」授業になっている分、「ディシプリン（学問と規律）」と「標準性」が雲散霧消している。必修集中とシラバス集中は、「ディシプリン（学問と規律）」と「標準性」との担保なのである。

必修科目を大学が減らしたいのは、落伍学生の苦情を受け付けたくないことと無関係ではない。選択科目だらけにしておけば、たとえ単位認定権を振りかざす横暴な教授がいたとしても一方で緩い判定の授業もたくさんあるため単位取得に障害はなくなり、苦情はいつの間にか消えていくからである。しかし大学が選択科目を増やすことは、なにも学生サービスや広報上のことばかりなのではない。科目管理ができないのに必修科目を増やすわけにはいかないからだ。

しかし必修科目が二〇単位もない今日の大学（特に私立大学）の現状においては、カリキュラムが存在する余地などない。「多様な科目から場当たり的な選択がなされる、あるいは中核となる科目の位置付けが曖昧であるならば、学生の学びは、狭く偏るか、逆に散漫になり、学生の到達すべき学習成果として想定していたものは達成されない」と、「学士課程教育の構築に向けて」答申（同前）が言うとおりである。

そのためにこそ、二コマ連続や一日一科目（たとえば午前中二コマ＋午後一コマ、あるいはその逆）のような講義科目の「多様な」展開が必要になる。ここで「多様な」というのは、INPUTとOUTPUTとの多様な組み合わせということだ。「学士課程教育の構築に向けて」答申もすでに科目数の削減という提案[*36]をしていたが、その一方で「多様な」授業の展開にも言及していた。逆に「多様な」授業は、科目数削減なしにはやれないからだ。九〇分一コマの授業で「多様な授業」をやると即興脳力だけが問われるようなグループワーキングとかグループディスカッションとか、頭を動かさない「アクティブ」型の講義だらけになってしまう。これらの授業のコマシラバスはその分空欄だらけのものが多い。シラバスの空疎はその授業の空疎と同じものだ。学生にワークさせて、教員は適当なコメントをくり返すだけの授業になっている。「学習者中心の学び Student-centered Learning」の実態である。

＊36　何度も言及している先の中教審答申「学士課程教育の構築に向けて」では、「各科目の授業時間内及び事前・事後学習の充実の観点から、各セメスターで履修する科目の数・種類が過多とならないようにする」として、「例えば、細分化された二単位科目（週一回開講）を多数履修する在り方を見直し、三単位又は四単位科目（間に休憩を入れた二コマ続きの授業又は週複数回開講する授業）を標準形態とする。科目登録等に際し、各学生の実情に応じて登録の適否等に関する履修指導を積極的に行う」という提案がなされている。まともな提案だと思う。

こういう議論をすると大学内では、「熱心な教員の二コマ連続授業、三コマ連続授業ならいいが、不熱心な教員の連続授業は学生に負担がかかりすぎる」という意見が必ず出てくるが、そういうことがわかるだけでも一歩前進だと私は思う。三コマ目には誰もいなくなれば三コマ連続授業の出席率推移をみているだけでもＦＤになるのだから。

またもう一つの意見は、三コマ連続授業だと一回（一日）休むと三コマ分欠席となり、その内容を埋めるのが難しくなるというもの。しかし一コマ授業で話しっぱなしの一方通行授業をやり続けて欠席（計画的な欠席）を誘発する授業を放置するよりは、科目への集中度を増し「多様な」授業方法を組み込むことの方が欠席率対策には効果的ではないのか。それにたとえ欠席があったとしても（就職活動による欠席集中の場合も含めて）、科目数全体が減っているのだから三コマを埋める補習もやりやすくなるに違いない。学生の期毎の集中度を増し、出席率を上げること、さらには、教員の授業準備への集中度を上げることが科目数削減の目的なのだから、一コマの持つ意味も変わってくる。従来の一コマを単純に二連続させたり三連続させたりするわけでもないのだから――そもそもそうあってはいけない――、欠席が三倍になるという憂慮は本末転倒の憂慮でしかない。ついでに言えば、「授業の進行が早すぎて大変だ」というのも、内容を厳選せず、一＋一＝二みたいな二コマ授業をやっているだけのこと。一年間で四単位だった授業（前期週一コマ×一五回＝二単位の授業と後期週一コマ×一五回の授業＝二単位の授業）を前期（あるいは後期）に集中して二コマ連続授業にするような外面的な処理をやると集中講義の亜種に過ぎないため、「授業の進行が早すぎて大変だ」といったわけの分からない苦情が出てくる。二コマ連続でやると一コマでしかできない授業の場合と違って何ができるのかということについての検討なしに二コマ連続授業を形式的に増やしても意味はないだろう。しかしこのようなくだらない苦情であってさえ、一コマ科目授業がたくさんあるよりははるかにましだ。教員にとっても学生にとっても。

「多様な」授業という意味は、INPUT 型授業（従来の講義型授業）には OUTPUT 要素を、OUTPUT 型授業（従来の演習型授業）には INPUT 要素を取り込めということだ。どちらの授業にも求められていることとは、授業内容の定着ということ。そのためにこそ、科目数は削減されねばならない。私の経験では、科目数が四年間で三〇科目以下になれば（たとえば、二コマ連続授業での四単位必修科目が二〇科目として）、本格的なカリキュラム構築が可能になる。科目数が厳選されると、シラバスの内容（履修判定指標や試験の在り方を含む）についての、学内外の注目度や共有度も上がることになるからだ。なにより、教員自身のシラバスへの集中度も上がる。苅谷剛彦は、日本においてシラバス作成が難しいのは科目数の多さにもあると言っていたが（前掲書『アメリカの大学・ニッポンの大学』）、その通りのことだ。そもそも一週間の科目数が半減するだけで、学生による授業評価はいまよりももっと厳しいものになるに違いない。このような注目度と共有度が上がっていけば、期末試験の在り方や単位認定権の在り方も、試験センター構想（第三者試験構想）の手前でかなり改善していくかもしれない。

第四節 「それでもシラバスは詳細化する意味がない」という教員のために

第四節 第一項 〈理解〉のない単調な暗記指導がますます〝できない〟学生を作る

シラバスを詳細化しようという話をしているとこんな教員によく出会う。「今時の学生たちは、文章が少しでも長いと全く目を向けようとしない」「そもそも詳細なシラバスを書き込んでも、その文章を理解することさえできない」というものだ。「ではそんなあなたはどんな授業やっているの?」と聞くと、「簡単ですよ。教科書をひたすら書かせます」とのこと。「では、書道みたいな授業をやっているのね」「まあそんなものかな。書かせないと覚えませんから」とのこと。またそれとは別に教科書を読み上げさせる教員もいる。その場合には「せめて読み上げさせるくらいのことをしないと学生たちは寝ますから」とのこと。

この種の教員についていくつか指摘しておかなければならない。まずは「教科書」でわかるくらいなら誰も苦労しないということ。それに大学教員であれば、どんな教科書の記述にも満足できないはず。「こんな書き方ではわからない」「解説が間違っている」「私ならこんなふうには書かない」と言えるのが大学教員の矜持。その意味で、教科書（教科書程度）を読んでも「わからない」という事態は、学生の基礎学力のせいにするより、教科書の著者のせいにした方がいい。学生の偏差値の上下にかかわらず。そもそも既成の教科書でわからなかった学生たち（「多様な」学生）を受け入れている大学も多い中で、既存の教科書を中心にした授業を行うということになれば学生たちもなんのために大学に進んだのか意味のないことになる。もちろん教員自身が書き下ろした教科書ならまだしもだが、自分の受講学生しか買わない「教科書」も世の中にはたくさん〝出版〟されていることもあって、大学における教科書使用は色々と問題が多い。

二つ目。仮にまともな教科書であっても、「今日の授業は一〇頁から二〇頁までやります」と言ったところで、その一一頁全体の解説（メタ情報）が必ず必要になるに違いない。授業とは、どんなに詳細な教科書や豊富な教材であっても、教員が無口なままでは授業にならない。そして教員の〈話すこと〉は、すべてそれらの書かれたもの（教科書や教材資料）「についての」トークになる。つまり教員のトークとは、どんなときでもメタトークなのである。それはどんなに資料を用意しても板書が必要な場合があるのと同じこと。〈板書〉もルーティン情報を書くところではなくて、メタ情報を書く場所でしかない。だとすると、たとえわかりきった教科書に書いてあることを話すにしても、同じ一一頁を読み込んでその感想をまとめても十人十色。ポイントの置き方も、読み込みの深さも、一つ一つの言葉の理解についても十人十色。学生同士一〇人でも十人十色だが、その中に一人教員が入ったらもっと違う話が展開するだろう。教員が一〇人その同じ一一頁を読んだら、その差異はもっと大きくなるかもしれない。要するに、教科書は誰が教えても教科書だということなどあり得ない。言ってみれば、教科書もまたPowerPoint のスライドに書き綴られた言葉のように、今から解きほぐされる言葉の羅列でしかない。授業の中においては特にそうだ。

教科書だけで授業がわかるようであれば誰も苦労しないし、「資格対策」だからといって〈メタ情報なしに〉「暗記しろ」というのも、大学の授業としては芸のない話だ。予備校の日本史の授業でさえ、「暗記しろ」なんてバカなことを言う教員はいないし、まして書道みたいな授業はやらない。〝暗記〟という素朴な学習方法では、大学受験くらいになると〝情報量〟が膨大になってたくさんのことを覚えることなどできないからだ。まずは事柄を〈理解〉させること――日本史の〈理解〉とは日本史の流れを掴むことだろうし、英語では文法や語源の少しばかりは専門的な〈理解〉のことだろう――なしには、暗記の効率さえも上がりはしない。こういうときに、〈流れ〉もまた〈暗記〉だろうと言い出す人がいるにはいるが、もはやよほど貧相な教員にしか教わったことがない教員なのだろうと憐れにさえ見えてくる。[*37]

＊37　ついでに言っておくが〈暗記〉なんてコンピュータの方が得意だから、これからの時代には〈暗記〉や〈知識（の詰め込み）〉など重要ではなく、「主体性」「創造性」「人間的な感性」などを磨くことだと言ってセンター入試を廃止し、人物評価入試を用意した文科大臣がいたが、それを言うのなら、泥棒も主体的、創造的に感性を磨きながら泥棒をしているのであって、これらのハイパー・メリトクラシー能力は、それ自体では学校教育の目標になどできない。そもそも〈暗記〉はコンピュータの方が得意だからやらせても意味がないと言うのなら、一〇〇メートル走るのも車の方がはるかに速い。にもかかわらず、一〇〇メートルを一〇秒切ることに世界中のひとたちがみんな関心を持っている。それはその〝性能〟自体に関心があるのではなくて、その性能自体を出すことに至る「主体性」「創造性」「人間的な感性」に関心を持っているからだ。〈人間〉は自ら機械を真似たり植物や動物を真似たり円周率を何千桁も覚えたりもする。それらはすべて〝性能〟の問題ではない。〈暗記〉も——暗記さえも——暗記の仕方や何を暗記するのかという選択性の中に、「主体性」、「創造性」、「人間的な感性」がたえず機能している。「暗記」の外に「主体性」、「創造性」、「人間的な感性」があるわけではない。たぶん、この文科大臣は、暗記と「主体性」「創造性」「人間的な感性」を対立させることによって、逆に〈人間〉を〝性能〟主義的に、つまり機械的に理解しているわけだ。

　さらに〈知識〉データベース論について言えば、たとえば必要に応じてその知識を〈検索〉利用する知識利用と、それなしにその知識を身につけている人との違いを考える必要がある。一人の人間が知識を「たくさん」有しているということと、データベースにはさらに「たくさん」の知識が存在しているということとは別のことである。データベースには知識に伴う〈人格〉（あるいは歴代の文科大臣が好きな〈個性〉）がない。もちろん特定の個性を予想した知識の在り方をその都度データベースは構成することができるだろうが――その意味ではAIデータベースは万人をシミュレートできるだろうし、そしてそのシミュレートは、チューリング・テストやジョン・サールの「中国語の部屋」的には実際の人間と区別できないかもしれないが――、一人の人間が、検索なしに知識のある人を〈尊敬〉するのは、それだけの知識を一人の人間が得ることに至る〈コンピテンシー〉や〈ハビトゥス〉――「ハビトゥス」という言葉自体は、アリストテレスの『ニコマコス倫理学』などで定常的な「性向」や「姿勢」を意味する「ヘクシス（ἕξις）」がスコラ哲学によってラテン語に翻案された言葉だが、ここでは後述するブルデューの概念として使っている――を背後に感じるからである。その意味で人間は、AIデータベースに〈感謝〉する――「便利だ」と言って感謝する――ことはあっても〈尊敬〉することはない。AIデータベースにその種の背後はないからだ。あったとしてもそれらを一つの意図をもって作ったアーキテクトの背後性にすぎない。だとすると、AIデータベースもいくら万人をシミュレーションすることができるにしてもそういう一人の人間に過ぎないということでしかない。人間の、AIに対する尊厳の本質は欠如――ハイデガーなら〈有限性（Endlichkeit）〉とでも言うのだろうが――から生じるのであって、万能性とは何の関係もない。

教育における教員と学生との関係を形成する〈尊敬〉――学生の教員への〈尊敬〉――は、教員の知識量それ自体が形成しているものではなくて、知識の背後（メタ機能）に関わっている。個体に結びつかない知識は意味がないのだ。特に〈教育〉においては。学校とは〈知識〉に出会う場処ではなくて、尊敬できる〈教師〉に出会う場処であったのだから。学校教育以後に出会う先輩諸氏は、すべて学校における恩師の影みたいなものだ。

たとえば私事に渡って恐縮だが、私の場合、高校時代の松本純先生、塩見甚吾先生、大学・大学院時代の永坂田津子先生、岩波哲男先生、高橋允昭先生、伴博先生、川原栄峰先生と言った人たちが恩師に当たる人だが――先生たち、勝手に名指してスミマセン――、これらの方々と、私が知識としてもつ「吉本隆明」「ベケット」「ヘーゲル」「カール・バルト」「デリダ」「カント」「ハイデガー」たちとの関係は不即不離の関係をなしている。どちらが原因と結果というわけではないように、これらは「構造化する構造（structures structurantes）」（ブルデュー）として、あるいは知識の「ハビトゥス」として存在している。つまりブルデューの「構造」や「ハビトゥス」はそれ自体「有限性」に刻印されている（この点でブルデューのハイデガー論『ハイデガーの政治的存在論』は全く見当違いなものになっている）。ＡＩデータベースにはこの「有限性（Endlichkeit）」や「非性（Nichtigkeit）」――いずれもハイデガー『存在と時間』のキーワード――が決定的に欠けているのである。

一方、ブルデューは、「社会的出自を否定する論理に基づいて機能しながら、社会的分類選別を実現してしまう」支配者のふるまいを指摘する（『国家貴族（I）』藤原書店、二〇一二年）。「学校評価を表現し実践の中でそれを構造化している評価用語は、支配者の評価用語を無色化し見分けがつかなくなるような形式、すなわち表現が婉曲になった形式をとる」（同前）。彼らは「被支配者」（＝「大衆」）には「自主性の欠如」などといった「婉曲」表現を使う、とブルデューは言う。たしかに「主体性」「創造性」「人間的な感性」などは「無色化」された「評価用語」でありその意味で誰も反対しない評価用語だが、それは下位階層を「構造化」する言葉なのである。

私のほぼ五〇年前の高校英語（研究社の悪名高き『英和中辞典』が跋扈していた時代）では、「remember が目的語に to 不定詞（の名詞用法）を取ったら、『これからやるべきこと』を覚えている」、「remember が目的語に～ing の動名詞を取ったら、『すでにやったこと』を覚えている」ということだった。「remember は、to 不定詞を取る場合と動名詞を取る場合とでは意味が異なるからちゃんと覚えておいてください」としか言われてこなかった（地方の公立高校で進学校ではあったが）。この指導方法だと実際の試験においては暗記でしか覚えていないため、両者の意味が逆になって解答を間違ったりする場合も多くなる。

しかし良質な辞書や良質な参考書のおかげで、今時こんな教え方をする英語授業は存在しないはず（もちろん五〇年前の当時であってもまともな教員はまともに教えていただろうが）。この用法はrememberという動詞の用法の問題ではなく、rememberが取る目的語がto不定詞であるか、動名詞であるか、それらの理解と関わっている。toは基本的に方向や未来やその意味で仮定を示す前置詞だから、そもそもが未来のことを志向している。動名詞はそもそもが名詞だから、既にあるものにしか名前は付かない。名詞の時間性は既在、過去である。ハイデガーは「無はある」とまで言い換えているくらいだ。そこを〈理解〉させておけば、この両者(remember to～とremember～ing）を間違うことはない。半世紀前の高校の「書き換え」問題では、「百聞は一見に如かず」Seeing is believing. をTo see is to believe. と書き換えると正解になっていたが（正解なはずがない）、これもあえて極端に言えば、後者は「見ると信じてしまいそう」という感じが出てくる。ついでに前者の動名詞文を対照的に言葉にすれば「見てしまえば、信じてしまう」だろうか。

このレベルも「暗記だ」という教員に学ぶ高校生は覚えることが膨大になってしまって、itさえも「天候のit」「時間のit」「代名詞のit」とか言うようにたくさんの〝意味〟を覚えなくてはいけないことになる。toも前置詞の他に、名詞用法、形容詞方法、副詞用法があるというように。中学英語で最初に出てくる冠詞の意味などもいまだに単数のaと複数の～sという対立で教えている教員がいるが、a（不定冠詞）が対立しているのは定冠詞のtheだということをちゃんと教えておかないと、英文読解に限界が来るのは目に見えている。代名詞のheも

「彼」ではなくて、（敢えて訳せば）「その彼」だ。heが単独の名詞（たとえばa man）を受けるなんてことはありえない。雪が積もっていくように意味が重層的に変容していくのが代名詞のheの意味だ。これもまた代名詞とは何かの理解に関わっている。個々の代名詞の意味を〝覚えさせる〟前に教えるべき内容が欠けているのである。

つまり、「記憶」がすべてという教員に教わる高校生（あるいは大学生）は、まともな教員が教える授業よりははるかに単調でかつ記憶負担の高い授業を受け続けることになる。そうやって〝できない〟学生はますます勉強嫌いになっていく。それは当然のことだ。名門校の学生は「頭がいい」のではなくて、「頭がいい」教員に教えてきてもらったから「頭がいい」だけのこと。その逆ではない。百歩譲って「頭がいい」のが教員のせいではないのだとしたら、家庭の文化性（教員の学歴・大学歴よりも高い学歴を持つ親の文化性）によって育まれたものに過ぎない。

大学に入学してくる〝できない〟学生たちは、中等教育までの暗記教育の犠牲者（特には「〝できない〟学生」と一括される学生たち）なのだから、[*38]大学の教員はその専門性の高さをフルに駆使して〈理解〉を中心にした教育を行う義務があると私は思う。to不定詞や定冠詞だけで一科目二単位授業（九〇分×一五回）をやれるのが大学教員——itなら四単位（九〇分×三〇回）の授業もやれるかもしれない——なのだから。英語の嫌いな学生も、「暗記しろ」という高校までの授業と違う文法の授業を受けて英語を好きになるに違いない。まともな文法教育をやれば、勇気と馴れだけのくだらない英会話教育よりも実践的な英語教育になる。[*39]

＊38　垂見裕子は、ＰＩＳＡで調査されている学習方略が三つある（〈記憶方略（memorisation strategies）〉――たとえば教科書に書かれてあることをすべて記憶するというような方略――、〈精緻化方略（elaboration strategies）〉――新しい情報を既知の知識や経験と結びつけて考える方略、〈制御方略（control strategies）〉――自分の学習目的を達成するために学んだことを整理し、自分が何を学ばなければならないかを明確にする方略）として、以下のようにまとめている。「記憶方略はわずかな効果しか見られないのに対し、制御方略は大きな学習効果があることがわかりました（垂見は調査結果の数値データを図示して「わかりました」と言っているがここでは省略しておく。この論文はネットで検索しても出てくるようなので関心のある方はそちらを見られたい―引用者註）。また、学習方略の使用に家庭的背景の影響があるか分析したところ、記憶方略においては上位層と下位層の子どもの使用はわずかな差ですが、制御方略においては上位層と下位層の子どもの使用に大きな差があるということがわかりました。（…）これらデータをより詳細に分析すると、家庭的背景が学力に及ぼす影響のうち、三〇％が学習方略の使用によることがわかりました。つまり階層によって学力差が生じるのは、上位層では制御方略の使用が高く、下位層では制御方略の使用が低いことによって一部説明されるということです。さらに上位層と下位層では学習方略の効果が異なるという結果が出ました。実際に制御方略をあまり使わない上位層と下位層の学力テストの差は六〇点にも及ぶのに対し、制御方略を多く使っている上位層と下

位層の差は三〇点以下になります。これは、家庭的背景の恵まれた層（上位層）では、制御方略をあまり使用しなくても学力が保証されている一方、家庭的背景の恵まれない層（下位層）では、学習方略の有無により学力が形成されるということです。言葉を変えれば、制御方略の獲得により学力格差が小さくなることを示唆しています」（「ＰＩＳＡから日本の学力格差をみる——家庭的背景・学習方略を中心に——」早稲田大学高等研究所、二〇一二年）。「家庭的背景の恵まれない」「下位層」は「記憶方略」によってますます学力向上の芽を摘み取られているのである。「学習方略」の何を選ぶかは「下位層」にこそ有意味だということだ。

＊39　冠詞や不定詞や代名詞を単独で掘り下げても、「それだけでは英語がわかったことにはならない」という人もいるだろうが、これらのどれか一つだけでも掘り下げれば、ジグソーパズルの埋まった数は少ないかもしれないがそれが何の絵であるかくらいはわかるようになる。私は「コンピテンシー」論には何の期待もしていないが、英語コンピテンシーというものがもしあるとすれば、冠詞や代名詞を深く掘り下げて頁内の英語文の〈絵〉が見えてくる瞬間が〈知識〉と〈コンピテンシー〉が一致する瞬間だと思う。下手な中学英語を最初の頁から始めて行くより、「冠詞とは何か」を二単位授業（九〇分×一五回）でじっくりやる方がはるかに効果的だ。もともとは一九七〇年代のアメリカで政府機関の人材登用に用いられたのが「コンピテンシー」評価らしいが、小方直幸によれば、「知識・技能」を文脈に依存して「運

用」する能力だという（「コンピテンシーは大学教育を変えるか」、『高等教育研究』第四集所収、二〇〇一年）。しかし深い知識――一つ一つの単語、そして一行、一行の意味を長い時間をかけて究明していくという知識の在り方に関わる深い知識――は、それ自体において「運用」そのものを含んでいる。

大学の〈知識〉とはそういうものだ。

以前、新学科の文科省への設置申請において「英語」科目のシラバスが中学校英語の内容にとどまっており「不適切」と文科省に断定された大学があったが、それは「一般動詞と三単現のS」などと月並みな動詞論に終始した内容をシラバスに記載していたからだ。まさに直接的に中学校英語を〝くり返す〟体《てい》のシラバスになっていたのである。これではたしかに大学英語ではない。文科省がそう断定するのは、基礎英語をやるなということではなくて〈基礎〉教育にも大学の教員らしい教え方があるはずということだ。「語学とは暗記だ」というような教員に偏差値四〇の学生は教えられない。むしろそれは教員自体が教育偏差値四〇以下なのだ。

数年前に亡くなった吉本隆明が言っていたことだが、算数嫌いを無くそうと思えば、大学を引退した数学の名誉教授が「かけ算とは何か」「割り算とは何か」などを地域の小学校に教えにいけばいい、と。たしかに小学校には算数や数学が得意な先生はそんなにはいないのかもしれない。〈理解〉を先行させないまま、九九の暗記を強要しても辛い子どもには辛い。要するに、〈理解〉を先行させることは「思考の経済」説のE・マッハふうに言えば「学習の経済」

なのである。そして〈理解〉とはメタ情報を与え続けることである。〈理解〉が先行しない〈記憶〉を〈暗記〉というが、それでは結果として暗記できる情報量は極小化し、学習の効果も上がらない。そうやって〝できる〟学生との差はどんどん広がっていく。

第四節 第二項 〈答え〉もまたメタトークを必要としている——どんな〝詳細〟な教材資料も授業の終点にはならない

できあいの教科書にしろ、教材にしろ、いずれにしてもそれらは「詳細」なコマシラバスよりははるかに「詳細」なわけだ。コマシラバスを「〝詳細〟に過ぎる」と言うのは、従来のシラバス（三行くらいの概要コマシラバス）に比べて「詳細」なだけのこと。そのことを、「詳細な」ものは「今どきの学生は読まない、読めない」と言うのなら、教科書も教材・資料も今となっては何の役にも立たないと言っているのと同じことになる。つまり適当な思い付きのトークをくり返して、今日の授業の目標については教科書の頁数くらいを反芻するだけの目標意識のない教員だということになる。コマシラバスは「暗記」の対象ではない。

コマシラバスさえ「〝詳細〟に過ぎる」と言う教員は、自分が話し続けて口にする言葉の膨大な数について無神経な人たちなのだ。教員が九〇分授業で語る言葉の文字数はだいたい二五〇〇〇文字から三〇〇〇〇文字、Ａ４紙で二〇枚以上の分量になる。もしシラバス程度の文字数を多すぎるというのなら、そんな分量のトークの言葉を学生はどうやって処理しているというのだろう。トークの言葉とは別にもちろん教科書や教材・資料の言葉もまた存在することになる膨大な数の言葉の中で〈何を〉学ばなければならないと学生たちは判断できるのだろうか。

結局、コマシラバスを「〝詳細〟に過ぎる」として、そんなものは学生が授業を理解する手立てにはならないという教員は、「今日の授業」は、教科書を使おうが、教材・資料を使おうが、「（少なくとも）これとこれとをわからせて授業を終える」という目的意識の希薄な人たちなのだと思う。通常の教科書や教材・資料などは、どこにもその〈目的〉というものは書き記されていない。それらはすべて教育目標の〈手段〉にすぎない。そしてその一方で〈目的〉を詳細に記したものがコマシラバスである。〈目的〉も教科書や教材・資料からすればメタ情報の一種だ。

シラバスの「詳細」度は、教員の教育目標&学生の学習目標の「詳細」度である。それを「詳細」に書いても学生は読まないし、読めない、わからない、というのは、学生に向かって目標を提示できない授業ということになる。「読まないし、読めない、わからない」ということがもしあるとしたら（授業の前にそういうことはありうるかもしれないが）、授業の後にはわかるようになっていなければならない。それが、教員が「授業を行った」、学生が「授業に出席した」ということの意味だ。

たしかに目的を詳細に書くとかえって曖昧になるということはあるかもしれないが、主題を示し、主題を細目化しても、この二つは全体で五〇文字もない。だらだらと三行くらい書いてある概要型のコマシラバスよりははるかに短いものだ。授業目標を記載する長さとしてはむしろ簡潔な方だ。「細目レベル」は一つの主題に付きおよそ一〇〇文字～二〇〇文字くらいだが、これらは目的の解説（メタ情報）であって、一〇〇文字～二〇〇文字で解説が長いとしたら目的の程度が低いだけのことだ。大学教員ならもっと書きたがってもおかしくはない。コマシラバス書式の諸項目は簡潔性と詳細性をこのように構造化しているために、「今日の授業は教科書一〇頁～二〇頁をやります」というよりははるかに〈理解〉に貢献するシラバスになっている。

一方、潮木守一は「最近では『わかりやすい授業』とは『勉強しなくてもわかる授業』、『予習しなくてもわかる授業』、『先生が答えを教えてくれる授業』になってきている（…）人間が長年にわたって学問にかけてきた努力と情熱を真っ向から否定している」という「ベテラン高校教師」の言葉を報告している（前掲書『大学再生への具体像（第二版）』）。しかし、これはためにする批判のような気がする。パワポ論のところでも書いたが（二章五節）、授業という場所はどんなに資料（コマシラバスを含めて）を「詳細」化してもメタ情報――それ「について」語るというように――が絶えず発生する場所である。詳細化の度合いは、そのメタ情報の質をどんどん高めてくれる。詳細に書き出した内容（の水準）を踏まえてメタ化が発生するからである。[*40] 詳細化すればするほどメタ情報は高度化する。書物、教科書、文献、教材資料、あるいは実習設備など、それらがどんなに教場を満たしてもそれら「について」語る教員のメタトークは存在する。たとえ「答えを教えて」もそれについてのメタトークは存在する。「答え」は終わりを意味するわけではない。教場はもともとがメタトークの場所なのだから。[41] 鈴木有紀の『教えない授業』がダメなところは、最初に答えを教えたら終わりだと思っているところである。しかし、問いかけも再度湧き上がる疑問も終わりの質が決めている。そして終わり（答え）の質を評価できるのは、教員だけなのだ。

それでもなおコマシラバスは「詳細すぎる」という教員がいるとすれば、肝心なことはすべてトークに任せるという、中世の教養エリートに対してのような「口頭の伝達に依存する」「秘儀」のような授業――印刷技術誕生以前の――を行う教員だということになる。二〇〇文字でも「詳細過ぎて」難しいという学生にトークと板書だけでわかる授業をやれる大学があるとすれば、その学生たちは逆に偏差値七〇は超えていなければならない。逆にノートを取ることの天才たちに、「詳細」な授業情報を与えればそのノートの質は大学教員の講義ノートに匹敵するものになるだろう。

＊40 デリダは、「教授である（être professeur）」ことにおけるプロフェスすることの意味を「無条件の自由」に基づくものとしているが、それは「作品を生み出すことではない」「教員自身が作品に署名することでもない」と言っている（『条件なき大学』月曜社、二〇〇八年）。こう

いったメタ化の「脱・構築（déconstruction）」こそがプロフェスすることの意味である。カントが「哲学とは可能な学の単なる理念にすぎない（…）人が学びうるのは哲学ではなくて、哲学することのみである（…）理性の才能を、その普遍的原理を遵守しながら、目の前にある或る種の試行に即して訓練することのみ学ぶことができる」（『純粋理性批判』第三章「純粋理性の建築術」作品社、二〇一二年）というのもこのメタ化の運動の中に学ぶことの意味を見出しているからだ。

この前文でカントは模造（Nachbild）を原像（Urbild）に倣う試みとしての哲学（哲学すること）に触れており、ロマン派の教育＝陶冶（Bildung）の概念もそこにまた予告されている。ドイツ語のBildには元々神の「似姿」という意味も響いているが。その意味ではカント哲学のキーワードである〈構想力《アインビルドゥングスクラフト》（Einbildungskraft）〉にもBildが潜んでいる。そしてまた「建築術（Architektonik）」という言葉の中にもプラトンやアリストテレスが従来から「哲学者」を「建築家」に喩えてきた歴史も透けて見える。

しかしハイデガーが言うように、この「建築術」にかかわるテクネーは工学的に技術的な技術ではなくて、ポイエーシス（ποίησις）としての技術である。「技術の本質は芸術である」（『技術への問い』平凡社ライブラリー、二〇一三年）という点でシェリングの「哲学の学部は決してあり得ず、ただ芸術の学部があるのみだ」（シェリング『学問論』岩波文庫、一九五七年）と呼応しているかに見えるが、ロマン派の陶冶（Bildung）＝建てること（Bildung）とハイデガーのポイエーシスとの違いは別稿に譲りたい。

＊41　テレビ番組で面白い実験をしていた。京大出身のタレント（以後「Aさん」と略す）と大学は出ていないタレント（以後「Bさん」と略す）が歴史講義を一時間ほど受講して直後に試験で何点取れるかという実験だったが、そこでは教員の板書と授業トークについてノートを取る様子がずーっとカメラに映し出され注目されていた。Bさんは教員の板書をひたすら写し取る、しかも耳で写し取るのではなくて顔を上げたり下げたり目で写し取るのが特徴。しかも文字に色を付けてマーキングしながらカラフルなものになっている。

Aさんはあまり顔を上げない耳で聞き取るノートの取り方。色など付けるとペンを取り替える時間が無駄という感じのノートの取り方だった。もちろんノートはエンピツ一色で地味だ。この限りでは、Bさんは板書通りにノートを取り、写し取るノートとしてはAさんよりも完璧だった。まずは目重点で板書をノート化するか――これを私は「水飲み鶏型」ノートと呼んでいるが――、耳重点でノート化するかの違いが大きかったが（そもそも〈視覚〉は〈聴覚〉よりも知的に劣る器官であることをヘーゲルは論じていたが）、それより私が関心を持ったのが、Aさんのノートに少なからず登場する斜め書きの記載だった。後でその斜め書きの意味を誰かが聞いたら、「先生が板書に書かずに、でも重要なことを話していると思ったことを斜め書きで書いています」とAさんは答えていた。

斜め書きする理由は二つあって、一つは視覚的にすぐポイントがわかるということ、二つ目にはペンをマーカーなどの色ペンに変えることなく素早く書き取れるというものだった。受講直後のテスト結果は、きれいなノートのBさんは五〇点にはるかに届かず、Aさんは九九点。なぜ一点足りなかったのかと言えば、用語の書き取り（表記）の間違いがあって、耳で聞いていた音が聴覚的に外れただけのことだった。ポイントは、板書の意味を活性化する「斜め書き」、つまり教員のメタトークを聴き取る力なのだ。メタトークはしかしそれが典拠し可視化するテキスト――そのプラットフォームが「コマシラバス」であることは言うまでもない――なしには見えてこない。場合によっては教員にさえ見えてこない。コマシラバスと教材を書いて書いて書きまくって初めて浮かんでくるようなトークの質がメタトークを生みだしているのである。ラカンのようにそれを「無知の豊かさ」と呼んでもいい。それがはじめてAさんの「斜め書き」に結実する。逆に言えば、「斜め書き」の存在が、板書の意味やコマシラバスの意味を決定しているのである。この種の事後性が授業準備に終点がないことを強いている。こういったコミュニケーションが生じる場処を教場（教室）というのである。

ヤスパースは、このメタトークの「状況」を次のように言っている。「講義の状況は、実際語られた言葉においてのみ、講義の関連においてのみ立ち現れ得るものなのです。講義の状況は、教師自身の中にも、講義をしなければ隠され続けているものを引き出すのです。教師は、彼の思索、真面目さ、問い、驚きの中で意図しないままに自己を示すのです」（『大学の理念』理想社、一九九九年)。これが〈授業〉における「斜め書き」のダイナミクス――教員と学生とのあうんの呼吸のような――であって、そのときメタトークは柄谷行人的に言えば、「語る tell」ではなく「教える teach」になるのである。「単純にいえば、『教える』という語は、相手が一定の規則性・パターンを習う(学ぶ)ことを前提しているときに用いられる(…)。『語る』場合には、相手は学ぶ必要がないし、あるいは『語る－聞く』ことを可能にするような一定の規則がすでに学ばれている。このことは、〝言葉を教える〟と〝言葉を語る〟の違いを見れば明らかであろう。『話す－聞く』前に『教える－学ぶ』が論理的に先行していなければならない。さもなければわれわれは、『話す－聞く』ことができないだろう」(『探究I』講談社、一九八六年)。つまり、規則は規則として存在しているわけではないし、意味もまた意味として存在しているわけでもない。柄谷はそれをクリプキ＝ウィトゲンシュタインの対偶の論理を借りて説明する。「私が受け入れないならば、相手は規則に従っていない」(傍点は引用者)と。あるいは「ある人が共同体に受け入れられていないならば、その人は、『規則に従っていない』とみなされる」と。柄谷は言う。「『教える』ことは、『語りうる』ことではなくて、『示す』ほかない事柄である」(同前)。ヤスパースもまた「教師は(…)自己を示す」と言ったように。

ウィトゲンシュタインが「規則に従う」ことは「一つの実践である」(『哲学探究』二〇二)と言う意味は、論理的には対偶でしか表現できない。対偶の二つの否定は、ハイデガーの

〈存在〉という文字の上の抹消線、あるいはブランショの「オルフェウスの眼差し」における「二重の不在」と同じものだ（ブランショ『文学空間』）。つまり〈規則〉も〈意味〉もわれわれは「積極的に所有しているわけではない」。〈規則〉も〈意味〉も意識の対象ではない。

この「意識」はデリダが内省の現象学の格率を「自己への現前」、つまり「自分が話すのを聞く」こととし、「声は意識である」と結論したことと関係している（デリダ『声と現象』）。デリダの現象学批判はまさに「話す－聞く」という音声中心主義的な「現前の形而上学」への批判（脱・構築）であったからだ。柄谷は、デリダの、声の現前性を脱構築する「差延」すら「超越論的に」内向する傾向として、ウィトゲンシュタインの「一つの実践」という言葉の社会性＝外部性に着目して批判する（私にはこの時期の柄谷の議論とデリダの脱構築の実践とはほとんど変わらないように見えるが）。これはしかし行動主義者や心理主義者の言う意味での「関係（relation）」あるいは「関数（function）」の先行性を意味しているわけではない。「行動主義（behaviorism）」者が行動的であったことなど一度もない。彼らはむしろ観察しているだけである。さらにはウィトゲンシュタインの「実践」は、ハイデガーの〈世界性〉の「ア・プリオリ」をも意味しているのではない。〈世界性〉の「ア・プリオリ」は「範例的存在者」（ハイデガー『存在と時間』第二節）である「現存在」（人間）を前提していたからだ。ウィトゲンシュタインの「実践（Praxis）」はハイデガーの「配慮（Sorge）」よりも実践的にみえる。初期のウィトゲンシュタインでさえ、「主体は世界には属さない。それは世界の限界である」（『論理哲学論考』五・六三二）と言って、「世界と生とは一つである」（五・六二一）としていたが、この〈生〉が後期では「一つの実践（eine Praxis）」に深化する。「私の世界の限界」と「世界の限界」における限界はそれ自体が対偶の二つの否定に関わって、二重の不在に関わっているからだ。初期の主体＝世界論は、カントの超越論的原則――「経験一般を可能とする条件は、同時に経験の対象を可能とする条件である…（傍点はカント――引用者註）」（『純粋理性批判』B197）の「同時に」の超越論的な時間性――と大きく変わるものではなかったが。

クリプキ＝ウィトゲンシュタインの対偶（言わばヒュームの経験主義の論理的表現）は、伝わったときにこそ「あとから」見えてくる〈規則〉や〈意味〉の存在を暗示している。「関係（relation）」も「関数（function）」も、伝わった「あとから」見えてくるものに過ぎない。初期ハイデガーさえ、カッシーラの関数概念は「形式化された実体概念」に過ぎないと言っていた（『存在と時間』第一八節）。もちろんこの「あとから」は〈存在論〉に対する〈認識論〉の先行というような時間の先後でもない。それは人間関係で言えば、レヴィナス的な「対面（face-à-face）」の実践性なのだ（レヴィナスの「対面（face-à-face）」の〈顔〉の他者性については『全体性と無限』（国文社、一九八九年）を参照のこと）。「たとえば」と柄谷は続ける。「たとえば誰かを説得するとき、私が『真理』、あるいは抗いようのない論理でそうすることが出来る場合と、そうでない場合がある。具体的に言えば後者は恋愛においてである。だからレヴィナスは、〝他者性〟を『女性的なもの』あるいは『エロス的関係』において見出している。むろん、それは『エロス的関係』にかぎりはしない。たとえば精神病者を相手にしたとき、私は彼を説得すべき共通の規則を前提することができない。同じことが、『売る立場』や『教える立場』についていえる。店に行けば、売り手と買い手の関係は簡単に成立するようにみえる。しかしそこでの関係は、価格（規則）によるのであって『隣り合わせの関係』でしかない。学校では、教師が学生に教えているようにみえる。しかし教師はただ公認された『真理』を語っているのであり、彼らの関係は『隣り合わせ』でしかない。ここには、『向かい合わせ』の対関係はほとんどない。対関係は、共同の規則なるものの危うさが露出する場所である。むしろひとは、ここからのがれるために一般的な真理にすがりつく。ちょうど、ひとが恐慌において商品ではなく貨幣にすがりつくように」（『探究Ⅰ』講談社、一九八六年）。

柄谷は、わざわざレヴィナスを引きながら、「エロス的関係」＝対面の関係と、そうでない「一般的な関係」＝ハイデガー的な「相互共存（Miteinandersein）」とをわけて考えているが、ウィトゲンシュタインが「規則」は「実践」としてしかありえないという意味では、この区別は意味がない。むしろすべての関係は、「対面（face-à-face）」の「エロス的関係」の変様でしかない。教師が四〇〇人の大教室で授業を行う場合もゼミ教室で授業を行う場合も、人が商品を買う場合もすべてレヴィナス的な対面的エロスの関係、つまり対偶としてしか語れない「実践」の介在なしにはありえない。柄谷は「真理」や「価格」を「隣り合わせの関係」と言うが、これこそがニーチェの〈価値〉論、マルクスの〈交換〉論、そしてウィトゲンシュタインの〈実践（Praxis）〉論が、エロス的な跳躍として以外に存在しないものであることを明らかにした当のものだったはず。対偶でしか表現できない〈規則〉の〈実践〉性――〈規則〉や〈意味〉の他者性、外部性と呼んでもいい――を、クリプキは「暗闇の中での飛躍」と呼び、マルクスは「命がけの飛躍」と呼んだと柄谷は言うが、これはレヴィナス的には「対面（face-à-face）」のエロスのことなのである。そもそも「一般的な真理」を語れば学生が付いてくると思っている教員など誰もいないし、ものを〝売る〟ことは価格次第と思えるほど今日の消費は単純なものでもない。逆に言えば、〈真理〉も〈商品〉もエロス的な〈実践〉なしには存在しない。ちょうど会話の延長に恋が生まれるのではなくて会話が途切れたときに恋が生まれるように、ノートの「斜め書き」も教員の板書（の意味）が途切れたところで起こっている。「恋」は実践的にしか存在しないし、「斜め書き」も実践的にしか存在しない。恋人との〝相性〟という「規則」は「命がけの飛躍」の結果に過ぎない。それは、「あとから」生まれる。板書の意味もそうだ。そのように、ウィトゲンシュタインの「実践」はエロス的なのである。言わば計算されたり先取されたりはしない、その意味では「教える」者が「積極的に所有」できない「斜め書き」がどこで入るのか、あるいは入らないのかの問題なのである。「斜め書き」もまた「暗闇の中での飛躍」であり、「命がけの飛躍」なのだ。

　アガンベンなら、この「飛躍」を「インファンティア（infantia）」の「物言わぬ経験」と言うところだ（『幼児期と歴史』岩波書店、二〇〇七年）。彼は、ウィトゲンシュタインの「語り得ぬもの」を「インファンティア」（幼児期）として理解する。「それは言語における一つの「分裂」を意味している。逆に動物は「つねにすでに言語の中に存在している」。動物には「物言わぬ経験」が欠けている。あえて言えば、動物の言語には「欠けている」こと自体が「欠けている」」。しかし人間の言語はいつも幼児期――フロイトの「エス」のように――として存在している。したがって、アガンベンの言う「インファンティア」は、発達心理学のタームではない。それは、「単純に時間の中で後景に追いやられてしまう」ようなものでもない。いわば「超越論的な歴史」として、言語の中に、分裂と不連続を呼び込むようなものなのである。

たとえば、私が教壇に立つ。あるいは表現者としてものを書く、語る、教える。そのためにコマシラバスを書く。それは、わかってたまるかということと、なんでこんなに簡単なことがわからないのか、という矛盾の中に身を置くことだ。教壇に立つまでに何年も何十年も研鑽を積んだ者が語る内容について、そんな研鑽なしに教室に座る大学生、しかも若い学生たちに「先生の言うことはすごくよくわかります」と言われて「それはうれしい」と手放しで喜べるだろうか。一方、どんな難しいことでもわかりやすく言うためにこそ専門性の研鑽はあるのだという意味で言えば、「まったくわかりません」と言われるのも腹が立つ。「こんなにわかりやすく話しているのに〝わからない〟とは何事か」と。〈表現者〉は「わかる」

と言われても「わからない」と言われても居所がないところにいつも立たされているわけだ。

つまり授業が〝わかる〟というのは一つの矛盾なのである。

かつて吉本隆明は、自分だけにしかわからないとみんなに思わせたら、それがすぐれた作品なのだと言っていた。吉本は言う。「文句なしにいい作品というのは、そこに表現されている心の動きや人間関係というのが、俺だけにしかわからない、と読者に思わせる作品です。この人の書く、こういうことは俺だけにしかわからない、と思わせたら、それは第一級の作家だと思います」（『真贋』講談社インターナショナル、二〇〇七年）。こういう単独性（吉本の言う「自己表出」）と普遍性（吉本の言う「指示表出」）の関係こそが連続的には生じない「実践」＝「飛躍」＝「エロス」の出来事なのだ。あるいは「わかる」ことの矛盾である。「斜め書き」は「俺にしかわからない」と思うときに生じた授業のコミュニケーションだったと言える。コマシラバスとは、こういった〝伝わる〟ことの矛盾を抱え込んだ、学生たちへの恋文のようなものなのだ。

つまり、トークと思い付きの板書ばかりの授業でもダメ、乾ききった既成教科書だけの授業でもダメ、設備や教材や資料に埋もれて窒息するような授業でもダメ。三つの授業のどれもメタレベルのレフェランス、つまりコマシラバスを必要としているわけだ。コマシラバスは、言わば教員自身のあらゆる研究キャリアの果ての「斜め書き」であり、その「斜め書き」が学生のあうんの「斜め書き」を呼び込むのである。

第五章

終わりにかえて

―― 新しい人材像と
シラバスと
カリキュラムと

第一節　ハイパー・メリトクラシー論と大学の「機能別分化」論の隘路

最後に触れておかなければいけないのは、「大綱化」以降（厳密には中曽根臨教審以降）の大学改革と並行して進められた「新学力観」のことだ。「新学力観」において、「豊かに生きる力」の資質としての「関心・意欲・態度」「思考力」「判断力」が「観点別評価」と共に前面化されたが、これらの「ハイパー・メリトクラシー」（本田由紀『多元化する「能力」と日本社会』ＮＴＴ出版、二〇〇五年）は、カリキュラム開発の動機を殺ぐものでしかない。なぜかと言えば、「関心・意欲・態度」「思考力」「判断力」などは結果の能力であって、目的にするほどの固有性はないからだ。たとえば、この「新学力観」が嫌う紙試験《ペーパーテスト》——とりあえずこの「新学力観」が嫌いな「知識」だけを問う試験——の点数は、そもそもが「関心・意欲・態度」「思考力」「判断力」の成果でないとしたらなんなのだろう。そんなものを伴わない「丸暗記」などあり得ない。「丸暗記」でさえも様々な工夫があるのだから。むしろ、「関心・意欲・態度」が満点なのに、紙試験点数《ペーパーテスト》が六〇点を切ることとの弊害の方がはるかに大きい。教員が各科目の教科指導に注力しなくなるからだ。自分の教科指導の不備を「観点別評価」で補うことになってしまう。「点数は悪いが態度は良い」などと。しかし、教員がどんな授業をやったのかということと関係のない、学生（あるいは生徒）の点数はない。点数は学生の点数の前に教員の点数でもある。「点数は悪いが態度は良い」というのは、授業の提供側（教員）の反省を殺ぐ評価の言葉なのだ。この評言を行う教員は、「態度」が「良い」ことを自分の教育のお陰とは思わない程度に「点数」も自分の教育の結果とは思っていない。「観点別評価」はそういった〝評論家評価〟を積み重ねていくことによって、教育改善の契機を奪っていったのだ。教育の〈指導性〉から〈学びの主体〉重視へのこの転換こそ、中曽根臨教審の思想である、〈学校教育〉から〈生涯学習〉へ、〈教育〉から〈学習〉への転換だったのである。教育評価が生徒・学生評価に変わった分、家庭の文化性の比重があがり、「インセンティブ・ディバイド」が前面化したのだ。

苅谷剛彦は、大綱化（一九九一年）と「新学力観」＝「観点別評価」指導要領（一九九二年）の手前で、「履修」と「修得」という言葉の使い分けが起こったことを指摘している。臨教審直後の一九八九年の学習指導要領においてのことだった。その使い分けは「『授業に参加し、授業を受けること』さえ満たせば、そこで何を身につけたかは一切問われることなく、必修科目は『履修』したことになる」（『教育再生の迷走』筑摩書房、二〇〇八年）というものだ。一九七八年の文科省「高等学校学習指導要領解説 総則編」においては、「必修科目」は「修得させる各教科・科目として定められることが適切である」と「解説」されていた履修＝修得論が、「必修科目は（…）学校においてそのすべてを卒業までに修得させる各教科・科目として定めることが従来多かったが、地域、学校及び生徒の実態に応じて、これを見直すことも必要である」（文科省「高等学校学習指導要領解説総則編」、一九八九年）となった。

「履修」と「修得」とが分離されるということは――両者は「明確に区別されなければならない」とまで一九八九年の「解説」には書き込まれている――、結果的に出席主義でよいということになる。履修基準をクリアする「修得」（単位を取得すること）を、「履修」（出席主義）において棚に上げる「この曖昧さが、中学校卒業者のうち高校に進学するものが九七％を超え、しかも中退率は二％程度に過ぎず、同世代の九五％が卒業する現実を支えている」と苅谷は結論している。

この「履修」と「修得」との分離の間に位置付くことになるのが「観点別評価」の意欲評価だと思えばいい。いくらなんでも「出席」だけではまずいという意識が観点別「評価」に結びついたのである。「観点別評価」は「履修」と「修得」との外面的な接着剤のような役割を果たした。そして教員たちは、ますます「修得」に教育意識を集中する契機を失っていったわけだ。〝意欲〟も〝自発性〟も、そして「新学力観」も、出席主義（「修得」と切り離された「履修」主義）の形式性を隠蔽するようにしか機能しなかったのである。

こういった、「修得」に関心のない指導要領によって、つまり〈教育〉と教育〈成果〉に関心のない高校の現場から輩出され高校生たちの受け容れ先としての「全入」大学が、「観点別評価」の事なかれ主義に終始するのは、必然だったと言える。「新学力観」の意欲主義と同じように、大学でも「ハイパー・メリトクラシー」や「コンピテンシー」論——一言で言えば猫も杓子も「コミュニケーション力」万歳！みたいなそれら——が声高に叫ばれるが、それもまた「修得」を「履修」でごまかす装置としてしか機能していない。「新学力観」や新しく始まる人物入試選抜の反対語は「アセスメント・ポリシー」なのである。元々〈教育〉に関心のない大学教員は、ますます〈教育〉（修得）に関心を持たなくなるに違いない。

　一つの科目の「履修」さえ、このように「修得」と切り離されてしまうのだから、科目の体系的な集積としての〈カリキュラム〉はもっとどうでもいいことになる。

　どんなカリキュラムでも、どんなシラバスでもそういった人間的な、普遍的な素性にかかわる側面を有しているからだ。カリキュラムもシラバスも現状のまま全く変えなくても、いくらでも理屈は付けられることになる。作文と書類のヤマが増えるだけのことだ。

　教員をつかまえて、「この科目、ここまで教えて欲しい」と具体的な知識目標を課すと、大概の教員は、「無理ですよ、学生の基礎学力が不足している」と言うか、「無理ですよ、一五回では難しい」と言うかどちらかだ。けれども『関心』を持たせて欲しい」と頼めば、「なんとかがんばります」になる。

　つまりこれらの能力論は、反カリキュラム論である。科目ヒエラルキー、コマヒエラルキーについての意識を持たない能力育成論なのである。ハイパー・メリトクラシー論、あるいはコンピテンシー論の取り組み――以後両者を含めて「ハイパー」論と表記する[*42]――は、大抵は「inter-discipline な（＝学際的な）取り組み」になるが、そういった inter-discipline な（＝学際的な）取り組みにも「discipline がなければならない」と指摘したのも、先の「学士課程教育の構築に向けて」答申だったことを思い起こすべきだ。

＊42 「関心・意欲・態度」「思考力」「判断力」、あるいは「問題発見・解決能力」「コミュニケーション力」「人間力」などの能力がなぜ「ハイパー（ハイパー・メリトクラシー）」と呼ばれるかと言うと、それらは、成人の大人であっても身につけられているかどうか怪しい汎通的な（生涯を通しての）課題だからだ。それを「教える」教員自体にこの種の能力が欠けている場合が多いのもこのハイパープログラム固有の傾向である。もちろん心理学者ならこれらの〝概念〟を「構成概念」と見なしてあれこれ議論したがるだろうが、それは単に彼らの飯の種だからに過ぎない。どうでもいいことだ。
　社会学者の佐藤俊樹は「コミュニケーション能力」について、それは「幽霊や亡霊みたいなもの」と言っている。「コミュニケーションは本来、特定の誰かに個体化できないからこそコミュニケーションなのですが、それをあたかも個体の性能として特定できるかのように語る。（…）その言葉に乗って、あたかもそういう能力が実在し、それで人が選別できるかのような話まで出てきた。実在しない点では幽霊や亡霊みたいなものですが、実在しないか

らこそ、いったん『ある』ことになれば、みんながその影におびえたり、身につける努力をしなければならなくなる。そういう意味で、『コミュニケーション能力』や『ハイパー・メリトクラシー（超業績主義）』の議論は、根本的に誤っていたと今は思っています」。教育学者の広田照幸はこの佐藤の議論に応えて「ハイパー・メリトクラシー論で言われるような、個人の意欲や創造性、コミュニケーション能力といったものは測定できない。心理学者がある尺度として作ることはできるのでしょうが、現実の選択の場で作動しているのはまったくちがうものです」（佐藤俊樹編『自由への問い（六）――労働』岩波書店、二〇一〇年）と言っている。佐藤は「社会学もコミュニケーション能力をめぐる変な幻想を作った共犯ではある」と今頃反省している。

一方、自己啓発本の隆盛という観点から――自己啓発性というのは、ハイパー・メリトクラシーの本質でもある――、牧野智和は次のように言う。「自己啓発メディアは純粋な自己反省を促すのではなく基底的な参照項（再帰性の打ち止まり地点）を残したうえでそれを促している（…）。つまりかなり多くの啓発書においては、仕事における習熟・卓越を目指す男性（性）、女性（性）という前提が驚くほど何も顧みられることなく自明のものとされている」（『日常に侵入する自己啓発』勁草書房、二〇一五年）。牧野が「基底的な参照項」というものこそが佐藤の言う「幽霊や亡霊みたいなもの」であって、むしろ「幽霊や亡霊みたいなもの」だからこそ「再帰性の打ち止まり地点」――再帰性が「打ち止ま」ったら再帰性ではないが――として「何も顧みられることなく自明のもの」のように反復するのである。

私はこの答申を中曽根臨教審以降の文科省の取り組みの自己反省文書だと思うが――おそらくこの答申の書き手は、中曽根臨教審以来冬眠し続けてきた「学校派」の書き手が目を覚まして書き上げたものだと思うが――政権交代のドタバタで雲散霧消してしまった。さらには馳浩文科大臣（二〇一五年）のときにも、教科活動を通じてのハイパー能力育成という重要な指摘があり――馳文科大臣の背後にも「学校派」がいたと私は思う――、「学士課程教育の構築に向けて」答申の二段階目の反省が七年ぶりに始まるかと思っていたら大臣が替わりまたハイパー論だらけになっている。[*43]

ポスト産業社会の人材キーワードがハイパー・メリトクラシー論の諸々（文科省の「生きる力」一九九六年、内閣府の「人間力」二〇〇三年、OECD-PISAの「キー・コンピテンシー」二〇〇三年、厚労省の「就職基礎能力」二〇〇四年、経産省の「社会人基礎力」二〇〇六年、文科省の「学士力」二〇〇八年）なのだが、それは〈学校〉という枠組みを超えて知識獲得の機会が広がることを意味している。それが、特には中曽根臨教審以降「学校教育は生涯学習の一部」とされたことの意味だった。つまり〈学校〉と〈教員〉の地位が相対的に低下したということだ。教員は「指導」者ではなく、「支援」者になってしまったのである[*44]（木村元『学校の戦後史』岩波新書、二〇一五年）。

これは学校の権威の象徴である〈図書館〉の蔵書が、〈情報〉や〈データ〉に成り下がった現象と並行している。今やインターネットによって「いつでも・どこでも」学べるわけだ。それはシラバスもまともに書けない大学の教員の授業に通うよりはるかにましなのかもしれない。事実そうであるように「大学改革」は進んでいる。シラバスの書けない教員こそアクティブ・ラーニングや演習授業が大好きだ。

ろくなことも教えられないのなら、せめてマナー教育くらいは、せめて討論術くらいは、せめてコミュニケーション力くらいは、というように事態は進んでいる。大学に期待されていることは、「せめても」能力育成なのである。数々のハイパー論はその徒花である。

＊43　文科省の悪名高き「我が国の高等教育の将来像」答申（二〇〇五年）は、大学の「機能的分化」という言葉を使って、大学を以下の七つに分けていた。「①世界的研究・教育拠点、②高度専門職業人養成、③幅広い職業人養成、④総合的教養教育、⑤特定の専門的分野（芸術、体育等）の教育・研究、⑥地域の生涯学習機会の拠点、⑦社会貢献機能（地域貢献、産学官連携、国際交流等）」。これが悪名高い分化論であるゆえんは、既存の大学の偏差値格差、都市大学と地方大学格差を「機能的分化」という言葉でまぶしたような分化論＝大学階層化にみえるからだ。二〇年前の中曽根臨教審のなれのはてがこの「将来像」答申だと言ってもよい。なぜかと言えば、その二〇年間であれだけ手垢の付いた「個性」「特色」という言葉を

この「機能分化」にことよせて、「個々の学校が個性・特色を一層明確にしていかなければならない」と言うのだから。二〇〇八年の「学士課程教育の構築に向けて」答申はそういった悪評判を踏まえて出直したような印象がある。そして二〇一八年の「将来構想部会」(文科省)では、この「機能別分化」が三つになり、「①世界的研究・教育拠点」「②高度な教養と専門性を備えた人材の育成」「③職業実践能力の養成」と変化する。ほとんどの大学は②(ときどき③)を自認するだろうから、「将来像」答申のような反撥は起こらないだろうが、これでは大まかすぎて意味がない。要するに「機能」という言葉を濫用しているだけのことだ。

専門職大学の設置の時も「これまでの大学とどこが違うのか」という関係者の問いかけに、「何も違わない、機能が違うだけ」と言いつづけたのが文科省だった。学校教育法の第八三条の「大学は、学術の中心として、広く知識を授けるとともに、深く専門の学芸を教授研究し、知的、道徳的及び応用的能力を展開させることを目的とする」の「応用的」あたりの中身をまさに「機能」的に読み替えたのかもしれない。しかし、この八三条を変えずに専門職大学を新設したのだから、つまり、「学術の中心として」を外さずに新設したのだから、専門職大学の職業教育は、ふたたび〝普通の〟大学よりは学術的に劣った大学として(結果的に)位置付くことになるだろう。そもそも〝普通の〟大学もますます職業教育的になりつつあるのだから。機能的棲み分けの趣旨は最初から混乱しているのだ。

同じようなことは、この専門職大学の設置の前段のところで専門学校の「一条校化」という議論があったとき起こっている。「一条校化」を断念した結果、「職業実践専門課程」という〝新しい〟課程ができた。これは従来の専修学校にあった「一般課程」「高等課程」「専門課程（＝専門学校）」の三つに新たに付け加わる四番目の「新しい」課程のように思われたが、タイトル名称は「専門課程（専門学校）」卒の〈専門士〉、〈高度専門士〉と変わらないということになった。これも「機能」が違うだけと言いたげな変更だった。「一条校化」を断念したおみやげのような職業実践専門課程にとどまったのだ。

〈機能（function）〉の反対語は〈実体（substance）〉である。〈実体〉を変えるには法律の変更も含めて作業が膨大になる。だから面倒くさいということなのだろうか。法律を変えてまで新しいものを作るときには財務省の締め付けもある。しかし文科省はいつまでこの「機能別分化」という曖昧な大学施策を続けるのだろうか。

たとえば、この問題は、「機能別分化」論の悪評を受けて提出された「学士課程教育の構築に向けて」答申では、以下のように総括されていた。「これまで大学設置の規制を緩和したり、機能別の分化を促進したりすることで、個々の大学の個性化・特色化を積極的に進めてきた結果、大学全体の多様化は大いに進んだ。しかしながら学士課程あるいは各分野の教育における最低限の共通性があるべきではないかという課題は必ずしも重視されなかった。例えば、学位に付記する専攻分野の名称は年々多様化し、その種類は平成一七年度時点で約五八〇に達する。また、その名称の約六割は、専ら当該大学のみで用いられている。このように過度に細分化された状態が真に学問の進展に即したものなのか、学生の学習成果を表現するものとして適切なのか、能力の証明としての学位の国際的通用性を阻害するおそれはないのか、懸念を持たざるを得ない状況である。こうした状態は今後進めていこうとする留学生交流についても、隘路となってしまうおそれがある」。「多様性と標準性の調和」という画期的なテーゼを打ち出した「学士課程教育の構築に向けて」答申ならではの「懸念」が表明されている。

ここでいう「標準性」——「最低限の共通性」——というのは、「機能別分化」（個性・多様性）の反対語なのである。「機能別分化」は大学施策の「隘路」でしかない。

もっとも「機能的分化」の反対語は「種別化」だというのが——「種別化」という言葉自体はすでに「三八答申」（一九六三年）において登場している——天野郁夫の解説である。たぶん「将来像答申」は大学の種別化にかかわる議論のように見えたのかもしれない。しかし制度上の種別化はすべて終わっていると言ってよいと天野は言う。「『大学』、『大学院』、『専門職大学院』、『短期大学』、『高等専門学校』、『専門学校』という制度の枠組みがそれ」だと。「問題になっているのは、そうした制度的に種別化された学校間の境界の再確認だと言える」（天野郁夫『大学改革を問い直す』慶應義塾大学出版会、二〇一三年）。天野によれば、「機能別分化」は「種別化」の後の事態であって、その逆ではないということだ。アメリカのような「多様な」

大学の伝統、ヨーロッパの「アカデミー」における職業教育の伝統を持たない日本の大学において、「機能別分化」も「種別化」も、ましてそれらの内外の「境界の再確認」も容易でないことは、「専門職大学」設置におけるドタバタの経緯をみているとよくわかる。余談だが、シラバスもろくに書けない「教員」ばかりが集まりつつある専門職大学で、どこに「高度」な職業教育が展開される可能性があるというのだろう。

＊44　寺脇研は中曽根臨教審以降二〇年近く経った二〇〇四年においても次のように言っていた。「『ゆとり教育』へと進む方向は、明らかに時代の要請であり流れです。そもそも、こうした流れは、一九八四年に中曽根首相の主導のもとにできた臨時教育審議会（臨教審）で確立されました。いまの『錦の御旗』は臨教審なのです。そこで『生涯学習』という理念が決まりました。学校中心主義からの転換、教師による『教育』から生徒中心の『学習』への転換です。この理念の延長にいまの教育改革がある。ですから『ゆとり教育』の枝葉については否定できても、その根本理念を否定できる人はいないはずです」（「『ゆとり教育』は時代の要請である」、「中央公論」二〇〇四年二月号所収）。『ゆとり教育（新ゆとり教育）』の問題やその後のPISAショックの問題などについてここでは直接触れることはできないが、学校教育＝生涯学習という思想は、いまだに「錦の御旗」であることに変わりはない。ハイパー能力論はそもそもが生涯学習論だからだ。

第二節　カリキュラムの文化性こそが格差社会を相対化する

第二節第一項　むきだしの個人と階層格差、そして人物評価入試

しかし、「いつでも・どこでも」学べる分、「いつでも・どこでも」有益に学ぶチャンスと「いつでも・どこでも」無益に学ぶチャンスは等分に広がっている。また「いつでも・どこでも」学べる分、学びと無縁に過ごすチャンスも増えてくる。学校へ通っていても「わいわいガヤガヤ」型の授業で終わるように。結局、知識フィルターとしての教員、編集者、出版社などが介在しなくなった分、有益／無益のメタ情報自体も軽薄化してくるわけだ。書籍自体もA5版／四六版／新書／文庫の区別自体が軽薄化し、テレビ放送もYouTubeやAbemaTVに変わる。これらの変化は、学校フィルターの軽薄化と並行した事態だ。

では、この知識フィルターはどうやって再形成できるのだろう。それは、学校教育以外にな

いと私は考えている。長い時間、長い射程を有した教育以外に、知識フィルターを形成することは不可能だ。そしてこの「長い時間、長い射程を有した教育」は社会的には〈学校〉にしか存在していない。

市川昭午は、学校を、印刷術が普及した時代の〈教会〉——印刷術の普及によって「それまで子牛皮紙の聖書一冊が五〇〇クラウンしていたのが五クラウンで手に入るようになった（…）もはや人々はそれまでのように教会に行って聖職者からラテン語訳の神の言葉を聞く必要はなくなった」——になぞらえて、「人びとが教会に行く回数は減少した。それと同じような現象が、これからの学校にも生じるだろう」（『未来形の教育』教育開発研究所、二〇〇〇年）と言っている。今となっては、「印刷術」はインターネットだとでも言いたげに。

＊45　ヨーロッパの大学論における印刷術の発見の意義はよく言及されるが、中国には『清朝古今図書集成』という七〇五万頁以上にもなる世界最長の印刷本がある。そもそも中国において紙が普及し始めたのは、魏晋南北朝時代（一八四年‐五八九年）にまで遡れるらしい。中国には早くも三世紀初頭には傭書《ようしょ》——「人に雇われて鈔書《しょうしょ》すること」——の需要があった、と井上進は言う（『中国出版文化史』名古屋大学出版会、二〇〇二年）。これは「晋代以来、貴族の個人蔵書」の「著しい発達」とともに生じたらしい。そして中国において「図書集成」的な百科事典が必要とされたのは、大学論に関わるものというよりは、唐朝における「官僚組織での官

職を得るための試験を受ける受験者の必要に応えるためだった」(ピーター・バーク『知識の社会史』新曜社、二〇〇四年)。そもそも科挙試験によって貴族の世襲制を解体できたのも宋朝時代の出版先進国中国――大量の試験用紙印刷だけではなく、それに備えるための大量の教科書・参考書の印刷技術を前提とした先進性――だからこそできたことだった。日本でも律令制の再編は進みつつあったが、〈紙〉が貴重品にとどまり印刷技術もない当時の日本では、「藤原氏を頂点とする大貴族による官位の家職化、家産化」を食い止めることはできなかった(與那覇潤『中国化する日本』文藝春秋、二〇一一年)。「暗記」試験や四択試験は意味がないと言いながら紙試験《ペーパーテスト》の意義を理解できない文科大臣が数年前にいたが、マルチメディアに依存すれば依存するほど〝人物主義〟になり「家職化、家産化」が進むのは目に見えている――これについては拙論「大学入試改革の時代錯誤について――『人物本位入試』は階層格差を拡大する」(『教育と医学』慶應義塾大学出版会、No.733)、およびその拡大補筆版である本書の附論1「大学入試改革と人物評価主義について」を参照のこと。

しかし〈学校〉は、新しいメディア(インターネット)によって更新されるような制度の一つなのではない。〈学校〉は、長い滞留の時間、子どもの成長にとっての時間性を意味している。それは、短期でくり返される刺激と反応に耳を塞ぐことを意味している。その耳を塞ぐ時間が長ければ長いほど、フィルターの質は上がっていく。〈学びの主体〉というものがあるとすれば、その形成はこの種の隔離なしには不可能だ。「学校はもういらない」「学歴主義はもう古い」という大人たちもたくさんいるが、そういう大人たちは大概が高学歴か家庭の文化性の高い人たちだ。すでに知識フィルターのある人たちなら、この時代は大学図書館の昔に比べて有益な情報に満ち満ちているに違いない。しかしそれらは、〝成功した〟大人の身勝手な意見にすぎない。

〈カリキュラム〉とは、その種の長い時間に関わっている。大学であれば、四年間の時間にどんな階段（論理的な時間、あるいは知的な時間）を上らせることができるのかが知識フィルターの質を決める。子どもの文化性（まさに長い時間の環境）、つまり子どもと社会とのフィルターの最後のよりどころであった〈家庭〉も解体してしまった今、学校が社会的な家庭——ヘーゲルは、〈学校〉を〈家庭〉（感情と傾向性の自然的関係）と〈世間〉（事柄の境地）との「中間領域」という言い方をしていた（『ヘーゲル教育論集』）——となる以外にどんな子どもたちの砦があるというのだろうか。

一方で東京の名門私立学校が形成する家族主義的に選抜された学生群——この子どもたちの親は一般的に言ってその子どもたちが通う学校の教員よりも学歴（学校歴）と識見が高い——が存在し、一方でメリトクラシー（努力主義）によって非家族主義的（点数主義的）に這い上がってきた「グロテスクな」学生群——「それなりに才能がある、つまりそれなりの才能しかない」（高田里恵子『グロテスクな教養』ちくま新書、二〇〇五年）と高田が指摘した文化人たち——とが存在している。

天皇制の反対概念がメリトクラシーだと言ってもよい。

不思議なことに、名門私立学校と偏差値も付かない学校の入試選抜とはどちらも人物評価であるが、前者は中高一貫校選抜での家族（親）への評価、後者は学生個人への評価である。どちらも偏差値だけでは選ぶことができない選抜という点で共通している。人物評価入試が新入試方式として間もなく始まることになるが、[46]この二つの入試は点数主義批判としてすでに人物評価入試である。前者は家族がまともか、後者は個人がまともかである。しかし前者の個人（子ども）が家族の文化性――ブルデューふうに言えば家族の「ハビトゥス」（『実践感覚』みすず書房、一九八八年）かもしれない。「ハビトゥス」は、ブルデューの「無思考なカテゴリーの社会学」に属しており、それは「解釈学的なものだ」というスコット・ラッシュの指摘（「再帰性とその分身」、『再帰的近代化』所収、而立書房、一九九七年）は実に正しい――に守られている点で後者の不利は明らかである。もともとそれを跳ね返すためのものがメリトクラシー[47]だったのだから。「学習者中心の学びStudent-centered Learning」の思想的起源は中曽根臨教審にあったが、一方で臨教審は「家庭の重視[48]」ということも忘れなかった。子どもの主体性（＝学び）に一番影響力を持っているのが「家庭」だからだ。九〇年代以降（特に一九九五年以降）、核家族が核個人（あるいは超個人）になって家庭の崩壊――親子が揃って食事をする時間がなくなり、自宅にいても部屋に引きこもってスマートフォンで社会にむき出しになり、[49]恋人同士（家族の起源）でデートしていてもスマートフォンで内外と通信する事態――が加速する時代の学校教育論に「家庭の重視」と言うのだから、よほど〝文化的で〟〝裕福な〟家庭以外に、子どもの主体性（＝学び）を育てる場所はなくなる。その意味で人物評価入試は、再度格差社会の格差を固定化するものでしかない。「新学力観」＝「観点別評価」のなれの果ての人物評価入試は、〝勉強ができない〟ことまでも個性であるかのように〈教育〉の価値を貶めている。

＊46　人物評価入試についての比較的詳細な内容については本稿の附論1「大学入試改革と人物評価主義について」を参照のこと。

＊47　「メリトクラシーが成り立つためには——と本田由紀は言う——、社会の構成員が能力を伸ばす機会とそれを証明する手段を、少なくとも形式的には均等に与えられていなければならない。それを実現する場としての学校教育への社会成員の包摂が近代社会においては進んできた。学校教育では、同じ教室で、同じ教育内容を与えられ、同じ試験によって教育内容の習得度が計測される。むろん、その習得度には個々人の出身家庭がもつ諸資源の量によって差が生じるが、メリトクラシーに基づく社会と学校はそうした属性主義的な差異を皆無にする責任までは負おうとしていない。つまりメリトクラシーは能力の開発と証明に関する手続き的な公正さを準備することを最大の責務としている」（『軋む社会』双風舎、二〇〇八年）。
　つまり「学校教育への社会成員の包摂」——いわゆる学校圧——の反対語は、人物・家庭論

的な「属性主義」であるにしても、学校教育がやれることは「手続き的な公正さを準備する」こと、つまり「機会の平等」を確保することでしかない。がしかし、その「属性主義」――ハイパー・メリトクラシー論、コンピテンシー論、または人物評価入試など――によって、「手続き的な公正さを準備する」こと自体が困難になってきているということだ。

＊48　特に中曽根臨教審第二次答申（一九八六年）の第二章には「家庭の教育力の回復」と独立して章があてられ、「(…)教育を学校のみの問題としてとらえがちであったことについて、家庭が反省し自らの役割や責任を自覚することが何よりも重要である」とある。自民党保守派の家族主義が独立した章にあてがわれるほどに臨教審のイデオロギー色は強い。私はこれを臨教審の曾野綾子主義と呼んだことがある。教育現場では〝できない〟学生が発生し欠席が連続し退学予備軍が生まれると、保護者と連係を取ろうという動きが生まれるが、〝できない〟学生の保護者は保護者自体が困難な事情にある場合も多く、「家庭が反省し、自らの役割や責任を自覚する」余裕などほとんどないのが現状である。答申から三〇年以上経って、その現状は日増しに高まっている。教育現場（学校）が「学校（教育）だけではどうしようもない」と音を上げたときに、子どもたちが戻れる家庭などもはや存在しないのだ。苅谷剛彦はいささか背伸び気味の近著『追いついた近代 消えた近代』（岩波書店、二〇一九年）で、中曽根臨教審について独立の章を当てて――その臨教審をリードしてきた香山健一のテキストを参照しな

がら――、その思想の特質を、西洋近代化を目指す「追いつき型教育」が軽視してきた「主体性」や「個性」と、「日本的な価値」としての修身的な「自立自助の精神」との「奇妙な結びつき」に見る。苅谷は香山の軽薄な脱近代化論に引き摺られてこんな解説になっているが、臨教審の本質は月並みな保守的家族主義にあり、保守的家族主義は、学校教育における「主体性」尊重や「個性」尊重という傾向とそもそもが親和的なのである。それは「奇妙」な親和性でも何でもない。すでに触れたように（ブルデューが喝破したように）、それらは下位階層を構造化する「無色化」された「評価用語」に過ぎない。

そもそも〈教育〉という言葉の意味はなんだったのか。寺崎弘昭は、『孟子』の「得天下英才而教育之三楽也」（天下の英才を得て之を教育するは三の楽なり）の「教育」という言葉にまで遡る（「歴史のなかの教育」、天野郁夫編『教育への問い』所収、東京大学出版会、一九九七年）。しかし、「それが漢字文化圏たる日本においてその注釈というかたち以外で使われるのは江戸時代中期以降のことに属する」と、藤原敬子の研究（「我が国における『教育』という語に関しての一考察」三田哲学会『哲学』第七三集、一九八一年）を参照して指摘する。「『教』一字や『育』一字あるいは『教化』という言葉は頻繁な使用例が見出されるにもかかわらず、『教育』という言葉はどうしたわけか馴染みのない言葉であり続けた」が、その理由は「得天下英才而教育之三楽也」という用例が、「『教育』をすぐれて君子にとってのいわば秘儀的ないとなみとして用いていたことが与っていたであろうと推測される（…）まさか庶民のいとなみにその語を適用するわけにはいかなかったのだ」と寺崎は言う。

孟子の文脈を離れた日本における「教育」という言葉の用法は、常磐潭北『民家童蒙解』（一七三七年）――「子を育《そだて》るには先其身を正しうし、妻や乳母《めのと》を戒て、あしき言《こと》をいはせず、あしき戯れをさせず、仮にも嘘をいはせず、万事正しかるべし。（…）如レ斯にして生質の美醜は論に及ばず、若《もし》その身正しからずんば、子の教育《かういく》は何ともいふべからず。これ子を育る道によりて、其身を修め人を修《おさむ》る道を得るなり」――に見られると寺崎は続けるが、これも「君子ならぬ父のいとなみとして語られた『教育』」であって、「『育』一語で互換可能なものとして出現している」と寺崎は言う。「そしてこのいわば『育』に傾斜した『教育』は、一九世紀に入るとむしろ『教』ないし『教化』と重なりを増しつつ、『学校ハ教育ヲスル所』（辛島鹽井『学政或問』、一八一六年）というような用法」になっていったと寺崎は指摘するが、江戸期を通じて「『教育』は教育事象を排他的にいい表わす唯一の言葉ではありえなかった」と結論する。

そして〈教育〉という言葉が日本において定着するのは、箕作麟祥《みつくりりんしょう》（一八四六―一八九七年）によるeducationの翻訳プロセスでのことだった。箕作麟祥――箕作は、日本最初の法学博士（一八八八年）であり、「憲法」「権利」「義務」などの言葉も彼の翻訳によるものである――は、『チェンバースの百科事典（Chambers's Information for the People, 1859）』の一項目であるeducationを最初〈教導〉と訳していたが（一八七三年）――ただし藤原敬子によれば、箕作が編集に関わっていた『英和対訳袖珍辞書』（一八六二年）では、最初educationを「養育すること」と訳していた――、『チエンバースの百科事典』再版（一八七八年の有隣堂版、一八八四年の丸善商社版）では〈教育〉と訳し、「ここに『教育』は education の訳語として確立することになる」（寺崎・同前）。education は、「箕作という一人の人物においても、養育→教導→教育と改変されたのである」（藤原・同前）。

一方、education という言葉自体の意味について、寺崎は、ルソーが『エミール』（第一編）の中で前一世紀ローマの学者ワローの言葉を引いていることに言及する。「『産婆は引き出し、乳母は養い、師傅はしつけ、教師は教える Educit obstetrix, educat nutrix, instituit paedagogus, docet magister』とワローは言っている。このように、教育すること（éducation）、しつけること（institution）、教えること（instruction）の三つは、養育者、師傅、教師がちがうように、それぞれちがう目的を持っていた」（『エミール、または éducation について』、一七六二年）。そして寺崎は、前二者の「産婆は引き出し、乳母は養い（…）」を、「教育することと éducation」という一つの言葉で受けていることに注目する。寺崎は言う。「『引き出す（不定詞 educere をもつ三人称単数現在形 educit）』という言葉も、『養う・太らせる（同じく、educare, educat）』という言葉も、ともに動詞〝educo〟の変化形であり、それらは同時に〝educatio〟という名詞で自然に承けられるのだ。それゆえ、『産婆（obstetrix）』の仕事と『乳母（nutrix）』の仕事が一つの〈教育（éducation）〉という名詞で承けられることに、書き手も読み手もなんの違和感も抱くことはなかったのである」（寺崎・同前）——ただし、ルソー自身はこれらのワローの区別を「よい区別とは思えない」（『エミール』第一編）と言っていたのだが、ルソーの教育論については別稿に譲りたい。

そして、寺崎は次のように結論する。「それゆえに、いわば教育関連ラテン語彙につながる世界においては、〈産〉・〈育〉・〈訓〉・〈教〉はそれぞれ別の意味をもって語られていたのであって、そして〈産〉と〈育〉という二つのいとなみが同じ一つの名詞《education》で承けられ語られたのであった。逆に、いま私たちが『教育』の本体だと考えてしまっている〈訓〉や〈教〉といった学校的ないとなみには、まったく別の言葉、《institution》や《instruction》という言葉があてられていたのである」（寺崎・同前）。

つまり今日的な〈教育〉educationは、その古層の意味としては〈産育〉のことであって、ギリシャ語のオイコス（οἶκος）に基づいた家政学のことを意味した。「家政学」のことを近代的にはhome economicsと言うが「経済学」のeconomicsも含めてギリシャ語語源オイコス（οἶκος）から来ており、ギリシャでは奴隷労働も含めて労働自体が家族共同体に内属し、〈家族〉があらゆる生産の単位であったという点でhome economics（家政学）とeconomics（経済学）との区別はない。家政学＝経済学だったわけだ。「ところが」と寺崎は続ける。「この古層をなしていた〈育〉の文化世界——食物を与え、肉体的欲求を充足することによって、子ども・動物を育むこと——は徐々に〈教〉の世界によって古語の領域へと押しやられ、あげくに飼い馴ら（domesticate）されていくことになる（…）。このプロセスは、一七世紀以降、とくに一八世紀をつうじて、それまでの《education》の場だとは認められてはいなかった学校が、いやむしろ自分こそが〝education〟の場だと強烈に主張しかつその地位を獲得していくプロセスとしてとらえられる」（寺崎・同前）。したがって、近代的な学校教育は「《education》という言葉の意味をめぐる争奪戦の果てに成立したメカニズムであった」（寺崎・同前）と寺崎は言う。その意味で「家庭教育」という近代的な言葉は、考えてみれば不思議な言葉なのである。それは臨教審的な復古主義と言うよりは、近代的には、家庭を学校教育化するという意味でしかない。そしてまさにその意味でこそ、〈学校教育〉の力が弱体化しつつあるということである。

＊49　「無意識の不在」（立木康介）とも言えるこの事態について――あるいは松本卓也なら「窃視症」現象と言うだろうが（『享楽社会論』人文書院、二〇一八年）――、本田由紀は、この「むき出し」状況を次のように解説する。「ハイパー・メリトクラシー下では、個々人の何もかもをむき出しにしようとする視線が社会に充満することになる。常に気を許すことはできない。個々人の一挙手一投足、微細な表情や気持ちの揺らぎまでが、不断に注目の対象となる。ちょっとした気遣いや、当意即妙のアドリブ的な言動が、個々人の『ポスト近代型能力』の指標とされる。その中で生き続けるためにはきわめて大きな精神的エネルギーを必要とする。ハイパー・メリトクラシーのもとでは、個々人の全存在が洗いざらい評価の対象とされるのであ

る」（『多元化する「能力」と日本社会』NTT出版、二〇〇五年）。そしてこのような能力は、「学力」という「近代型能力」よりもその格差が「覆しにくい」として、次のように結論づけている。「個々人の内面の深い部分に根ざしている『ポスト近代型能力』の形成には、幼い頃からの日常的な家庭環境がきわめて重要である」（同前）と。

苅谷剛彦は、戦後教育（日本型学歴主義）の平等感を、「画一的な平等化（生徒を分け隔てなく同じように扱う）」→「教育機会の拡大（高校全入運動）」→「メリトクラシーの大衆化（"生まれ"によらず誰にも教育において成功するチャンスが与えられている社会）」→「競争条件の均質化、平準化（偏差値による「客観的」「可視的な」基準による選別の公平性）」→「特権意識のない（…）学歴エリートの誕生（特定の文化的アイデンティティを持たない、大衆との連続線上に存在する学歴エリート）」→「不平等問題への視線の弱化（差別感を持たない教育への配慮）」と六段階に整理して、以下のように言っている。「形式的な平等性によって、選抜の公平さを確保してきた戦後の日本では、これまで主観的な評価を受け入れる伝統が弱かった。従来の入試のように日本では形式的に人びとを公平に扱う手続きが、選抜の公正さを支えてきたのである。そのような社会で、『個性』のように解釈に幅のある基準を選抜に用いる場合、階層文化から『中立的』に見える学力というものさし以上に、子どもの育つ家庭の影響を受ける可能性がある。個性を重視するといっても、すべての個性に価値が与えられるわけではない。また、どの子どもも、高い価値が置かれる個性の持ち主とはかぎらない。個性もまた不平等に存在している可能性がある。高く評価される個性の持ち主は、どんな家庭の子どもか。子どもの育つ家庭の文化的環境のみならず、稽古ごとやスポーツ教室への参加経験がものをいうようになるかもしれない。稽古ごとやスポーツ教室への参加が、親の学歴や職業と関係していることはすでに知られている。そうだとすれば、多様な評価基準を選抜に用いることは、学力とは違うかたちで、社会階層の影響を選抜に持ち込む可能性がある」（『大衆教育社会のゆくえ』中公新書、一九九五年）。

苅谷はこの著作の後、学歴主義の公平感を支えていた努力主義を実は「母親の学歴相関」によるものとして、一九七〇年代後半から一九九〇年代後半までの二〇年間に生じた「意欲の階層差」（『階層化日本と教育危機』有信堂高文社、二〇〇一年）を指摘していたが、それは努力主義《メリトクラシー》の公平感「イデオロギー」を単に批判するためだけではなかった。「だれをも競争へと巻き込む圧力が減り、学校の後押しが弱まると、努力の階層差が拡大する条件が生じる。いわば、受験競争に向けた動員力が弛緩することで、学力や教育達成における階層間の不平等の拡大・顕在化の可能性が出てくる」ということだ。そして苅谷は、この著作をこう締めくくっている。「今後、努力の総量はさらに減少し、その階層差もより拡大するだろう。その結果、基礎学力の低下、学力の分散の拡大が予想される。進行中の教育改革はこのような問題を抱えている。教育改革に参画する研究者・政策立案者は、この問題をどう受け止めるのか（…）」（同前）と。「努力の総量」の「減小」とは、「受験競争に向けた動員力が弛緩」

することによる「学校の後押し」の弱体化のことだ。この「意欲」や「努力」の「階層差」と本田由紀の指摘したハイパー・メリトクラシーの家族主義を重ねて考えれば、両者に共通するのは、今日における家族主義に依存した学校論、つまり反〈学校教育〉論への危惧なのである。

苅谷に影響を受けた木村元は消費社会化と高度情報化がらみで、〈学校〉という「リジッドな空間」を「緩める」動きを指摘している。「大衆消費社会や高度情報化の進展はその（学校の――引用者注）影響力を年々強めていく。モノやサービスの消費を自己のアイデンティティと感じ、他者と同一の処遇を忌避したり、将来のために今を我慢することに価値をおかない人びとの意識は、それとは逆の価値のもとにある学校の規範を緩める方向にはたらく。また、高度情報化社会は時間と空間の制約を受けずに人間関係をつくりあげるため、人びとの結びつきはより柔軟になり、学習のためだけに組織された学校というリジッドな空間の特殊性を、より浮かびあがらせることになったのである」（『学校の戦後史』岩波新書、二〇一五年）。苅谷や本田の議論をこの木村の議論に重ねて考えるとすれば、〈学校〉がかつて「リジッド」であったとすれば、〈家庭〉も「リジッド」であったのだろう。消費社会化と高度情報化は〈学校〉と〈家庭〉との双方を「緩める」動きなのである。

その結果、木村は次のように続けている。「産業社会からは一線を画す文化の防波堤を築いていた学校も、九〇年代に入るとそれを維持できなくなる。子どもを『教える―学ぶ』の関係につなぎ止めていた学校文化が大きく揺るぎ、『学びからの逃走』（佐藤学）ともいうべき状況が進行していった。藤沢市において、一九六五年代以降五年ごとに実施されてきた市内の中学校三年生への学習調査では、平均の一日の勉強時間が一九六五年から二〇〇五年の四〇年間の間で、『毎日二時間以上』が二〇・八％から七・八％へ、他方『ほとんど勉強しない』という者が一・六％から一四・一％へと推移している。『勉強への意欲』ということでは、『もっと勉強をしたい』は六五・一％から二四・八％、『勉強はもうしたくない』四・六％から二二・一％となっており、子どもやその環境の変化が明確にうかがわれる（第一〇回「学習意識調査」報告書「藤沢市立中学校三年生の学習意識」）」。苅谷剛彦の言う「努力の総量」の「減小」と並行した事態がこの藤沢市の長年にわたる調査で明らかになっているが、木村自身は「学校文化と情報・消費社会化のせめぎ合いにおいて、後者が前者を凌駕していく過程で、子どもを学校に囲い込むことが困難になっている」と結論づけている。

一方、一九九〇年から五年おきの調査を行ってきたベネッセ教育総合研究所の調査（二〇一五年「第五回学習基本調査」）では、偏差値帯域のどのレベルでも二〇〇六年以降学習時間は増えつつある。偏差値五五以上では一〇五・一分→一一九・一分に、偏差値五〇以上五五未満では六〇・三分→八四・五分に、偏差値四五以上五〇未満では六二分→六五・五分に、偏差値四五以下では、四三・二→四四・六にいずれも上がっており、偏差値五五以上の一一九・一分というのは、九〇年時点の一一四・九分さえも超えている。

大綱化以降の大学全入時代の流れを考えると、これらの統計調査の妥当性を議論するまでもなく、学習時間は減少するのが当たり前のようにも思えるが、最近の学習時間の増加については、二〇〇六年の調査を行ったベネッセによれば、増加する「宿題の影響がある」ことが明らかになったとされている。もちろんこれは単に「宿題」の増加によるものばかりではない。

ベネッセのこの調査に巻頭のコメントを寄せている耳塚寛明は次のように言う。「一九九〇年代終盤から起こった学力低下論争は、新学習指導要領導入後の学力低下に対する激しい不安を世論に惹起した。そのため文科省は『学びのすすめ（確かな学力の向上のための二〇〇二アピール）』を公表し、その後も学力向上のための施策を矢継ぎ早に放った。『学力向上フロンティア事業』や『学力向上アクションプラン』が導入され、全面実施されてまだ一年経たにすぎない新学習指導要領の一部改正が告示された。『ゆとり』から『脱ゆとり（学力向上）』へと実質的な路線変更がなされた。学力の国際比較調査（PISA二〇〇三、TIMSS二〇〇三、二〇〇四年公表）も日本の学力低下を印象づけ、脱ゆとり路線の定着に一役買った」（「子どもの学びの四半世紀（一九九〇年〜二〇一五年）」、『第五回学習基本調査』巻頭言所収）。

そして「脱ゆとり」主義による新しい学習指導要領に基づく教育が、小学校では二〇一一年度（平成二三年度）、中学校では二〇一二年度（平成二四年度）、高等学校では二〇一三年度（平成二五年度）から実施されることになる。この論考でたびたび言及してきた中教審答申「学士課程教育の構築に向けて」（二〇〇八年）の「標準性」概念の導入もこういった流れの先鞭をつけたものと言えるかもしれない。苅谷剛彦たちの二〇〇〇年前後の「ゆとり」批判の提言（一九九五年『大衆教育社会のゆくえ』から二〇〇一年の『階層化日本と教育危機』、二〇〇二年の『調査報告「学力低下」の実態』への展開）は、「脱ゆとり教育」への転回だけではなく、学力テスト（「全国学力・学習状況調査」）の復活（二〇〇七年）を準備したという指摘もある――中澤渉は「学力テスト復活のきっかけとなったと思われる対談がある。一九九九年七月五日と一九日の『朝日新聞』朝刊の教育面に掲載された当時東大助教授の苅谷剛彦と当時文部省政策課長の寺脇研のものである（この対談は後に『論座』一九九九年一〇月号に掲載される）」（『日本の公教育』中公新書、二〇一八年）と、苅谷たちの提言と文科省との微妙なからみ具合を指摘している。

文科省も財務省の財政的な締め付けがきつくなってきているため、データを取ることなしにはなにもできない状態になってきているのだと思う。中曽根臨教審のようなデータなしのイデオロギー色の強い答申に基づいて展開した九〇年代文科省施策を反省した上での旋回だった。苅谷剛彦たちの報告の意義は、〝データでものを言え〟ということだったのかもしれない。たとえ〈意欲〉＝〈学習時間〉という苅谷たちの等式が危ういものであったにしても（これについては本書附論1「大学入試改革と人物評価主義について」でも触れるが）、苅谷の議論と私の議論とでずれが生じ始める原因は、彼にとって〈意欲〉の反対語が〈個性〉や〈才能（生まれつきの能力）〉であるのに対して、私にとっての〈意欲〉の反対語は〈知識〉であるからだ。私にとって〈知識〉は、苅谷の言う「家庭環境」であれ「意欲」であれそれらのゼロ地点から発生するものでしかない。カント的な〈理念〉の統制的原理のように。

さてしかし二〇〇九年から成績が上がってきたＰＩＳＡの調査後も親の学歴相関の値はそれほど変わっていない――そもそも二〇〇六年のＰＩＳＡ調査では日本は「親の学歴や親の職業など、家庭的背景による学校間格差が参加国六〇カ国の中で最も高い」ことを垂見裕子は指摘している（「ＰＩＳＡから日本の学力格差をみる」早稲田大学高等研究所、二〇一二年）。高校生で言えば、一九九〇年時点で八七分の学習時間が二〇一五年では七三分となっている。比率で言えば、前者の時点では親が大卒学歴の家庭の学習時間は非大卒系のそれに対して一二二％だったが、後者の時点では一二六・三％（同前）とその差が開いている。大学進学への影響が高い高校在学時における親の学歴による意欲格差は縮まっていない。耳塚も先のコメントの中で「保護者の学歴等による学習時間の格差が大きい」とまとめている。

さらには、厚労省が二〇一七年に行った「二一世紀出生児縦断調査（平成一三年出生児）」では、中学校三年生のとき学校外で勉強を全くしない中学生は六％しかいなかったが、その中学生たちが高校生になると学校外で勉強しない生徒は二五・四％にまで増加している。これは最新の二〇一七年の数値だから、文科省の脱ゆとり主義が依然として機能していない領域があるということだ。「意欲の階層差」は依然として存在している。「文化貨幣」（コリンズ『資格社会』有信堂高文社、一九八四年）としての学歴の文化性はかなり怪しくなっていることだけはたしかだ。

とはいえ私は、学校圧はまだそれなりに機能していると思っている。二つの（視聴率の高い）テレビ番組を見ていると特にそう思う。ナインティナインの岡村隆史（もう終了したがフジテレビの『めちゃ×2イケてるッ！』）が「先生」になって〝勉強の出来ない〟老若男女タレントを教室に集め、中学校程度の英語、国語、数学、理科などの問題を彼ら・彼女らに解かせる「抜き打ちテスト」シリーズがあったが、その中で評価も実績もある有名タレントたちが簡単な問題を間違うと顔を赤らめてとても恥ずかしそうな顔をするのだ。そもそもが〝勉強ができない〟ことをみんなでバカにする番組なのである。形式的な学歴ではなく、まさに〝努力〟と〝人物《キャラクター》〟で実績を築き上げてきた地位のある人たちなのに、とても恥ずかしそうな顔をする。ということは、この人たちは学校圧の中で同級生や同世代の人たち、あるいは世間に対して恥ずかしがっていて、それは〈社会人〉になっても消えないメリトクラシー社会の圧を感じているということだ。自分は親や家庭や地域のせいで勉強しなかったのではなく、純粋に怠けていたからこんなことになったという感性——つまり苅谷剛彦が言う「意欲《インセンティブ》」の平等感——がなければ、あれくらいのバラエティー番組で、しかも〝実績〟ある人たちが恥ずかしがることなどないにもかかわらず。というか番組自体がメリトクラシーを前提にしないと笑えない番組になっている。

もう一つの番組はテレ朝の『あいつ今何してる？』。これも〝実績〟あるタレントが中学時代や高校時代の同級生の、気になる「あいつ」の「今」を当時の卒業アルバムを見ながら特定し、番組で探し出す番組。同級生と本人は、ビデオでしか対面しないが、その「あいつ」が自分のことを覚えてくれていただけで、タレントの方が泣いてしまう場面も多々あるほどにタレント自身が素の姿を露呈してしまう、という番組だ。普通は逆で、素人の同級生が、〝有名になって〟〝出世した〟タレントが自分を覚えてくれていて感激という絵になるのだがこの番組では逆の絵になる。これも同級生は、どこまでいっても「あいつ」で、仮にエリートであっても「手に届く」エリート（苅谷剛彦）であるという日本的な学校圧――クラス内の平等感――の番組なのだ。特に〝有名になって〟〝出世した〟タレントが当時〝頭のよかった〟「あいつ」を未だによく覚えていて尊敬していることがある。これも「めちゃイケ」と同じで、日本のメリトクラシー（学校圧）現象の一つだ。もちろん『めちゃ×2イケてるッ！』は、既に数年前に終わった番組だし、現役の『あいつ今何してる？』も一〇年後二〇年後の同級生に出会う番組であるために、少なくとも一九九〇年代以降の学校圧減小を語るには一部不適切かもしれないが。いずれにしても苅谷剛彦の言う「努力の総量」の「減小」というのは、こういった学校時代の「あいつ」との平等感が消える事態を意味している。

第二節 第二項 〈方法〉と〈実体〉とが一致する場処としての〈学校〉

格差社会とは、特に子どもたちにとっては家庭の格差、家庭の属する階層の格差のことだ。個人が露呈すれば露呈するほど——SNSなどで個人が剥き出しのまま露出すればするほど——、家庭格差は深刻化する。土井隆義は、剥き出しで断片化する自己を必死で繋ぎ止めようとする少女たちの「濃密手帳」について言及しているが（『「個性」を煽られる子どもたち』岩波書店、二〇〇四年）、そんなときにこそ、家族の文化性とは同じでないにしても長い時間の累積と静かな滞留——〈選択〉のない時間——が子どもたちに必要なのである。

それを「カリキュラムの文化性」と取りあえず呼んでおこう。〈カリキュラム〉とは知性化された「濃密手帳」のことだ。教養教育であれ、職業教育であれ、文化性のないカリキュラムはこの時代には不毛でしかない。[*50]

＊50　「印刷革命」によって——「印刷術の出現以後は、書かれた情報の方がはるかに効率的になった。新しく独学するチャンスを得て得をしたのは大学の外の職人ばかりではなかった。頭のよい大学生がその先生の理解を超えるチャンスを得たこともそれに劣らず重要である。才能ある学生は、外国語とか学問的技能を体得するのに特定の先生の足もとに座っている必要がなくなった。そうするかわりに時には先生の目を盗んでこっそり本を手に入れることによって、ひとりで素早く専門知識を獲得することができた。（…）専門技術

の教科書は物言わぬ教師であり、これを利用する学生には伝統的な権威に従わず、革新的風潮を受け入れる傾向が見られた」と、印刷時代の知識の息吹をアイゼンステインは伝えている（『印刷革命』みすず書房、一九八七年）——中世の大学が解体した後、後進国ドイツにおいてフンボルトが大学を再生させた経緯をレディングズは「一度普遍的理性という概念が大学に生命を与える原理としての国民文化の理念にとって代わられるやいなや大学は国家へ奉仕するように強要される。したがって文化に訴えることを通して国家は、事実上大学の制度的構造の方向を定めその社会的関連を指揮し、事実上研究と教育の両方を支配するのである」（『廃墟のなかの大学』法政大学出版局、二〇〇〇年）と解説していた。

後進国ドイツにとって〈文化〉（あるいは〈陶冶〉としての〈教養〉）自体が国家的な課題だったのだが、インターネット世界からみれば、今では〈国民国家〉という概念自体が後進国ドイツ状態になっていると言える。すべての〝国民国家〟が後進国なわけだ。今や〈大学〉の理性自体が貧相になり孤立している——学生が「多様」化しているだけではなく——のである。私はそのことを踏まえて、〝大学の時間〟としての〈カリキュラム〉に大きな意味を見出したいと思っている。「カリキュラムの文化性」というのは、そこに「研究と教育の両方を支配する」マネジメントを結集するということだ。

レディングズはアラン・ブルーム（『アメリカン・マインドの終焉』みすず書房、一九八八年）の「『高等普通教育という冒険』と呼ぶ物語には、もはやヒーローがいない」という結論を引いて、「その冒険に乗り出す学生のヒーローもいなければ、学生の目標としての教授のヒーローもいない」（同前）と言う。私からすれば、「エクセレンス」（レディングズ）――レディングズの「エクセレンス」は、リオタールなら「遂行性（遂行の最適化）」と呼ぶものだ――だらけの現代の大学においてはカリキュラムの文化性がヒーローを作るとしか言えない。

　一方、吉見俊哉の大学論は「大学とはメディアである」という立場からのものであるため、人材論が欠けている。そもそも〈情報〉と〈知識〉とを区別しない――この点については、「大学の使命は、教育においても研究においても情報を乗り越え知識に肉薄しなければならない」と言ったヤーロスラフ・ペリカンの『大学とは何か』法政大学出版局、一九九六年を参照のこと。しかしどんなに知識が情報《メディア》化しても、その情報をたえずメタ化する人間の場処（時間と場所――漱石が「二個の者が same space ヲ occupy スル訳には行かぬ」といった意味での）は消えはしない。この場処の「有限性」論――ハイデガーにも繫がる――は、カントの〈理念〉が統制的原理であることと関係している。またリオタールが「データバンクが明日のエンチクロペディーであり、それは使用者ひとりひとりの能力をはるかに上廻っている。それは、ポスト・モダン時代の人間にとっての《自然》なのである」（『ポスト・モダンの条件』水声社、一九八九年）と言いながらも「遂行性」の「いま・ここ」におけるデータの活性化の〈想像力〉について語ることとも関係している。

　その意味で、〈授業〉とはトークの場処ではなくて、メタトークの場処なのである。情報が〝肉体を持つ〟――まさに「身につく」――というのは、メタトークが機能するときでしかない。〈授業〉が科目の授業時間（科目のインカネーション）のことを指し、コマシラバスがシラバスのインカネーションだとすれば、コマシラバスの課題は授業におけるメタトークがどのように効果的に機能するかを案配することでしかない。「《教授》の時代の弔鐘」（同前・リオタール）が打ち鳴らされた後の〈授業〉と〈カリキュラム〉の「ヒーロー」はそこからしか生まれてこない。

短時間のやりとりにまみれない精緻なシラバス＝コマシラバスと――ここで言う「短時間のやりとり」のメディア論的な意味は拙論「ツイッター微分論」、『努力する人間になってはいけない――学校と仕事と社会の新人論』所収を参照されたい――、それに誘導され、それを誘導するカリキュラムは、〈知〉が軽薄化《インフレ》するこのインターネット時代にとってこそ不可欠な存在である。「財務会計」で八〇単位の必修カリキュラム、「データサイエンス」で八〇単位の必修カリキュラム、「キリスト教史」で八〇単位の必修カリキュラム、「大乗起信論」で八〇単位の必修カリキュラム、「夏目漱石」で八〇単位の必修カリキュラム、「フォークナー」で八〇単位の必修カリキュラム、「ハイデガー」で八〇単位の必修カリキュラム、「サイバネティクス（機能主義）」で八〇単位の必修カリキュラム、「ヴェーバー」で八〇単位の必修カリキュラム、各語学、あるいは古典語で八〇単位の必修カリキュラムなど、[*51] これらは、今日の新卒人材への期待に充分応えられるものであるはずだ。しかも入学時の学校間格差として偏差値の低い学校（大学、専門学校）であっても八〇単位の階段があれば、卒業時にはその差は大したものではなくなる。[*52] 実際、私の経験では、学校間格差として偏差値の低い学校であっても必修カリキュラムの階段を整備すれば卒業年次の四月末で——早期就職率は質の高い就職とほとんど同義である——就職率一〇〇％の達成は実証済みだ。

小方直幸はコンピテンシー能力は「長い時間」をかけての評価や絶えざる見直しが必要になると言っているが（「コンピテンシーは大学教育を変えるか」、『高等教育研究』第四集所収、二〇〇一年）、それを真面目にやろうとすると必修八〇単位くらいないと無理な話なのだ。短期間の、たとえ一年間かけてやる研修屋さんたちの「コンピテンシー研修」であっても、それをお金を取ってやる研修屋さんたち自体——あるいはそういった研修を企画するＦＤ委員会や企業の人事部自体——に「コンピテンシー」理解が欠けていると言える。逆に言えば、ハイパー・メリトクラシーでもコンピテンシー論でも、必修八〇単位の体系的なカリキュラムなら〈人格〉を形成できるくらいに学生たちを変えること——そもそも〈体系〉と〈人格〉の陶冶（Bildung）を同じものだとみなしたのがヘーゲルだったのだから——ができる。街のＭＢＡスクールに期待する前に、大学の可能性はまだまだいくらでも残っている。

＊51　先ほど議論した科目数の削減を前提にすれば、八〇単位と言っても科目数は四年間で二〇

〜三〇科目にとどまるだろうから科目管理もそれほど難しくはない。また厚労省系の資格がらみのカリキュラム（たとえば看護学部の一部など）についても特には科目（＝科目名）自体の規制や一科目あたりのコマ数（単位数）の厳格な規制などはないのだから、もっともっと特徴あるカリキュラムがあってもいい。それぞれの分野で八〇単位の必修カリキュラムを組むには教員配置が問題になるだろうが、そのためにこそ最近声高に叫ばれている地域の大学間ネットワーク（教員の貸し借り）を活用すべきだろう。

＊52　大綱化以降、選択科目が増大する大学に比べれば、大綱化以前以後も変わらず専門学校のカリキュラムは必修科目が多いが、その理由は、非文科系官庁（厚労省、国交省、経産省などの官許資格）の認定校・指定校認証と関わってのことか、教場サイズや教員人件費がらみで選択科目を豊富に用意できない現状の結果に過ぎない。特に教場サイズは中等教育なみに、「一の授業科目について同時に授業を行う生徒数は、四十人以下」（専修学校設置基準・第六条）になっているため、大学教育の特徴である多様な教育展開ができない。二百名〜四百名の大教室をいくつも用意できる体制があるからこそ、小教室での一〇名以下や二〇名以下の演習授業も可能になるのであって、大学生と専門学校生のコンピテンシー（あるいはハビトゥス）の違いは、教養教育や語学教育の有無というよりは、教室サイズの多様性による授業形態の差が大きいと私は思っている。一方専門学校のクラス定員人数は四〇名でありながら、特に

地方の専門学校などでは二〇名から三〇名にとどまっている場合もあり、結果的に少人数クラスになっている場合も多い。クラス形態の多様性の前にすべての授業が小人数制なのである。それを逆手にとって〝少人数教育〟を売りにしている学校も多い。

しかし、小人数制が校内に蔓延すると教材開発が進まない。二〇人以下の学生しかコントロールできない教員だらけの学校になってしまう。すべての授業が担任主義的になり——ここで言う「担任主義」とは、クラス学生の学校の授業への不満や苦情を具体的な授業改善なしに人間関係的に（言わばお客さま相談室的に）緩和させる役割を担う担任を強化する体制のこと——実習も講義も知的な質が上がらない。つまり二〇名以下の授業ですらコントロールできていないわけだ。重要なことは、少人数かどうかではなくてクラス規模が多様かどうかなのである。少し古いデータになるが、吉本圭一の報告（「高等教育としての専門学校教育」、文科省「専修学校の振興に関する検討会議」第三回資料集所収、二〇〇七年）によれば、教員一人当たりの学生数は専門学校で一八・三人、大学で一八・七人。常勤教員の持ちコマ数は専門学校で週一二・七時間、大学で八・六時間、中退率は専門学校で一五％、大学で七％になっている。大教室があるかどうかはきめの細かい〝親身な〟教育指導が出来るかどうかとは関係ないことがわかる。

専門職大学もその点では同じ限界を持っており（「一の授業科目について同時に授業を行う学生数は、四十人以下」専門職大学設置基準・第十七条）、第一期の卒業生を出す前に結果は見えている。この教室規模については、専修学校の条文と専門職大学の条文は同じ条文だが、〈生徒〉と

〈学生〉との違いはある。その分、専修学校の条文は中等教育に引き摺られている規程だが、専門職大学は従来の大学的な大教室授業をなくしたいという思いもある。つまり大教室授業↓講義授業↓知識主義授業という図式の中での反大教室主義というものである。しかしそれは馬鹿げた話で、そもそもが〈研究〉の大学でない分、大学規模も財政的規模もそれほど大きくないだろうし、だとすると大教室なしには小教室授業をふんだんに回せはしない（大教室の建築コストの問題もあるにしても）。そもそも講義の知識主義を敵に回していること自体が陳腐だ。一方、職業教育的に親身な指導や親身な実践的指導をやろうとするなら、大教室授業なしには演習授業や親身な少人数実習などやれないはずなのだ。特に専門学校からの専門職大学化が徐々に進行するだろうから、その経営者たちはふたたび中等教育的に平板化した四〇人教室を並べて校舎を編成するに違いない。小規模教室（あるいは大規模教室）のない学校を〈大学〉（高等教育）と見なしてはいけない。ちなみに大学設置基準では「授業を行う学生数」については「大学が一の授業科目について同時に授業を行う学生数は、授業の方法及び施設、設備その他の教育上の諸条件を考慮して、教育効果を十分にあげられるような適当な人数とするものとする」（第二四条）とあり、具体的な学生数を挙げてはおらず教場の規模の多様性を担保する条文になっている。

一方、専門学校を中心にした資格主義的な必修科目体系は、〈教科書〉も分担執筆になっており、一つの科目に関わる〝教科書〟であっても分担主義的に内容が分断されている。そんな状態では科目を積み上げることなどできはしない。科目の中ですら第一章と第二章とが繋がっていないのだから。こういった分担執筆の〝教科書〟を使う資格教育では、狭い専門主義が災いしてオムニバス型の授業も多い（特に医療系の大学の場合など）。一〜七コマはA教員、八〜十五コマはB教員などと一科目の中でも二人の教員がやる場合も多く――同じように一科目で教員が四人も五人も〈章〉が変わる度に分担する場合もある――、前半と後半のつながりが希薄になる。専門学校では逆に専門性が弱い分、一人の教員で専門性の質が異なる一五コマを担当することになる。結果、平板な授業をやってしまい資格対策的な〝暗記〟教育に堕してしまう傾向がある。役人の天下り先になっているような、職能教育に関わる〝協会〟が〈資格〉をいくつも作って〝認定教科書〟を作りたがるが、分担執筆の教科書で、しかもろくな編集会議もしないままの分担執筆で〝職能〟が見えてくるはずがない。その意味では資格教育（資格教育における必修科目体系）は学校教育に馴染まないのだ。資格主義（試験受験主義）こそが〝職能〟開発を阻害しており、〝資格の専門学校〟ほど実務に疎い学校はない。遅れてきた受験教育をしかも受験教育の不得手な教員たちがやっているだけのことだからだ。そうでない場合には、ダラダラと経験主義的な実習授業をやり続けているにすぎない。

そのことを反省して専門職大学は「教育課程連携協議会」が設置基準の中で独立した条文で規定されており（第十一条）、「専門職大学は、産業界及び地域社会との連携により、教育課程を編成し、及び円滑かつ効果的に実施するため、教育課程連携協議会を設けるものとする」とあるが、これに似たものは、専門学校（専修学校専門課程）の「職業実践専門課程」でも——いわば専門職大学の前身になり損ねた「職業実践専門課程」だったわけだが——「教育課程編成委員会」という名称で存在している。これは資格主義の専門学校を本来の実務教育に再編する狙いで作られた要件だったが、学校側の広報プレゼン会のようなものにとどまっており、シラバス（コマシラバス）の書き換えに繋がる検討会議にはなっていない。これらの委員会が本来の形で動くとすれば、シラバスチームや教材開発チームが場合によっては事業計画（予算処置）としても展開する議事が進行する必要がある。実務教員をたくさん採用し、シラバスが更に杜撰になりそうな専門職大学でも同じようなことが起こる可能性が高い。自分たちの教育において何が出来ていて何が出来ていないのかを通しで見ている管理者が専門学校にも大学にも誰もいない。理由ははっきりしている。まともなシラバス（コマシラバス）とそのシラバスに基づいた授業評価とが存在していないからだ。

もちろんこれらはスペシャリストや研究者を作るカリキュラムである必要はない。本田由紀ならばこれらを「柔軟な専門性」養成（『教育の職業的意義』ちくま新書、二〇〇九年）と呼ぶかもしれないが——ただし四年間かけて八〇単位も積み上げれば修士論文程度のものは確実に書けるようになるが——、八〇単位の厳密なナンバリング、つまり学習の手順をしっかりと踏む経験こそが結果として期待されるハイパーな諸能力を育成することにつながるのである。二四時間グローバルに生みだされ続ける〈情報〉や〈データ〉を処理することの本質は、手順を踏む訓練（我慢する訓練）をいかに積むかにかかっている。それは汎用的な方法論（ノウハウ）――ヤスパースが、「誰でもが図式に従って『同じことを行うこと』が出来るようになる」「通俗的で皮相な『方法論』」（『大学の理念』理想社、一九九九年）と呼んだような――を訓練することなのではなくて、一つのテーマを掘り下げ、そのテーマに則した方法を通じて、つまり長い時間を通してしか得られない方法を通じて〈知識〉を獲得することの課題である。〈方法〉と〈実体〉とが一致するときにしか、カリキュラムの文化性は生まれない。[*53] それは、ヴィーコが「知恵の華」と呼んだ、ドイツ啓蒙主義の百年前の文化性にも関わっている。[*54] 百年の時代背景としては、前者は〈市民〉論としての文化性、後者は独断論に対する批判的な態度の文化性（ヴィーコ的に言えば〈クリティカ（critica）〉+〈トピカ（topica）〉）の違いはあるが。

＊53　「メンバーシップ」的なキャリア形成の文化（濱口桂一郎『新しい労働社会』岩波新書、二〇〇九年）が解体し雇用の流動性が高まる今日においてこそ、カリキュラムの文化性の意義が見えてくる。それは、河合隼雄が言ったように文化の「拘束性」と言ってもいいし（『子どもと自然』岩波新書、一九九〇年）、フロイト＝ラカン的には社会的な「ωシステム」のような「緩衝系」を構成するものだ（ジャック・ラカン『フロイト理論と精神分析技法における自我（上）』岩波書店、一九九八年）。ただし、「メンバーシップ型」という日本的な雇用が解体しつつあるとは言え、

いまだに就職先について、「大企業か中小企業か」「どの会社か」と会社中心主義的な就職評価は根深く残っている。残っているどころか、日本では二〇〇〇年以降の「非正規雇用の拡大は、女性・高齢者・若者の縁辺労働力」にとどまっており、「コア部分では大きく変わっていない」「正社員はそれほど減っていない」と小熊英二は指摘している（『日本社会のしくみ――雇用・教育・福祉の歴史社会学』講談社現代新書、二〇一九年）。日本では、工員的なジョブ職まで も「社員」と呼ぶ「社員の平等」――「戦前においては、『社員』とは職員であり、特権層のことだった。戦後の労働運動は、全員を『社員』にすることの要望から始まったのである」（同前・小熊）――が貫徹されることによって、ヨーロッパやアメリカのような「三層構造」、つまり「上級職員（目標を立てて命令する仕事）」、「下級職員（命じられた通りに事務をする仕事）」、「現場労働者（命じられた通りに体を動かす仕事）」のいずれかの職務に就くという意識が薄いと小熊は言う。「初めに職務ありき」ではなくて「初めに人ありき」である。濱口桂一郎は、戦後の労働運動自体が「奉公」主義に基づくものだったと指摘しているくらいだから、この人物主義の根は深い。新大学入試（選抜）が人物評価主義になるのも、このようにねじれた保守主義的背景がある（人物評価入試については、本書附論1「大学入試改革と人物評価主義について」を参照のこと）。こういった反職務主義としての「社員」主義が、「大学で何を学んだかが評価されにくい」事情を生んでいる。小熊は言う。「企業が重視するのは、大学や大学院で何を学んだかよりも、どんな職務に配置しても適応できる潜在能力である。その能力は、偏差値の高い大学の入学試験を突破したことで測られる。他国にもこうした潜在能力を評価する傾向はあるが、日本はその広がりが大きい。逆にいえば、日本で大学入試のランキングが重視されるのは、企業や官庁が、修士号や博士号を重視していないからである。『博士号・修士号・学士号』という序列が機能していないから、『A大卒・B大卒・C大卒』という序列が重視される、と考えればわかりやすいだろうか」（同前）。「三層構造」と教育制度との関係で言えば、ヨーロッパでは、中等教育以後から進学コースと実業教育コースが分れるが、その分、日本のような大学入試選抜はない。アメリカは中等教育以後の学位が実業的な職位との関係を有しているが、日本では高等教育までもが入口の偏差値主義と出口の「社員」主義によって職務と関係のない教育（「履修」主義的な教育）が続く。それゆえ、日本では大学院進学率（特に博士課程後期の進学率）が相対的に低い。一方、職位と関係のない「普通科」主義＝学歴主義によって、「仕事に必要な学歴よりも自分の学歴の方が高い」と思う人の割合は、日本では三〇％を超えている（ＯＥＣＤ「国際成人力調査（ＰＩＡＡＣ）」二〇一三年）こと――国際的な平均では二〇％強にすぎない――を小熊は指摘している。

いずれにしても、メリトクラシーがハイパー・メリトクラシーやコンピテンシー論に変質し、「学力の三要素」（知識・技能、思考力・判断力・表現力、主体性・多様性・協調性）などといった抽象的な「学力」論にならざるを得ないのは、日本の学校教育体系が、出口の社会接続における「メンバーシップ」的な「社員」主義に染まっているからなのである。日本のエリートが「手の届く」（苅谷剛彦）エリートであるのもそのためである。

＊54　ヴィーコはたとえばソクラテスを念頭に置きながら「古代においては、哲学者たちは、自らの教説と一致したふるまい方を身につけていただけではなく、それに適合的な表現方法をも持つほどに首尾一貫していた」と語り、次のように嘆いていた（『学問の方法』岩波文庫、一九八七年）。「今日では、学生はおそらく論述法においてはアリストテレス主義者から、自然学においてはエピクロス主義者から教えられ、形而上学においてはデカルト主義者から教育を受け、ガレノス主義者から医学の理論を、そして実践のほうを化学者から学び、アックルシウスの徒から『法学提要』を、ファーヴルの徒から『学説彙纂』を、アルチャートの徒から『勅法彙纂』の書を読まされる。このように教育が無秩序で、しばしば歪んでいるので、彼らは部分的にはきわめて博識であっても、しかし知恵の華をなすべき全体においては首尾一貫していない」。ヴィーコの関心は「あらゆる学科における講座」（ヴィーコ）を統合する（論理的に統合する）ことにあるわけではない。むしろ「教説と一致したふるまい方」と、単に一致するだけではなく「それに適合的な表現方法」を持つことが、ヴィーコの関心だった。

実際、フンボルトと同時代を生きたヘーゲルが「真理を実体（Substanz）としてではなく主体（Subjekt）として把握《ベグライフェン》する」（『精神現象学』一八〇七年）と言ったのもその意味でのことだった。それは、『精神現象学』の中でも盛んに使われる〈陶冶（Bildung）〉の概念——フンボルトの大学論でのキーワードでもあった——を、ゲーテやシラーの〈教養〉概念と連動しながら練り上げた実体＝主体論だった。方法を実体として、実体を方法として理解《ベグライフェン》するということだ。

　かつて鶴見俊輔は、柄谷行人の批評のスタイルは方法主義的な事例主義だと批判したことがある。要するに柄谷の方法は「たとえば」主義だということである。「たとえば」を何重にも（場合によっては暗黙裡に）重ねながら議論が展開していく。これは街の研修屋さんのレクチャーやシラバスの貧弱な、トークばかりが優先する講義にありがちな光景だ。もちろん柄谷のスタイルはもっと知的だが。しかしいずれにしてもこの種の「たとえば」主義がなぜダメなのかと言えば、自分の原理は何も変わらずに周辺の事例ばかり集めることに終始し、原理自体の深化が見えてこないからだ。事例の豊かさで内容の平板さを補っているわけだ。統計学の科学性がデータ主義（エビデンス主義）の陳腐さを隠すように。〈実体〉と〈方法〉とが乖離すると原理の深化が消え去るのである。モデル論もノウハウ論も同じ問題を持っている。それらはすべて〈適用 Anwendung〉という操作で〈実体〉と〈方法〉とを外面的に接着させるわけだ。ヘーゲルがやったような叙述の展開が事柄の展開と重なるような一体性を「たとえば」主義は持てない。科目〈単位〉をいくら重ねても横に広がるだけで、「コンピテンシー」に繋がるような深化がない。〝選択〟が〈実体〉を隠すのである。それでは、知識を超えた「知恵の華」（ヴィーコ）は咲かない。

要するに今日の高等教育の課題は、一般教育か、専門教育かという戦後のＣＩＥ（Civil Information and Education）以来の課題を超えて、長い時間をかけてしか見えてこないdisciplineを学生たちにどう経験させるかということなのである。

そういった訓練を経た人材こそがinter-disciplineのdisciplineを見出すことができる。disciplineのないinter-disciplineこそ「たとえば」主義に満ちているのだから。どんな話題にも飛びついて、軽薄なお喋りをし続ける学生たち――「選択科目」の好きな学生たち――は、社会人になってもノウハウ本やノウハウ講座やモデル論に走り、流動性の高いこの社会を担う「自立した」人材（文科省）にはなれない。大学は、今こそ、大学の「自律」としてのシラバスとカリキュラムに自覚的でなければならない。

※　※　※

最後に、私の最近の、入学生への挨拶を付記して、この論考を終わりたいと思います。

ご入学おめでとうございます。教職員を代表してご挨拶させていただきます。

ご挨拶代わりに、大学とこれまでの高校までの勉強のどこが違うのか、そのことに限ってお話しさせてください。

まずは、この学生生活の四年間、〈検索〉するなと言いたい。もちろんWikipediaも使うなと。

高校までの学習は、教科書（と参考書）による学習です。誰が書いているのかの著者名は書かれているが、その誰かがどんな思想の持ち主かは書かれていない。Wikipediaになるともっとその洞察はやっかいなものになる。

大学の勉強は、その「誰か」の言うこと、書くことを評価し、吟味するためのもの。あるいは、一つのテキストや解説をみただけで、それを、誰が、どんな思想の持ち主が書いたのかを洞察する能力を身につけること。それが大学で勉強する意味です。

誰かが、〈人間〉という言葉を使った、〈動物〉という言葉を使った、〈環境〉という言葉を使った。

はてさて、それは、誰が使っているそれらの言葉なのか、単に誰の言葉かではなく、その誰かがいつの著作のどのページで書いていることなのか、それを特定しなければならない。ひょっとしたら、同じ書き手であってもいつ書かれた著作なのかによって、同じ言葉であってさえも意味が違っているかもしれない。

Wikipediaだけではなく、皆さんが日常的に開いている、これと言って引用原典が開示されていない書物のページの中にも数々の先行者の言葉や解説が書き込まれているわけです。

これは、それほどに一つの言葉には「いろいろ」な意味があるということではない。なぜか。「いろいろ」というのも「いろいろ」あるからです。アリストテレスの「いろいろ」とハイデガーの「いろいろ」とでは全く意味が違う。ヘーゲルではもっと違います。それはだから、〈定義〉の問題でもない。〈定義〉という言葉も定義しなければならないからです。だから、定義を画定することは、問題の解決ではなく、むしろ紛糾の原因なのです。「ほんとかよ」というように。

そういう「いろいろ」を一つ一つ解きほぐしていくのが大学の勉強です。

その鍵は、それらの言葉がどの著作のどこのページに書かれているのかを明らかにすることから始まります。その言葉を聞いただけで、一八二ページの三行目に書いてあると言えれば、とりあえず六〇点なわけです。むろん、これは、〈暗記〉の話ではない。

そこからは（特にテキストの読解においては）、教員も学生も、平等です。与えられているものは同じテキストだし、たくさん他の解説書を読もうが、同じテキストを何回も読もうが、まともな洞察をそのテキストに沿って示せば、それでいいわけです。テキストに背後はないのです。テキストそれ自体が背後を背負っているからです。

その意味で、大学の勉強で大切なことは、自分の意見を言うことではなくて、何年、何十年、何百年、何千年の読解にも耐えた書物の具体的なページに基づいたテキスト、他者の言語について意見を（その他者のテキストへ返すように）言うことです。

そのためには、何十冊、何百冊、何千冊もの本を読む必要があるかもしれない。同じテキストを一〇〇回は読む必要があるかもしれない。

本来の自分の意見は、死ぬ直前の一言か二言でいいかもしれないくらいに。

というのも、優れた著作は、自分の意見を言う必要がないくらいに、自分の意見を既に言い尽くしてくれているからです。そこまで実感できれば、充分です。テキストを〈読む〉というのは、そのような実感を得ることと同じです。

大学の四年間はその何冊かを見つけるための四年間でもあります。

フィールドワークやインターンシップや実験や、そういったテキストに直接関わらない勉強においても事情は同じです。

たった一つの言葉、たったの一行に多くの意味を見いだせない人は、〈外〉に出ても、〈経験〉を積んでも、なにも得られないまま多くのものを見逃しています。それらのものを豊かなものにするためにこそ、目と耳を鍛える必要があるのです。

そもそもそんな〈外〉と〈経験〉なら、誰の外も経験も平等に豊かで平等に価値のあるものです。

私のこと（私の育った場所）をあなたは知らないし、あなたのこと（あなたの育った場所）も私は知らない。今日、どこからどんな道を通ってここにきたのかもあなたは知らない。私もあなたのそれを知らない。この「知らない」、「知っている」は平等です。そこに大きな価値の違いはない。「わたしは、わたし」「あなたは、あなた」と言っているだけのこと。そこでは〈学ぶ〉意味などないのです。

したがって、目と耳の経験こそが〈手〉や〈足〉に先行するテキストの経験なのです。あるいは、言い換えれば、目と耳を大切にする人こそが大学を選んだあなたたちの選択なのです。

平凡な日常、平凡な言葉の中に二〇〇〇年の歴史を読み解けない人が、どんなに特異な経験やどんなに遠い異国の経験を重ねても、お金と時間の無駄使いなわけです。〈外部〉はなにも窓やドアの外にあるわけではない。〈外部〉はわざわざ外に出て行かなくても、いつもそこかしこにある。

今日ここにいるわが大学の教員たちはそのための指導を行います。友達を作ることに急ぐのではなくて、教員を捕まえてください。大学の友達との共同体は、教員を経由した共同体です。友達と仲良くなる前に、まずは、教員に近づき仲良くなってください。

そして大学の教員の背後には一つ一つ書物が貼りついています。教員に貼りつくというのは、教員を通してその書物に貼りつくということです。

そうやって、この四年間で、あなたたちに一生涯同伴する書物を見つけていただきたいと思います。

簡単ですが、新入生歓迎の言葉に代えます。

（二〇一八年四月五日、愛知県蒲郡市にある「ホテル竹島」で行われたフレッシュマンキャンプにて）

附論1　大学入試改革と人物評価主義について

本稿は、以下の三つの拙論、「大学入試改革の時代錯誤について」（「教育と医学」No.733、慶應義塾大学出版会、二〇一四年一月号）、「点数主義こそ最も公平な制度である」（『新潮45』二〇一四年一月号）、『人物重視』は社会階層を固定化する」（『新潮45』二〇一六年六月号）を元に大幅に加筆修正したものである。

今回の入試改革の趣旨と変遷

大学入試改革の元になる議論は、二〇一三年からの三年間にわたって三つの報告にまとめられて提案されています。一つ目は、二〇一三年の教育再生実行会議（安倍政権の私的諮問機関）第四次提言（二〇一三年一〇月三一日）――以下「提言」と略す。二つ目が「新しい時代にふさわしい高大接続の実現に向けた高等学校教育、大学教育、大学入学者選抜の一体的改革について」（二〇一四年一二月二二日中央教育審議会答申）――以下「一体改革答申」と略す。三つ目が今年三月の高大接続システム改革会議「最終報告」（二〇一六年三月三一日）――以下「最終報告」と略す。

二〇一三年の「提言」は、マスコミによって「人物評価主義の入試方式」とまとめられましたが、その翌年の「一体改革答申」（二〇一四年）と「最終報告」（二〇一六年）では、「人物」論的な観点はすっかり消えて、そのキーワードは、二〇〇七年教育再生会議の「教育三法の改正」による「学力の三要素」――正確に言うと「学力の三要素」を多面的・総合的に評価するものに転換する入試改革――に変わっています。

人物評価入試論の不評（あるいは誤解）に配慮した文科省が、入試改革趣旨のロジックを変えたのです。

こういう変更を民主的な文科省はよくやります。最近のものでは、新大学（二〇一九年度から開設されることになった専門職大学のこと）のターゲット人材層を「中堅」人材→「中核」人材（または「ボリュームゾーン」）と言い換えるのもその実例の一つです。

もっとも、二〇一三年の「提言」の中では、「人物評価」という言葉は一回しか出てきません。「人物評価の重視に向けた見直し」（提言八頁）が、二〇〇二年以降の公務員採用において「図られてきており、引き続き能力・適性等の多面的・総合的な評価による多様な人材の採用が行われることが期待される」とあるだけです。

ここで言う「能力・適性等の多面的・総合的な評価による多様な人材の採用」は、入試選抜に関わる文脈では、「能力・意欲・適性や活動歴を多面的・総合的に評価・判定するものに転換する」（提言七頁）という言い方になります。この両者に共通する「多面的・総合的」評価という言葉は、「知識偏重の一点刻みの選抜」評価に向けられた言葉です。

そして、「能力・意欲・適性や活動歴を多面的・総合的に評価・判定する」これらの認識が、「知識偏重の一点刻みの選抜から脱却」（提言七頁）する課題に繋がっています。「意欲」という言葉は、九頁しかないこの提言の中に一四回も出てきますから、人物本位は、「能力・意欲・適性や活動歴」重視としての「知識偏重」に対する反対語であったわけです。

そして「知識偏重」に対する反対語がこの提言では〈人物〉評価論であったわけですが、二〇一六年の「最終報告」ではその対照概念が「学力の三要素」になりました。

「学力の三要素」とは、①知識・技能　②知識・技能を活用して課題を解決するために必要な思考力、判断力、表現力その他の能力　③主体的に学習に取り組む態度　の三つになります。

二〇〇七年の教育再生会議によって「学校教育法改正」に繋がる文脈で出てきた「学力の三要素」にまで遡って、入試改革は、そもそもが学校教育法（改正学校教育法）に則って行われるものだ、ということになりました。

この三要素を考慮すれば、「知識偏重」入試とは、

②（思考力、判断力、表現力）と③（主体性）とを考慮に入れない偏狭な入試制度になるわけです。「学力の三要素」をトータルに評価する、つまり「多面的・総合的」な評価にする、というのが、今回の入試改革の本旨です。二〇二〇年に始まる「大学入学共通テスト」の基本思想がここで完成しました。

二〇一三年の「提言」では「学力の三要素」という言葉は、一切出てきません。「提言」では「学力」という言葉は、全体で一五個前後出てきますが、ほとんどは①の知識・技能的な「学力」の意味で使われており、②③を含める場合には、「幅広い学力」という言い方がされています（この言い方が二回出てきます）。「提言」は、その意味では、学力主義批判としての「人物評価の重視」という観点に立っているわけです。

しかし今回の「最終報告」では――すでに「一体改革答申」からそうだったのですが――、錦の御旗のように改正学校教育法第三〇条の二「（…）生涯にわたり学習する基盤が培われるよう、基礎的な知識及び技能を習得させるとともに、これらを活用して課題を解決するために必要な思考力、判断力、表現力その他の能力をはぐくみ、主体的に学習に取り組む態度を養うことに、特に意を用いなければならない」に定位し、知識・技能主義的な入試は、この三〇条に背くものとでも言いたげに「知識偏重の一点刻みの選抜」入試批判がなされているわけです。

つまり、人物重視以前に、〈学力〉そのもの――「学力の三要素」全体としての――が考慮されていない、と。「知識偏重の一点刻みの選抜」入試は学校教育法の趣旨に反する選抜なのだ、と。

学力論と知識論と中曽根臨教審答申と

しかし、「人物重視」の立場であれ、「学力の三要素」の立場であれ、「知識」や「技能」の役割が相対的に縮小していることだけは確かです。この縮小の度合いは、「基礎的な知識及び技能を習得させるとともに」（学校教育法第三〇条）の「とともに」という言葉に凝縮されています。この「とともに」は、「基礎的な知識及び技能」を有しているだけではダメであって、それらを「活用する」能力としての「思考力、判断力、表現力」などが必要とされるというもの。また「主体的」に学ぶ意欲も、「基礎的な知識及び技能」の獲得とは別のものという認識が前提になっています。

さらに、高校や大学など社会接続性（就職能力）が要求される学校における学力については三要素のみならず、「主体性を持って多様な人々と協働して学ぶ態度」というものも入ってきます。学力の三要素と並んで「主体性・多様性・協働性」という社会接続を意識したものも加え、「確かな学力」と呼ばれたりもしています。三要素＋「主体性・多様性・協働性」を加えた「大学入試」のあり方を「最終報告」は提起しているわけです。

このような月並みな概念のオンパレードの根っこに「知識偏重」批判があることは明らかですが、知識獲得を「思考力、判断力、表現力」と相対的に分離し、「主体性・多様性・協働性」などが知識獲得と別の様相で出てくる思想の基盤は、やはり中曽根臨教審答申にあります。

〈知識〉と「思考力、判断力、表現力」「主体性・多様性・協働性」が相対的に分断されるのは、中曽根臨教審が学校教育を生涯学習の一部だとしたところにあります。それ以前にも、一九八一年の「生涯教育について」答申が生涯学習局から出ていましたが、〈学校教育施策〉に大きな影響を与えた点では、中曽根臨教審答申が決定的でした。

中曽根臨教審答申（一九八五〜八七年の一次から四次にわたる答申）は、九〇年代以降矢継ぎ早に繰り広げられる、大学大綱化、ゆとり教育、観点別評価などの諸施策の——当時の学力論は、「新学力観」と言われていましたが——、基盤になっていたのです。

臨教審当時の様子を傍聴していた寺脇研は、「新学力観」型の「ゆとり教育」が批判にさらされた後にも次のように振り返っていました。「『ゆとり教育』へと進む方向は、明らかに時代の要請であり流れです。そもそも、こうした流れは、一九八四年に中曽根首相の主導のもとにできた臨時教育審議会（臨教審）で確立されました。いまの『錦の御旗』は臨教審なのです。そこで『生涯学習』という理念が決まりました。学校中心主義からの転換、教師による『教育』から生徒中心の『学習』への転換です。この理念の延長にいまの教育改革がある。ですから『ゆとり教育』の枝葉については否定できても、その根本理念を否定できる人はいないはずです」（二〇〇四年二月号　中央公論）。

ここで寺脇が言う「学校中心主義からの転換、教師による『教育』から生徒中心の『学習』への転換」というのが生涯学習の理念です。もっと言えば、三公社民営化の土光臨調の流れを受けて、学校民営化までもが議論されていたのが臨教審ですが、生涯学習論もその一環です。

〈学校〉や〈教員〉の主体性（リーダーシップ）が相対化された分、〈教育〉が〈学習〉になり、「生徒中心」主義が強まったのです。「個性」とか「多様性」とか、個人の持つ特性に着目した用語が頻出しはじめるのも、この時期からです。観点別評価の「関心・意欲・態度」や「学力の三要素」の中の「思考力・判断力・表現力」「学ぶ意欲」などの前面化は、この「学びの主体」論が前面化する度合いに比例しています。

学ぶ主体と生涯学習
――学ぶことと学びの主体との分離

臨教審は、この流れを次のように言っています。

「人格の完成は、教育的努力の究極の目標」であるが「その際、個人の尊厳、個性の尊重、自由・自立、自己責任などが重視されなければならない」（四次答申九頁）。「自由とは、放縦や無秩序、無責任、無規律と全く異なるものである。自由は、重い自己責任を伴うものであり、選択の自由の増大する社会に生きる人間は、自由を享受すると同時に、この自由の重み、責任の増大に耐え得る能力を身に付けていなければならない…個性重視の原則は、今次教育改革の主要な原則であり、教育の内容、方法、制度、政策など教育の全分野がこの原則に照らして、抜本的に見直されなければならない」（一次答申二三頁）。

「個人の尊厳」「個性の尊重」「自由・自立」「自己責任」は、生涯にわたる〈学びの主体〉の属性なのです。この時期あたりから、〈学ぶ〉ではなくて、自動詞的な〈学び〉という言葉も登場しはじめます。知識は、もともとオブジェクティブな（対象的な、客観的な、目的語的な）ものですから、自動詞的な主体性が前面に出れば出るほど、知識要素は後退します。何を知っているかよりも、どんな人なのか、というふうに。結局、教育再生実行会議の〈人物評価〉入試論は、言葉としては「最終報告」から消えましたが、「学力の三要素」論からしても、生涯学習的な人物論＝主体論に収斂するわけです。

　知識を学ぶこととは相対的に分離された主体、つまり学校教育の外に、生涯にわたって学ぶ主体を想定すると、まだその主体が完成されていない子ども時代に浮上するのは地域や家庭の文化的環境ということになります。

　その分、臨教審も「家庭や地域社会の教育力が低下している」と指摘し、「適時・適切なしつけを行うことは、家庭が果たすべき重大な責務である。この観点から、家庭を学校、地域社会と並ぶ生涯学習の場ととらえ、その教育力の回復を図る必要がある」（四次答申一五頁）ということになります。このあたりは、土光臨調の民営化論の流れに沿って、学校教育の使命を相対的に軽薄なものとする分、家庭や地域の教育自活論が前面化するわけです。生涯学習論はこの意味でも学校民営化論なのです。

　しかし、通常〝できない〟子供の親や保護者は、親や保護者自体が教育（しつけ）への関心が薄い場合も多く、地域経済的にも文化的にも不毛な地域であることはよくあるわけです。一方、文化性が高い場合には、教員の学力や文化度よりも高い学力や文化度を有した親・保護者もたくさん存在しており、学びの主体の格差（人物論の格差）は、既に決着が付いています。

　格差のみならず、この場合の子供達の「個性」や「多様性」は、いい意味でも悪い意味でも親や地域の個性や多様性にとどまっています。まさに子供達は、生まれながらにして「個性」的で「多様」なわけです。兄弟でさえ、（放って置いても）個性的で多様なように。

〈学校〉とは、同じ教科書を使って、同じ知識を、同じ教員資格を有している教員によって教授する場所である、という意味は、この家庭格差や地域格差をいったんは棚に上げるという機能に関わっています。すなわち、学校の校門を抜け、教室に入れば、皆は平等に扱われるという前提が、〈学校教育〉が存在する意味だったわけです。

この「同じ」の画一性は、中曽根臨教審答申から今日の「最終報告」まで三〇年以上にわたって批判され続ける〈知識〉主義の「画一性」とは何の関係もありません。

〈家庭〉や〈地域〉とは、親が属するクラス（階層）――文化的階層、経済的階層――を意味しているわけですが、それを〈学校教育〉がなぞってしまっては、子供達はいつまで経っても親の階層を超えることが出来ません。まだ自立していない子供達の主体性（＝臨教審の言う「個性重視の原則」）を強調すればするほど、親の階層を再生産することになります。

学校の校門と塀や教室までの大きな前庭を経た長いアプローチ、そして家族や地域を超えた大災害の避難所としての学校は、そういった親や地域の文化的階層、経済的階層の影響をいったんは棚に上げる（括弧に入れて判断を留保する）意匠なのです。

学校が講堂や式典を持ち、教室内の一段高い教壇の上に教員が立つというのも、家庭や地域の影響を超えた、子供に対するリーダーシップを学校が持つ、学校が家族や地域を超えて、もう一つ別の社会的な保護機能（社会的な親機能、社会的な第二の出産機能）を持つ仕組みなわけです――もっとも、〈学校〉のこの種のリーダーシップや保護機能を、生涯学習論的、民営化論的に軽薄化した施策の原点が中曽根臨教審答申だったのですが。

個人の多様と階層の多様と――人物論は階層を固定する

では、なぜ、〈学校〉はその種のリーダーシップを持たなければならないのか。

親と顔も似ている、ビヘイビアも似ている、つまり人物的に（＝主体的に）似ている子供達が、しかし〈知識〉であればそういった相似を免れることが出来るというのが、まず第一の〈知識〉の意義です。

ギリシャ語のοἶκος《オイコス》（家政、家財、家屋敷）が近代的な経済学（economics）やエコロジー（ecology）の語源であるのは、家政が同時に経済的生産の基盤であった古代社会に制約を受けた語源であるからですが、現在は、〈家政〉《オイコス》ではなく、学校の「知識基盤社会 knowledge-based society」こそが近代的な経済の基盤をなしています。「知識基盤社会」という言葉は文科省が大好きな言葉ですが——最近あまり使わなくなりましたが（「知識基盤社会」については、本稿「シラバス論」の註3とその前後の議論を参照のこと）——、これは皮肉にも〈人物〉評価社会の反対語だということになぜ文科省は気付かないのでしょうか。『人間はどこまで動物か』のポルトマン的には、動物が生まれてまもなく自立する——ほぼ母親の胎内で自立する——のとは異なる、「早産」した人間的な未熟性を、人工的、文化的に補うのが学校的な「知識」社会の意味だとも言えます。

人工的で文化的な分、人間はギリシャ的な家政や親の世代を乗り越える、生物史的な進化を超えた〈歴史〉を持つわけです。人間は、母親の胎内ですでに充分に自立しているのではなく、母胎の外でやっと知的に自立します。人間の親は、家庭ではなくて学校なのです。

知的な層が厚く重なれば重なるほど——誤解を恐れずに言えば、これを〈学歴〉と呼んでもいいのですが——、オイコスの〈技能〉が知的な〈技術〉に変わっていくように、オイコス（家政）からの自立性は高まります。知的な層が薄ければ薄いほど、オイコス再生に近づきます。少子化傾向が高くなればなるほどそういった保守的な家系再生の度合いは濃くなる。兄弟姉妹の多様性が薄くなるからです。

経済生産が家政を単位にする社会を奴隷制、身分制社会と言ったわけです。何回生まれ直しても、自分のオイコスの階層性が維持されているだけの社会が奴隷・人種制、身分制社会です。家族《オイコス》は「社会の基本単位」ではなくて、階層の基本単位なのです。

経済生産が〈知識〉を基盤に行われる社会を、政治的には民主社会と言います。メリトクラシー（学歴社会）が民主社会と親和的なのはそのためです。

「人は生れたときには貴賤や貧富の区別はない。ただしっかり学び、物事をよく知っている者は、社会的地位が高く、豊かな人になり、学ばない人は貧乏で地位の低い人になるということだ」と、福澤諭吉は一八七二年初版の『学問のすゝめ』に書いていたわけです。

つまりこの種の民主社会において、人材の多様性とは個人の「個性」的な「多様性」のことを言うのではなくて、「社会的地位が高く、豊かな人」たちがどれくらい多様な階層から構成されているのかを言うのです。学校教育における「多様性」や「個性」の意味は、階層の社会的なシャッフル機能における「多様性」や「個性」であるわけです。

したがって学校教育の関わる〈自立性〉とは、第一には、社会人としての自立性ではなくて、オイコスからの自立性を言います。つまり学校教育の目指す子供達の自立性――教育基本法に言う「人格の完成」――とは、経済的自立を言うのではなく、親の世代の社会関係をシャッフルするだけのパワーを持つことを意味します。「個性重視の原則」という場合の「個性」も、あえていい意味で取れば、新時代を切り開く、親の旧世代の社会性との差異・対立としての個性重視を意味すべきであって、個人的な個性を意味してしまうと害悪でしかありません。

個人（人物論）として多様性や個性を若者たちが担えるようになるのは、「四〇才にもなれば、自分の顔に責任を持て」と言ったアメリカの大統領がいたように、オイコス（家政）のビヘイビアが目立つ児童・生徒・学生時代よりもずっと後でのことです。たしかに子供たちは、学校や教室の中においても充分に多様で個性的ですが、それらは家族の文化性（家族の階層の多様や個性）が子供達の個人的な主体性に影響を与えている度合いに応じてのことに過ぎない。東京の名門私立学校が、子供の実力（メリトクラシー）ではなくて、家庭環境《オイコス》（親の実力）を面接選抜するように。東京の名門私立学校は子供の実力（メリトクラシー）では入学できない学校群であるわけです。

紙試験《ペーパーテスト》は、個人の多様性を棚上げする代わりに階層をシャッフルする

　オイコスとしての家族や地域の反対語が〈学校〉であるからこそ、生涯学習時代が到来したのであって、家族と学校とのこういった断絶なしに一生涯続く〈学びの主体〉など存在しない。「生涯」というように総括できるのは親の世代との断絶（親の世界観やハビトゥスとの断絶）があってこそなのですから。紙試験《ペーパーテスト》というのは、そういった断絶性としての試験なのです。そもそも「生まれてから死ぬまで」というのは「生命」の全体であって、「生涯」ではない。「生涯」という言葉は、大人の、あるいは老成した大人の反省（reflection）による人間的な総括なのであって、自分自身が家族をもち、新世代を形成した後に――学校教育以後に――使われる言葉なのです。

　そういった生涯学習論的な面接評価の人物論は、階層の再生産としてのオイコス評価、家族評価なわけです。井上進が言うように科挙の選抜試験を支えていたのは宋時代の豊富な紙と印刷・出版技術でしたが、まさに紙試験《ペーパーテスト》とは反面接試験（反人物評価）としての知識主義選抜だったわけです。知識選抜であることによって、貴族の世襲制をシャッフルすることができた。宋時代のような紙と印刷・出版技術のなかった当時の日本は藤原家の「家職化・家産化が進行」（與那覇潤）していきます。

　ポスト工業時代（八〇年代以降）の今日では、知性の紙化のみならず、文字の知性化としてのワープロ技術が浸透し、「つぶやき」までもが知性化、出版化される時代に至っています。〈知識〉が万人に秒刻みで開放される時代に至っているということです。

　手書き文字は、言ってみれば文字の面接試験、あるいは人物論的な文字だったわけですが、ワープロの登場によって、どこの誰が書いたかよりも何が書かれているかに重点が移動し、まさに文字の実力主義《メリトクラシー》としての知性化が一気に進みました。こういった媒体の知性化が、文庫や新書の（書き手の）大衆化や映像の発信者の大衆化（YouTuber）と軌を一にしている事態です。〈人物（書き手）〉に拠らず判

断されるチャンスが増えました。そのことによって、見ず知らずの人との異文化な、階層を超えた交流が一気に拡大したのです。

ツイッターでたびたび起こる「炎上」は、異文化交流、つまり異なる階層の異なるビヘイビアや異なるハビトゥスをもつ人たちとの交流の結果です。従来のメディアでは交流しようのなかった人たちの交流ですから、炎上しないはずがない。コミュニケーションマナーの欠如ではなく、異なる階層のマナーが接触するときに起こる軋轢なわけです。

〈知識〉と「思考力・判断力・表現力」などとの関係

つまり、人々が「多様」に語りはじめるのは、文字の「知性」化に基づいていています。知性や知識の画一性は多様性の反対語ではない。むしろ知性は、多様性の根拠なのです。

文字や段落のコピー、移動などは、従来頭の中でイメージとしてしかできないものでした。そのため、文章の最初を紙に書くときには、すでに数行先、数ページ先の内容を脳内的な構想力として先取りする能力が必要でした。書き出しに失敗するととんでもない手間がかかったからです。

文字や段落の前後（という空間的な先後関係）は、実際には紙に手書き文字で書き込んでいく制約であって、脳内（構想力）では自由なひらめきが空間的な前後と関係なく浮かんでいるわけです。この前後に縛られない自由なひらめきと手書き文字の整序だった前後を結びつけているものは、まさに〈文章力〉という技能でした。推敲すればするほど原稿用紙は汚れ、消しゴムでその紙が破れもしたわけです。最後には自分で書き込んだ文字も読めなくなっていった。

〈推敲〉とは脳内の時間・空間にとらわれない自由なプロセスを、でき得る限り紙と手書き文字との関係に落としこむ能力なわけです。

したがって、推敲を重ねれば重ねるほど、構想力と紙との、あるいは手書き文字との対立は深刻なものとなっていました。ワープロ以前の時代に〈書ける人〉とは、ごく少数のエリートでしかなかったわけです。作家は、技能主義的な職人であったわけです。その限りで、〈書くこと〉は〈人物論〉に収斂したのです。

しかし今では、自由なひらめきと前後を整序する書記行為との間にこういった異質で深刻な対立関係は消え、ひらめきはそのまま表出可能なものとなり、後から自由に「コピー」、「貼り付け」、「上書き」ができるようになりました。

つまり〈文章力〉は知識・知性化され、技能から技術（知的な技能）になったということです。考えてから書くのではなくて、書いてから考える、書きながら考えるということが可能になりました。ノウハウ自体が知識の対象になったのです。秘教的な技能にとどまっていた書記行為が民主化されたのです。労働市場がグローバル化したのも、あらゆる分野で、ノウハウ・スキルの知識化が浸透した結果です。技能が国際的に民主化したことの結果が労働市場のグローバル化です。

その意味で〈知識〉は、「思考力・判断力・表現力」「主体性」などと対立しているのではなくて、それらを担っているわけです。知識の強度が高まれば高まるほど適用の強度も高まる。「思考力・判断力・表現力」「主体性」「創造性」などが衰退しているのだとしたら知識の強度が不足しているのが原因であって、その衰退は「自己表現力」授業、「アクティブ・ラーニング」授業を導入することによって解決などしない。

オレオレ詐欺や振り込め詐欺に専念している若者たちは、「思考力・判断力・表現力」「主体性」が充分あるわけです。赤の他人にお金を出させるまでに喚起力のある「思考力・判断力・表現力」「主体性」――もっと文科省が好きな言葉を上げれば、「多様性」「協働性」など――があるわけですから。

何を学ぶのか、ということと切り離されたコンピテンシーモデルとしての「思考力・判断力・表現力」「主体性」に拘泥すると、こういったオレオレ詐欺や振り込め詐欺の能力とそれらの「真の」意味とを区別することが難しくなります。道徳、情操性、社会性、人間性というのも、同じようにコンピテンシーモデルの一種ですから、知識の内容（オブジェクト）と切り離してしまうと、好き勝手な思い付きの断片を事例主義的に集めて、研修屋みたいな授業を学校教育の中でやってしまうことになるわけです。これは〈知識〉の相対化ではなくて、軽薄化でしかありません。現にその種の授業を担っている先生たちは、片手間にしか、あるいは経験主義的にしか授業準備できないわけです。

教科教育自体の空洞化を生む人物評価

片手間になるのは、なにも「総合的な学習」「キャリア教育」などのコンピテンシー教育（あるいは人物論教育）にとどまりません。

国語や英語や数学などの教科教育において、知識点数（だけ）ではなく、意欲、創造性も（共に）評価するという、いわゆる「観点別評価」が始まるのは、他ならぬ一九九〇年代以降（＝中曽根臨教審以降）の学校教育の中でのことです。

「観点別評価」を一言で言えば、知識点数は四〇点しか取れていないのに、二〇点の意欲点などをそれに付加して、履修判定のための最終「総合」合格点（六〇点）を出すというものです。こうやって、知識点数評価とは別に人物評価的な「観点」を加えていくと、従来は四〇点で落伍していたものが、人物評価主義的に救済されていきます。もちろん逆に一〇〇点の知識点数を有していても、五〇点マイナスの人物評価を受けて不合格になることがあっても理論的には不思議ではないのですが、事態はそうならず、前者の救済評価のみが一九九〇年代以降蔓延したのです。

「知識のみならず、人物評価も」という議論の本来からすれば、（知識点数で）六〇点以上取るのは当たり前、一〇〇点であっても不合格になることがあるというのが、健全な「観点別評価」であるべきでしょうが、事態はそうならず、〝できない〟学生の救済評価になってしまった。中等教育の「観点別評価」の救済評価傾向を受けて、大学のＡＯ入試（人物評価入試）も一流大学のそれを除けば、すべてが救済評価になっています。点数（知識点数）が取れないから意欲で救済する、というものです。

苅谷剛彦は、学習への〝意欲〟を学校外「学習時間」の長さで計ろうとしました。この場合の〝意欲〟は、意欲は平等にあたえられている（はずだ）という前提に立ってのものです。しかし実際、意欲（＝学習時間）の強弱は母親の学歴との相関があって、その平等な意欲自体がすでに家庭環境によって減衰しているという報告を、苅谷は各種データに基づいて一九九〇年代中後半から積極的に行ってきました（一九九五年『大衆教育社会のゆくえ』中公新書、二〇〇一年『階層化日本と教育危機』有信堂高文社、二〇〇二年『調査報告「学力低下」の実態』岩波書店）。いわゆる「インセンティブ・ディバイド」というものです。

しかしこの議論は、かみ合わないところがあります。偏差値が低い、偏差値さえ付かない大学の入試はすべて〝意欲〟入試です。これらの大学では、「AO入試」を「あなたのこれまでの実績（主にはこれまでの高校の成績）は問わない。これからこの大学へ入って何を学ぼうと思っているのかの意欲を問います」と説明しています。いわゆる〝未来への評価〟が「AO入試」だと。

さらに同じく偏差値の低い高校では学力ではなく〝意欲〟（あるいは〝意欲〟の変種）を「観点別評価」に加えて救済評価をやり続けています。両者とも、知識の極小よりも意欲の極小――たとえ階層的に極小化された「意欲」であっても――を優先して評価しているわけです。つまりこの場合〈意欲〉の反対語は〈知識〉なわけです。〈基礎学力〉がないのならば〈意欲〉を買おうというように。

そして、この種の意欲主義が苅谷の言う学校「圧」――人はみな勉強するべきだという学校圧――を下げているのであって、それは「努力（意欲）の格差」の問題ではないし、もっと言えば階層の問題ではないような気がします。それらは結果の問題に過ぎない。そうなるのは苅谷が指摘し続けた〝学校圧〟が「能力」だとか「生まれつきの才能」だとか「家庭の文化性」だからです。私にとっての「意欲」の反対語は、そうではなくて「知識」です。

教員が最初から意欲救済するつもりで授業に臨めば、〝できない〟生徒や学生の「学習時間」が減るのは当たり前のことです。この傾向の弊害の本質は、生徒救済・学生救済にあるのではありません。結果として、生徒・学生に教科の専門知識を獲得させる、身につけさせるという教員自身の課題を軽薄化させることになったわけです。その結果が苅谷が指摘する下位層生徒の「学習時間」の減小です。知識及第点以下の学生（落伍者）がたくさんいても学習意欲で救済することによって、落伍者ゼロの教科クラス運営の体裁を保つことができる。落伍者数評価（平均点や点数分布の標準偏差評価を含めて）が複雑化し、各科目担当教員が直接に担わなければならない知識教育力の実態が見えなくなってしまった。

観点別評価は裁量評価を前面化することによって、教科の知識目標のレベルを結果として下げることになった。つまり救済評価は生徒・学生救済ではなく、教員の知識教育力救済であったわけです。

「知識だけではなく（意欲や創造性も）」の「だけ」は、知識はすでに充全に獲得されているという前提が含意されていますが、それは、知識教育の軽薄化を招き、教員自身が自らの教科教育＝専門知識教育の不全を不断に改善していく動機を殺ぐことになったわけです。「多様な」教育と「多様な」評価は、裁量評価の曖昧さに紛れて、教育改善の客観的な指標を見いだせなくなっています。「知識だけではなく」と言いますが、いったい誰がまともな〈知識〉教育をやってきたのでしょうか。

あるいは意欲や創造性を、〈知識〉獲得を媒介にして醸成していく場所が〈学校教育〉だったはずです。言い方を変えれば、意欲や創造性を醸成するような〈知識〉の与え方はどうあるべきなのか、ということ以外に学校教育の課題などないのです。

そして「多様な」教育を受けた子供達は、まるで下手な心理カウンセリングやコーチングのような、〈肯定〉に始まり、〈肯定〉に終わる〝指導〟しか受けていないため、逆に、他者や新しいものを認めたり、発見したりすることができない。空虚な自己が直接的に拡大する分、その空虚を埋めるようにして他者を拒絶するようになります。「好き」とか「嫌い」と言っているときにだけ自分と他者を確証する。多様な教育と多様な評価を求める教育（「観点別評価」の教育）が、皮肉なことにむしろ〈多様性〉を排除しているわけです。

個々の知識をそのつど与える前に、知識への態度を育成するという方法論主義の問題点

あるいは最初に〈意欲〉を与えた方が、後の知識獲得の生産性は上がるはずだという考え方もあります。〈知識〉をそのつど与えるのではなく、〈知識〉に向かう態度――〈意欲〉や〈主体性〉や〈問題発見・解決能力〉などの――を付与さえすれば、知識獲得の経済性（効率性）はむしろ上がるはずだと。

しかし、〈意欲〉〈主体性〉〈問題発見・解決能力〉などの能力は、万能ハサミのように〈知識〉から切り離されて宙に浮いて存在しているものではありません。学校教育体系における〈知識〉体系は、元から、どんな知識の与え方がその学び方を決めるのかに従って出来上がっています。学ぶ内容が学ぶ方法を決めるのであって、その逆ではない。

高校・大学の「実践的」と称するキャリア教育などの諸科目の授業は、いわば方法論（ノウハウ論）だらけの授業なのですが、盛り上がるのは最初の一回目くらい。あとは、「ワークショップ」や「調べ学習」で、作業時間的に授業時間を引き延ばして薄めているだけのこと。学ぶべき実体のない授業で、外側からアプローチする授業では何も身につかないのです。方法論的な刺激だけでは学んだことにならない。

なぜ学んだことにならないのか。このタイプの授業では、講師が特に連発する言葉があります。「たとえば」という言葉です。「たとえば」と言って触れられる内容は、すべてそれぞれ専門的なテーマばかりです。それ自体で一本の論文が書けるような。もちろんそれに触れる「講師」はそれについてまともな勉強などなに一つしていません。まじめに勉強していれば、方法論しかない講座屋みたいな仕事などしているはずないのですから。その勉強の中身は、新聞か週刊誌かネットの知識程度のものにとどまるわけです。

なぜ「たとえば」話はそうなるのか。

一つの結論（命題）の周辺の話題をかき集めるこ

とによって、一つの結論（命題）自体は何も深化しはしないからです。結論先にありきの傍証ばかりの議論になる。退屈極まりない授業になる。だからワークショップ型でごまかすことにもなるのです。自分のトークだけでは埋められない軽薄さを学生のランダムなおしゃべりを使って埋めるわけです。誰も聞いていない授業をやるよりも、起きて〝活発に〟議論されている授業の方がまだましだろう、と言いながら。

しかし、命題はそれ自体で歴史（起源＝根拠《アルケー》）と内容を有しています。もっとも大学的な科目でもある哲学などは概念的な命題を追っているかのようにみえて、ギリシャ語の語源までそれを辿る行程でしかない場合も多々あります。つまり命題はそれ自体が方法なわけです。高等教育の「高等」性は、それ自体で歴史を有する中身――その中身を〈専門性〉と呼んでいるわけですが――を学ぶことにあるのですが、方法主義の講座屋さんたちはどんな専門性ももっていない PowerPoint 講師たちなのです。

そのようにして、「（知的に）できない」学生は、救済・裁量評価やこれらの方法主義教育によってますます知的に放置され、知識格差は、さらに拡大することになりました。「意欲」の教育力評価などはそれ自体裁量主義的に曖昧なままに、そして方法論的な抽象性のままに止まっているのですから、「知識」教育力を問う課題が「観点別評価」に変わったことによって、知識教育評価の後退は、教育力全体の評価の後退を意味することになったのです。〝できない〟子供も子供の個性（多様性）ということになり、その分、〝できない〟子供を特に教育する必要や課題も棚上げにされ――特には「アクティブ・ラーニング」などの授業の「多様性」展開も相俟って――、授業改善の進行も止まったのです。

そもそも、一定の知識に基づかない意欲や創造性評価が本来の人物評価になるかどうかさえも怪しいものです。四〇点の生徒・学生の知識点数（期末試験点数）を、一二〇点分の教育欠如、指導欠如だ、という授業評価、教員評価に結びつけることなしに、「できない」学生の意欲評価などあり得ないのです。意欲と創造性がその授業において減衰しているからこそ、二〇点欠如したのです。

学校教育体系は、それ自体が、裁量評価の対象である「思考力・判断力・表現力」「主体性」、そしてまた道徳、情操性、社会性、人間性などの全人類の文化指標すべてを〈知識〉へと、あるいは国語・算数・理科・社会（および歴史）・英語・美術・音楽などへと変換して体現しているものです。それらの人物論的な諸指標――言わばオイコス型の指標――が「知識」に集約されるからこそ、学校教育は、脱家族としての近代化を担い得たわけです。「知識経済」「知識の生産性」とドラッカーが言う場合も、その生産性は、技能（個人的で経験的なノウハウ）が知的な対象になる、つまり〈技能〉が〈技術〉になる事態のことを指していたのですから。

街の書店の平積み本がノウハウ・スキル書、自己啓発書で埋まり、文庫や新書本が古典作家や専門家を超えた著者によって大衆化しているのは、個人特性も適用も多様性も柔軟性も、そしてまた創造性さえも〈知識〉の対象になり、〈知識〉に集約される時代になっているということです。それらは、反知識主義と言うよりは、むしろ汎知識主義の象徴にすぎない。

最近、文科省は〈学習指導要領〉を改定し、「知識を使う」力を養う必要を、新指導要領に盛り込むそうです（二〇一七年二月一四日改定案発表）。知識「を使う」という言葉は、知識「を（単に）持っている」だけの状態に対比して使われています。

しかし、知識試験としての紙試験《ペーパーテスト》を「解く」ことと「知識を使う」ことを区別するのは難しい。点数が高い生徒や学生は「知識を使う」術《すべ》を心得ている。今時の全入時代の大学入試であっても暗記で解ける大学紙試験《ペーパーテスト》など存在していないのです。

たとえ一〇〇歩譲って、それは「解ける」問題《テスト》、「解答が既に存在している」問題《テスト》に過ぎない、肝要なことは「解けない」問題《テスト》に取り組む態度を養成することなのだと言っても、解けない問題の解答の採点基準は、四択問題や記述式問題でさえなかなかまともに作れない現在の試験作成能力では、公平性や客観性に欠けるに違いない。「観点別評価」の裁量評価と同じように受験生に迷惑をかけるばかりだ。

センター入試は、客観的で公平な四択あるいは五択問題において〈考える力〉を測ることに沿って年々進化してきたわけですから。

そもそも知識を持たないとできることがほとんどなくなるという点で、「技術の進歩」というのは、技能が知性化される事態とほとんど同義です。もちろんインターフェイスの進化によって、知らないと操作できない技術はどんどん縮小していくでしょうが、それは操作の知であって、知ることそのものではない。知性の普遍性というのは、〈才能〉とか〈経験〉とか〈勘〉（あるいは〈手先の器用〉）とかがなければできなかったことが、〝勉強〟すればできないことはなにもないという確信、つまり〈自由〉の意識と関わっています。その確信が福澤諭吉をして、『学問のすゝめ』（明治五年）を書かせたわけです。〈美容〉や〈調理〉の分野では留学生は卒業後日本では就職ができない。その理由は、それらの分野は、わざわざ（知的に）勉強する分野ではなく、〈技能〉、つまり見よう見まねの経験主義的な技術分野であって、特に留学してまで〈学ぶ〉分野ではないと日本政府（法務省入国管理局）が判断しているからです。徒弟制の色濃く残る分野だと言い換えてもよい。実際にそれらの分野がそうであるかどうかは、ここでは詳しくは触れませんが、技能から技術への転換には、〈科学〉が介在しています。〈技能〉の可視化としての科学と言ってもいい。あるいは〈技能〉が数学や計算の対象になったということです。

今日、職業教育の高度化（＝職業教育の一条校化）が声高に叫ばれるのも、従来の専門学校の職業教育が技能主義にとどまり、技能が科学主義的に再編された専門性＝技術にまで高まる気配がないからです。その技能主義の傾向の強い専門学校職業教育の分野の中でも特に美容や調理の分野は技能色が濃いと判断されているわけです。専門職大学ができたということは、「高度な」職業教育の必要性からのことですが、「高度な」の実体はインターシップが長期間にわたってあるかどうかではなくて、これまで「経験を積まなければ」見えてこなかった職業コンピテンシーのようなものをどう体系化するかに関わっています。

AI教育の限界と知識主義

コンピュータやAIの技術が進んでいるこの時代にあって、〈知識〉の集積や暗記は、コンピュータに任せて、「思考力・判断力・表現力」「主体性・多様性・協働性」、そしてまた「道徳」や「創造性」などをこそ、学校教育の課題としなければならないと文科省は盛んに言い続けてきましたが、AIは、むしろそれらのものを〈知識〉に集約できるからこそ、そこまで進化したのです。それは〈知識〉の勝利――厳密に言えば、知識の勝利の一つのあり方――であって、〈AI〉対〈人間〉、〈知識〉対〈人間〉の問題なのではない。敢えて言えば、〈知識〉への集約性こそが、人間力なのです。

映画『オデッセイ』に出てくるマット・デイモン扮する植物学者は、火星であっても一人で二年近く生き続けました。植物学者としての知識の強度（専門性やストック）が彼に、〝生きる勇気〟を与えたのであって、その逆ではなかったわけです。火星のような、そもそも努力や熱意や主体性、あるいは勇気だけでは生きていけない世界にこそ、知識は有用なものとなる。つまり、火星はそれ自体で「知的に」存在しているわけです。そして「知識社会」と呼ばれる今日の社会は、火星と同じほどに知的に変貌を遂げつつあるわけです。つまり、マルクスが唯一の自然として残した「（最近誕生したばかりの）オーストラリアの珊瑚島」までもが今では人工的に再組成されています。

ユクスキュルが指摘したように、世界や環境は進化論的な連続性や単線性として存在しているのではなくて、複数、多様に存在している。これは進化論的な多様性ではない。進化論には〈適応〉という概念がありますが、その概念が想定している世界や環境は単数であって、その「中」に色々な生物や植物がいる、「色々な」「適応」の仕方があるという考え方です。しかし一つの生きものは一つの環境と同時に存在し、生きものの存在する分、環境も存在するというのがユクスキュルの考え方でした。カントを読んでいたユクスキュルにとっては、それは超越論的な「多様性」です。そうやって、人間にとっての世界は「知識社会」（ドラッカー）となった。つまりマット・デイモンが体験した火星とは、知識なしには見えてこなかった世界のことだったのです。

一方、ＡＩ教育も喧伝されています。EdTech などでは、もはや教員不要かのように。人物評価入試の必要性とＡＩ教育における教員不要論とは親和的です。つまり〈知識〉評価をめぐって、〈人物〉論、〈人間〉論が両極に引き裂かれているわけです。極端な人物主義と極端な人物無用論が喧伝されている。

しかし、EdTech がどれほど有用であっても、EdTech を〝尊敬する〟生徒や学生はいない。「役に立った」と感謝する学生がいるにしても。

一方〈先生〉は尊敬の対象であっても感謝の関係ではない。〈尊敬〉と〈感謝〉との違いは、後者は対等かそれ以下の関係ですが、前者は敬意としての従属性が含まれています。つまり教員は消費対象としての〈道具〉ではない。ましてや学生顧客論的な契約者の一方ではない。EdTech は消費（利用）の対象でしかないのです。

一人の人間が〈知識〉を集約する仕方と一つのデータベースが〈知識〉を集約する仕方は果たして同じでしょうか。あるいは〈遺伝子〉の〈人間〉への影響の集約性は、一人の人間が〈知識〉を集約する仕方と同じでしょうか。

どれくらいの知識の量やその質が、どんな人物についてどんな変化を生むことになるのでしょうか。その〈変化〉は、生徒・学生が被った変化のみならず、教員自身が被った変化にまで及んでいます。そういう知識を獲得したことによって出来上がった人物が〈そこ〉にいる。どうして、この先生はこうも魅力的なのか、誘惑的なのか、と。私もそうなりたい、と。

しかし、そうなりたいＡＩなど存在しない。なぜか。ＡＩは誰とでも付き合うことができるからです。さらに誰とでも付き合うＡＩは嫌いだ、と言えば、そういう「個別的な」ＡＩになってくれるという点でもＡＩは誰とでも付き合ってくれる。ＡＩは誰とでも付き合うことができるだけではなく、誰にでもなれるのです。だから尊敬しようもない。〈尊敬〉

とは、かけがえのない出会いの一回性、出会いの身体性に関わっています。

＊「知識」データベースと教育との関係は、本書「シラバス論」註37、およびその本文の前後の議論を参照のこと

まとめにかえて
——「たった一日の、一点刻みで人生を決める」紙試験こそが、階層間移動を可能にしている

さて、ツイッターのような異なる階層間の異文化交流が日常的に可能になり得たのは、文字の知性化に加えて、短い時間の出来事の短い表出が前提となっています。そもそも〈人物〉とは、長い時間によって形成されるものだからです。形成される時間が長ければ長いほど、それはクラス（民族、国民、階級・階層、家族、名門企業など）を形成し、階層的なそれらの平均値としてのビヘイビアが問われることになり、主体（個人の現在を含めたこれからの努力）よりも環境優位（過去優位）な体制ができあがります。〈人物〉とか〈人格〉とか〈個人〉などの評価は、平均値評価としての環境評価、過去の実績評価とほとんど同じ事なのです。

そして、短い時間の評価の象徴が、「たった一日の受験で人生が決まる」「一点刻みの知識点数差で人生が決まる」日本的な受験体制でした。竹内洋が言うように、日本の「一日受験」選抜は「過去の達成の御破算主義」「敗者復活装置」であって、中等教育までの学校間格差を増幅する不平等は日本では（アメリカほどには）存在していなかったし、「一点差」は差異の単位としては最小単位の相対差——上にも一点差、下にも一点差——であって、クラス差にはならない。一点差主義は、クラスで括らない、純粋な個人主義としての反平均点主義であって、大学間格差がクラス差（階層差）を形成していたとしても、最小単位の相対差でもって形成されたクラス差であることによって、階層差別性を相対的に希薄なものにしていたわけです。

反面接試験としての紙試験、つまり「知識」試験と「一日受験」「一点刻み選抜」は、社会的な階層間移動の原理を形成するものです。点数紙試験《ペーパーテスト》改

革のみならず、何回も学力試験を行い、選抜試験点数のゾーンを設定し（かつての、国立大学の一期校、二期校というゾーン化のように）、記述試験を強化するという今回の入試改革は、むしろ長い時間の平均値による環境優位な選別（オイコス選抜）、階層主義的な人物評価を強化するだけなのです。

経済格差問題は、学校教育にとっては家庭格差問題であり、家庭の子供保護機能が働かない状態で〈知識〉受容・指導の強度を弱めてしまうと――「学力の三要素」という仕方で――、家庭格差（階層格差）を再生産してしまうということに、今回の入試改革は無知なままです。低中位生徒・学生にこそ、彼らの〈学ぶ主体〉に依存せず〈知識〉受容・指導圧力をかける施策が重要であるにもかかわらず、事態はその逆へ進み、ますます貧困層（家庭貧困層）がシャッフルされないままに放置されるわけです。

二〇〇八年末の「学士課程教育の構築に向けて」答申では、「多様性と標準性の調和」「学際的《インターディシプリン》な教育活動について、関連する学問の知識体系《ディシプリン》に関する基礎教育が必ずしも十分になされていない」と多様性・総合性路線――遠山文科大臣以降の「特色ＧＰ」「現代ＧＰ」などのほとんどの採択事案にみられた力《りょく》能力取組、つまりコミュニケーション能力《りょく》開発、創造力《りょく》開発、思考力《りょく》・判断力《りょく》・協働力《りょく》開発など対する取組に反省のきっかけが生まれました。これらの力《りょく》能力取組では、文科省も自覚しているとおり「標準性」や「学問の知識体系《ディシプリン》に関する基礎教育」がほとんど棚上にされ続けたのです。しかしその反省も民主党政権によって雲散霧消し、安倍政権によってふたたび臨教審路線に先祖帰りしました。最新の文科省答申である「二〇四〇年に向けた高等教育のグランドデザイン」（二〇一八年）では、「多様性と柔軟性の確保」となり、〈標準性〉はすっかり消えてしまいました。知識の軽薄化路線は、やみそうもありません。三〇年以上、家庭階層格差が放置され続けているわけです。（了）

附論2

学校教育における〈キャリア教育〉とは何か
――芦田宏直×本間正人トークセッション

本稿は拙著『努力する人間になってはいけない――学校と仕事と社会の新人論』(ロゼッタストーン、二〇一三年)の出版記念トークセッションとして、二〇一三年一一月八日、芳林堂書店・高田馬場店(東京)で行われたものを加筆修正したものである。

本間正人さん(一九五九年八月東京生まれ)の経歴

東京大学文学部社会学科卒業後、松下政経塾第三期生として入塾し、松下幸之助の経営哲学を学ぶ。ミネソタ大学大学院修了(成人教育学博士、Ph.D.:戦略プランニング修士号、Master of Planning 取得)。米国 Coach University 課程を修了し、国際コーチ連盟(ICF)認定プロフェッショナルコーチ(PCC)資格(日本人初)を取得。Corporate CoachU International から認定ファシリテーター資格、Case Western Reserve University Weatherhead School からAI(Appreciative Inquiry)Certificate 取得。TOEICは990点満点。

「教育学」を超える「学習学」の提唱者であり、「楽しくて、即、役に立つ」参加型研修の講師としてアクティブ・ラーニングを25年以上実践し、「研修講師塾」を主宰する。京都造形芸術大学教授、NPO学習学協会代表理事、NPOハロードリーム実行委員会理事。コーチングやポジティブ組織開発、ほめ言葉などの著書多数。

ミネソタ州政府貿易局、松下政経塾研究主担当、NHK教育テレビ「実践ビジネス英会話」「三か月トピック英会話:SNSで磨く英語アウトプット表現術」の講師などを歴任。TVニュース番組のアンカーとしても定評がある。一般社団法人大学イノベーション研究所代表理事、アカデミックコーチング学会会長、一般社団法人キャリア教育コーディネーターネットワーク協議会理事、一般財団法人しつもん財団理事、などをつとめる。

キャリア教育とは何か

「キャリア教育はくだらない」という出会い

本間　まず僕自身の紹介をすると、いま京都造形芸術大学という大学のカリキュラム開発の担当をやっております。いつの間にか芦田先生と同じような仕事になっちまったな、と思っているのですが（笑）。

そもそも、僕と芦田先生の最初の出会いは大変に衝撃的でした。ある日、ツイッターで「キャリア教育は大切だよね」ということを書いたら、突然、芦田先生に絡まれた（笑）。たぶん芦田先生は「キャリア教育」って発言するやつを軒並みピックアップしていて、「キャリア教育なんて言っているやつはバカだ、アホだ、ダメだ」っていうツッコミを入れていたんです。「何ですか、この人は！」と最初は思うわけです（笑）。

コーチングにおける「傾聴」のスキルというのは、相手の言うことを否定しないところから入る。自分の意見とは多少違っていても、「うーん、そういう考え方もありますよね」と受け止めるところから始めないと人間関係が作れません。人間関係を作れないと、部下の指導育成もできなければ、社会生活を送っていくのもやっぱり難しいじゃないですか。

そこで何度かやり取りをして一度会いましょう、ということで丁度私が「朝日ニュースター」という、朝日新聞社が当時持っていたCS局で「ラーニング・プラネット」という番組をやっておりました。怖いもの見たさみたいなものもあって、その番組に出演していただきました。最初は、キャリア教育の歴史的経緯などをお話しされてお行儀良くされていましたが、最後は結局、「キャリア教育はくだらない」と。やっぱりそう来たか（笑）、というふうになったんですよね。

僕の芦田宏直評っていうのは一言で言うと「哲学者である」ということです。哲学は多くの大学の授業においてもう思想史の授業になっていて、「ヨーロッパの哲学者は、こういった文献でこう言いました」っていうのを年表作って文献紹介や文献研究して終わりになっていますよね。

ところが、芦田先生は違う。今時珍しい、たぶん生まれてくるのを二千五百年くらい間違えた、哲学「者」ではないかと思うのです。つまり「哲学する」という動詞をやり続けている人だろうと。それはある意味、社会生活や社会的な成功はもう二の次、三の次、四の次、おまけに付いてきたらいいくらいの価値観ですね。ソクラテス流に言えば「無知の知」というか、「あなた、ホントにそれを本気で考えているんですか、あなたが使っている言葉について、その意味をわかって言っているの?」と、頼まれもしないのにチャチャを入れる（笑）

芦田　チャチャを……（苦笑）

本間　この「頼まれもしない」というのは、愛情とも言えるし、とんでもないおせっかいとも言える。実際のところ、僕もツイッターで芦田先生をブロックしています（笑）。ツイートは読んでいますし教えを請いたい部分はあるけれども、芦田先生のペースでチャチャを入れられた日には僕の社会生活が破綻します。

学校は元々は「職業」のことなど考えなくていい場所だった

芦田　本間先生らしいご紹介をしていただいてありがとうございます。僕の方からの、本間先生の紹介については、私よりもはるかに著名な方ですし社会的な活動のみならず、官庁との連携も比較にならないくらい精力的にされているので、その種の紹介は一般的なプロフィールに委ねます。ただし私の狭い交流の中でも何人かの知人の松下政経塾の議員たちに聞くと、彼らが一致する本間評は「松下政経塾の天才」という言葉です。先ほどのテレ朝の番組でご一緒したときも、当意即妙な、本間先生の「天才」ぶりが印象に残っています。

さて「哲学『者』論」は、また別の機会にさせていただくとして、まず、その、本間先生との出会いの元になった、「チャチャを入れた」キャリア教育について（笑）。

概念的に「キャリア教育」と呼ばれているものは、経産省が使う場合の「キャリア教育」、文科省が使う場合の「キャリア教育」などと色々な文脈で語られていますが、今日の本間先生との文脈での、文科省が使う場合の「キャリア教育」は二〇一一年の答申（「今後の学校におけるキャリア教育・職業教育の在り方について」）できちんと定義されてきています。ただそのどこに照準を合わせればいいか、みたいな細かい話はちょっと置いて、その文脈で話しますと、〈キャリア教育〉とは、幼稚園・小学校・中学校・高校・大学までの学校教育体系、つまり学校教育法の第一条に設置してある〈学校〉体系の中で「社会との接続を意識した教育をやりなさい」という社会的な要請から生まれてきた言葉です。それが非常に大きな浮力として働いている。

このことを、仮に「キャリア教育」と言っておくとしましょう。一言で言うと、学校教育体系における職業教育を〈キャリア教育〉と言うのです。だから専門学校などの具体的な職業教育とは違って、職業的「自立性」のための〈キャリア教育〉ということになる。

色々な歴史的経緯があるので簡単には言えませんが、小・中・高・大における、高校までのジェネラル・エデュケーション（国語・算数・理科・社会・英語）の上に積み上がっているのが、大学のリベラル・アーツです。リベラル・アーツは、例えば国語であれば太宰治をやるとか、英語であればシェイクスピアの研究に入っていくだとか、社会であればマックス・ヴェーバーをやるとか、高校までのジェネラル・エデュケーションを更に専門教養的に特化したものになりますね。

この体系の中においては、リベラル・アーツにしてもジェネラル・エデュケーションにしても、どこまで掘り下げても社会接続の要素はないわけです。せいぜい理屈を付けるとすれば人類の歴史的・文化的資産を受け継ぐくらいのことにしか社会性はない。つまり学校教育の純粋な体系の中には、社会との接続性は全くない。これは学校教育の特殊性・固有性と言っていい。

それに対して、二〇〇六年春、第一次安倍内閣の時に教育基本法が改正されて、「教育の目標」の中に「職業」という言葉が入ってきた。その流れの中で、〈キャリア教育〉が学校教育体系の中に課題として整備される必要が生じてきた。要するに、ジェネラル・エデュケーションとリベラル・アーツという学校教育体系のきちんとした伝統の中に、社会接続の要素を入れていけ、という流れです。これを「キャリア教育」というふうにいま呼んでおきますが、この流れに僕はすごく違和感を持っています。*

＊「ジェネラル・エデュケーション」と「リベラル・アーツ」との関係などについては「シラバス論」註3の議論を参照のこと。

大学全入時代とキャリア教育

〝できない〟学生のための「キャリア教育」？

本間　いま、一部の偏差値の高い学校を除いては、本当に大学全入時代になってきていますよね。今までなら高校を卒業して仕事に就いていた人たちが、高校卒業生の就職枠が十分の一になったことで大学生になっている。ここ一〇年の間に、子どもの数は減っているにもかかわらず、大学の数は増え続けて、大学生も一〇年前の五割増しになりました。そのせいで、本当は大学に行く準備が出来ていない人まで「大学」という名前の教育機関に入っています。

東大、京大、早稲田のように自分の大学から、自分の大学の教員を輩出できる大学はキャリア教育はやらなくていい、それらの大学への進学者をたくさん出している名門私立高校も、「キャリア教育があるとすれば偏差値を一点でも上げて名門大学へ入学させることだ」と思っているわけだから、キャリア教育論が直接にはかみ合わないという芦田先生の従来からの主張については、私は全く同じ意見です。

ただ偏差値が下の方の学校は、専門学校とある意味同じで、「キャリア教育」をやらないといけない。それに案外、偏差値が真ん中あたりのところも、そして中学・高校でもキャリア教育は必要だと思っています。もちろんキャリア教育が玉石混淆であるのも現状ではたしかにそうなのですが。

しかし「何のために学ぶのか」について、社会では特にコミュニケーションの力とか、人間関係を構築する力が求められているということを学生のうちに知らしめておくことは本当に大事だと、私は思っているんです。就職対策に過ぎないものを「キャリア教育」と言われると辛いものがありますが、社会の中で、こういう力が求められるぞっていうことだけは、大学生、高校生、中学生にも、知らせておきたいですね。だからキャリア教育を全否定されちゃうのは辛い。

芦田　〈学校〉というのは社会的な「ニーズ」と関係なく存在していないといけないものです。あくまでも、何のために勉強しているんだろうっていうことを、生徒や学生たちに問わせてはいけない聖なる領域が〈学校〉という場所でしょ。そもそも社会的な「ニーズ」なんて見つかった「後から」わかるものだから。それまではみんな自分勝手に言ってるだけのものです。そんなものを学校教育が追いかけるわけにはいかない。学校教育は次世代の人材を形成するところです。

やっぱり、社会に出る前の若い人たちに、長い時間にわたって我慢させて勉強させることで、「目先の役立つことばかりが世の中で生きていく目的ではない」と叩き込むのが小学校から大学までの学校教育体系なんです。

本間先生が言われる、コミュニケーションの力のような「人間力」*は役立つことから一旦距離を置くところからしか生まれない。〈学校〉の定義を教育学概論なんかで、ギリシャ語のスコレー（暇）から来ているなどと言いながら中途半端に教えたりしていますが、そういう役立つかわからない「暇」や「退屈」に耐える力の育成が学校教育の教育力だと思います。

　そういうことは、産業構造の変化や「学生の多様化」論（＝一八才人口の減少による大学全入論）とは別の原則論です。むしろ「変化」や「多様」が声高に叫ばれる今こそ、この原則は堅持されるべきだと思います。

＊「人間力」「コミュニケーション力」「問題発見・解決力」などの、いわゆる「ハイパー・メリトクラシー」論、「コンピテンシー」論については、本書「シラバス論」註42、およびその本文の前後の議論を参照のこと。また「学生の多様化」「多様な学生」などにおける「多様」という言葉の意味については、本書「シラバス論」註3、およびその本文の前後の議論を参照のこと

「学校教育」は「社会的なニーズ」を追うべきなのか

芦田　ところが現状はそれとは逆に、「機能主義（ファンクショナリズム）」的な学校論が今の主流となっている。

　だから本間先生の言われる「人間力」のようなものがもしあるとすれば、そういった社会的な関数から人間を切り離せる力のことを言うのだと、僕は思います。逆に〈動物〉は自分の環境とファンクショナル（機能主義的）に結びついた生き方しかできない。

　たとえば〈図書館〉という存在はファンクショナルな関係から最も隔絶された場所ですよね。小学校から大学の二〇歳超えたところまで、「何に役立つか」という問いを一切禁じて、長いインプットの状態を継続的に体系的に、若い子たちに提供していく。これが、「新しい」世代の形成の場所として学校教育が持っている一番オーソドックスな意味であり、僕は〈新人〉の発掘こそが学校教育の使命だと考えています。〈新人〉は社会的「ニーズ」に逆らってしか誕生しない。

　ファンクショナルな学校論では、次世代を形成する新人は生まれない。そこには反応主義的な消耗しかない。

　いまは世の中の流れがすごく早くなってきて、四

年間在籍して大学を卒業すると、ほとんど世の中が変わっていた、要求されることも変わっていたというようなことがいつでも起こりうる状況です。だからこそ、「役立たない」ことをじっくりやるっていうことの持っている有用性はすごく高まってきていると僕は認識しています。

学校は「校門と塀」によって、社会的な消費の場所から隔絶された場所として存在しています。それが次世代（ながーい先）の人材を作る要諦なんだと思います。

小学校からお金の仕組みを学んでいく「よのなか科」なんて嬉しそうにやっているリクルート上がりの校長がいましたが、学校教育は社会と関係なく勉強できる唯一の時間なんですよ。

〈学校〉とは、一言で言えば、人類の文化資産や世界性をまずは吸収するところです。答えがないことを教えることが重要だと最近さかんに言われてますが、それは社会的なニーズをまずは遮断するということなんです。新しいことや必要なことを人類の文化資産や世界性を参照しながら見出すことが、大学までの学校教育の意義です。そうすると、ちまたで騒がれていることは、少しも新しくないし、必要でもないことが見えてくる。そのこととクロスして、〈新人〉が生まれてくるのです。

そういう純粋な空間を純粋な空間としてどれくらい生きていけるかが、次世代の新人を形成する場所としての学校にとってはすごく大切だと思います。それが、いま騒がれている「キャリア教育」が学校教育にとって本当にくだらないと思っている一番大きな理由です。

本間　「くだらない」（苦笑）。学校空間について言うならば二つありまして、一つはプラトンが作ったような純アカデミア、小・中・高・大学まで一貫して世俗から隔絶され、役に立つかどうかわからないことをやり続けるという学校が、全国に三校、五校あってもいいんじゃないかなとは私も思います。

ただ二つ目としては、世の中の学校が全部純アカデミアというのは賛成しがたいし、現実問題として無理でしょう。小・中・高校で「役に立たないことをやるぞ」っていう掛け声に対応して「役に立たない勉強をやります！」っていうふうに思う学生は、ほとんど居ませんよね。ふつうは辞めちゃいます。

　もちろん、辞めさせないのが教師の力量だと芦田先生は言うかもしれませんが、芦田宏直が三〇人くらい揃っている、ちょっと嫌な学校なら学生を引き止められるのかもしれない（笑）。しかし、三〇人も四〇人も、芦田先生の引力と強引さを持っているファカルティを揃えることは現実問題として無理ですよ。

「つべこべ言わずに勉強しろ」という時代ではない

本間　むしろ、これまで日本の教育で問題だったのは、学校の先生方が、学校という非常に特殊な空間しか知らなかったこと。そして、子どもたちに「勉強しろ」って言うんだけれども、「なんで勉強しないといけないんですか？」って言われたときに、「いや、とにかく勉強しろ」としか言えない。

　確かに、入学試験が一定の社会的な選別の役割を果たしていて、いわゆる「良い」大学、「良い」就職が生涯賃金と比例していた時代は、頑張っただけ良いことあるよと言われて子どもたちも納得できた。ところが、いわゆる良い大学に入っても、必ずしも幸せにはなれない、不祥事が起これば最初に辞めなきゃいけない、そもそも早稲田でさえ、これだけAO入試をやるようになって、何を保障しているのかわからないという状況になっている。何のために勉強するのかということについて、やっぱり社会との接続っていう概念を入れないと、先生の「つべこべ言わずに勉強するんだ」という力技だけでは子どもたちはついて来れないと思うんです。

　それに今までは、社会の中に知識を得て、自らの能力を高める場所が学校機関しかなかったのかもしれない。しかし、今は知識を得るだけだったらe-Learningがふんだんにあって、最近取り上げられているMOOC（Massive Open Online Course）では卒業資格までは得られないけれど、ハーバード、スタンフォード、MIT（マサチューセッツ工科大学）なんかの学部の授業を単位認定までは無料でしてくれるんです。そうすると、「その学校に行って勉強する」という前提条件自体がどんどん崩れていくだろうと思います。また、そういう社会に適応していくためには、社会の動きを普通の学校の先生以上に敏感に捉えて自分の学びを設計できる力がむしろ必要なんじゃないでしょうか。

そういう意味でも、なるべく早い時期に自分が出ていく社会に対する見通しを持たせることが大事なんじゃないかと思います。もちろん多くの場合、学校の先生はキャリア教育ができない。だから外部のコンサルタントとか、キャリアアカウンセラー、あるいはキャリア教育コーディネーターが学校にお手伝いに行って、この地域の中ではこういう職務体験ができます、こういう会社やこういう組織団体とコラボできます、というような出前授業をやってもらう。そうしたら、今度生徒が生物や物理を学ぶときに、歴史や地理を学ぶときに何らかの意味づけをすることができますよね。

カリキュラムと実社会とのつなぎとして、学校の先生ができないことを結びつける専門家をもっと養成する必要があると思っています。要するに社会から隔絶された聖なる空間っていうのは、①無理、②そうでない方が望ましい、と私は思うわけですね。

できない子どもほど大学へ行くべきだ

大学全入時代が持っている可能性

芦田　だいぶ僕と本間先生との違いがはっきりしてきましたね（笑）。僕は「全入時代」っていうのは大賛成なんですよ。僕の経験でも、大学に入ったときに、国語とか歴史とか英語で、いかに高校や中学校、あるいは小学校の先生が私に間違ったことを教えてきたか、ということをすごく感じました。さすがに大学の先生だと。その意味では大学の先生で嫌な先生は一人もいなかった。みんな研究者然としていたし尊敬できたわけです。

だから大学の授業はどれもすごく新鮮で、英語だと「前置詞の専門家」みたいな人がいるわけですね。その人は「俺は前置詞の専門家じゃないよ、onの専門家だ」とまで言う。それで二〇年くらい研究し続けているような人がいる。英語も「リーダー（読解）の先生」だとかなんかじゃなくて、フォークナーの専門家がいたりして、その人の英語の講読授業では一年生のときから、フォークナーの英語を読む。アメリカ人でもめったにフォークナーなんて読まないですから、これは「メリーさんは自転車に乗って街中を走っています」みたいな英語じゃないですよ。フォークナーで論文書いている先生が、『エミリーに薔薇を』をリーディングの授業で読んでくれて、こんなに楽しいと思ったことはなかった。

前置詞についても高校までは、天候のitと、時間のitと、代名詞のitなんて、わけわかんないことを教えられてきたでしょ。他にも、toが原形動詞をとったら不定詞で、名詞用法と副詞用法と形容詞用法があるとか、toが名詞をとったら前置詞のtoとか、そんなバカな教え方をする先生は一切いない（笑）。僕もそんなに悪い高校じゃありませんでしたけど、それでも、そんな教え方しかしない先生に囲まれて勉強してきました。

高校までの秀才なんて全然秀才じゃない

芦田　高校生諸君に、大学進学どうするかみたいなことのレクチャーをする機会もあるんですが、いま高校生で、「俺は頭が悪い、勉強ができない」って思っている子がいっぱいいるだろうけど、高校までの勉強で「秀才」って言われているやつは、バカだと思うべきなんですよ。あんなに単調な教え方をされているのに、それでも勉強に食らいついているわけだから（笑）。そんなのを「秀才」とか言っちゃだめでしょう。

その意味で、高校までの英語は英語を知らない人が教えている、くらいに思って丁度。英語以外でも事情は同じです。だから高校までの勉強で「勉強は苦手」なんて決めつける理由はどこにもない。「勉強は苦手」は、勉強が本当に好きな大学の先生に教わってから決めればいい。大学を終わってから出す結論だと僕は思います。まだまだあきらめる必要はない。

本当の勉強っていうのは「何の役にも立たない」こと、(たとえば) 前置詞の on について、土日も深夜も考え続けることですよ。大学にはそんな変態がいっぱい居て、大学院の修士ゼミの (僕の恩師中の恩師である) 高橋允昭というデリダ研究者は avec っていうデリダが使った前置詞の訳をめぐって、二行くらいの文章を一年間かけて考えさせてくれました。二行のフランス語、しかも一つの前置詞のためだけに一年をかけたんですよ。こんなことは高校までの授業ではありえない。

こういう時間のかけ方を大学教育と言うべきです。何が〈学士力〉だ、バカにするなと私は言いたい。こういった経験を一度やると、その薫陶を受けた学生たちは、一生、文章を大切にするだけではなく、言葉そのもの、助詞の一つ一つを大切にするわけです。「分かりやすい文章を書きましょう」なんて言うコミュニケーション授業とは何の関係もないわけです。この種の講義を請け負う講座屋はたいがい言葉の重みをバカにしているわけです (笑)。一番、コミュニケーションに遠い。もちろんこれは大学院の授業のことですが、学部の授業であってもそういった萌芽はいくらでもあります。同じ先生が教えたりしているのですから。

高橋先生はその文章の翻訳を出版社から頼まれていたんですが、一年間ゼミでその検討をやったけども議論は結局決着つかない。僕の訳の方が絶対正しいと思ったんですけども、もう先生は最後は意地になって「絶対に俺の方が正しい」と言うんです。でも出版されてみたら、僕らが言った訳文になっていました (笑)。もうお亡くなりになりましたけど、いい先生でしたね。高橋先生のお陰で、一つ、一つの言葉にこだわる根性みたいなものを学べました。それが、「勉強が面白い」ってことなんですよ。

「できない」子どもは「できない」先生の犠牲になっている

芦田　確かに、この全入時代にリベラル・アーツの大学はどこまで成立するんだっていう議論はありますけど、むしろ「勉強ができない」子たちは先生の（専門性のなさの）犠牲になっています。教員の専門性というのは、趣旨や意味や歴史や語源から、勉強を理解させる能力です。名門私立学校なら、そういう教員はいくらでもいる。できる子どもたちほど、理解しやすい授業を受け、できない子どもほど暗記中心の（できる子どもたちよりも学習課題としてはむしろ難しい）単調な授業を強いられる。だから先生を尊敬する契機も少ない。ここに手を付けない教育改革はほとんど意味がない。

「できない子どもに無理して勉強させることなんか必要ない」という曾野綾子的なエリート主義は、少なくとも大学を出るまでは判断を控えるべきなのです。

専門学校などが（単なる遅れてきた受験勉強に過ぎない）資格教育をやる場合にも、受験勉強が一番不得意な先生たちが教えるものだから、すごく不合理な教え方を強いられているわけです。「ここは試験に出るから覚えておけ」「試験に出るからマーカーを付けておけ」とか言うように。いまどき予備校でもこんなバカな教え方はしません。資格の専門学校は資格教育さえ出来ずに、学生たちに苦行を強いているわけです。

ツイッターやFacebookを見ていたらよくわかりますけど、土日には家族と遊んでいる写真を挙げている先生がいるでしょ（大学にもそういう先生がいないわけではないですが）。しかし、「人生の日曜日」（ヘーゲル）は勉強そのものなわけです。平日のために日曜日があるのではなくて、日曜日のために平日がある。もっと言えば、大学こそが「人生の日曜日」なのです。大概の先生たちは、休日（スコレー）にこそ勉強しているのです。だから土日に遊ぶ先生の犠牲にならないためにも、「できない」人たちには大学に行かせて、真空状態で、日夜勉強（趣旨や意味や語源）のことしか考えてない先生たちの話を聞かせるべきなんです。もちろん高校や中学の先生たちにも勉強熱心な先生たちはいるんでしょうけれども。大学に行く意味は、根っから勉強が好きな先生、根っから言葉を大切にする先生に出逢えることでしかない。そのことに偏差値の高低は関係ない。

引退した地域の名誉教授が小学生に、「かけ算とは何か」を教えればいい

芦田　数年前に亡くなった吉本隆明が、数学の引退した名誉教授が地域の小学校に行って、掛け算、割り算とは何であるかとか、掛けるとなぜ面積が出るのかとか、足すとか引くってことはどういうことなのかという話を教えれば、算数を嫌いな子なんて一人も居なくなる、と言っていましたけどその通りです。つまり、「何の役に立つのか」という実用性の方へ逃げたりしない、〈学び合い〉的なアクティブ・ラーニングに逃げるのではなくて、かけ算そのものの意義を理解させることの方がはるかに重要なのです。

僕は「役に立たない」って意味で〈退屈〉だって言っているので、勉強には面白さ自体はいくらでもあるんです。そんな、天候の it と時間の it と代名詞の it があるって教えられたら、もうたまったもんじゃないですよ。そんな it あるわけないんだから。it は it なんだから。it なんて、それをフロイトのエス（英語で it の意味をドイツ語では Es と言う）なんかと一緒に教えることができる教員がいれば、面白いに決まっている。

だから、高度な専門教育をやっていくと、いま中学校、後期中等教育（＝高校）までで、「学力」や「偏差値」と言われているものが、ガラッとシャッフルされる可能性が出てくると、私は思います。だいたい学校の先生なんて、社会でキャリアを築くことが一番不得意な人たちが集まっているんだから、下手なキャリア教育、不得意なキャリア教育なんてやめたほうがいい。外から連れてきたって、ろくなことはない。

大学出て二二歳になって急に「先生」って呼ばれて、どうやって社会性を身につけるんですか。無理に決まっている。それだったら、英語の先生にもっときちんと英語の勉強をしなさいと言った方が分かりやすいし、彼らも本気で取り組める。

本間先生は別だけど、キャリア教育やっている人間も、本間先生もよくご存知のようにいかがわしい

人ばっかりなわけですよ。リクルートくずれだとか、会社では相手にされなくて、講座屋になっちゃっている人とか。あの人たちは資料のパワーポイントをハンドアウトでなかなか渡さないじゃないですか。どこでも同じもの使っているからですよね。渡しちゃうといい加減なことがバレちゃうし、パワーポイントを更新するわけでもない。講座の時間で調整して、このスライドは間引いとくとかいうことをやっているだけだから。

コミュニケーションの本質は、意見を言わない〈分別〉

芦田　一方に it や to の教え方もまともじゃない状態がある、一方に社会的にもまともじゃない講座屋さんがキャリア授業を用意する、そういう授業をやり続けると、できない子たちは二重、三重に「勉強が面白い」というきっかけを持てないわけです。社会をテーマにしようが、英語をテーマにしようが、「できない」生徒・学生たちは三重苦みたいな状態で社会へ出て行くから、もっと役立たない人たちばかりができてくるわけですよね。

そういう中途半端な授業を受けた人たちがツイッターをやっていると、原子力で問題が起こったら原子力のことを偉そうに論じはじめ、アベノミクスがはじまったら金融政策や消費税のことを知ったかぶりして話しはじめる。テレビに出てくる評論家《コメンテーター》たちも、どんな話題にでも〝解説〟を加えたりしているけど、そうなると一般の人たちと同じで、情報元は新聞や週刊誌や検索ネタ話に留まる。でも、大学時代に「to もなかなか意義深いな」っていう経験を一回させておくと、ちょっと簡単にアベノミクスについて話しちゃまずいから、ここは一言言いたいけど黙っておこう、あるいは出直してこようぐらいな〈分別〉はつくようになっていくわけですよね。すぐにとびついて、風を読みながら炎上ネタに加担したりはしない。

この〈分別〉がコミュニケーションの源《みなもと》なんです。あるいはこの〈分別〉こそ〈教養〉だと言ってもよい。何についても意見を言って、反応すればいいっていうファンクショナルな関係ではなくて、それを遮断したことによる面白さやその種の遮断（分別）から始まるコミュニケーションみたいなものがすごく大切になります。これは本間先生とは違って、できない子どもたちほどそういった機会を与えていかないと、日本の若者たちの将来は総崩れする可能性がある。

だから、とにかく、「勉強は不得意」と思っている人たちほど大学へ行くべきだし、もちろん教授たちは、「どのレベルに合わせればいいの？」というような啓蒙的な教育をやるんじゃなくて、目一杯、自分の専門性を活かした教育を提供するべきなんです。最近では、「バカな子どもに合わせる」と言いながら、自分自身がバカになっていく先生がたくさんいます。先生たちの偏差値自体も落ちてきている。「バカなやつにonだけ教えて何になるんだ」っていうのが今の風潮です。グローバル時代っていうのは安倍さんによれば英語が喋れる人のことを言うらしいけど、そんなバカなことあるわけないじゃないですか。英語なんかアメリカ人はバカも含めてみんな喋っているんだから。そんなアメリカ人をもう一人作るだけでしょう。だけどonのことをわかっているアメリカ人はいない。フォークナーだって読めているアメリカ人はいないんだから。大学全入時代の認識、という意味で言えば、そこが、僕と本間先生との間ですごく噛み合ってないところだと思うんですが（苦笑）。

大学教育のグランドデザインとしての職業教育論

純粋な「学校教育」なんて存在するのか

本間　芦田先生が早稲田に入ってフォークナーとか、onの先生に対して、純粋学問の面白さを感じた。それはやっぱり、いい先生だったんだと思うし、いい学生だったと思う。多少変態入ってたとしても（笑）、いい相性だったんだと思うんですね。

ただそれがどれだけ普遍化できるかと言うと、僕は心配というか、だいぶ疑問だと思います。やっぱり、世の中の学校はいま学級崩壊なんて本当に当たり前です。芦田流に言えば「バカな子にこそ本格的なリベラル・アーツの授業をやるべきだ」。これは授業として成立しないだろうと思いますね。もちろん、成立したらどんなに素晴らしいだろうと心の片隅で思うんだけれども、無理だよ、成立しないよと思うのです。

確かにキャリア教育には実際に色んなバックグラウンドの方が入っていて、質を保障できてない面もあります。今僕が理事をやっている「キャリア教育コーディネーターネットワーク協議会」というのも全く完璧ではありません。

でも少なくとも学校に入っていくプロと呼ばれる人たちは、学校教育法についても知っておかなくてはいけない、教育委員会の仕組みとか、学校の先生が、ここまではやれるけどこういうことはやっちゃいけないというご苦労もちゃんとわかっている。そしてカリキュラムの組み方とか、地域資源の発見の仕方とか、基礎的なことになるけれども子どもたちの学習心理も踏まえた上で指導されています。今の学校の先生方がキャリア教育に対応できないのであれば、やはり外部の人材が必要だし、さらに外部の人材の品質を少しでも高めていく取り組みがあるわけです。

やっぱり就職って何するんだ、仕事ってどうやって選ぶの、上場企業とそうでない会社がありますよ、というようなことをどこかで教えなきゃいけないわけですが、就職活動やっているときでさえそれを知らないというような悲劇、喜劇が現実にもう起こっています。こういうことを少しでも減らして、子どもたちの将来への見通しを立てる能力を高めていくためにキャリア教育の役割っていうのは大きいと思うのですよね。じゃあキャリア教育を否定したとして、純粋な学校教育っていうのも存在しないじゃないですか。

二重の差別を受けてきた「職業教育」

芦田　そういった議論を前に進めるために二点指摘したいことがあります。一つは、本間先生はいま偏差値が上の方の子はキャリア教育はなくてもいいかもしれないという前提（僕もその前提を共有していると指摘されながら）でお話しになっていますよね。

僕はこの問題の内部には、実は別の問題があると思います。八〇年代後半の中曽根臨教審、これは下村博文さん（二〇一二年〜二〇一五年の文部科学大臣）や安倍さんが全く同じ方針を引き継いでいますが、基本的にキャリア教育や職業教育に対する差別視がある。

つまり、一方にはジェネラル・エデュケーションとリベラル・アーツというこれまでの偏差値型の軸が一本あって、今の日本の教育体系ではこれを「頭がいい」と判断します。そこで、本間さんもおっしゃるように、シェイクスピアやエリオットやフォークナーなんて、偏差値四〇の学生にやらせたってしようがない、という意見を仮に認めるとしましょう。この意見を、私は曾野綾子主義と呼んだりもしています（笑）。

そして、その「偏差値の低い」子どもたちに、シェイクスピアやエリオットやフォークナーを諦めさせて、「上場企業とは何か」とか「社会で働くとはどういうことか」とか「親になって子どもを養育するとはどういうことなのか」みたいな話はしなきゃいけない、そう本間先生もお考えになっていますよね。そういった文脈が、今の「キャリア教育」の文脈です。つまり、できない子どもたちが差別されているのと同じように「キャリア教育」も差別されているわけです。

一方で、私立名門校の教員たちは東大へ合格させることが最良のキャリア教育だと考えている。一方で、「できない子にはせめて社会接続準備のキャリア教育くらいは」という認識が存在している。職業教育はそうやって、（一九七五年の専修学校制度の発足以来）二重に差別され続けてきたわけです。「職業教育」っていうのは、そんないい加減なものでいいんですか、というのが私の、もう一方での問題意識です。

つまり、キャリア教育の文脈は、専修学校が、〝できない子どもたち〟の受け皿であったようにして、この変化と多様性の時代においても、ふたたび〝できない子どもたち〟の受け皿としての機能しか持たされていない。できない子どもたち領域に特有な教育というかたちで、キャリア教育を学校教育に持ち込んでいることにも、私は反対なんです。

実際、職業教育に特化した大学としての「新たな機関は、トップ層ではなく中堅・中間層をもっとレベルアップするためのもの。正規分布の真ん中にいる人のレベルを上げることが重要」「新機関の入学生は、恐らく入試圧力を受けておらず、勉強の習慣が身についていない学生が多く入ってくる」などといった審議委員の意見が公開されているところからも、この新大学が「職業教育」に期待する質がうかがい知れるわけです。

その意味で言えば、僕は、むしろ逆に「できない子」にはフォークナーやエリオットをやらせて、「できる子」には、きちんとした職業教育をやるべきだと思います。だって、〈教養〉なんて後期中等教育で偏差値がそこそこあれば、相当な教養でしょ。だから教養の有無は、できない子どもたちの必須の課題なんです。むしろ。

重要なことは、高校卒業時点で、高度教養教育に進路を定めるか、具体的な高度職業教育に進路を定めるかを、対等な立場で選択する体制を作ることです。今の進路指導は、勉強が嫌いなら専門学校か、短大の資格教育みたいな進路選択になっている。職業教育は差別されているわけです。偏差値の高い子どもたちの選択肢としての職業教育が存在していない。そもそも「リベラル・アーツ」としての〈教養教育〉は、〈神学〉や〈法学〉や〈医学〉などの職業教育の基礎教育でしかなかったのだから、「教養教育か、職業教育か」という教育的な選択自体、陳腐なものでしかない。*

＊「リベラル・アーツ」－「ジェネラル・エデュケーション」、「職業教育」－「教養教育」、あるいは「一般教育」－「専門教育」などの従来の議論については、本書「シラバス論」註3の議論を参照のこと。

偏差値七〇の生徒や学生たちのための職業教育カリキュラム

芦田　結局、偏差値七〇の子であってもやる気が起こるようなシステムエンジニア教育だとか、あるいは在庫管理の専門家を作るとか、マーケティングの専門家を作る、ファイナンスの専門家を作る……実はいまの大学にはこういう動機が全くないんです。石原都政の時、専門高校の進学校化という魅力的な施策が打ち出されましたが、これも成功していない。結局、そこそこの大学の教育学部を出た先生たち自身が「そんなバカな」と思ってしまうからです。本気で打ち込めない。

だから例えば「自分はシステムエンジニアになりたい」、「アーキテクトになりたい」と言って、早稲田の理工学部（今では理工学術院）に入っても、熱力学の授業を受けたり機械工学の授業を受けたり材料工学の勉強をしつつ、自分の受けたい授業は週に四単位あるかないかです。あとは地頭がいいから、書店でプログラムやシステムエンジニアリングの洋書を買い、むこうの専門のIT技術の勉強を自分でやっていく。だけど、大学に行って、自分のやりたい授業がほとんどないというのはおかしいでしょう。

僕が一時カリキュラム開発でご協力頂いた鷲崎弘宣（早稲田大学理工学術院准教授）っていうソフトウェア工学の、日本を代表する優秀な研究者がいるけど、その鷲崎さんのソフトウェア工学を学びたいと思って早稲田に入っても、鷲崎先生の授業がずっとあるわけじゃありません。もし彼の講義やゼミを八〇～一〇〇単位履修して卒業すれば、就職後の一〇年間くらいの社内研修講師ができるくらいの実力が付くでしょうが、そうはなっていない。

日本の工学部教育では、一番職業教育に近いところでもまだ自分のやりたくない授業をやらされるんですよ。国立大学になると必修単位もちゃんとあって、職業的なことを意識しているところはありますけど、日本のほとんどの大学生をカバーしてる私立大学には、優秀な学生が小躍りして集中して行くような専門家を作るカリキュラムは存在していない。

すごく勿体ない状態になっているわけですよね。もっと専門の先生がついて、システムエンジニアになるための八〇単位の必修授業、あるいはマーケティングの専門家になるための八〇単位の授業、あるいは在庫管理の専門家になるための八〇単位の授業を早稲田や慶応の商学部でやっちゃえば、〈キャリア〉ってことに対する考え方が、もっと違ってくると思うんですね。〈学士力〉なんてわけのわからないものをわざわざ言う必要はなくなる。

〈卒論〉が存在する大学はカリキュラムが存在しない

芦田　いま、卒業要件の最低単位要件は一二四単位ですが、僕が調べた範囲では、私立大学は偏差値が高い大学も低い大学も、必修単位なんて一〇単位から二〇単位しかありません（選択必修というまやかしのような科目群はいくつかありますが）。四年間で一〇科目くらいの必修単位しかなくて、〈人材〉なんか作れるわけがない。これには、他の原因もあって、必修科目をたくさん作ると「多様化」した学生の履修単位が留年がらみで積み上がらないため、退学者増加の危険を避けたい、という思惑もあるわけです。

逆に言えば、選択科目がたくさんあれば先生たちは科目のクラス経営にずっと鈍感でいられるということ。二重三重にカリキュラム意識が希薄になっているのです。

だから、僕は本間先生の今の話し方で言うんだったら、全く逆のことが言いたいわけです。日本のキャリア教育の問題、あるいは職業教育の問題を論じるのであれば、大学教育に〈人材〉を作るカリキュラムが存在してないってことです。〈卒論〉というのもカリキュラムが存在しないというのを自己暴露しているような制度です。

各科目が講座主義的に分断されていて科目間連携が縦にも横にも存在しない。敢えて積み上げがあるとすれば第二外国語の語学の授業くらいに留まっていたのです。各科目が縦にも横にも関係のない概論授業に留まっているが故に、「卒業論文」という外面的な接着剤のような仕掛けを作って、学士タイトルの代替としてきた。これがカリキュラムの不在を長い間補ってきたわけです。今では卒論さえ指導できない大学が増えてきている。長文を書かせる経験という意味では、〈卒論〉の存在に意味はあるのですが、根本の問題は、カリキュラム問題です。

一方で医学部や法学部には元々〈卒論〉がない。それは国家資格に関わった科目、あるいは内容の指定性が高いからです。その分カリキュラムらしきもの――「らしき」ものというのは、外部資格の中身を意識せざるを得ないカリキュラムに過ぎないのですから、既成の教科書を使った概論講座の集積であることに変わりはないからです――が存在することになる。その点では学校外〈資格〉で囲い込まれている専門学校に卒論がないのも同じ事態です。

〈人材〉教育の反対語は、〈教養〉教育

芦田　さてそこで、一番職業教育から縁遠いと思われている文学部の社会目標は何かって言ったら、アメリカの大統領の就任演説の原稿を書けることだろうなと僕は思います。

あらゆる歴史論や文化教養論を総動員して、国の大将が決まった時の就任演説で国民のナショナルアイデンティティを鼓舞するような文章を書ける教養のある人間。オバマの就任演説を聞いていて、こういう文章を書ける人ってどういった教育を受けた人なんだろうって思っていました。アメリカ大統領の就任演説を文学部を出た人たちが書いたことになると、それはその大学の文学部のすごいキャリア教育になるだろうなと思います。

文学部におけるキャリア教育でもこうやっていくらでも考えることはできるんですが、文学部よりもはるかに実践的な商学部や経済学部で日本のエリートと言われている人材を作っている高偏差値の大学があるのかって言ったら、皆無です。だからもし文科省が「キャリア教育」と言うのであれば、高偏差値の社会・人文系の学部を、〈人材〉を作ることができる学部に再編するべきでしょう。

例えば、一橋大学の商学部はファイナンスの専門家を作る、慶応大学の経済学部はマクロ経済学の専門家を作る、ということをやって、一度、全ての大

学の教授の専門家をシャッフルして、それぞれの大学がどんな専門家を作るのかを言わせて旗上げをするんです。

一九九一年の大学大綱化による「特色ある」大学作りとはそんなところにその趣旨があったのだと思います。ところが最近の学科や学部の設置認定であっても、取得できる「学位の分野」を、たとえば「経済学」に指定すると、「マクロ経済学」も「ミクロ経済学」も（科目として）用意していないのに、なんで「経済学」と言えるんだ、と指摘を受けたりもします。要するに「体系的」カリキュラムということと「有機的に」積み上げるカリキュラムというものとが混同されているわけです。

私の専門分野の哲学でも、ギリシャ（アリストテレス）、中世（トマスアクィナス）、近・現代（デカルト・カント・ヘーゲル）、現代（ハイデガー）の哲学研究者がそれぞれ講座を有していて、それ全体が哲学科の「体系的」カリキュラムでした。しかし、これでは〈人材〉は育たない。

こういった体系性を教育体系だというのなら、街の本屋さんで手軽に得られる哲学史入門書を一冊丁寧に読んだ方がはるかにましです。つまり現存の文科省管理の「体系」的カリキュラムがイメージしているものは、文字通りのディレッタント的な教養です。しかし〈人材〉の反対語こそが〈教養〉なのです。*

＊〈人材〉の反対語が〈教養〉であることについては、本書「シラバス論」第一章第二節を参照のこと

どんな学生でも必修八〇単位カリキュラムを学べば〈人材〉になる

芦田　もちろん八〇単位の授業を一人のファイナンスの専門家じゃやれないじゃないですか。八〇単位分語ろうと思ったら、一人で博士論文一〇本ほど書かないとできないでしょうから大変です。だから、各大学は、それぞれの分野の専門家の授業を数単位ずつ置いて、「体系的」とか言っているわけです。そのせいで、商学部入っても、在庫管理もやる、マーケティングもやる、簿記・会計もやるなんてこと

になっている。だから〈人材〉を作れない。

しかしどんな学生でも八〇単位の必修体系の中で学べば、〈人材〉に育ちます。その単位数なら博士課程の前後期課程をはるかにしのぐ単位数だし、博士課程は「自立」的に考える分自由時間が多いといっても、ろくな「学士課程教育」を経てこないのですから、本来は修士の単位数なんて倍以上あってもいいくらい。だから文系であれば学士課程が現在の博士課程〈人材〉をしのぐことなどそんなに難しいことではない。結局は、教員が専門（大学院）の中でも概論主義的に分断されているから、〈人材〉を育てる必修体系ができないのです。*

＊「単位」と「体系」との関係については、本書「シラバス論」註19、およびその前後の本文の議論を参照のこと

最近の設置要件では「学位の分野」を聞かれたりもするから、概論講座をそこそこ揃えておかないと「設置基準を満たさない」とか言われたりもする。大学の専門性というのは、そういった諸々の意味を込めて一義的に解決できない問題を含んでいますが、しかしそんなことばっかり言っているといつまで経っても〈人材〉教育が出来ない。教養主義的に各科目がバラバラに走って最後は卒論で終わるしかない。「カリキュラム・ポリシー」という言葉がはやりはじめてもう一〇年くらい経ちますが、必修授業が二〇単位しかないカリキュラム・ポリシーなんて存在しうるはずがないのです。

そういうデタラメをやり続けるのは、今の大学の状況では、カリキュラム問題が教員人事問題に直結するからです。僕は、大学教授こそ、国家的な規模で（あるいは国際的な規模で）人材バンクに帰属させるべきだと思います。大学の研究者を大学内の籍から解放する、ということです。そうじゃないと〈カリキュラム・ポリシー〉なんて存在する余地がない。そもそも大学の先生たちほど組織帰属性に薄い人たちはいないのだから。スペシャリストであればあるほど組織帰属性は薄い。大学の伝統や永続性という課題と、スペシャリストの集団であるその教員たちの伝統帰属性という問題とは、時として矛盾したり敵対したりする要素でもあるのです。大学の先生た

ちが、「建学の精神」を勉強するのは学長や総長になったときくらいかもしれません。

　結局、自前で有機的なカリキュラムを作ろうとすると、カリキュラム・ポリシーに貫かれたシラバスの詳細化（九〇分一コマ単位の詳細コマシラバス化）のために、先生たちは自分の専門から少し外れたところのシラバスやコマシラバスを書かざるを得ない。だから〈教育〉と〈研究〉とが分離してしまう。だから〈教育〉も〈研究〉も中途半端に終わる。時代の「ニーズ」と「変化」に、大学も敏感であれ、と言われますが、ここにメスを入れない大学改革などありえないわけです。

職業教育の実践性とは何か

「職業実践専門課程」という名前の付け替え

芦田　一方、ほとんど必修科目ばかりの専門学校は、〈人材〉を作れているかというと、今度は官許的な資格カリキュラムのため、大学の講座主義的な概論主義とは別の意味で、相互に関連のない科目の掃きだめのような概論主義になっています。大学も専門学校も概論主義と言う点では同じです。だからどちらも〈人材〉を作れない。

　これまで専門学校は「専修学校専門課程」だったんですが、専修学校の三つの課程、「一般課程」「高等課程」「専門課程」に加えて、新しく四つ目の課程として「職業実践専門課程」というまたいい加減な課程が誕生しました（二〇一三年）。「いい加減」というのは、「職業実践専門課程」と言いながら、その卒業時のタイトル（称号）は従来通りの「専修学校専門課程」の〈専門士〉に留まっているからです。タイトルが変わらないというのは、中身の水準も変わらないというのと同じです。だから、「職業実践専門課程」は「四つ目の課程ではない、あくまでも専門課程」と文科省は釈明するわけです。

　二〇〇五年あたりから本格的に始まった専修学校「一条校化」運動の過程での、その断念の果実が

「職業実践専門課程」であるわけです。タイトルの変わらない、この新名称を冠することによって、専門学校って、もともと「職業実践」専門課程（＝専門学校）じゃなかったのか、じゃあ、何をこれまで教育してきたのかという不信を、この名称は逆に招いたのです。たぶんこの名称を考えた文科省の関係者は、従来の専門学校が実質「資格の専門学校」にとどまっており、本来の意味での「実践」的な教育が出来ていなかったという総括をしたのではないかと思われます。

それはさておいて、「職業実践専門課程」の申請条件には、業界の代表者と、大学の先生に代表されるような関連分野の研究者、実務をやっている人という三層の外部委員をカリキュラム委員会（正しくは「教育課程編成委員会」）に入れて、実践的なカリキュラムになっているかどうかのチェックを受けないといけないことになっています。その会議で、調理師学校の外部委員のお話を聞く機会がありました。大変有意義なお話を聞かせていただきました。大変有名な中華料理店の委員の方が辻調（辻調理師専門学校）のメンバーに面白いことを言うんです。

実務でのピーマンの切り方が、学校で習った切り方と違う

芦田　例えば調理師学校では、ピーマンは繊維の目に沿って切れってことを必死になって教えてくるけど、この中華料理店では、繊維に沿って切らないらしいんですよ。繊維を切るかたちでピーマンは切るんだって。もうそこで一所懸命専門学校で勉強して、優等生で育ってきた子たちは優等生であるがゆえに萎えちゃうらしい。

もちろん、基礎になるような実践的な技術教育は絶対教えておいて欲しいが、わりと小さな調理事業所であれば、やっぱり包丁の使い方でも師匠のやり方みたいなのが結構色濃くあって、ちゃんと勉強してきた優秀な学生ほど、そこで萎えちゃうところがあるようなんです。だから、技術教育の一本槍ではできない、実践的な問題があるんだっていう話をしみじみとされてました。

例えば食品衛生だとか、食品の法規だとかについては実は逆に現場は疎いところがあって、現場はそんなこと一々勉強しながらやっている場所じゃない。だから一番ちゃんと教えて欲しいのは、むしろ法規だとか理論的なことなんだという話をされました。実は専門学校の関係者は全然そのことに気付いてなくて、専門学校は実習でしょ、と思い込んでいる関係者が多い。現場から一番期待されている理論的な授業では、専門学校の学生は皆寝ていることが多い。むしろ、講義授業の机の上でいかに頰っぺたに跡を付けずに寝るか、みたいな「技術」を絶えず鍛えている（苦笑）。

新鮮な卵ばかりが、調理の現場の卵ではない

芦田　もう一人、そのときの外部委員（食文化研究家）の意見を紹介したいと思います。

実務の現場では、たとえば、卵一つにしても、辻調の学内実習のように新鮮な卵ばかりが使えるわけではない、様々な理由で鮮度の落ちた卵を使わざるを得ない場合もある。そうすると、ある意味理想的な食材環境で学んできた辻調の学生の料理の技術がたちまち頓挫する場面も多々出てくる。〝上級〟の食材で学ぶのではなく、〝中級〟〝下級〟の食材や環境で学ぶことが職業教育本来の実践的な教育ではないのか。そもそもほとんどの学生は、上級食材の環境では仕事しないのだから、というのが、その委員のアドバイスだった。

卵の鮮度を変えた実習授業、実務の現場の、食材を含めた環境を意識した実習こそが、専門学校の職業教育には必要なような気がする、という指摘です。

しかし、「そこに、問題はない」というのが辻調側の見解でした。

なぜか。

「学校で教えることは、『おいしい』という味（「おいしい」ということのストライクゾーン）が何かを教えることであって、まずいときにどうするかの前に、『おいしい』とは何か、ということを教えることが学校で学ぶもっとも重要なことだということです。

そのことなしに、鮮度や食材の質の問題をやって

も、小技の話に留まる。そもそも満点の鮮度や食材なしに、どうやってその崩れを修正するのか。小技の修正こそ、実務の現場で学べばいいことです。『おいしい』ということが何かをわからないままの、経験的な小技しかない実務現場はいくらでもあるのですから、というのがそのときの辻調の立場でした。満点の鮮度や食材で学べるということこそ学校でしか体験できないものだし、その本源的な体験こそが現場での小技の修正の原点だというものです。

ここでも〝実践性〟の意味がうまくかみ合っていないのです。変化に対応できる「応用力」なんていう意味で、先の卵の例などは分かりやすい話に見えますが、実はそこに本来の実践性はない。「ストライクゾーン」を外さない経験を学生時代にさせる。それがあらゆる食材評価や食材調理の基本になっていくということ。

たしかに、調理や製菓の事業所（就職先）なんて、小規模なところも多いから、ストライクゾーンと言っても、ゆるめのストライクゾーンの事業所も多いし、経験主義的な外れもある。大将の自己満足に終わっているところもたくさんある。そんな事業所で鍛えられたら（これからキャリア形成する若者にとっては）悲劇であるに違いない。キャリア教育における〈学士力〉や職業的「自立性」というのは、この種のストライクゾーンの経験なのであって、多様対応を多様教育で実施すると――この教育タイプを「即戦力」養成と言います――、使い捨て人材になるわけです。

実務の現場は色んな意味での〝多様性〟にまみれている。食材のクセ以上に、味のクセ（外れ）にまみれることとの方がはるかに危険。その意味で本来のストライクゾーンをきちんと学ぶには学校しかない。この種のストライクゾーンはむしろ実社会に出ると身につけづらいものなのです。〝ほんもの〟の味が分からないのに、ごまかすもなにもない。〝ほんもの〟の卵の味もわからないのに、「味の落ちた」卵もなにもない。

そもそも、離職者が多くなるのも、その種のストライクゾーンの経験がないからとも言えます。ストライクゾーンの経験さえあれば、自分の務めた事業所がどんなところであっても、どんな食材で料理を作るにしても、ぶれずに仕事に、味の求道に集中できる。ストライクゾーンの経験があるからこそ、目先の多様性に一喜一憂せず道を究めることに邁進できる。

何度も言いますが、文科省が今回の新大学を作るときに使うキーワード、職業的「自立性」というのも、本来はこういうストライクゾーンの経験の有無にかかわっています。職業的「自立性」というのは、ストライクゾーンを外さない経験を若い内にさせるということなのです。文科省の言う〈学士力〉のような社会人になるための一般的な能力を身につけさせるためのものではない。

「多様性」対応の本来の意味

芦田　その意味で言えば、道を究めるというのは、多様性や応用性に、むしろ埋没しないということを意味するわけですよ。学校教育が『基本』教育だというのは、基礎教育や入門教育のことを言うのではなくて、実務の多様性に惑わされない〈基本〉を身につけさせるということ。その手前の実践教育とか即戦力教育というのは、逆に、実務の多様性に埋もれてしまい新卒離職者を増やしてしまっているわけです。ピーマンの切り方の差異も、そういう意味での「多様性ショック」と関わっている。

今の専門学校も大学も、口を開けば「コミュニケーション能力」なんて言うけど、そこには自立した職業人の像や基本は存在しないということですよね。そもそも、この意味での「コミュニケーション」というのは多様性に対する反応能力のことだから、ここで言う〈基本〉の反対語なわけです。即戦力論も実践的職業人育成も、実務現場で半年か一、二年も経てば摩滅するような〝訓練〟をやっているだけなわけで、それこそが新卒離職者が増える元凶だと、僕は思っています。

「多様性」対応は、多様な教育を行うことによって解決するのではなくて、専門的な基本教育こそ重要ということですよね。実務家さえも〈実践〉の意味を分かっていない、と。*

＊「多様性」問題については、本書「シラバス論」註3、およびその前後の本文の議論を参照のこと

偏差値一軸に留まる進路問題

偏差値七〇の職業教育が始まらない

芦田　要するに具体的な人材像を描かなくてはならない専門学校でさえ、職業教育観が嚙み合っていない。何が「実践的」なのかっていう問題を履き違えているところがいっぱいある。現場からすれば、いまさら、資格学校でしかない専門学校に実践的な技術教育など期待しない。それは現場で教えればいい、だから理論的な教育か、社会人基礎力みたいなことを（とりあえず）やっておいてもらえればいい、ということになる。

しかし、現在の専門学校の教員資格では、理論的な教育をできる教員などいないし（その領域は非常勤教員が多い）、社会人基礎力もまた経験的にしか教えることができない。いずれにしても具体的な人材像を形成できないまま〝理論と実践〟との股割き状態に陥っています。

一方で偏差値の高い領域の職業教育は、工学部系の一部を除いて、その端緒にさえ立てていない。何をやったらいいのか全然わからない。だから、偏差値の悪い子が「俺は実は大学に行きたいんだ」とか高校の進路指導部で言ったら、バカなこと言いなさんなって話しになるし、偏差値の高い子が「専門学校へ進学して調理師になりたい」とか言ったら、「それはもったいない」ということになる。中の下の高校なら、専門学校進学率をどう大学進学率へと転換するかが校長や進路指導室の評価になっていたりもする。

つまり偏差値一軸で、低い人は専門学校、高い人は大学へ行けということになる。大学全入時代になると、偏差値の高低さえも崩れて経済格差しか議論されなくなるという現状がある。その一方で、偏差値七〇の職業教育っていうのはまったく緒について

ない。だから文科省は「グランドデザイン」っていう言い方を、新大学の制度化議論の初期にはしていましたけど、偏差値七〇の学生に耐えうる職業教育体系っていうのは何なのか、というところに早く手をつけていかないといけない。

「〝三流〟の大学がある」ことは大学のプレゼンス

芦田　アジア全体に労働市場が広がっているときに、高度職業教育、中域の職業教育、勉強は不得意だっていう生徒への職業教育、その三層型がないままに、勉強が不得意なところだけの職業教育になると、職業教育やっているところの質が上がっていかないいんですよ。一流があるから三流があるし、三流があるから一流があるわけです。

ところが現状、専門学校っていうのはざっくり言えば、サイズが違うだけでやっていることは全部同じなんです。いつも専門学校はオープンキャンパスで、「三流の大学行ったってしょうがないだろう」って、高校生や保護者に訴えているんですけど、専門学校は一流か二流か三流かさえわからない状態です。逆に三流大学があるっていうのは大学のプレゼンスの一つですよね。専門学校はそういうふうにさえ分化できていません。「三流」以前なんです。つまり〈教育〉のプラットフォームにすら立てていない。せいぜい〈訓練〉止まりなんです。文科省から「教育の質が低い」と言われても誰も文句を言おうとしない。

なぜかと言うと、専門学校は日本の職業教育を担ってきたと思われがちですけど、実際は非文科系官庁（経産省、厚労省、国交省など）のプレゼンスとしての資格教育をやってきただけのこと。資格はその場合、学歴の代替指標だったわけです。生涯学習的な資格教育を学校教育の体裁でやり続けてきた組織が専修学校だったわけです。

大学既卒で専門学校に入ってきたような優秀な大学生は、専門学校の授業を見て後悔してますよね。資格勉強としては、ちょっと出遅れ気味な予備校くらいな感じに過ぎないのですから。そこをどうやって突破していくかが課題になってくる。長くなりましたけど、私の結論としては、「できない子」には、フォークナーを。「出来る子」には、在庫管理で必修八〇単位の授業をやるのが、キャリア教育の位置づけだというふうに思います。この議論が今回の新大学論ですっぽり抜けているところです。

教室の中だけでは学べないカリキュラムがある

本間　あんまり芦田先生の意見と違わないんですけどね。だから、繰り返しになりますけど、ジェネラル・エデュケーション、リベラル・アーツだけやって、職業教育のない大学が全国に三校、五校、聖域のようにあってもいいとは思います。ただ、全部同じようなものになったらもったいないし、その枠にはまらない子たちが苦労すると思うんです。

旧制の大学、昔は一橋が東京商科大学だったり、その前は東京高等商業学校だったり、札幌の農学校だったり、秋田鉱山専門学校だったり、それぞれの分野の、一つ一つの山の頂点だったんだと思うんですよ、鉱山学部であり水産学部であり農学部であり。でもそれがみんな総合大学というくくりになって、どこも似たような特色のないものになっちゃったのはすごくもったいない。やっぱり百花繚乱、色んな大学があってしかるべきだと思う。

辻調っていうのはある意味専門学校の中では一番ブランド力があって、国語・算数・理科・社会っていう軸でないところで、「僕は料理界の東大に行く」っていうのがポスターだからね。そういう一つの山意識を持っている、珍しい専門学校です。

僕自身はデジタルハリウッドの四大の客員教授もちょろっとやりましたけれども、デジタルハリウッドは専門学校からスタートして、株式会社立で、大学院大学を作り、その後四大も作った。デジタルハリウッドの大学院大学は、他の大学出て、やっぱりデジタルとかCGとかのことをやりたいけど、いまさら専門学校じゃないよね、っていう子を受け入れるために、親も説得しやすいから大学院大学を先に作った。現状なかなか苦労されてますけれども、そういうアプローチはあってもいいと思う。

それから、偏差値七〇以上の子がやるキャリア教育でも、少なくとも二、三ヶ月、工場の生産管理の現場に行って、インターンシップを取るくらいのことがないと、たぶん机上の空論で終わるでしょう。「二、三ヶ月で何がわかるんだ」っていう見方もあるんだけども、二、三ヶ月行って、なるほど教科書に書いてあったのはこういうことね、っていう現場との接続があって初めて、意味のある八〇単位になるんじゃないかなと思いますよ。

そういう意味でもやっぱり、教室の中だけの学びではなく、実地体験、実務体験、労働体験みたいなものとマッチングした、社会との接続したカリキュラムっていうのが、あらゆるレベルで必要なんだと思いますよ。

一流の学校を目指すことは「理想論」ではない

芦田　まずは本間先生の前半の議論について。つまり「一流の」学校ばかりあってもしようがない、という問題は、私の議論によく向けられる反論です。専門学校の関係者も大学の関係者も、私に向かって、「お前の教育論はいつも理想論、高度教育論ばかり」と（笑）。いつも怒られています。

しかしそんな人たちにこそ、「あなたたちが押さえているいまの現状から、最後にはあなたたちはどこを目指して走るのか」という話を僕はやっているわけですよ。だから、「万年、私たちの経営マーケットはダメ学生。そこは割り切らないと」とうそぶく経営者は、全国の専門学校、大学にたくさんいますが、ダメ学生を教育するノウハウは、万年同じなわけない。少しずつでもノウハウを蓄えていくはずです。徐々によくならないとすれば、それらの〝学校〟はダメ学生を食い物にしているだけです。

資格教育に徹する専門学校であっても、そしてその合格率が一〇〇％の全国一の専門学校であっても、最初はその一〇〇％を達成するのに二年間かかったが、次の年は一年と半期に短縮した。さらに次の年は一年間で達成した。その短縮の過程をカリキュラム改善と言い、ＦＤ（Faculty Development）がまともに機能していると言うわけです。その短縮の目的は資格プラスアルファの教育に一年間以上の時間（学校独自の人材目標を具体的にカリキュラム化するための時間）を費やせるようになるためです。最終のカリキュラム改善の結果、当初の二年間は一年目の夏休み終了時までに縮減できたわけです。偏差値四〇の学生でも、カリキュラムさえしっかりすれば、教員の勉強が追いつかないくらい成長します。

現在の（どんなにひどい）専門学校であっても、資格を持たせれば仕事ができる、と思っている教員は誰一人いません。その気持ちを全学で共有するとすれば、資格教育は早々と済ませる、というのが〝現実的〟な道です。資格を取らせるのが精一杯（の学生の〝現状〟）、という学生の能力評価は、そういう教員の教育力の〝現状〟の吐露でしかないわけです。この教員たちにして、この学生たちという〝現状〟の方が深刻です。

その深刻な現状であっても、「資格を取らせるのが精一杯」の学生がクラスの中で六〇％いる〝現状〟で、どう五〇％にするか、どう四〇％にするか、という課題は充分、「現実的」なわけです。

そういった目標はそれ自体永続的に向上するはず。そもそも資格教育機関のマーケット原則は、自動車学校がそうであるように「安・近・短」です。その継続的な努力を重ねれば、他の学校が二年かかるところ、うちは一年で合格させる、と言う学校になるのも夢ではない。そんな学校に学生が集まらないわけがない。

そうやって、僕の経験でも三年間の継続的なカリキュラム改善で、Ｊａｖａやオラクル一〇〇％合格教育を二年間から一年間に短縮したのです（それも偏差値四〇の学生を相手にして）。最後には教えた教員より高い点数で合格する学生が出てきました。そうするとまずは就職先が変化し、人事部自体がその情報を嗅ぎつけて「学生を欲しい」と寄ってくる。就職先の質が上がる。卒業年次の4月末で就職率は一〇〇％（もちろん在籍数分母で）になりました。その成果を元に学生募集も毎年前年二〇％ずつ上がっていく。次の段階では志願者倍率の向上が目標になる。

だから、たとえ〝現状〟が「理想」とかけ離れていても、そこを一つずつ脱皮していく方向性はたえず検証しなくてはいけない。これを「理想論」と言って片付けるのは逆に〝現状〟の悲惨が見えていないわけです。自己点検評価とか第三者評価というものの根本的な動機は、経営者が教育に関心をもつことだ、と言った経営者がいますが、まさに裏返せば、経営者はなかなか自らの学園の教育の現状が見えていないのです。「理想論だ」なんて言い続ける限りはますます見えない。

そもそも〝一流〟の学校も〝三流〟の学校も入ってくる学生はほとんど同じ学費を払い続けているのだから、どんな学校であっても、〝一流〟を目指す体制（体制と言わないまでも動機や理念）は存在していなければならない。それにそもそもどんな〝一流〟の学校も大学も、最初から〝一流〟であったわけではない。

さらに言えば、職業教育については、「理想」を言う人さえいない。職業教育の（学校教育における）グランドデザインなど皆無なのです。〝新しい〟大学である専門職大学議論が右往左往したり、熱気がないのはそのためですから。つまり、先ほども言ったとおり、〝一流〟〝三流〟以前の現状主義なわけですから、一言で言えば、それは怠惰に過ぎない。だからダメな子どもの受け皿を考える必要がある、というのも怠惰な議論であって、ダメな学生がダメなのではなく、ダメな教育関係者がダメなのです。このままでは専門職大学も新しい大学版専門学校になってしまいます。*

＊「専門職大学」など大学の「種別化」問題については、本書「シラバス論」註43、およびその前後の本文の議論を参照のこと

実習教育と「人材」の問題

インターンシップが機能しない理由

芦田　二点目の問題は、本間先生の言われたインターンシップ教育の是非です。インターンシップ教育の課題は、実社会に出て、実際仕事を「実践的に」するようになっても、摩滅しないような体験性の核

は何なのかを考えることです。実務に慣れることがインターンシップの意味ではない。慣れるという意味でなら、誰だって時間をかければ慣れるのですから。そんな相対的なスピードの短縮に、貴重な大学や専門学校の時間割を割くわけにはいかない。

つまり五、六年、一〇年すれば、誰でも修得できるようになるOJT的な実践性ではなくて、その種の経験的な慣れを絶えずブラッシュアップしていくことができるような核ですよね。それが学校教育における職業教育の実践性だと思う。四〇歳になっても自分があの大学の、あの在庫管理の授業で聞いたことが生きている。それがなければ同じ職場に居ても、自分はこんなふうにはなれなかっただろうな、と思える要素を、大学の在庫管理カリキュラムを作る人たちは考えなきゃいけない。たとえ、Amazonの倉庫に半年インターンシップに行っても、なお、「Amazonの在庫管理はまだまだ改善の余地がある」と言えるような体験の更新性がインターンシップの教育課題になります。

今の大学教育におけるインターンシップは本間先生も肯定されてはいないと思いますが、FDの立場から言わせてもらうと、あの一ヶ月なんてあってもなくても同じようなもんだ、ということがいっぱいあります。ただ学生が寝ていないだけいいというくらいな。しかし、講義授業において学生が活発に発言し、誰ひとり寝ていない授業でさえ、試験をやると何一つ身についていない授業を、僕はいくつも見てきました。「活発」とか「寝ていない」とか「眼が活き活きしている」と言うのは、それ自体三流の授業評価なのです。

大体、学校の先生が企業に頭下げて、なんとか受け入れて下さいよみたいに、うるさく言い始めると、企業側は、うちは学校じゃないからそんな面倒なことまでやってられないよみたいな仕方で、押したり引いたり（ほとんどが学校や大学の企業への〝お願い〟ですが）を繰り返しているわけです。特に講義を逃げて「多様な」授業に走る低位の大学なんて、実績がないから企業に強く要望なんか突きつけられない。

結果、子どもを預かる託児所みたいなインターンシップしか実現しない。大学内から学生を放り出して、大学（研究室）が静かでいい、なんて（先生たちが）言っているのが今のインターンシップの現状だから。もっと悪く言えば、専門学校では普通の講義をやるとみんな寝ている。だから〝実習の専門学校〟と言われることになる。それと同じように、大学も「多様化」して――文科省が大学の「多様化」というのは、ダメ学生に備えろ、という意味です（「多様な学生」論については、本稿「シラバス論」の註3とその前後の議論を参照のこと）――、講義がもたなくなった。そのかわりアクティブ・ラーニングやインターンシップなどの「多様な」授業が出てきた。

要するにどちらも〈講義〉が成り立たないという事態を肯定してしまっているわけです。もちろん講義授業が成り立たないくらい荒れている全入授業を放置して、インターンシップだけは機能している、なんてことはあり得ないわけです。

現在の実習教育は時間つぶしの手抜きでしかない

芦田　最近では（デフレ不況の時に流行ったのですが）、ひどいインターンシップがあって、企業が学生をとりあえずインターンシップという名の下に働かせて、その評価がよければ就職できる、というものまで「インターンシップ」と呼んだりしています。大学でも専門学校でも。これは、実利的で、先ほどの託児所のようなインターンシップよりもまだましなように見えますが、そんなわけない。これは学生を純粋な個人としてみていて、その個人評価の結果が就職であるわけです。大学や専門学校のカリキュラムや教育の成果は、この種のインターンシップにおいては評価以前として否定されているわけです。企業優位な就職の典型が、この就職直結型インターンシップ。教育側も人事部も手抜きしているわけです。

だから、大学が「外へ出る」出方っていうのは、たぶんほとんど時間つぶしか手抜きです。専門学校の実習授業と同じでそれらは摩滅する時間でしかない。コアになる、体験の核を形成するような職業教育のカリキュラムをどうやって作っていくかという課題からの逃避でしかない。

僕は自動車整備科を有する専門学校の校長もやっ

ていたことがありますけども、彼らの入社したディーラーにクルマを預けたりすると、そこで卒業生に出会うわけです。僕がそこで聞くのは「学校の実習授業で習ったことは、実際このトヨタのディーラーでどれくらいで終わった?」って聞くと「まあ三ヶ月くらいで消えちゃいました」って言うわけです。

今の専門学校の実習教育は、色んなことを教えなきゃいけない二〇歳になる前の学生たちに、現場なら三ヶ月くらいでマスターできてしまうような実習教育（職業訓練的な教育）しかやれてない。だからそのときから、実習授業改革にかなり取り組みました。

「規制産業」的な資格学校群の囲い込み

芦田　これは国交省とか、厚労省だとか、経産省などの資格主義的な囲い込みが非「一条校」の専門学校にむかっていて、意味のない実習授業やインターンシップを官許的にやらせていることの悲しい末路です。だから、専門学校で二年後に出てくる子たちよりも、高卒で働いている子たちのほうが、はるかに「即戦力」的な仕事はできる。

結局、その二年のカリキュラムは完全に官庁の資格主義的な囲い込み、文科省から外れてしまっている専門学校の囲い込みのためであって、日本の学校の職業教育はまさに官許的な規制産業にすぎないわけです。

そういった官許的な囲い込みのための〈教科書〉だって全部分担執筆ですから、何の熱気もないし、人材像もない。専門学校や資格の学校は、分野ごと、分野内部の細分類によって構成された諸科目の概論教育をやっているだけで、もう全然人材像がないんです。学生も遅れてきた受験勉強みたいなものをやっているだけで、自分はこれで仕事ができそうだっていう自信はなかなか持てない。

挙げ句の果てに就職が決まれば出席率も悪くなる。この空虚な経験は、僕の方が本間先生よりも現場経験が長いと思うので、単に「社会接続」と言っても、ややこしい問題がいっぱいあるよということが言いたい（笑）。インターンシップをやればなんとかなるとか、学生たちが寝ないで活発にやっていれば何とかなるというものではないのです。

本間　縦に八〇単位の摩滅しないようなカリキュラムを作るのと、それに対して実習を充実させるっていう観点から言うと、実習を充実させる方が現実的ではないかなと思うのですね。

芦田　でも、そのときにピーマンの切り方どうするんですか（笑）。

本間　実習にも当たりはずれは絶対あるのですよ。でも、それはおなじくらい、大学や専門学校での教員と学生との相性っていうのも結局ありますよ。

前置詞の on もフォークナーも、芦田宏直にとっては面白い、興味のわく、わくわくする話だったと思うけど、おなじ教室の中で寝ていた学生の方がむしろ多かったんじゃないかしら。

芦田　いや、僕は〝できない〟学生にこそフォークナーを教えたいですね（笑）。『エミリーに薔薇を』の南部の暗い雰囲気っていうのは、いわゆる偏差値四〇の人たちの世界ですよ。

本間　それで、「うわー、こういう勉強やりたい」って思う子がいる可能性は本当にあると思うんですよね。だから偏差値で輪切りにして進路決めるのがナンセンスだっていうのは全くその通りでしょうけどね。

「学校教育」と「生涯学習」との違い

学歴主義反対と最新学習歴主義――Learnology について

本間　僕は「学習学 Learnology」というのを提唱していて、「最終学歴」という言葉を死語にすることが目標です。ここも、芦田先生とは違うところだと思いますけどね。「最新学習歴」が大切になってくると思う。

この大学、この学校を出たら学位が出ますというのは、現状、文科省の便宜上の形式的な取り決めに過ぎません。例えば僕らの話を聞いても、学位が出るわけじゃないですね。しかし何かそこで気づきがあり、何かそこで学びがあれば、最新学習歴を更新したことにはなっている。

やっぱり最終学歴という考え方は、教育学習のチャンスが社会的に極めて少ない資源で、かつ学校とかにフルタイムで所属しないと、なかなか知識や技能を身につけることができない社会では一定の意味があったのかもしれない。しかし今は自ら学ぼうと思えば、Google、Wikipedia、MOOCなど様々な学習資源がそこらじゅうに存在していて、自分の学びは自分で、どのタイミングからでも学び続けることができる。

芦田先生が二〇代くらいの若い時代を大切にする、僕はそこにロマンティシズムを感じます。でも、やっぱり開花時期というのは人によって違っていて、一〇代で学びに開花する人もいれば、二〇代で、四〇代、五〇代、六〇代で、いま学びが本当に面白くなったっていう人がいてもいいと思うのですね。実際そういう人がいらっしゃると思う。今まで自分はこういう職業人生を送ってきたけれども、今本当に、このフォークナーの面白さがわかるんだ、っていう人生があっても全然いいと思うし、現実にそういう人が多いんじゃないかな。だから、あまりこの二二歳までの時を特別視しない方が、偏差値で輪切りにするような発想からもっと自由になれるんじゃないかなと思うのですね。

芦田　本間先生の「最新学習歴主義」とはいつからでも学ぶことはできる、学歴主義的な学校だけが学びの場所や学びの時間ではないという考え方ですよね。とても素敵な言葉だと思います。でも僕は、若いときに勉強しておかないと、三〇、四〇歳からじゃだめ、手遅れだと思っています。

交通事故ビデオと最新学習歴主義

芦田　「最新学習歴主義」の最大の問題として僕はいつも、運転免許更新の時に見せられる、あのドギツい交通事故ビデオを例に挙げます。血だらけになって、交通遺児が暗い顔して、家族中沈鬱な画面が流れるわけです。さすがに暴走族ふうの若者たちもそのビデオには見入っている。専門学校の実習授業やダメな大学のアクティブ・ラーニングみたいに。たしかに、この種の刺激は誰も寝ない。「みんな起きている」。寝ないよりは起きてる方がましでしょ、と。アクティブ・ラーニング派や『学び合い』の先生たちはいつもそういう言い方をします。最新学習歴主義もそれと同じではありませんが、やはり同じ傾向があります。たしかに暴走族ふうのお兄さんたちもしっかり見入っている。

そういう短期刺激の効果はすごくあって、ビデオを見ているときだけは、「最新学習歴」的に「もう二度とスピード違反はしないでおこう、明日からはもう絶対一〇〇キロ以上出さないぞ」って思いますけど、三日程したら忘れますよね（笑）。この先生との座談も同じですよね。われわれは今日の参加者の皆さんにとっては、交通事故ビデオみたいなものなんですよ。なんだこのおっさんたち、みたいな（笑）。

だから、学校教育と生涯学習（本間先生の言うLearnology）との違いは、長い時間をかけて教育しないと身に付かないものを身につけさせること（学校教育）とそうでないこと（生涯学習）との違いです。僕が「若いときにこそ勉強を」と言うのは、そういう経験を若い時にやれているかどうかという意味です。逆にそんな「長い」時間なんて社会人には取れない。「長い」時間の教育のチャンスは学校教育にしか存在していないわけです。社会的な流動性が高く、早い時期からSNS（短期のコミュニケーション）に馴染んでいる時代にこそ、学校教育（長い時間の教育）は必要だと思います。

いまの学校教育は偏差値の低い人たちに対して「アクティブ」な教育、つまり交通事故ビデオみたいなものでしか勉強できない教育をやっているわけですよね。インターンシップの実践性もその文脈でのことに過ぎない。たしかに刺激の強いビデオを見せると、勉強嫌いな子も寝ないで見ている。しかしその本来の実践性は身につかないわけです。「事故防止したければ事故ビデオを見せる。それが一番！・」なんて言う人たちは、〈教育〉からもっとも遠い人たちなのです。

特にツイッターなんて、いつも交通事故ビデオみたいなものじゃないですか。「タイムライン」は短い時間の出来事、短い時間の刺激で、役に立ったとか、この人いいこと言っているとか、アホかとか、そういう連続でしょ。交通事故ビデオ、あるいはツイッターのタイムラインなんて、絶えず最新学習歴を更新し続けているわけです。目は覚めるが、身には付かない。アクティブ・ラーニングの「アクティブ」も同じ程度のものです。*

＊「長い時間」の「カリキュラム」については、本書「シラバス論」註51〜54、およびその本文の前後の議論を参照のこと

「長い《ラング》-時間《ヴァイレ》」＝「退屈」としての学校教育

芦田　学校教育はその対極で、閉じ込めて、外に出づらい雰囲気で拘束している。e-Learningは「ねむたい」と思ったら止められるから。学校では教壇がちょっと上にあって、講堂の権威があって、式典までもあるから、ちょっとした不良でも静かにしなきゃいけないと思うような仕掛けになっている（これくらいでは最近はなかなか通用しなくなってきていますが）。

「やりたいことをやっている」っていうのは、動物が腹へったら飯食うのと同じで、勉強っていうのは嫌なことを勉強するとき勉強なんですよ。どんな暴走族でも交通事故のビデオ見せられると、何分かは「やっぱ俺はもうスピード出すの止めよう」と思うんだけど、もうすぐに忘れてるから（笑）。刺激が高いほど忘れるのも早い。刺激でしか動けない動物はだから〈学習〉から遠いわけです。

だから学校教育は、そういうことを長い時間にわたって「理解しましたか、理解していないと次に行けませんよ」と、一つの体系（長い時間《ラングヴァイレ》）の中で繰返しらせん状にやっていきます。これは、人間にしかない「時間」です。これだけ「退屈」な「時間」をかけて、じっくり教育していって、手順を踏まないとわからないことを教え続けていって、一人の主体（人格）を形成していくわけですから。教育基本法第一条にも「教育は、人格の完成を目指し…」と書いてある。教育が前提するのは〈人格〉そのもの

ではなくて未完成の人格なのです。

ここを通過しない人たちの人生は悲惨ですよ。人格が完成しないまま学校を通過するのですから。だから四〇歳とかで「勉強好き」な人がいるじゃないですか、会社の中で絶対嫌がられているでしょう。課長とかでも、週末に読んだ本を「お前、これはいい本だぞ、ちょっと読んでこい」とか言って、バカだよね(笑)。社員はいい迷惑。そもそも社会人の本来の〝テキスト〟は、社会や現場そのものなのだから。社会で学ぶ勉強は、書物を読むことではない。学生時代に、専門書を読む訓練をしてこなかった人ほど中途半端な読書家になって、やっていることは経験主義みたいな人はいくらでもいるわけです。〝本好き〟なんて、一番嫌われる社会人です。

「自由な学びの主体」のウソ

「学びの主体」を尊重する人は、家族主義者

芦田　「最新学習歴」主義について、もう一つ言えることは、テッド・ネルソンが一九六〇年前後で提唱したハイパーテキスト論です。これはあきらかに本間先生の思想に近い。要するに学校教育体系に対する否定です。学校教育体系とは、一言で言えば、初級・中級・上級主義のことです。平等に扱われるクラス授業において、行儀よく教科書や先生(指導者)に付きながら階段を一歩ずつ上っていく教育です。

でも人が一〇〇人いれば一〇〇の初級・中級・上級がある。登る山の頂上が仮に同じであるにしても、時間も含めて登り方は人数分一〇〇あるはず。それを強制して、時間割と教場と教科書に閉じ込める必

要は全くない、というのがテッド・ネルソンの考え方でした。

「ハイパーテキスト」論の「ハイパー」とは「スーパー」の上を意味するのではなく——そういう解説を加える先生がよくいますが——、「常軌を逸した」「病的な」という意味です。つまり学校教育体系のようにお行儀のよい順序で学ばない、ということを意味しています。一冊の本を読むときだって、お行儀よく最初から読む人なんてそんなに多くはない。いつでもどこからでも関心の赴くまま突き進んでいく、そこにできる道がひとそれぞれの学びの方法だし学びの全体だと。

これはまさに一九九〇年代に登場するインターネット時代の（革命的なブラウザ「Mosaic」以降の）「ハイパー」リンク思想です。われわれのネットの学びはそれと意識しなくても、「いつでもどこからでも関心の赴くまま突き進んでいく、そこにできる道が人それぞれの学びの方法だし学びの全体である」という思想を体現しているわけです。

これはもっともそうな考え方に見えます。しかしこういった自由な学びは、目的動機に強い「学びの主体」を要求します。なぜか。「いつでもどこでもどこからでも」という学びは、「いつでもどこでもどこからでも」他の誘惑を招き寄せる自由だからです。教室に集団的に閉じ込められているときには、少しくらい他の誘惑があっても我慢することができますが、ハイパーリンクは自由な分、集中する力が拡散しやすい環境にあります。

だから学校教育的なボリュームを「ハイパーテキスト」論的に学べる人は、すでに〈学びの主体〉——教育基本法で言うところの「人格の完成」——を形成し終えている人か、学ぶ目的について外面的に強く強制されている人以外には存在しないのです。学校（＝学歴）不要論者ホリエモンにしても、茂木健一郎さんにしても、どちらも東大じゃないですか。そりゃ、「やる気があれば学歴なんて関係ないよ」と言うに決まっています。この人たちは、その「やる気」そのものがどこから出てくるのかに全く関心のない平和な、身勝手な人たちなのです。

その意味でネット時代の自由な学びは、ますますやる気のある人たちばかりがのさばる〝格差社会〟になっていきます。かれらの「学びの主体」は、大概が文化的な家族に支えられ、保護されて、学校教育以前に成立していますが、大概の家庭（特に昨今の家庭）の文化度は低いままなのですから、その文化的な担保としての学校教育の強制性はすごく大きな意味を持っているのです。だから、今の時代は、「いつでもどこでもどこからでも学べる」と宣言すればするほど、ますます、いつまで経っても、どこにいても、入門勉強さえ、やらない人が増える。その上、家庭の経済的文化的格差がそのまま教育格差に連動する度合いも高まってきているわけです。経済格差を相対的に縮小したりシャッフルしたりする社会装置の鍵を握っていたメリトクラシーが崩壊しつつあるのですから経済格差が拡大するのは当たり前です。*

＊学校教育における「学びの主体」論については、本書「シラバス論」註28、およびその本文の前後の議論を参照のこと

「バカな」子どもも消費される時代

芦田　こういった平和な「学びの主体」論が、強化されていくのはまさに中曽根臨教審（一九八〇年代後半）の「学校教育は生涯学習の一部」という提案以降です。「学校教育は生涯学習の一部」となると人間は生まれて死ぬまで「学びの主体」、つまり学校教育以前の学びを認めるわけですから、当然「家庭教育の重視」と一体化します。現に「学校教育は生涯学習の一部」論とともに、中曽根臨教審は「家庭教育の重視」を持ち出してくるわけです。そんな、学びの主体を文化的に補完する家庭は、臨教審以後＝九〇年代以降急激に解体していきます。

社会的には、子どもを消費者（大人）として扱う高度消費社会、ポケベル→携帯電話→i-mode の誕生→mixi（Facebook）→Twitter→LINE など子どもが子どものままで社会化するネット社会の隆盛が〈家族〉をスルーすることになり、できない子どもの悲惨が見えづらくなってきています。今では「天然」を売りにするタレントまでも人気がある。この

時代では「バカな」子どもも消費されるわけです。

本間先生は一方で「できない子ども」たちの教育を現実的に配慮するかに見えて、一方で「いつでもどこでもどこからでも」学べる時代になっていると言われますが、後者を謳歌できる人たちというのは、文化的、学歴的には「中の上」「上の下」以上の人たちなわけです。「生涯学習」論や「最新学習歴」主義というのは、できない子どもたちにはかえって残酷なテーゼなのです。その点でも、僕は「最新学習歴」主義に反対です。

ここは本間さんと僕の立ち位置が、はっきり分かれてくるところでしょうね。本間さんの「最新学習歴」主義 Learnology は生涯学習の立場に立っていて、僕はやっぱり学校教育の特殊性の意義をすごく高く評価していますから。若いときにしかできない勉強を若いときにきちんとさせるってことがなければ、Learnology は上手く機能しない、というのが私の立場です。

つまり〈キャリア教育〉もそうですけど、学校教育のときから Learnology の視点で、最新学習歴みたいな発想を持ち込んでくると、せっかく育てなきゃいけない若いときの学びの主体、主体形成がかなり阻害されていく。私はそこの弊害をすごく心配しているんです。そろそろ時間になったようです。あっ、とっくに時間を超えていました（笑）。後は参加者からの質問でお互い補いましょう（笑）。

キャリア教育の功罪

なぜキャリア教育は「小手先」と呼ばれるのか

質問者1　芦田先生は「できない子」に対しても、社会に出ても摩耗しないコアを形成していくべきというお考えですよね。それに対して本間先生は、キャリア教育で土台作りをして、ある意味小手先だけをおこなって、社会に出すような感じを受けました。そういうキャリア教育で社会に入った場合に、やっぱり摩耗してしまうんじゃないかなって思ったんですけども、本間先生はどのようにお考えでしょうか。

本間　だいぶ芦田教に染まってらっしゃる（笑）。現状で「キャリア教育」と題されて、小手先だけに終わっているプログラムがあり、そういう講師がいるのは、残念ながら否定しがたいことだと思うのです。しかし社会に出た時に、自分が学んでいることがどんなふうに役に立つのかを意識すると、学びの染み込み方が全然違ってきます。

例えば、三角関数を学ぶときに、「とにかくやれ」「試験に出るから」というのと、「GPSで、何度何分何秒ってわかるじゃない、これ三角関数のアプリケーションなんだよね」、あるいは、大工さんになりたい人が、構造計算の基礎の基礎、「この三角関数できないと、木造住宅一戸建たないよね」というのがわかった上で三角関数教わるのとでは、やっぱり全然違ってきます。

それは決して小手先のことではなくて、学びというものがその人のなかにしっかり染み込んでいくのかどうかに関わる根幹のことだと思うんですね。「あ、キャリア教育、小手先！」っていう受け取り方の方が、非常に小手先的な学び方だなと僕は思いました（笑）。あら皮肉っぽい（笑）。

芦田　うーん。いま本間先生の言われたとおりで、三角関数の教え方のことですけれども、問題の核心は、それを誰が教えるのかということです。それは、三角関数の専門家の課題であって、社会接続教育の課題ではない、というのが私の主張です。金沢工大の黒田壽二総長もよく言われていますが、キャリア教育というのは、専門科目の中で教えないと意味がないということです。どんな専門科目もそれ自体の社会性を有しており、キャリア教育というのは「キャリアデザイン」という科目や「キャリア教育」の先生が外面的に教育するとかえって中途半端なものになり、成果を生むことが難しいのではないか。彼らの授業が途中で必ず退屈になるのはすべて「事例」教育に終わるからです。

普通は実体があってその事例があるのですが、実体の把握が薄いために（何の専門家でもないために）、事例の豊富さでごまかしているわけです。最後は自慢話で終わる。だからこの種の先生たちの授業は、一ヶ月も経てば誰も聞かなくなる。だから、大学の先生は社会性が弱いから、キャリア教育の先生が社会性を大学に持ち込むと言ってもそう簡単にいかないのです。

「二〇社受けて全部落ちた学生」との向き合い方

質問者2　芦田先生が「うさんくさいキャリアカウンセラー」ということをおっしゃっておりますが、私はキャリアコンサルタントをやっております。正式名称は国家資格では「キャリアコンサルタント」というんです。「カウンセラー」というのは、蔑称なんですね。

芦田　まあここでは同じ……（笑）。

質問者2　そこで二つ質問なんですが、一つ目は例えば、二〇社を受けて全部滑っちゃった学生が、芦田先生のところに相談に来たとしたらどうしますか。二つ目の質問は、教師との人間関係がやはりまずくて、生徒や学生が学校を辞めちゃった、というケースがあったときに、芦田先生はどんな対応をされるのかを、伺いたいなと思います。

芦田　「もういっぺん、学校で一から勉強し直せ」「社会に出るな」って言いますね。

質問者2　それは、キャリアコンサルタントとしては違うんですよ。われわれは二〇社受けた学生に対して、「いやー、よく頑張ったな」と、その努力を認めてやるんですよ。やっぱりわれわれは自信を持たせること、新たな可能性を見つけることが仕事です。それがこの「うさんくさいキャリアコンサルタント」で、芦田先生がおっしゃっている「キャリアカウンセラー」の仕事とは、ちょっと違うんですよ。

芦田　それをやるから、「キャリアコンサルタント」はだめなんですよ。

質問者2　いや、そうですか？

芦田　その学生に「だめ」だって言ってやらないと。「もしあなたみたいな学生を入れてくれる企業があったら、その企業の方がおかしい」って言ってやらないと。だから、まずは落ちたことは正しいことだと思わせるべきなんです。

質問者2　いや、落ちたことを正しいんじゃなくて、チャレンジしたことを褒めてやるわけです。

芦田　そんな無能なのにチャレンジすること自体がおかしいから、ちゃんと勉強させなきゃだめなんです。あと一年、二年留年してもいいから、どこかの先生にしがみついて勉強させるんです。いま三流の大学行っていても、一年間くらい真剣に勉強すれば、早稲田や慶応の連中がストックで持っているくらいのことはすぐ身に付く程度のライバルしかいませんから。一年だけでもしっかり勉強させればいいんです。偏差値がいくら低くても充分間に合います。

質問者2　先生のおっしゃることはその通りだと思うんです。ただ、最初に相談に来た学生に対して、やっぱり自信を持たせて、いま先生がおっしゃったようなチャレンジさせる気持ちを持たせ続けることがわれわれの職務なんです。

芦田　いやいや、だって二〇社落ちた学生に何の自信を持たせるんですか？

質問者2　いや、「チャレンジ」したということについてです。

芦田　そんな、チャレンジしたってことに自信持たせたってしょうがないじゃないですか。もともと頼りにしてはいけないものを信じてしまってチャレンジしたんだから、チャレンジしたこと自体が勘違いだと思わせないとだめですよ。つまり世の中をなめているわけですよね。

質問者2　もちろん、そういう面も一部ないとは言えません。

芦田　それが全てですよ。

質問者2　ただ学生にとっては、二〇社チャレンジしたということは評価してやらないとだめです。

芦田　それはちゃんと勉強させるための筋道の一つとして、とりあえず褒めておかないと泣いちゃうぞ、みたいなレベルの話であれば、それは全然否定しませんよ。だから、その学生にきちんとしたストックをつけさせるプロセスの中で、ある種の説得のノウハウとして褒めるということはいくらでもやります。そんなの当たり前。あなたがたはその種の心理主義的な慰労にすぎないことを、学生指導というものと勘違いしている。

でも、この場合の指導の基本は、「あなた、一体何ができるの？」っていう話から引っ張っていかないと、適切な会社選びもできないじゃないですか。まずは「自分は四年間何やってきたんだろう」って反省させないとだめですよ。

キャリアカウンセラーにしても、コンサルタントにしても、この種の人たちを学校に入れたらダメなのは、そこを傷のなめ合いみたいな話にして、とりあえず処方箋で社会に出しちゃうから、勤めてもすぐ辞めちゃうような若者が増えて、離職率も高い、今の倍近くの失業率になっているんですよ。逆に言えば大学内の就職センターがうまく機能している大学の、カリキュラム改革（教学改革）が全く進まないのと同じ事態です。だから、あなた方カウンセラーの仕事（の仕方）がいけない。そういう学生に、二一社目見つけさせてもだめなんだから、学校から外に出してはいけない。これが結論です。

質問者2　いや、私らは二一社目にチャレンジしろ、と言っているわけです。

芦田　だからそうすると、離職率が高まっていくんですよ。それはもう社会的な犯罪です（笑）。

本間　二〇枚エントリーシートを書いて、落ちた子の状況にもやっぱりよりますね。勉強が不十分で実力がついてなかったのか、勉強は得意でちゃんとやってきたんだけれども、面接のときのアピール力が弱かったのか、そもそも会社選びの仕方が悪いのか。そこはやっぱり一概に言えないところだと思いますね。やっぱり社会をなめているっていうことだったら、キャリアコンサルタントの方でも「お前もう一年勉強した方がいいよ」って言わざるをえない時もあると思います。

でも短期的に見て、就職実績を上げることだけが至上目的になってしまうと、もったいないですよね。確かに二〇社受けて全部だめなのは問題だけど、キャリアコンサルタントがいたからこそ希望の会社に入れました、ありがとうございます、っていう子も実際いるわけだから、全部否定しないほうがいいな（笑）。

担任主義や人間主義では解決できない問題がある

芦田　それとあなた（質問者２）の二つ目の質問について。教師との人間関係がまずくなって退学する子どもがいるという問題ですが、それは、「人間関係」の問題ではありません。あなたが自分の仕事を確保したいから、「人間関係」の問題にしたいだけです（笑）。

僕の経験では、退学要因の実体はほとんど学業不振です。それを「家庭の（経済的な）事情」「進路変更」「持病の悪化（精神的な不安定）」などと言っているだけです。ひどいのになると誰も彼も〝心の病〟扱いする。スターリン時代のソ連みたいに（笑）。

だって、「授業がわからない」なんて、担任や教務部長に正直に話したら、必ず「どこがわからないの？」なんて言われてなかなかやめさせてもらえない（笑）。

僕も昔、ほんとの理由を聞くために「必ずやめさせてあげるから、この学校つまんない、と思った理由聞かせてよ」と聞いたことがあります。そしたら、「建築の勉強したいのに、入学した途端にＰＣ（ＣＡＤ）の授業やらされて、しかも周りの同級生はキーボード操作やマウス操作がすいすいできるのに、自分は全然そのスピードに付いていけない。自分は向いていないなぁと思いました」などと言い始めたのです。

それで、そのクラスの小テストの点数を見てみたら、その学生はＰＣの授業を始めた五月から小テストの点数がやはり急激に落ちていることがわかりました。僕が面接したのは夏休み明けの九月でしたから、結局原因は授業についていけていないことを放置したことが原因です。学生が悲鳴を上げているのに（普段の小テストにまでその結果が出ているのに）、対応できていない。クラスの中での人間関係というのは、対教員関係であれ、対同級生（クラスメート）関係であれ、教員（＝授業）への求心性が崩れているときに前面化するだけのことです。わかる授業ができてない、啓発する授業ができない教員の「やめるなよ」「仲良くしろよ」というアドバイスをどうやって聞けばいいのですか？　そんなこと無理です。自分の仕事（自分が一番責任の持てる仕事）を棚に上げているだけなのだから。できない子どもたちほどそういうことに敏感です。

だからキャリアカウンセラーや心理相談室の人間主義的な志向は、その種の問題を覆い隠すように機能します。営業力の高いメーカーが人間主義に頼って、本来提供するべき製品開発の更新に遅れがちになるのと同じ事態です。

出席率を上げるのも担任主義では上がっても――つまり超優秀な担任であっても――九〇%～九五%前後に留まりがちです。それに担任主義では、九五%の出席率でも、実力は全く身についていない場合が多い。仲良しクラスに過ぎないわけです。ここから先九八%以上を目指そうとすると、中身を伴う改革が必要になる。

僕の経験では、学生アンケート（＝心理主義アンケート）を取ると学内で一番人気のない（好かれていない）先生のクラスであっても、出席率はいつも一〇〇%に近いというクラスがありました。クラスの学生に「なんで?」と聞くと、「厳しいけど高度な実力が身に付くし、役に立つテキストが豊富だから」というものでした。

人間的には嫌いだけど（笑）、授業はいいという評価です。それも偏差値四〇前後のクラスの学生たちの評価です。学校の授業評価はクラスを人間主義的にまとめることよりも、まずは何を学ばせるか、学ばせているのか、それが卒業後の自分とどう関わっているのかということが中核でないと意味がありません。そんなことは偏差値四〇の学生でも感じ取れるのです。

担任主義の大学や専門学校が勘違いしているのは、この点です。〈担任〉もまた（キャリアコンサルタントや心理相談室のように）人間主義的にしか学生に関われない。それを〈担任〉と言うのだから。授業改善を自他に指示する担任なんて聞いたことがありません。そもそも授業改善以上に、人間（人格やキャラクター）を改善する方がはるかに難しいし、学校は宗教学校ではないのだから。*

＊担任主義については、本書「シラバス論」註52の議論を参照のこと

ホリエモンだって「監獄」に入ったら千冊本を読めた

質問者3　僕は長い時間をかけた学習に関しては、学校だけでなくてもできると思います。ただ、アウトプットを禁じることによって学習が効率良く行われるという意味では、芦田さんの意見に賛成です。

芦田　それは本間先生のe-Learning論とかになるんだけれど、長い時間の学習を、どこでもできるっていう立場に立つとしたら、(先ほども言ったように)もう修行僧みたいな主体を形成するしかない。つまり、あらゆる誘惑に打ち勝って、横で綺麗な女の人が裸になっていても、見向きもせずにパソコンに向かってe-Learningアプリケーションにひたすら集中するってこと？　最近の学生は美しい女の人が隣にいたら、飛びつかないの？(笑)

質問者3　飛びつきますよ。

芦田　人間は(人間も動物である限りは)飛びつくんだよ。だから教室だとかに閉じ込めるんです、学校っていうのは監獄なんですよ。だってホリエモンでさえ、監獄にぶち込まれたら千冊読めたんだよ(笑)。閉じ込めて、「退屈」だから本でも読んでみようかという状態にさせて、ホリエモンなんて痩せただけじゃなくて、思考も少しはシャープになったよ。ノウハウ本だって千冊でも読めば、少しは頭良くなるよ。彼は刑務所に二年半くらいいたんでしょ、学校教育はもっと長い(笑)。

質問者3　政治犯が牢獄の中でずっと勉強していたという話は聞いたことがあります。

芦田　それはすごく大事な話で、学校教育は懲役十何年じゃないですか(笑)。ほぼ殺人罪に近い拘束です。これは別にメタファーでも何でもなく、学校もまた監獄だから「校門」と「塀」とがあるんだよ。最近は廊下側が透明になっている小学校があるらしいけど、とんでもない話で、ガチガチに閉じ込めるべきなんだよ。

ひどいこと言っているようだけど、こういった生徒・学生に対する平等な、強制的拘束性が、家庭の文化格差(親の学歴や生まれ落ちた地域の文化格差などと強い相関を持っている文化格差)を相対的に解消する契機になっているわけで、この強制性を抜きにして、自由な学びの「多様な」あり方を求めると、その種の多様性は、かならず家庭（両親）の階層性を再生産するだけです。[*1]「多様性」は子どもの多様性ではなくて、家庭や地域の多様性に過ぎない。学校教育以前の、自由で、多様で、個性的な学びの主体なんてものがあるのだとしたら、それは子どもの非主体的な未熟を、家庭が補っているからにすぎないからです。しかし、学校教育におけるメリトクラシーの本質は、階層格差を勉強格差でシャッフルすることにあったわけです。[*2]多様性を学校教育に持ち込むと、家族依存の教育体制が前面化します。これは経済格差（授業料の家庭負担の増大も含めて）が偏差値格差に大きく依存しつつある今、ますます階層格差を拡大させる方向でしかない。今こそ、学校教育の強制性を強化すべきです。

＊1　階層格差論については、本書「シラバス論」第五章第二節を参照のこと

＊2　メリトクラシーについては、本書「シラバス論」註47〜49、およびその本文の議論を参照のこと

質問者3　さきほど、勉強するのは三〇代じゃもう遅いと、おっしゃってましたが。

芦田　だって、社会人になったら、何年間にもわたる「拘束」「退屈」状態に置かれることなどないじゃないですか。忙しくなるばかりです。警察に拘束されるか、致命的な重い病気を患うことくらいしか擬似学校状態をつくることは不可能です。ホリエモンもそんな状態に追い込まれて、あれだけの読者を獲得できるようなことを「言える」ようになるまでのストックを形成できた。

本間　だから、さっき芦田先生は「手遅れ」だって言ったけれども、犯罪を犯して二年半くらい監獄に入れば、今からでも学び直せるわけですね。

芦田　そうそう、だからみんな監獄に入ればいいんだよ。あるいは、監獄みたいな学校を作ればいい（笑）。

教育のグローバル化とは何か

グローバル化は高卒の労働市場を消滅させた

質問者4　「グローバル化」っていう言葉が最近よく言われていて、大学の方でも色々と国際化って言っていますけれども、そういった「グローバル化」「グローバル人材」の育成については、大学の役割は何なのでしょうか？

芦田　さきほど本間さんも言われていましたように、グローバル人材の問題は教育側からすると、グローバル化によって高卒の労働市場が消えたことです。つまり転移可能なジョブ職、製造業だとか、あるいはIT、女性労働、非正規雇用によって肩代わりができる部分、これらが日本の国内から全部消えちゃったんだよね。少子化により一八才人口がこの二〇年間で四割くらい減少したことに較べて、一八才高卒の求人件数は、九分の一と、較べものにならないくらいに減少した。だから、高卒だとか短大だとか専門学校卒の人たちの就職場所がない。しかも、専門学校卒の就職状況は好・不況と関係なく低下し続けている。

いま全国平均では、専門学校の就職率の方が大学よりも低いんですね。これは教育学の小杉礼子なんかが言っていますけど、大学の就職率は好・不況の波と相関しているんだけど、専門学校や一部専門学校的な短大の就職率は好・不況と関係なく落ち続けてきている。いま大学と較べると（就職希望者比で）平均で二〇％くらい違うのかな。

特に、卒業年次秋口の就職率などは、大学では七〇％弱くらいある就職率が専門学校では五〇％弱あるかないかくらいの就職率になっています（文科省と厚労省の合同調査）。短大ではもっとひどくて三〇％台。最近はアベノミクスの影響などで新卒就職率全体は上がってきていますが、しかし大学、専門学校、短大の早期就職率の相対的な〝格差〟は構造的なものであって、現在でもあまり変化はありません。専門学校や短大就職率が年次の最後に追いつく就職先というのはほとんど離職予備軍の就職先でしかない。そもそも来年度の事業計画がその前年の秋口になっても定まらない企業や事業所が（一般的に言って）いい就職先であるはずがない。

なんでこんなことになるのか、その理由は、二年間のジョブスキル教育くらいで通用する市場が、国内で完全に消えてしまったからです。あるいはそこは外国人市場になっている。

だからグローバル化対応というのは、英語の勉強の問題じゃなくて、新卒の状態で非正規雇用に打ち勝てるような人材を作れるか。つまり有期雇用の連中を雇うよりは、しっかり勉強してきた新卒を採った方が得だと思わせるような職業教育、人材育成をできるかどうかということに関わっています。一言で言うと、この意味でこその〈高度〉職業人の育成が、学校教育体系の中でビルトインされていく必要があるのです。

アジア全体の教育偏差値で、日本はどこに位置するか

芦田　グローバル化対応の考え方では、日本の若者をアジア全体の若者のリーダー、センターにしていくくらいの気持ちがないとこの苦境を乗り切れない。つまり、偏差値四〇の人は、日本では部長になれないけど、中国だったら部長になれるかもわからない。インドネシアだったら主任になれるかもわかんない、みたいなところで考えていくしかない。アジア全体の労働市場の中でなら、日本の高いところから低いところまでが、優位な人材だということね（この根拠については後でまた触れます）。

アジア全体の労働センター、若者の労働センターとして日本が主導権を握っていくなら、やっぱり新卒における高度な超一級の職業教育体系から、低位のところまであったとして、その低位なところも、中国へ行けば部課長くらいにはなれるように全体を底上げするべきです。偏差値なんて国内でしか通用しないって言う人もいるけれども、アジア全体の労

働偏差値と考えればいいじゃないですか。僕の構想では、超一流の高度職業教育がないとだめなんですよ。その時に日本の色んな技術力だとか、教育力っていうのがどう生かされるかの問題になるわけです。

本間　僕は悲観論じゃないけども、大変だなと思っています。大学経営的にグローバル化を見ると、やっぱり子どもの数が減っていて、留学生を入れないといけない。その時に、これまでの遊んでいたような大学生が、学費のもとをとろうと思って来る学習意欲の高いアジアからの留学生に接して、「やばい」っていうふうに背筋を伸ばすことは、良いことだと思うのですよ。

実際に仕事に就く場合でも、東大、京大、早稲田が日本のトップだと思ってたら、気がついたらシンガポールにインシアード（INSEAD）が来ていたとか、アジアにイェール大学が進出していて、「そっちの方が国際的な偏差値高いじゃん、日本は大学もガラパゴスになっていたのね」ということにならないように、舵をきらないといけないなとすごく思っています。

そのためには、ジェネラル・エデュケーションとリベラル・アーツをとことんやる大学があってもいいし、秋田の国際教養大学みたいに、もっと英語をとことんやる大学がもう二つ三つあってもいいなと思うし、バリエーションがすごく大事でしょう。文科省が旗をふったら皆そっち向いちゃうような、それこそ自立的に考えてない大学経営者があまりにも多すぎるなって、僕は危機感の方をむしろ強く持っています。

「消費偏差値」の高さを教育の基盤に据えることについて

芦田　いまの本間先生のお答えと、関連しているかどうかわかりませんけど、一点、その点については意見があります。

実は日本の大学は、東大も早稲田も慶応も東北大も三流で、世界基準で言うとものすごい後ろの方だ、という指摘はもうずっとされています。僕はアジアを見下すように言ったけど、むしろアジアの大学の方が遥かにグローバル化していて、レベルも高い、っていう議論はよくあるんですね。それはそれとしてありうる話だとは思うけど、実は日本にはすごく大きな資産があって、僕は「消費偏差値」っていう言い方をしています。

日本の若者は、大学全入という意味で学力的な偏差値は低いのかもわからないけれども、小さい時からすごく高度な消費社会を生きているので、商品に対する批評力は、たぶん世界のどの国の人たちよりも高いと思うんです。僕なんかファミレスの店員にまで喧嘩を売っているわけだからね（笑）。あるいは駅の売り子にまで、今の対応おかしいんじゃないか、って細かいことにケチをつけている。そういう感じは皆持っていて、サービスっていうのはいかにあるべきかとか、あるいはゲームソフトの完成度にしても、どれくらいのものを要求するのかとか。よく谷本真由美さん（ツイッター上の有名アカウント@May_Roma）が、「日本ほど誤りに厳しい民族、国民はいない」っていう言い方しますよね。これは、偏差値の高い・低いと関係なく、偏差値的にはどうしようもない人たちも、そういうことについては偉そうに、厳しく言う。実はこれは、日本が持っている非常に大きな国力なんですよね。

その消費偏差値の高さを逆手に取って、カウンセリングやコンサルティングも含めて、日本の若者をきちんとした社会人にしていく色んな道筋はあるんだけど、その価値に教育側が全然気付いてない。だから、大学側のレベルが低いということはあるけれど、消費偏差値をきちんと大事にして、それを上手く教育体系に取り込んでくるような職業教育体系は絶対できると思うんですね。

楽天の幹部が、自分たちはアジアの優秀な学生を新卒学生枠の三〇％も採っていて、彼らは頭がいいから何でも言った通りにやるんだけど、そもそもなんでこんなもの（物の生産であれ、サービスの提供であれ）をやらなきゃいけないのかということを説明するのがすごく大変だ、と言っていました。日本の若者はバカでもそこだけはわかっているのね。その理由はわかっているんだけども、どうしたらいいかがわかんないところが、学力的な偏差値の問題なんですね。

消費偏差値と学力偏差値のどちらからアプローチするかっていう問題はそんな簡単じゃないって、楽天みたいなちょっとずつグローバル化しつつある企業の人たちも思っている。だからこの価値は、企業の人たちはわかっているんだけども、肝心の教育側は、「多様化」したバカ学生たちをいまはもう憎んでさえいるね。それがバカ学生の掃きだめ構想でしかない新大学論の限界です。

大学の先生たちは、なんで俺らがこんなバカな人たちを教えなきゃいけないんだ、経営側は誰でも入れろって言うし、って文句言っています。僕はいつもそういう先生たちに対して、そんなに偏差値低い学生たちを嫌いなら、偏差値の高い大学へと行けばいい、出て行って下さい、って言っているんですけどね。だって、その学生たちからお金貰ってるんだから。

だから大学の価値という問題と、日本の若者が自然に身につけている消費文化レベルとの関係をちゃんと考えていかないと、国力としての教育の基盤みたいなものはトータルに考えられないんじゃないかと思っています。

今日はみなさん、長い時間有り難うございました。こんな（私にとっては）貴重な議論をさせていただいた本間先生に感謝して、この会を終わりにしたいと思います（拍手）。

あとがきにかえて
——往相・還相のコマシラバスについて

〝先生〟と呼ばれる人たちは他人《ひと》の言うことを聞かない。他人《ひと》の言うことを聞かなくても生きていける人たちこそ〝先生〟と呼ばれる人たちなのだから、それは当たり前のことかもしれない。〝先生〟が耳を傾けるもの、言うことを聞くべきものは〈真理〉なのだから。〝先生〟は〈真理〉に向かってのみ謙虚なのだ。したがって〝先生〟は、〈権力《マハト》〉にも〈学生〉にも媚びてはいけない。まして「学長ガバナンス」なんて言葉は単に竹中平蔵の私語だと言って却下するしかない。〈真理〉ほど巨大な権力とガバナンスは存在しないからだ。「無知が役に立ったためしはない」とマルクスが言った通りのことなのである。

いずれにしても〝先生〟に向かって、一人の人間が注文や意見を言うことは失礼なことなのだ。〈真理〉は時として〈人間〉を超えているし、まして〈人間関係〉などとっくに超えている。あれこれのコミュニケーションで会話できるシロモノでないのが〈真理〉なのだから。

「学問は人間のためにある」なんて月並みな言葉は老教授に任せておけばいいと思って丁度だ。それは〝先生〟が「日曜日」すらない日々の研鑽、「日曜日」こそ勉強という日々の研鑽の中で実感していることだ——ヘーゲルが「日曜日」こそ大学だと見なした意味で(ヘーゲル『美学講義』)。

ところで小林秀雄は、「『源氏物語』が女性の手になったという事には理由がある」と言っている。「大和魂」も「大和心」も女性の言葉であって、ほぼ同じ意味だったと小林は言う——武士道とこれらの言葉との「直接の縁はない」とも。前者は紫式部、後者は赤染衛門の言葉だと。「男は学問にかまけて大和心をなくしてしまっていった」と、小林は源氏の「大和魂」の意味を解説する。

当時、文字とは漢字であり、文章を書くということは漢文を書くことでしかなく、〝学問にかまける〟とは漢文でできあがった学問、つまり外来の学問にかまけることだった。『日本書紀』が『古事記』よりも大切にされていたのは、『日本書紀』の方がはるかに立派な漢文で書かれていたからだ。『古事記』はひどい漢文だった。「まず『古事記』があり、それから『日本書紀』がある、とみな常識のように言っていますが、そう言われるようになったのは宣長からで、それまでは『古事記』というものは殆ど忘れられていて、『日本書紀』の方を誰もが大事にしてきた」と小林は言う。

しかしひどい漢文であったとしても、『古事記』は漢文との闘いによって書かれた「日本最初の国文」だった。朝鮮にも中国の文化は入ってきたが、朝鮮の人は漢文を朝鮮語で読もうとはしなかった。「だから、朝鮮の知識人の漢文はみな支那《シナ》の人と同じだった。日本人は翻訳しながら読んだ。その翻訳しながら読むことを、日本語で表そうとしたのだけれども、発達した仮名がなかったから、漢字を正用するとともに、仮名としても使って、非常に複雑な表現法をとらざるを得なかった」と小林は言っていた。

つまり「大和心」「大和魂」は、漢文知識人に対して批判的に向けられた言葉だった。「その頃、知識、学問は男のものだった（…）。しかもみな漢文だった。漢文の学問ばかりやっていると、どうして人間は人間性の機微のわからぬ馬鹿になるのかと、女はみな考えた」。つまり「学識があることと大和魂を持つこととは違う（…）むしろ反対のことなのです。今日の言葉で言うと、生きた知恵、常識を持つことが、大和魂があるということ」。もっと言えば、「大和魂を持った人とは、人間の事をよく知った、優しい正直な人を言う（…）。『やまとだましひなる人』とは『もののあはれ』を知った人とさえ言えるでしょう」と小林は結論づけている（小林秀雄『学生との対話』新潮文庫、二〇一七年）。

シラバス論を書きながら私に浮かんできたのは、何十年も前の、小林の宣長論周辺のこのテキストだった。〝先生〟の〈真理〉は、『古事記』の作者が国文の文体を苦心して作り上げたように解きほぐされねばならないと、私は思う。漢字文化のようにこわばったものは、本来の〈真理〉でもなければ〈権力〉でもないだろう。漢文に対する格闘の結果が『古事記』であるとすれば、研究の〈真理〉を解きほぐす〝国文〟こそが〈コマシラバス〉でなければならない。〈コマシラバス〉は、研究の〈真理〉の大和心なのである。

しかしこれは、単なる啓蒙主義ではない。どんな〝先生〟でも生まれたときから〝先生〟であった人はいない。どんな〝先生〟でも生まれたときからテクニカルタームを使っていた人はいない。どこかでか、〝先生〟はその道に足を踏み入れた。その〈どこか〉は、見えたとしても後からしか見えてこないような〈どこか〉であるにしても、〝先生〟の〈権力〉の全体はこの〈どこか〉から始まっている。研究の〈真理〉は〈歴史〉でもある――〈歴史〉とは実証科学的に「正しく調べる」ものではなくて、「上手に『思い出す』ことなのです」と小林秀雄が言う意味で（同前『学生との対話』）。〝学問にかまける〟というのは、この〈どこか〉としての〈始元《アルケー》〉を忘れるということであって、どんな〈真理〉も無知からしか始まらない。たとえば、と私はシラバス論の本文で次のように続けていた。

たとえば、私が教壇に立つ。あるいは表現者としてものを書く、語る、教える。そのためにコマシラバスを書く。それは、わかってたまるかということと、なんでこんなに簡単なことがわからないのか、という矛盾の中に身を置くことだ。教壇に立つまでに何年も何十年も研鑽を積んだ者が語る内容について、そんな研鑽なしに教室に座る大学生、しかも若い学生たちに「先生の言うことはすごくよくわかります」と言われて「それはうれしい」と手放しで喜べるだろうか。一方、どんな難しいことでもわかりやすく言うためにこそ専門性の研鑽はあるのだという意味で言えば、「まったくわかりません」と言われるのも腹が立つ。「こんなにわかりやすく話しているのに〝わからない〟とは何事か」と。〈表現者〉は「わかる」と言われても「わからない」と言われても居所がないところにいつも立たされているわけだ。つまり授業が〝わかる〟というのは一つの矛盾なのである。

（「シラバス論」二四七頁）

この「矛盾」の内に自らを保持することは、したがって一つの時間的な過程であって、何も知らない大学生を前にすることはおのれの何も知らなかった始元《アルケー》へ向かって遡行すること、ヘーゲル的に言えば「想起 Erinnerung」の過程を辿ることと同じである。その時初めて〈真理〉は「内面化 Er-innerung」される。どんな〈権力〉もこの種の「内面化 Er-innerung」なしには完成しない。ヘーゲルにおける陶冶 Bildung の「完成」、つまり『精神現象学』における「絶対知」という目的《テロス》（τέλος）は、「ゴルゴタの丘」に至り付くことでもあった。その「終わり」に至ってこそ、「精神はまた無邪気に初めからやり直すべきであり、またそこから成長して行かなければならない」（ヘーゲル『精神現象学』、最終の「絶対知」の章）と。もう一度、精神は（内面的に）受肉《インカネーション》するのである。「今・ここ」の「感覚的確信」に受肉《インカネーション》する。これがヘーゲルの言う「概念の時間」化である。

この終わり＝始まり論についてもう少し言えば、アリストテレスが、実体《ウーシア》（οὐσία）を定義して「点、線、面」のことだと言ったのは、それらが限界＝境界の時間性を意味していたからだ。ヘーゲルは、アリストテレスの時間論を見事に解説して次のように言う（個人的なことを言わせてもらえれば、私はヘーゲルのこの箇所を読むまで、アリストテレスの時間論が全くわからなかった）。

点は線の絶対的な始まりである。のみならず、また線がその両端において限りないもの、あるいは通常言われているように無際限に延長しうるものと考えられる限り、点は線のエレメントをなしている。同様に線は面のエレメントであり、面は立体のエレメントである。それはちょうど、一がたとえば百番目の一として限界であるとともに、百全体のエレメントでもあるのと同じことなのである。（ヘーゲル『大論理学』上巻）

「限界はそれが限界づけるところのもの」の「原理《プリンツィープ》」（Prinzip）であり、エレメントは単なる「要素」ではなく、「一がたとえば百番目の一として限界であるとともに、百全体のエレメントでもある」ように「全体」でもある。つまり、内面化の果てに遡行的に見出されるゴルゴタは、単なる過ぎ去った過去ではなく、そのものの本体《ウーシア》でもあるということであって、始元の想起は卒業アルバムをのぞき込むように過ぎ去った時間を思い起こすことではない。それは、精神の目的《テロス》（τέλος）である「絶対知」の「いま・ここ」に在ることとなのだから。精神の目的《テロス》（τέλος）をもつ運動――通常「完全現実態」と訳されたりもする「エンテレケイア」（ἐντελέχεια）は、直訳すれば「テロス（τέλος）の中にあること」である――は、アリストテレスにとって「ペラス」（πέρας）――「境界」「末端」「限界」などを意味する――を持つ行為、つまり〈終わり《テロス》〉や〈始まり《アルケー》〉を持つものだった（『形而上学』第一巻、第九巻）。とすれば、かの「矛盾」の〈真理《ウーシア》〉はたえずペラスを内に含んでいなければならない。〈真理《ウーシア》〉は想起の結果に過ぎないというのは、真理は想起そのものだという意味である。〈真理《ウーシア》〉の人である〝先生〟は、いつも境界（πέρας）に立ち続ける人のことを言う。境界（πέρας）としての〈外部〉――ウィトゲンシュタインやマルクスやレヴィナスが見出した〈外部〉（「シラバス論」二四九頁）――が見えているからこそ、〈研究〉を先に、先にと進めることができるのだ。ラカンが「無知こそ豊穣」といった意味で（「シラバス論」一九七頁）。

〈専門性〉の果て《ペラス》（目的《テロス》τέλος）に〝教授〟が語り始めるのは〈概論〉――哲学であれば〈哲学概論〉、心理学であれば〈心理学概論〉、経営学であれば〈経営学概論〉など――であるのも、頂点（テロス）に立った者のみがすそ野の広がりと頂点への登山道のいくつかが、あるいはいくつもの登山道が、あるいはすべての登山道が見えているからだ。だから学生の程度も選ばない。最近は若手の研究者に〈概論〉を任せる大学も多いが、若手研究者は狭い領域の専門性において尖っており、〈概論〉をやらせると一夜漬けのようにしてシラバスを書くか、狭い得意分野だけをむりやり広げるか、どちらかだ。面白くない〈概論〉だ。シラバスを見てみるとそれはすぐにわかる。特にコマシラバスでは。コマシラバスは「面倒くさい」から書けないのではなく、専門性が足りないから書けないのである。

そして〈概論〉とはもちろん〈入門〉の別名である。つまり〈専門性〉という〈目的《テロス》 τέλος〉＝〈ペラス πέρας〉に立った〝教授〟こそが、何も知らない学生の前に立つことができる。学生を選ばない。〈教育〉と〈研究〉とが初めてここで一致するのである。「私は何も知らない」という始元《アルケー》を回復するためにこそ、〝教授〟は長い道程、つまり〈研究〉を必要としたのだ。中途半端な研究者ほど、〈教育〉と〈研究〉とを分けたがる——葛木浩一によれば日本の大学教員は、国際的にも「教育意識よりも研究活動に対する志向性が高い」（有本章編『変貌する世界の大学教授職』）と言う。この人たちは、自分の研究の〝入口〟と〝出口〟——かつて吉本隆明が〈入射角〉と〈出射角〉と呼んだところの、あるいは「往相」と「還相」と親鸞が名指したところの——とが見えていないからだ。吉本は、それを「転向」と呼んだのだった。おのれの始元（紫式部の「大和魂」）が見えない人たちのことだ。

こういった〝先生〟は、授業で一コマ一コマ進む時間の〈目的《テロス》 τέλος〉＝〈ペラス πέρας〉が見えない。〈目的《テロス》 τέλος〉＝〈ペラス πέρας〉を知る〝先生〟と「何も知らない」学生との時間の異質性について、私は本文で次のように書いていた。

さて、九〇分の授業においては教員と学生との時間は逆行しており、教員は授業の終わり（目標）から授業を始める。学生は授業の始まり、つまり前から順に受講を始める。〈全体〉が見えているのは教員だけなのだ。前から授業を始める（授業を受講する）ということは、学生は授業の中で〝起こったこと〟〝語られたこと〟だけを当てにして、授業（教員の〝言うこと〟）に付いていくしかないということだ。つまり授業の中で〝起こったこと〟〝語られたこと〟の解釈の原理《アルケー》が教員と学生とでは異なっている。教員は後（＝全体）から、その〝起こったこと〟〝語られたこと〟を解釈し、学生は、これまでの歩みからそれらを解釈するという点で、授業の〈今〉の見方が異なる。〝前から〟受講する学生の躓きについて、「たとえ躓いたとしても『後で』わかるようになる」と教員が思っていても、その後の内容は「前から」進む学生には見えない。授業の顛末がわかる、全体が見えている教員からすれば些細な躓きであっても、学生にはとても深刻な躓きであったりもする。ドラマの演出家や脚本家が、途中でドラマを見るのをやめた視聴者やプロデューサーに「面白くない」と言われ、「最後まで見ないあなたが悪い」と愚痴を言ったりもすることがよくあるが、最後まで見させるか見させないかは、最初（＝前からの時間）で決まるのである。前からしか進めない視聴者にとっては、やめた途中までが全体でしかない。授業の一五回分の組み立てや、一回九〇分の組み立ても、そういった前から進む時間と後から俯瞰している教員の時間が異質であることを踏まえないと、必ず失敗する。コマシラバスは、その時間の逆行を埋める緩衝地帯なのである。(「シラバス論」一二七頁)

この「やめた途中までが全体」という全体が、留保のない、言い訳の効かない授業現象の時間である。〈全体〉とは、延期された時間のことではなくて、〈瞬間〉のペラス、つまり「一がたとえば百番目の一として限界であるとともに、百全体のエレメントでもあるのと同じ」ように、たえず現前し続けている。止《や》める人は、見えないから止めるのではなく、見えた(gesehen haben)からこそ止めるのである。つまりペラス(πέρας)はつねにすでに存在しており、それはカント的に言えば超越論的差異のようにして現前している——またハイデガーの「死への存在(Sein zum Tode)」の「への(zu)」も、このペラス(πέρας)のことを意味している。エンテレケイアやエネルゲイアの意味を〈目的《テロス》τέλος〉=〈ペラスπέρας〉の「時間性」に関わって根源的に発掘したのはハイデガーの偉大な功績である。この現象性の重力(=現在完了gesehen haben)を受け止めることができるのは、〈概論〉の全体性や起源を再現できる〝先生〟以外にない。つまり〈教育〉のない〈研究〉も、〈研究〉のない〈教育〉も存在し得ない。限られた時間で一つの言葉に一〇〇枚原稿を書ける研究者と一〇枚しか書けない研究者であれば、一〇〇枚原稿を書ける研究者の授業の方が楽しいに決まっているではないか。コマシラバスは〈研究〉と〈教育〉とのペラス(πέρας)に立っているのである。その詳細性は単に専門性の深浅ではなくて、言葉の始元への遡行と関わっている。テクニカルタームの定義ごっこだけでは、一つの言葉で一〇〇枚も書けない。一つの言葉こそ言葉のペラス（πέρας）にその意味を有している。〈フンボルト理念〉の〈研究〉が〈陶冶（Bildung）〉に基づき、〈研究〉と〈教育〉の一致を前提としていたのは、そのように研究者のペラス（πέρας）を意識していたからだ。Bildungとは、始元の再現としての想起Erinnerungのことだったのである。

　コマシラバスで二単位一五回の〈コマ〉を案配する、あるいは一つのコマ内（九〇分）で、コマ主題の細目（当該授業で話す順序項目）を、三つにするか五つにするかを考える。このとき、〝先生〟は山頂（自分の専門性）からの下り道のいくつかを、すそ野の広がり（いわば学生偏差値の分布）を組み込みながら配置しているのである。もう一度自分が自然言語しか話せなかったところまで下りる作業だ。

　下りる能力——源氏（宣長）＝小林秀雄ふうに言うと「人間性の機微」のわかる「優しい」「もののあはれ」の心——は啓蒙のそれではなくて、専門性の高さと相関している。*啓蒙のそれは、学生たちに「こんな簡単なこともわからないのか」「私が学生の時はまだましだった」と投げかけ、そこそこのところで諦めながら授業を続ける（何をいつ諦めたのかも自他共にわからないまま）。啓蒙主義はペラス（πέρας）のどの段階でも自分が一番偉い人なのである。研究者であれば誰でもわかっている「無知の豊穣さ」（ラカン）、つまり現象性の重力がこの人たちにはわからない。その意味でこそ研究ができない教員が教育などできないのだ。少なくともフンボルトはそう考えたのである。

＊この「下りる」プロセスについて、吉本隆明は次のように言っていた。「親鸞は『人間には往《い》きと還《かえ》りがある』と言っています。『往き』の時には、道ばたに病気や貧乏で困っている人がいても、自分のなすべきことをするために歩みを進めればいい。しかしそれを終えて帰ってくる『還り』には、どんな種類の問題でも、すべて包括して処理して生きるべきだと。悪でも何でも、全部含めて救済するために頑張るんだと。この考えにはあいまいさがありません。かわいそうだから助ける、あれは違うから助けない、といったことでなく『還り』は全部、助ける。しきりがはっきりしているのが親鸞の考え方です」(「on reading」朝日新聞、二〇一一年)。小林の源氏論と吉本の親鸞論との違いについては色々な言い方ができるが、この往相と還相との「しきり」=「ペラス πέρας」の意識の有無だったと言える。「もののあはれ」を「大衆の原像」に重ねて見る吉本は、小林の批評の属人的な「内向の」思想が許せなかったのだと思う。吉本からすれば、戦後の小林が音楽批評や絵画批評に走ったこと自体が「転向」だったのだ。

こういう行き来を可能にしているものは、なんと言っても〈知識〉の自由だ。知識の自由を一言で言えば、書籍の価格の高低は内容の深浅にいっさい関わっていないということである。知識の自由とは、″書籍の自由″と同義だと言ってもよい。岩波文庫が安いからと言って——

昔は★マーク一つ五〇円で吉野家の牛丼一杯我慢すれば二冊は買えて、青色帯文庫には随分お世話になった——、一二〇〇円のノウハウ本に内容が負けているわけではない。自動車批評という領域も、オーディオ批評という領域も、「価格の割にはいいクルマだ」とか「価格の割にはいい音がしている」というわけのわからない批評の言葉が並んでいるが、それなら、どちらの批評家も真っ先に言うべきことは「お金を稼げ！」しかないだろう——〝高級な〟クルマや〝高級な〟オーディオを買うお金がないのに自動車やオーディオの批評雑誌は読んでいる人がたくさんいるという点でも雑誌書籍の公平感は断トツだと思うが、それでも岩波文庫の価格よりは高い。同じように音楽批評も美術批評も、自室に、あるいは図書館やキャンパスに無銭のまま閉じこもる自由からはほど遠い。メディアが今日的に発達しても限界がある。いくら教科書を無償配付するようになっても、ゴッホの絵を無償配付はできない。交響曲のコンサートも覗いただけでも尻込みするほどのハイソな〝お客さま〟ばかりだ。書籍ならば、写本《コピー》であれ、ネットからのダウンロードであれ、内容の貧富には何の影響もない——これはヘーゲルの美学論のイロハだ。知識の自由とは、批評（Kritik）の自由を意味している。この自由を、教員も学生も対等に共有できるからこそ、〈知識〉は「条件なき大学」（デリダ）を在処にしているのである。対等に存在しているからこそ、学生は〝先生〟を純粋に尊敬することができるし、純粋に批判することもできる。無条件に尊敬することも無条件に批判することもできる。

三浦雅士は、「知るという行為の名詞化」としての〈知〉の時代——〈教養〉から〈知〉へと移った時代——について、「教養に食傷した若者たちの顔が透けて見える」と言う（『青春の終焉』講談社）。「知には修養とか修行という意味はいっさい含まれていない」と。〈知〉はその意味で学生を〈教養〉から解放したが、同時にその〈知〉からも学生を解放してしまい、〈知〉は「趣味の問題」になってしまったと三浦は言う。雑誌「現代思想」（青土社）のもっとも活発な時代の編集者としての三浦の実感かもしれない。

　三浦にとってそれは「人文科学の崩壊」を意味する。それは「中枢神経の崩壊」であり、「大学の死」を意味しているとまで言う。しかし「近代は青年とともに大衆を生み、その両者が、大学において合流することになったという事実の方がはるかに重要に思える」とも三浦は言う。大学が死んだとすれば、〝漢文〟教授、あるいは〝グロテスクな〟教授が死んだと言うべきであって、むしろ大学の大衆化はそのことをはっきりさせたのである。死すべきものが死んだのだ。大学はそのことによって、はじめて〈他者〉を知ったのかもしれない。大学が「階級とは無縁になった」（三浦雅士）というのは、悦ばしいことではないのか。〈知識〉の自由、あるいは〈真理〉の自由は、そこにおいてこそおのれの〈目的《テロス》 τέλος〉＝〈ペラス πέρας〉を見出したのではないか。それこそが、大学の「危機 crise」＝「分岐点 crise」がまた「チャンス chance」（デリダ「大学の瞳」）でもある所以だったのだ。

※　　※　　※

このシラバス論を書くきっかけになったのは、大学内のシラバス研修の講師で呼び出されたときだった。今年の六月一二日のシラバス研修だったが、資料作りに取りかかったのが五月中旬からだった。実は大学内でのシラバス研修はこれが最初のことだったので一から準備せざるを得なかった。

準備し始めると止まらなくなって、六月の研修の後も、研修で出た質問を受け止め直し、次の研修を想定した架空の（当てのない）準備をし続けて、八月末にできあがったのが今回の「シラバス論」である。最初は二〇〇枚（昔ふうの数え方で四〇〇字原稿用紙二〇〇枚）くらいでまとめようと思っていて最後には四〇〇枚になったのだから、二〇倍に膨れ上がったことになる。しかし脱稿するまで三ヶ月のあっという間の出来事だった。

シラバスについて出てくる議論は、一九九八年にこの課題に取り組み始めて二〇年強の蓄積があった。だから、その議論はほとんどシミュレーションできており、あとはそれを整理するだけだった。要するに、これでもか、これでもかと脳内で一人議論をくり返していって、気付いてみたら四〇〇枚になったという感じだ。

意外だったのは、シラバスというある意味戦術的な〝装置〟についての議論を進めていくと、国内外の大学伝統の、諸々の壁（講座制、単位制、「研究」主義、ファカルティ論、「観点別評価」、「多様な学生」論、「個性重視の原則」、学力論、教育格差論などなど）がいくつもいくつも高くそびえており、それらの壁を切り崩さない限り、シラバス議論さえまともに展開できないことだった。〈註〉の記載が本文より膨れ上がった箇所もいくつもあったが（註だけで六万字はあるかと思う）、壁を切り崩す作業は〈註〉で行うというスタイルを取った。どこまで切り崩せたかはわからないが、小さな穴くらいは開いたかと思う。伝統の言葉と局所的な戦術論という大小の、広角の思考とマクロの思考とのやりとりは私個人としては楽しかったが、読者にとっては読みづらいかもしれない。ただし「シラバス」のことなど教員以外にはさして関心はないだろうから、大学教育を衰退させている諸々の壁についての議論の方が読者諸氏には読みやすいかもしれない。

本稿でも書いたとおり、私が「コマシラバス」という言葉を使い始めたのは一九九八年だった。その時にはインターネットで検索しても三件しかヒットしなかったが、その検索結果の内容は私の考えたものとは全く別物の小学校の「教案」の事例ばかりだった。その時以来、「コマシラバス」という言葉は誤解されるために生まれてきたような〝歴史〟をたどることになる。

今年のシラバス研修の準備をしながら、シラバスを巡る議論を「コマシラバス」の誤解の歴史に重ねて整理したのが今回の「シラバス論」四〇〇枚である。

この二〇年間で出てきた議論は、ざっと以下の一〇点に集約される。

（1）シラバスを書くのは面倒くさい。大学教員は〈研究〉が本分。シラバス作成に時間をかけるくらいなら論文の一本でも仕上げた方がいい。毎週の授業（およびその授業準備）や学生対応のオフィスアワーに時間を割いているだけでも〈教育〉には充分貢献している。
（2）シラバスを授業回ごとに記載したものを「コマシラバス」と言うのなら、すでにほとんどの大学のシラバスはコマシラバスになっているではないか。
（3）シラバスを詳細化するくらいなら〈教材〉作成にもっと注力したい。
（4）講義にはコマシラバスは向いているかもしれないが、実習や演習ではコマシラバスは書きづらい。
（5）シラバスを詳細化しても学生は見ない。そもそも最近の学生は「長い文章」を読まない。読んでもわからない。その意味でもシラバスはできるだけ簡素な方がよい。そもそも期首の科目選択、あるいは科目概観の便宜みたいなシラバスを詳細化しても意味はない。それで科目の意義が学生にわかるのなら、授業なんて必要ないではないか。
（6）授業は〝生きもの〟なので、シラバスを無視するわけではないが、それに拘束されるのもよくない。シラバスを詳細化すると進行が形式的になり、教育効果が逆に薄れるのでは。大学授業のマニュアル化は避けるべきだ。教員はロボットではない。
（7）シラバスを詳細化するくらいなら、授業をやる必要はないのでは。自宅学習だけで充分だ。授業の全体が詳細に計画されたら、実際の授業を受ける醍醐味がなくなる。

（8）シラバスを詳細化して授業の要点を教員自身が開陳するとノートを取る必要がなくなり、学生の主体的な〈学び〉の契機が失われるのではないか。

（9）シラバスの詳細化よりも優先すべきなのは、期末試験評価の標準化ではないか。紙試験《ペーパーテスト》であっても科目間で凸凹がありすぎるし、レポート試験などは評価が曖昧すぎると思う。必要なのは授業管理よりも試験管理だ。授業計画が立派でも、そして実際の授業も立派でも、試験問題と採点がずさんな授業はいくらでもある。

（10）「観点別評価」の総合的な観点はコマシラバスに馴染まないのではないか。

これらの議論は、なんどやっても再生してくる不死鳥のようなシラバス不信・不要論である。今回のシラバス論は、この不信・不要論に向けて「これでもかこれでもか」と書きこんだものだ。どこまでその懸念が解消されたかは読者の判断を待つしかない。

※　※　※

今回のこの本ができる経緯は屈折している。前著『努力する人間になってはいけない——学校と仕事と社会の新人論』の出版記念の集まり（二〇一三年八月七日、東京・有楽町の外国特派員協会にて）に何社か出版社の方が来られていたのだが、その内の一社が今回の晶文社の安藤聡さんだった。「晶文社と言えば…」と感慨深く名刺交換したのを今でも覚えている。「晶文社と言えば」、ケネス・バークの『動機の文法』、ラヴジョイの『存在の大いなる連鎖』、ソンタグの『写真論』、ホッファーの『現代という時代の気質』など学生時代お世話になった本を出していた出版社だった。お呼びしたわけでもないのに（そもそもそんな伝統ある出版社とご縁もなかったし）、その出版社の方と出逢えるというのも何かのご縁かなと、そんな話をしたのをいま思い出している。

その後、「書きます、書きます」と言いつづけてもう六年近く経ったが、最初、日経BPnetに連載した「ストック情報武装化論」（二〇一四年六月から一〇月にかけて全九回連載——一〇回目は未発表のまま）を加筆修正して出しましょうと安藤さんとは約束していて、二年後くらいには八回目まで大幅に加筆修正して送ったのだが、やはり未発表の一〇回目（ハイデガーの「技術《テクネー》」論を予定していたのだが）に近づくと筆が遅くなり、そのままになっていた。

今回、日の目を見るものは、ツイッター論とは全く別物の「シラバス論」。学内のシラバス研修が私の遅筆なペースに火を点けたということか。

このシラバス論は隅々まで実践的な動機に満ちている。一挙に四〇〇枚書いたところで、久しぶりに安藤さんに連絡して「これを出しましょう」と私の方から切り出した。安藤さんはいつものようにニコニコと、「すごいですねぇ、この分量」と、分量のことにしか言及してくれなかったが、筆が進まず何年も待たせたという点では〝分量〟は決定的だったのかもしれない。しかし、シラバスという切り口で大学や教育の在り方を論じた類書などこれまでなかったから、それなりの意味はあるだろうというのが二人の共通認識だったと思う。根気よくお待ちいただいた安藤さんにお返しができたかどうかわからないが、「書きます」という約束は果たせてほっとしている。ただし安藤さんも編集部もそうだろうが、私にもこの「シラバス論」の読者が誰なのかはこうやってあとがきを書いている今でも見えない。まさに「実践 eine Praxis」(ウィトゲンシュタイン)あるのみ、の出版だと思う。安藤さんともども晶文社編集部の方にも感謝している。学生時代お世話になった書籍の出版社から自分の本を出すことができるというのは、読書人としてもとても嬉しいことなのだ。なんど感謝しても足りないくらいだ。

今回も前作『努力する人間になってはいけない――学校と仕事と社会の新人論』の索引と同じように、索引作りにはかなり力を入れることにした。一つの語句を五〇音順に並べるだけではなく、その語句との意味論的な連関も辿れるように索引を作っている。場合によっては、語句にとどまらず、キーとなるセンテンスも索引で見られるようにしている。出版ペースの速い昨今の出版業界の現状では、索引まで時間をかけていられない事情もあるのだろうが、まともな索引がないのなら電子書籍で充分ではないかと思う。片手間に作った索引なら、検索で充分間に合うだろうし。前作が紀伊國屋書店の「二〇一三年 紀伊國屋じんぶん大賞」に入賞したのも索引の充実度が他書を圧倒していたからだろう。今回はギネス級の「索引」を作り込んでいる（言いすぎかな）。

前作からの改善としては、語句について、誰が主として使う語句なのかなども示したことだ。たとえば、「い」の索引では、「インセンティブ・ディバイド（苅谷剛彦）」というように表記している。人名索引からも逆にそれを辿れるようにしており、「か」の「苅谷剛彦」の人名索引欄では、「インセンティブ・ディバイド」はもちろんのこと、本書で言及された彼に関わるキータームが網羅的にわかるようになっている。たとえば、「学力の分散」「エリート」「学歴格差／格差」「職業教育」「儒教的教養主義」「イギリス社会の階級制」「教育された市民／an educated citizen」「D・H・ロレンス」などだ。苅谷剛彦だけで五〇語くらいは〝苅谷ワード〟が出てくる。〈検索〉に馴染んでいる読者にも、一冊の本を縦横無尽に再構成する〈索引〉の面白さを感じていただければ、と思う。特に六万字を超える註で寸断された本文を再構成するためにもこの索引はもう一つの本文のようなものだと思って作り込んでいる。

今回のこの索引も早稲田大学以来の友人、芦澤昌彦さん（私の所属する学校法人河原学園・自己点検評価本部室長・本部教務部部長）の全面的な協力のもとにできあがっている。彼は私が提案したコマシラバス教育の最初の実践者であり、コマシラバス教育の数々の実績を持っている。

卒業年次四月の早期就職内定率一〇〇％の実績や入学－卒業退学率〇％の実績もコマシラバスを前提としたカリキュラムと授業の成果だ。不思議なことに、こういった計画的な教育を行うと学生たちは放っておいても、放課後はもちろんのこと、土日も教室に出入りするようになり自分たちで勉強し始めるようになった。その在学生の普段の姿を見せるだけでもオープンキャンパスにおける募集実績の向上に繋がった。そして最後には期末試験が近づくと自分たちで模擬試験を作るようになった。履修＝修得率の向上、及び進路決定先の質的な向上と募集向上（志願者数の増加）とが一致する理想型でもあった。

　コマシラバス教育を反意欲教育のように勘違いする人もいるが、計画的、体系的にinputを精緻化していくと、放っておいても学生は意欲的になる。自分の成長が、授業計画の実際の進行とともに知的＝専門的に実感できるようになるからだ。カリキュラム・ポリシーに基づく日々の、時間《コマ》単位の〈目標〉を学生の前に具体的に示すことが自主性や意欲を生みだすのである。反シラバス的なコミュニケーション論や意欲教育は中級以上の高度目標、つまり年単位で積み上げる教育には耐えられないのだ。それが彼と私との二〇年間で出した実践的な結論だった。

　従って、この索引体系は、そんな実績のある彼からする本書の読み込みの体系となっている。そもそもこんな意味論的な索引は、本文の読み込みなしには作れない。今回の「シラバス」論もその彼の実践的な読み込みに耐え得るように書き込んだつもりである。彼へのプレゼントのように書いたと言ってもよい。

本書で採用した「コマシラバス」と「履修判定指標」とは、本学・人間環境大学の城田純平先生（哲学）のものを採用させていただいた。彼には昨年度から人間環境大学の〝建学の精神〟を一年生に解説する必修科目「人間環境学」（二単位）を担当していただいているが、二年かけて全学コマシラバスのモデルとなるような作り込みをお願いして、私の細々《こまごま》とした要望にも応えていただき本書に掲載する形になった。これは彼が実際授業で使っているシラバスである。ご協力に大変感謝している。

また中西大輔教授（広島修道大学・社会心理学）、小山龍介准教授（名古屋商科大学ビジネススクール・ビジネスモデル論）、中原翔准教授（大阪産業大学・経営管理論）には、お忙しい中、校正をお手伝いいただいた。特に中西教授からは、「講座制の弊害」と単に書いても、「講座制」の理解はかなり多様で読者にはわからないのではないかという指摘を受け、まさにそこから本書の長い註の旅が始まった。その中西先生は来年度の担当科目「心理学」に向けて、この秋から詳細なコマシラバス作成に取りかかるとのこと。中原准教授は、本稿の校正作業の途中から、自らの講義計画をコマシラバス化して、すでに授業でお使いになっているらしい。「手応えあり」との報告を受けている。来月一一月二六日には、大阪産業大学での全学ＦＤ研修会にお呼びいただき、今回のシラバス論に基づいた研修の講師を務めることになっている。小山龍介准教授の授業スタイル自体は典型的な「わいわいガヤガヤ」の反シラバス的ワークショップスタイル。

そうであっても小山准教授は持ち前の思考の柔軟性によって、かねてから私の議論には興味をもっておられて、私が東京で開催したシラバス研究会にも参加されていた。私の願いは、いつかそんな小山先生にこそ精緻なコマシラバスを書いてもらうことである。

芦澤昌彦さんと同様、早稲田時代からの宮川進悟さん、柴田敬司さんにも前回同様校正でお世話になった。また昔からの私のブログの読者、瀬尾智宏さん（高等学校・国語科教員）にも校正を越えた、教育現場からの貴重なアドバイスいただき感謝している。河原学園本部（教務部）の西岡緑さんには芦澤さん同様日曜日や休日を返上して校正をお手伝いいただいた。今回のこの「シラバス論」が西岡さんのこれからの教務活動に少しでも貢献できれば、と願うばかりだ。

最後に。学校法人河原学園の河原次瞭学園長、同・河原成紀理事長、また学校法人小山学園の山本眞学園長、学校法人辻料理学館・辻芳樹理事長のご支援、ご指導なしには、このコマシラバスによる教育は日の目を見ることがなかっただろう。みなさんの人材教育への長期に渡る熱意なしには、教育改革の空白地帯とも言えるシラバス議論をここまで詳細に、そして実践的に展開することはできなかった。深謝して本書を捧げたい。

二〇一九年一〇月三〇日　秋麗の品川・御殿山にて

芦田宏直

参考・参照文献表

※文献表記の順序は、各章で言及した順序に沿っています。ただし同じ章内で二度、三度と言及した場合には、章内で最初に言及したもの以外は再提示していません。お手数ですが遡って参照して下さい。
※引用する場合には、その引用文の数字を漢数字に変えている場合があります。また句読法を事情に応じて本文のリズムに合わせている場合もあります。悪しからず。本文と引用文上に生じる〝表記のゆれ〟については原則修正していません。
※本文中、煩瑣な出典表記を避けるために出版社、翻訳者、出版年数などを略したものもありますが、この文献表ではすべて明示してあります。特に「まえがきにかえて」「あとがきにかえて」の引用については出典表記を簡便化しています。ただしこの文献表では本文と同じレベルでそれらで言及された文献も表示しているので、わからない場合は参照して下さい。
※引用の当該箇所の指摘については、必要な場合には、著作内の章名などを指定している場合もあります。マーチン・トロウ「エリート高等教育の危機」、『高学歴社会の大学』（天野郁夫・喜多村和之訳）所収などというように。
※欧語翻訳文献における年数の（　）内表記は欧語原典が出版された年数を意味します。原則として一〇〇年以上前のものは（　）内に表記しています。

まえがきにかえて

中教審答申「新たな未来を築くための大学教育の質的転換に向けて」、二〇一二年
総理府「臨時教育審議会」答申、一九八四年
内田健三『臨教審の軌跡』第一法規出版、一九八七年
中教審答申「今後における学校教育の総合的な拡充整備のための基本的施策について」、一九七一年
中教審答申「生涯教育について」、一九八一年
大森和夫『臨時教育審議会三年間の記録』光書房、一九八七年
苅谷剛彦『階層化日本と教育危機』有信堂高文社、二〇〇一年

中教審「教学マネジメント委員会特別部会」、二〇一八年
本田由紀『多元化する「能力」と日本社会』NTT出版、二〇〇五年
寺脇研「『ゆとり教育』は時代の要請である」（『中央公論』二〇〇四年二月号所収）、中央公論新社、二〇〇四年
総理府「臨時教育審議会」第四次答申、一九八七年
カイム・ペレルマン『説得の論理学』（三輪正訳）理想社、一九八〇年
ピエール・ブルデュー『実践感覚（一）』（今村仁司・港道隆訳）みすず書房、一九八八年
與那覇潤『中国化する日本』文藝春秋、二〇一一年
苅谷剛彦・清水睦美・志水宏吉・諸田裕子『調査報告「学力低下」の実態』岩波ブックレット、二〇〇二年
中教審答申「学士課程教育の構築に向けて」、二〇〇八年
中教審答申「二〇四〇年に向けた高等教育のグランドデザイン」、二〇一八年
高田里惠子『グロテスクな教養』ちくま新書、二〇〇五年
マーチン・トロウ「エリート高等教育の危機」、『高学歴社会の大学』（天野郁夫・喜多村和之訳）所収、東京大学出版会、一九七六年
吉見俊哉『大学とは何か』岩波新書、二〇一一年
下村博文「『センター試験』廃止は二〇二〇年——一つのモノサシから脱却し、多様な入試制度に」ダイヤモンドオンライン、二〇一四年
ヴィルヘルム・フォン・フンボルト「ベルリン高等学問施設の内的ならびに外的組織の理念」、『大学の理念と構想』（梅根悟訳）所収、明治図書、一九七〇年（一八〇九年）
ルキウス・アンナエウス・セネカ『セネカ哲学全集（第五巻）』倫理書簡集I（高橋宏幸訳）、岩波書店、二〇〇五年（六三〜六五年）

第一章　一九九一年「大綱化」以降のシラバス

大学審議会答申「大学教育の改善について」、一九九一年
総理府「臨教教育審議会」（第一次答申）「個性重視の原則」、一九八五年

天野郁夫『大学改革を問い直す』慶應義塾出版会、二〇一三年
潮木守一『大学再生の具体像(第二版)』東信堂、二〇一三年
佐藤学「教養教育と専門家教育の接合」東京大学教養部第一回FD講演会、二〇〇四年
天野郁夫「新制大学の教育課程編成問題」(国立教育政策研究所「プロジェクト全体研究会第二部資料」所収、二〇一七年)
イマヌエル・カント『諸学部の争い(岩波版カント・全集一八巻)』(角忍・竹山重光訳)、二〇〇二年(一七九八年)
ジャン＝ジャック・ルソー『エミール、または教育について』(今野一雄訳)岩波文庫、一九六二年(一七六二年)
坂部恵『理性の不安』勁草書房、一九七六年
ジャック・デリダ『条件なき大学』(西山雄二訳)月曜社、二〇〇八年
フリードリヒ・シェリング『学問論』(勝田守一訳)岩波文庫、一九五七年(一八〇三年)
ジャック・デリダ『他者の言語』(高橋允昭訳)法政大学出版局、一九八九年
ジャック・デリダ『哲学への権利(二)』(西山雄二・立花史・馬場智一・宮﨑裕助・藤田尚志・津﨑良典訳)みすず書房、二〇一五年
ジャック・デリダ『声と現象』(高橋允昭訳)理想社、一九七〇年
エルンスト・ローベルト・クルツィウス『ヨーロッパ文学とラテン中世』(南大路振一・岸本通夫・中村善也訳)みすず書房、一九七一年
ジャン＝フランソワ・リオタール『熱狂』(中島盛夫訳)法政大学出版局、一九九〇年
ビル・レディングズ『廃墟の中の大学』(青木健・斎藤信平訳)法政大学出版局、二〇〇〇年
ハンナ・アーレント『カント政治哲学講義録』(仲正昌樹訳)明月堂書店、二〇〇九年
ジャン＝リュック・ナンシー「大学――知と非-知」、『人文学と制度』(西山雄二編)所収、未来社、二〇一三年
アラン・ブルーム『アメリカン・マインドの終焉――文化と教育の危機』(菅野盾樹訳)みすず書房、一九八八年
ミシェル・フーコー『ミシェル・フーコー講義集成(一二)』(阿部崇訳)筑摩書房、二〇一〇年
斉藤渉「フンボルトにおける大学と教養」(西山雄二編『哲学と大学』所収)未来社、二〇〇九年
栄陽子『ハーバード大学はどんな学生を望んでいるのか?』ワニブックス、二〇一四年

苅谷剛彦『アメリカの大学・ニッポンの大学』玉川大学出版部、一九九二年
リチャード・ホーフスタッター『アメリカの反知性主義』(田村哲夫訳)みすず書房、二〇〇三年
アンソニー・ギデンス『社会学』改訂第三版(松尾精文・西岡八郎・藤井達也・小幡正敏・叶堂隆三・立松隆介・松川昭子・内田健訳)、而立書房、二〇〇三年
垂見裕子「家庭背景による学力格差――PISA調査の分析から」日本教育社会学会大会発表要旨集録六一、二〇〇九年
大学審議会答申「平成五年度以降の高等教育の計画的整備について」、一九九一年
中澤渉『日本の公教育』中公新書、二〇一八年
潮木守一『世界の大学危機』中公新書、二〇〇四年
クリストフ・シャルル&ジャック・ヴェルジェ『大学の歴史』(岡山茂・谷口清彦訳)白水社、二〇〇九年
吉見俊哉『大学とは何か』岩波新書、二〇一一年
マーチン・トロウ『高度情報社会における大学』(喜多村和之訳)玉川大学出版部、二〇〇〇年
チャールズ・テイラー『近代――想像された社会の系譜』(上野成利訳)岩波書店、二〇一一年
吉川徹『学歴分断社会』ちくま新書、二〇〇九年
ユースフル労働統計――労働統計加工指標集――、独立行政法人労働政策研究・研修機構、二〇一七年
潮木守一『世界の大学危機』中公新書、二〇〇四年
児美川孝一郎『若者はなぜ「就職」できなくなったのか?』日本図書センター、二〇一一年
古市憲寿『希望難民ご一行様』光文社新書、二〇一一年
本田由紀『若者と仕事』東京大学出版会、二〇〇五年
苅谷剛彦『大衆教育社会のゆくえ』中公新書、一九九五年
金子元久『大学の教育力』ちくま新書、二〇〇七年
天野郁夫「成熟するマス高等教育」(『日本の高等教育システム』所収)東京大学出版会、二〇〇三年
金子元久「教育の政治・経済学」(天野郁夫編『教育への問い』所収)東京大学出版会、一九九七年
吉見俊哉「戦後日本と大学改革」(『大学とは何か』所収)岩波新書、二〇一一年

濱中義隆『大衆化する大学』岩波書店、二〇一三年
蓮実重彦『私が大学について知っている二、三の事柄』東京大学出版会、二〇〇一年
中教審答申「二〇四〇年に向けた高等教育のグランドデザイン」、二〇一八年
中教審答申「学士課程教育の構築に向けて」、二〇〇八年
中教審答申「我が国の高等教育の将来像」、二〇〇五年
中教審答申「新たな未来を築くための大学教育の質的転換に向けて」、二〇一二年
ランドル・コリンズ『資格社会』(新堀通也訳)東信堂、一九八四年

第二章　「概念」型シラバスと「時間」型シラバスと

天野郁夫『大学の誕生』中公新書、二〇〇九年
天野郁夫『帝国大学』中公新書、二〇一七年
立花隆『天皇と東大』文藝春秋、二〇〇五年
金子元久『大学の教育力』岩波新書、二〇〇七年
潮木守一『ドイツの大学』講談社学術文庫、一九九二年
エマニュエル・レヴィナス『タルムード四講話』(内田樹訳)国文社、一九八七年
中教審大学分科会「大学のガバナンス改革の推進について」、二〇一四年
中教審答申「今後における学校教育の総合的な拡充整備のための基本的施策について」、一九七一年
天野郁夫『大学改革を問い直す』慶應義塾大学出版会、二〇一三年
ゲオルク・ヴィルヘルム・フリードリヒ・ヘーゲル『法の哲学I』中央公論新社(藤野渉・赤沢正敏訳)、二〇〇一年(一八二〇年)
ジル・ドゥルーズ『哲学とは何か』(財津理訳)河出書房新社、一九九七年
鈴木克明『教材設計マニュアル』北大路書房、二〇〇二年
コルバン・クルティーヌ・ヴィガレロ監修『身体の歴史』(鷲見洋一監訳)藤原書店、二〇一〇年
中島英博編著『授業設計』玉川大学出版部、二〇一六年

佐藤浩章編著『大学教員のための授業方法とデザイン』玉川大学出版部、二〇一〇年
内田樹『街場の大学論』角川文庫、二〇〇七年
内田樹『先生はえらい』ちくまプリマー新書、二〇〇五年
苅谷剛彦『アメリカの大学・ニッポンの大学』玉川大学出版部、一九九二年
苅谷剛彦『階層化日本と教育危機』有信堂、二〇〇一年
苅谷剛彦『イギリスの大学・ニッポンの大学』中公新書ラクレ、二〇一二年
トマ・ピケティ『二一世紀の資本』(山形浩生・守岡桜・森本正史訳) みすず書房、二〇一四年
国税庁「民間給与実態統計調査」、二〇一四年
東京大学「学生生活実態調査の結果」、二〇一六年
内田樹『最終講義』技術評論社、二〇一一年
井上理『「実学」再考――教育改革の動向」(「高等教育研究」第四集所収)、玉川大学出版部、二〇〇一年

第三章　コマシラバスによるカリキュラムの構築――教員は授業機械か?

土持ゲーリー法一『戦後日本の高等教育施策』玉川大学出版部、二〇〇六年
潮木守一『アメリカの大学』講談社学術文庫、一九九三年
マーチン・トロウ「高等教育の構造変動」、『高学歴社会の大学』(天野郁夫・喜多村和之訳) 所収、東京大学出版会、一九七六年
コントラート・パウル・リースマン『反教養の理論』(斎藤成夫・齋藤直樹訳) 法政大学出版局、二〇一七年
小方直幸「大学の授業の何が課題か」(「高等教育研究」第一七集所収)、玉川大学出版部、二〇一四年
苅谷剛彦『アメリカの大学・ニッポンの大学』玉川大学出版部、一九九二年
蓮實重彦『私が大学について知っている二、三の事柄』東京大学出版会、二〇〇一年
拙著『努力する人間になってはいけない――学校と仕事と社会の新人論』ロゼッタストーン社、二〇一三年
川添信介『哲学の歴史(第三巻 ― 神との対話)』中央公論新社、二〇〇八年
拙稿「大学入試改革の時代錯誤について――『人物本位入試』は階層格差を拡大する」(「教育と医学」慶應義塾大学出版会、

No.733）

第四章　「コマシラバス」という言葉と一〇年後のシラバス論

テッド・ネルソン『リテラリーマシン――ハイパーテキスト原論』（竹内郁雄・斉藤康己訳）アスキー出版局、一九四四年
竹内洋『日本のメリトクラシー』東京大学出版会、一九九五年
竹内洋『日本の近代（一二）学歴貴族の栄光と挫折』中央公論新社、一九九九年
高田里恵子『グロテスクな教養』ちくま新書、二〇〇五年
内田健三『臨教審の軌跡』第一法規出版、一九八七年
拙著『努力する人間になってはいけない――学校と仕事と社会の新人論』ロゼッタストーン、二〇一三年
内田樹『下流志向〈学ばない子どもたち 働かない若者たち〉』講談社文庫、二〇〇九年
ルキウス・アンナエウス・セネカ『セネカ哲学全集（第五巻）』倫理書簡集Ⅰ（高橋宏幸訳）、岩波書店、二〇〇五年
内田樹『街場の教育論』ミシマ社、二〇〇八年
潮木守一『世界の大学危機』中公新書、二〇〇四年
ヴィルヘルム・フォン・フンボルト「ベルリン高等学問施設の内的ならびに外的組織の理念」、『大学の理念と構想』（梅根悟訳）所収、明治図書、一九七〇年（一八〇九年）
ヴィルヘルム・フォン・フンボルト『言語と精神』（亀山健吉訳）法政大学出版局、一九八四年
潮木守一「『フンボルト理念』とは神話だったのか？――自己理解の〝進歩〟と〝後退〟」、アルカディア学報（二二三五号）所収、二〇〇六年
潮木守一『フンボルト理念の終焉？――現代大学の新次元』東信堂、二〇〇八年
伊藤敦広「個別的理想と大学の理念」、「シェリング年報」（二六号）所収、二〇一八年
ジャン・フランソワ・リオタール『ポスト・モダンの条件』（小林康夫訳）水声社、一九八九年
ジャック・ラカン『自我（下）』（小出浩之・鈴木國文・小川豊昭・南淳三訳）岩波書店、一九九八年
マーチン・トロウ「エリート高等教育の危機」、『高学歴社会の大学』（天野郁夫・喜多村和之訳）所収、東京大学出版会、

一九七六年
苅谷剛彦『アメリカの大学・ニッポンの大学』玉川大学出版部、一九九二年
中教審答申「学士課程教育の構築に向けて」、二〇〇八年
小方直幸「『専門学校教育と卒業生のキャリアに関する調査』から見えてきた課題」、『キャリアエデュ』(No.26)所収、二〇〇九年
濱口桂一郎『新しい労働社会』岩波新書、二〇〇九年)
小熊英二『日本社会のしくみ――雇用・教育・福祉の歴史社会学』講談社現代新書、二〇一九年
「判例時報」(No.2335)判例時報社、二〇一七年
市川昭午『未来形の教育』教育開発研究所、二〇〇〇年
ジョン・R・サール『MiND 心の哲学』(山本貴光・吉川浩満訳)朝日出版社、二〇〇六年
ピエール・ブルデュー『実践感覚(一)』(今村仁司・港道隆訳)みすず書房、一九八八年
ピエール・ブルデュー『ハイデガーの政治的存在論』(桑田礼彰訳)藤原書店、二〇〇〇年
マルティン・ハイデガー『存在と時間』(高田珠樹訳)作品社、二〇一三年(一九二七年)
ピエール・ブルデュー『国家貴族(I)』(立花英裕訳)藤原書店、二〇一二年
垂見裕子「PISAから日本の学力格差をみる――家庭的背景・学習方略を中心に」早稲田大学高等研究所、二〇一二年
小方直幸「コンピテンシーは大学教育を変えるか」(『高等教育研究』第四集所収)、玉川大学出版部、二〇〇一年
潮木守一『大学再生の具体像(第二版)』東信堂、二〇一三年
鈴木有紀『教えない授業』英治出版、二〇一九年
ジャック・デリダ『条件なき大学』(西山雄二訳)月曜社、二〇〇八年
イマヌエル・カント『純粋理性批判』超越論的方法論・第三章「純粋理性の建築術」(熊野純彦訳)作品社、二〇一二年(一七八七年)
マルティン・ハイデガー『技術への問い』(関口浩訳)平凡社ライブラリー、二〇一三年
フリードリヒ・シェリング『学問論』(勝田守一訳)岩波文庫、一九五七年(一八〇三年)

カール・ヤスパース『大学の理念』（福井一光訳）理想社、一九九九年
柄谷行人『探究Ⅰ』講談社、一九八六年
ルートヴィヒ・ウィトゲンシュタイン『哲学探究（ウィトゲンシュタイン全集・第八巻）』（藤本隆志訳）大修館書店、一九七六年
ルートヴィヒ・ウィトゲンシュタイン『論理哲学論考（ウィトゲンシュタイン全集・第一巻）』（奥雅博訳）大修館書店、一九七五年
ソール・A・クリプキ『ウィトゲンシュタインのパラドクス』（黒崎宏訳）産業図書、一九八三年
モーリス・ブランショ『文学空間』（粟津則雄、出口裕弘訳）現代思潮社、一九七六年
ジャック・デリダ『声と現象』（高橋允昭訳）理想社、一九七〇年
イマヌエル・カント『純粋理性批判』超越論的原理論（熊野純彦訳）作品社、二〇一二年（一七八七年）
マルティン・ハイデガー『存在と時間』（原佑・渡辺二郎訳）中公クラシックス、二〇〇三年
エマニュエル・レヴィナス『全体性と無限』（合田正人訳）国文社、一九八九年
ジョルジョ・アガンベン『幼児期と歴史――経験の破壊と歴史の起源』岩波書店、二〇〇七年
吉本隆明『真贋』講談社インターナショナル、二〇〇七年

第五章　終わりにかえて――新しい人材像とシラバスとカリキュラムと

本田由紀『多元化する「能力」と日本社会』NTT出版、二〇〇五年
苅谷剛彦『教育再生の迷走』筑摩書房、二〇〇八年
文科省「学習指導要領」、一九八九年
文科省「学習指導要領」、一九九二年
佐藤俊樹編『自由への問い（六）――労働』岩波書店、二〇一〇年
牧野智和『日常に侵入する自己啓発』勁草書房、二〇一五年
木村元『学校の戦後史』岩波新書、二〇一五年

中教審答申「我が国の高等教育の将来像」、二〇〇五年
天野郁夫『大学改革を問い直す』慶應義塾大学出版会、二〇一三年
寺脇研「『ゆとり教育』は時代の要請である」(『中央公論』二〇〇四年二月号所収)、中央公論新社、二〇〇四年
市川昭午『未来形の教育』教育開発研究所、二〇〇〇年
井上進『中国出版文化史』名古屋大学出版会、二〇〇二年
ピーター・バーク『知識の社会史』(井山弘幸・城戸淳訳)新曜社、二〇〇四年
与那覇潤『中国化する日本』文藝春秋、二〇一一年
拙論「大学入試改革の時代錯誤について——『人物本位入試』は階層格差を拡大する」(『教育と医学』慶應義塾大学出版会、
No.733

ゲオルク・ヴィルヘルム・フリードリヒ・ヘーゲル『ヘーゲル教育論集』(上妻精編訳)国文社、一九八八年(一八一一年)
高田里惠子『グロテスクな教養』ちくま新書、二〇一四年
ピエール・ブルデュー『実践感覚(一)』(今村仁司・港道隆訳)みすず書房、一九八八年
スコット・ラッシュ「再帰性とその分身」、『再帰的近代化』(松尾精文・小幡正敏・叶堂隆三訳)所収、而立書房、一九九七年
本田由紀『軋む社会』双風舎、二〇〇八年
臨教審答申二次答申第二章「家庭の教育力の回復」、一九八六年
苅谷剛彦『追いついた近代 消えた近代』岩波書店、二〇一九年
寺崎弘昭「歴史のなかの教育」(天野郁夫編『教育への問い』所収)東京大学出版会、一九九七年
藤原敬子「我が国における『教育』という語に関しての一考察」三田哲学会『哲学』第七三集、一九八一年
ジャン=ジャック・ルソー『エミール、または教育について』(今野一雄訳)岩波文庫、一九六二年(一七六二年)
立木康介『露出せよ、と現代文明は言う』河出書房新社、二〇一三年
松本卓也『享楽社会論』人文書院、二〇一八年
苅谷剛彦『大衆教育社会のゆくえ』中公新書、一九九五年
苅谷剛彦『階層化日本と教育危機』有信堂、二〇〇一年

ベネッセ教育総合研究所「第五回学習基本調査」、二〇一五年
耳塚寛明「子どもの学びの四半世紀（一九九〇年～二〇一五年）」（『第五回学習基本調査』所収）ベネッセ教育総合研究所、二〇一五年
文科省「学習指導要領」、一九九二年
文科省「学習指導要領」、二〇一一年
中澤渉『日本の公教育』中公新書、二〇一八年
厚労省「二一世紀出生児縦断調査（平成一三年出生児）」二〇一七年
苅谷剛彦、清水睦美、志水宏吉、諸田裕子『調査報告「学力低下」の実態』岩波書店、二〇〇二年
中澤渉『日本の公教育』中公新書、二〇一八年
垂見裕子「PISAから日本の学力格差をみる――家庭的背景・学習方略を中心に」早稲田大学高等研究所、二〇一二年
ランドル・コリンズ『資格社会』（新堀通也訳）東信堂、一九八四年
土井隆義『個性を煽られる子どもたち』岩波書店、二〇〇四年
エリザベス・L・アイゼンステイン『印刷革命』（別宮貞徳訳）みすず書房、一九八七年
ビル・レディングズ『廃墟としての大学』（青木健・斎藤信平訳）法政大学出版局、二〇〇〇年
アラン・ブルーム『アメリカン・マインドの終焉』（菅野盾樹訳）みすず書房、一九九八年
ヤーロスラフ・ペリカン『大学とは何か』（田口孝夫訳）法政大学出版局、一九九六年
ジャン＝フランソワ・リオタール『ポスト・モダンの条件』水声社、一九八九年
拙著「ツイッター微分論」（『努力する人間になってはいけない――学校と仕事と社会の新人論』所収）ロゼッタストーン、二〇一三年
小方直幸「コンピテンシーは大学教育を変えるか」（『高等教育研究』第四集所収）、玉川大学出版部、二〇〇一年
吉本圭一「高等教育としての専門学校教育」（文科省「専修学校の振興に関する検討会議（第三回資料）所収、二〇〇七年
本田由紀『教育の職業的意義』ちくま新書、二〇〇九年
カール・ヤスパース『大学の理念』（福井一光訳）理想社、一九九九年

濱口桂一郎『新しい労働社会』岩波新書、二〇〇九年
河合隼雄『子どもと自然』岩波新書、一九九〇年
ジャック・ラカン『自我（上）』（小出浩之、鈴木國文、小川豊昭、南淳三訳）岩波書店、一九九八年
小熊英二『日本社会のしくみ——雇用・教育・福祉の歴史社会学』講談社現代新書、二〇一九年
OECD「国際成人力調査（PIAAC）」、二〇一三年
ジャンバッティスタ・ヴィーコ『学問の方法』岩波文庫、一九八七年（一七〇八年）
ゲオルク・ヴィルヘルム・フリードリヒ・ヘーゲル『精神現象学』（長谷川宏訳）作品社、一九九八年（一八〇七年）

あとがきにかえて

エンゲルス「共産主義者同盟の歴史によせて」、『マルクス・エンゲルス全集』第二一巻（岡茂男訳）所収。大月書店、一九七一年（一八八五年）
小林秀雄『学生との対話』新潮文庫、二〇一七年
ゲオルク・ヴィルヘルム・フリードリヒ・ヘーゲル『精神現象学』（長谷川宏訳）作品社、一九九八年（一八〇七年）
ゲオルク・ヴィルヘルム・フリードリヒ・ヘーゲル『大論理学』上巻の一（武市健人訳）岩波書店、一九五六年（一八一二年）
アリストテレス『形而上学』上巻・下巻（出隆訳）岩波文庫、一九五九年（前三五〇年前後）
葛木浩一「教育活動」、有本章編『変貌する世界の大学教授職』所収、玉川大学出版部、二〇一一年
イマヌエル・カント『純粋理性批判』超越論的原理論（熊野純彦訳）作品社、二〇一二年（一七八七年）
マルティン・ハイデガー『存在と時間』（高田珠樹訳）作品社、二〇一三年（一九二七年）
吉本隆明『思想の基準をめぐって』深夜叢書社、一九九四年
吉本隆明『最後の親鸞』春秋社、一九七六年
吉本隆明「転向論」、『吉本隆明全集』第五巻所収、晶文社、二〇一四年
吉本隆明『悲劇の解読』筑摩書房、一九七九年
吉本隆明「on reading」朝日新聞（三月二〇日）、二〇一一年

ジャック・デリダ『条件なき大学』(西山雄二訳)月曜社、二〇〇八年
三浦雅士『青春の終焉』講談社、二〇〇一年

エロス的（レヴィナス）………………247-249
エロス的関係（レヴィナス）………247-248
教える立場（レヴィナス）…………193, 248
顔（レヴィナス）………36, 67, 97-98, 243, 247, 285, 315, 317, 372, 406
女性的なもの（レヴィナス）………………247
すべての関係は～（レヴィナス）……248
対面, face-à-face［仏］（レヴィナス）……………………………………………247-249, 286
隣り合わせ（レヴィナス）…………………248
向かい合わせ（レヴィナス）……………248
⇒内田樹
⇒柄谷行人, 柄谷
レディングズ…………………………55-56, 288-289
エクセレンス（レディングズ）……56, 289
国民文化の理念（レディングズ）……288
その冒険に乗り出す学生のヒーローもいなければ～（レディングズ）…………289
ヒーロー……………………………………288-290
普遍的理性という概念が大学に生命を与える原理としての国民文化の理念にとって代わられるやいなや大学は国家へ奉仕するように強要される（レディングズ）………………………………………………288
ローウェル………………………………………………57
ハーバード大学, ハーバード………57, 64, 121, 136-138, 163, 341
ロレンス, D.H. ロレンス………………121, 413
イギリス…………………………62-63, 121, 413
鷲崎弘宣………………………………………………352
ソフトウェア工学……………………………352
早稲田大学, 早稲田……62, 72, 134, 138, 236, 284, 337, 341, 348, 352-353, 381, 389, 413, 416
ワロー………………………………………………275-276
⇒寺崎弘昭, 寺崎

大学を引退した数学の名誉教授 ….. 237
大衆（ブルデュー） ………… 58-59, 64, 66, 74, 232, 278-280, 283, 318, 322, 326, 404, 406
大衆の原像（吉本隆明） ………… 404
単独性（吉本の言う自己表出）と普遍性（吉本の言う指示表出）の関係 …. 251
転向（吉本隆明） ………… 400, 404
入射角（吉本隆明） ………… 400
ペラス（πέρας）はつねにすでに存在しており〜 ………… 402
矛盾 ….. 138, 140, 250-251, 396-397, 399
矛盾の内に自らを保持することは〜（ヘーゲル） ………… 397
吉本隆明が入射角と出射角と呼んだところの〜（吉本隆明） ………… 400
私は何も知らないという始元を回復するためにこそ〜 ………… 400
⇒教育と研究
⇒親鸞
⇒一つの実践（ウィトゲンシュタイン）
⇒ヘーゲル
⇒ペラス , 限界 , πέρας［希］（アリストテレス , ヘーゲル）
與那覇潤 ………… 34, 268, 318
印刷術 , 印刷技術 ……. 34, 241, 267-268, 287
オイコス , 家政 , οἶκος［希］ ………. 276, 316-318, 326, 331
家職化、家産化（與那覇潤） …. 268, 318
家政 , Home Economics［英］ ………. 276, 316-317
大貴族による官位の家職化〜（與那覇潤） ………… 268
豊富な紙と進んだ印刷技術（與那覇潤） ………… 34
⇒貴族
⇒次世代
⇒シャッフル
ラヴジョイ ………… 411
リースマン , K.P. リースマン ……… 140-141
単位互換制をマルクスの労働価値説の復活になぞらえて世界史の皮肉とまで揶揄している（K.P. リースマン） …… 140
単位制 ……. 105, 134, 136, 138-142, 148, 153, 174, 191, 408
リースマンは労働価値説を交換価値に寄せて理解している ………… 141
リオタール ………… 55, 197, 289-290
エンチクロペディー（リオタール） ….. 289
教授の時代の弔鐘（リオタール） …… 290
自然（リオタール） …… 46, 53, 64, 89, 99, 116, 126, 162, 198, 269, 275, 289, 297, 300, 328, 391, 403
主体の形成（リオタール） ………… 197
遂行性 , 遂行の最適化（リオタール） ………… 289
データの活性化の想像力（リオタール） ………… 289
データバンク（リオタール） ………… 289
陶冶 , 建てること , Bildung［独］（ヘーゲル） ……… 197-198, 242, 288, 291, 301, 397, 403
熱狂（リオタール） ………… 55-56
場処の有限性論 ………… 289
ヒーロー ………… 288-290
ポスト・モダン時代（リオタール） …… 289
有限性 , Endlichkeit［独］（ハイデガー） ………… 230-231, 289
⇒統制的原理（カント）
ルソー ………… 53, 275-276
カントはヒュームというよりルソーにかなり影響を受けている（坂部恵） ………… 53
⇒カント
レヴィナス ………… 73, 247-249, 399

孟子 …… 273-274
⇒寺崎弘昭，寺崎
茂木健一郎 …… 376
やる気があれば学歴なんて関係ないよ …… 376
東京大学，東大 …… 52, 64-66, 68, 70, 72, 122, 139, 156, 186, 202, 212, 273, 283, 333, 337, 350, 364, 376, 389
本居宣長，宣長 …… 394-395, 403
ヤーロスラフ・ペリカン …… 289
大学の使命は～（ヤーロスラフ・ペリカン） …… 289
ヤスパース［人名］ …… 244-245, 297
教師は、彼の思索、真面目さ、問い、驚きの中で意図しないままに自己を示す～（ヤスパース） …… 244
クリプキ＝ウィトゲンシュタインの対偶の論理 …… 245
誰でもが図式に従って同じことを行うことが出来るようになる（ヤスパース） …… 297
通俗的で皮相な方法論（ヤスパース） …… 297
⇒ウィトゲンシュタイン
⇒一つの実践（ウィトゲンシュタイン）
山川健次郎，山川 …… 72
東京大学，東大 …… 52, 64-66, 68, 70, 72, 122, 139, 156, 186, 202, 212, 273, 283, 333, 337, 350, 364, 376, 389
ユクスキュル …… 328
生物 …… 60, 116-117, 316, 328, 342
世界性（ハイデガー） …… 246, 340
世界や環境は進化論的な連続性や単線性として～ …… 328
超越論的な多様性 …… 328
動物 …… 160, 229, 250, 276, 303, 316, 339, 374, 385
一つの生きものは一つの環境と同時に存在し～ …… 328
⇒カント
⇒ハイデガー
芳川顕正 …… 70
文科大臣，文部大臣 …… 35, 70-71, 211, 229-230, 260, 268, 331
文科省 …… 19-21, 26, 36, 40, 60, 66-67, 76, 91-92, 140, 155, 165, 169, 210, 255, 256260, 282-284, 309, 326, 354
吉川徹 …… 62
学歴分断線（吉川徹） …… 62
心理的文化的分断線（潮木守一） …… 63
吉見俊哉 …… 38, 62, 65, 198, 289
ジャーナリスティックな知（吉見俊哉） …… 61
情報と知識とを区別しない …… 289
人材論が欠けている …… 289
スコラ的な知（吉見俊哉） …… 61
大学とはメディアである（吉見俊哉） …… 38, 289
ハイパーテキスト（テッド・ネルソン） …… 185, 375-376
→疾風怒濤のドイツ啓蒙主義者（吉見俊哉） …… 198
⇒インターネット
⇒学びの主体
吉本圭一 …… 293
⇒専門学校
吉本隆明 …… 231, 237, 251, 346, 400, 404
引退した地域の名誉教授 …… 346
往相（吉本隆明） …… 393, 400, 404
還相（吉本隆明） …… 393, 400, 404
コマシラバスとは～ …… 251
算数嫌い …… 237
自己表出，指示表出 …… 251
自分だけにしかわからないということをみんなに思わせたら～ …… 251
出射角（吉本隆明） …… 400

⇒観点別評価
牧野智和 , 牧野 ……… 259
基底的な参照項(牧野智和) ……… 259
再帰性の打ち止まり地点(牧野智和) ……… 259
自己啓発性というのは〜 ……… 259
仕事における習熟・卓越 ……… 259
幽霊や亡霊みたいなもの(佐藤俊樹) ……… 258-259
⇒ハイパー・メリトクラシー(本田由紀)
マックス・ヴェーバー ……… 336
松下幸之助 ……… 333
マット・デイモン ……… 328-329
火星はそれ自体で知的に存在している ……… 328
知識は、もともとオブジェクティブな(対象的な、客観的な、目的語的な)もの〜 ……… 314
マッハ , E. マッハ ……… 237
学習の経済(マッハ) ……… 237
松本純 ……… 231
松本卓也 ……… 277
→子どもが子どものままで社会化するネット社会 ……… 377
窃視症現象(松本卓也) ……… 277
⇒むきだしの個人 , むき出し(本田由紀)
マルクス ……… 140-141, 248-249, 328, 393, 399
命がけの飛躍 ……… 249
交換価値 ……… 141
単位互換制をマルクスの労働価値説の復活になぞらえて世界史の皮肉とまで揶揄している(K.P. リースマン) ……… 140
ヘーゲル=マルクス的な時間性 ……… 141
マルクスの交換論 ……… 248
マルクスの労働価値説 , 労働価値説 ……… 140-141
無知が役に立ったためしはない(マルクス) ……… 393
⇒単位制
⇒ヘーゲル
三浦雅士 ……… 405-406
近代は青年とともに大衆を生み〜 ……… 406
人文科学の崩壊 ……… 406
大学が階級とは無縁になった ……… 406
大学の死 ……… 406
大衆(ブルデュー) ……… 58-59, 64, 66, 74, 232, 278-280, 283, 318, 322, 326, 404, 406
知はその意味で学生から教養を解放したが、同時にその知からも学生を解放して〜(三浦雅士) ……… 406
ミネルヴァのフクロウは黄昏時に飛び立つ(ヘーゲル) ……… 77
→チャンス , chance［英］(デリダ) ……… 5, 406
三木成夫 ……… 147
解剖生理学 ……… 146-147
メタフィジカルな物語 ……… 147
箕作麟祥 , 箕作 ……… 274-275
⇒寺崎弘昭 , 寺崎
紫式部 ……… 394, 400
源氏物語 ……… 394
小林秀雄 ……… 394-396, 403
大衆(ブルデュー) ……… 58-59, 64, 66, 74, 232, 278-280, 283, 318, 322, 326, 404, 406
転向(吉本隆明) ……… 400, 404
人間性の機微のわかる優しいもののあはれの心 ……… 403
大和魂 , 大和心(小林秀雄) ……… 394-396, 400
⇒ペラス , 限界 , πέρας［希］(アリストテレス , ヘーゲル)

命題集 …… 162
聖書は歴史の事柄に過ぎないため〜 …… 53
ペレルマン …… 33
実力主義と言うのは貧者のレトリック（ペレルマン） …… 33
ポーター（一八七一年にイエール大学学長就任） …… 137
イェール大学 …… 389
ホーフスタッター …… 58
移民の国 …… 58
多様な学生，多様な学生（文科省） …… 57, 60, 62, 64-66, 76, 85-86, 121-122, 124, 135, 137, 150, 201, 217, 219, 227, 339, 369, 408
反知性主義 …… 58
ホッファー …… 411
ホリエモン …… 376, 385-386
やる気があれば学歴なんて関係ないよ …… 376
東京大学，東大 …… 52, 64-66, 68, 70, 72, 122, 139, 156, 186, 202, 212, 273, 283, 333, 337, 350, 364, 376, 389
ポルトマン …… 316
早産した人間的な未熟性を〜（ポルトマン） …… 316
本田由紀 … 28, 64, 254, 271, 277, 280, 296
→空虚な自己 …… 323
個々人の全存在が洗いざらい評価の対象とされる（本田由紀） …… 277
コミュニケーション力，コミュニケーション能力 …… 211, 257-259, 261, 331, 339, 361
習得度には個々人の出身家庭がもつ諸資源の量によって差が生じる〜（本田由紀） …… 271
柔軟な専門性（本田由紀） …… 296
ダブル・トラック（本田由紀） …… 64
人間力 …… 258, 260, 328, 338-339
ハイパー・メリトクラシー（本田由紀） …… 28, 211, 229, 254, 257-260, 272, 277, 280, 291, 299, 339
反職務主義としての社員主義が〜（小熊英二） …… 298
ポスト近代型能力（本田由紀） …… 277-278
メリトクラシーがハイパー・メリトクラシーやコンピテンシー論に変質し〜 … 299
メンバーシップ（濱口桂一郎） …… 212, 297, 299
問題発見・解決能力 …… 258, 324
⇒学力の三要素
⇒個性
⇒主体
⇒生涯学習
⇒人物評価
⇒中曽根臨教審，臨教審
⇒むきだしの個人，むき出し（本田由紀）
本間正人，本間 …… 333-335
マーチン・トロウ，トロウ …… 38, 62, 95, 139-140, 144-145, 202, 389
請負的な（sponsored）性格，請負性格，請負的な性格（マーチン・トロウ） …… 38, 95, 145, 202
救済評価，救済・裁量評価 …… 321-323, 325
修得 …… 29, 145, 255-257, 368, 414
情報化（マーチン・トロウ） …… 38-40, 62, 280, 289
素点処理，素点処理 …… 191, 216
トロウは現代の預言者のように〜 …… 139
マス化（マーチン・トロウ） …… 62
ユニバーサル化（マーチン・トロウ） … 62
履修主義 …… 145, 256, 299

感覚的確信(ヘーゲル) 397
形式化された実体概念(ハイデガー) 247
限界はそれが限界づけるところのものの原理(Prinzip)である(ヘーゲル) 398
原理, Prinzip[独](ヘーゲル) 20, 35, 50, 54-55, 142, 242, 284, 288-289, 301, 330, 398, 401
ゴルゴタの丘(ヘーゲル) 397
細目レベルが授業実体の重力のような役目を果たしている〜 105
視覚は聴覚よりも知的に劣る器官である 243
実体と方法とが乖離すると原理の深化が消え去る 301
真理は内面化 Er-innerung される[独](ヘーゲル) 397
真理を実体(Substanz)としてではなく主体(Subjekt)として把握する(ヘーゲル) 300
精神, Geist[独] 114, 123, 137-138, 168, 193, 195-196, 198, 273, 297, 301, 357, 397-399, 415
精神の目的(τέλος)である絶対知のいま・ここに在ること(アリストテレス) 398
精神の目的(τέλος)をもつ運動(ヘーゲル) 399
精神はまた無邪気に初めからやり直すべきであり〜(ヘーゲル) 397
絶対知(ヘーゲル) 397, 399
選択が実体を隠す 301
想起, 内面化, Erinnerung[独](ヘーゲル) 56, 397-399, 403
体系と人格の陶冶(Bildung)を同じものだとみなしたのが〜 291
知識は、もともとオブジェクティブな〜 314
点、線、面〜(ヘーゲル) 398
陶冶, 建てること, Bildung[独](ヘーゲル) 197-198, 242, 288, 291, 301, 397, 403
どんな権力もこの種の内面化 Er-innerung なしには完成しない(ヘーゲル) 397
内面化, 想起, Erinnerung[独](ヘーゲル) 56, 397-399, 403
ヘーゲル=マルクス的な時間性 141
ヘーゲルが日曜日こそ大学だと見なした意味で(ヘーゲル) 394
叙述の展開が事柄の展開と重なるような一体性 301
ヘーゲル的な精神= Geist 196
時間の否定(時間の終わり) 77
ヘーゲルの美学論 405
方法と実体が一致する場処としての学校
方法と実体とが一致するときにしか〜 297
方法を実体として〜 301
学ぶ内容が学ぶ方法を決めるのであって〜 324
ミネルヴァのフクロウは黄昏時に飛び立つ(ヘーゲル) 77
矛盾の内に自らを保持することは〜(ヘーゲル) 397
⇒アリストテレス
⇒実体, Substanz[独], substance[英], οὐσία[希](ヘーゲル)
⇒主体, Subjekt[独](ヘーゲル)
⇒吉本隆明(吉本隆明)
ベケット 231
永坂田津子 231
ペトルス・ロンバルドゥス 162
中世神学 85

273
構造化する構造 , structures structurantes［仏］（ブルデュー）……… 231
自主性の欠如（ブルデュー）……………… 232
社会的出自 ……………………………………… 232
大衆（ブルデュー）……… 58-59, 64, 66, 74, 232, 278-280, 283, 318, 322, 326, 404, 406
母親の学歴相関（苅谷剛彦）……………… 279
ハビトゥス（ブルデュー）…… 33, 230-231, 270, 292, 318-319
被支配者（ブルデュー）…………………… 232
ブルデューの構造やハビトゥスはそれ自体有限性に～ …………………………… 231
ブルデューのハイデガー論 ……………… 231
無思考なカテゴリーの社会学（ブルデュー）……………………………………………… 270
無色化（ブルデュー）……………… 232, 273
→家庭の重視（中曽根臨教審第二次答申）……………………………………………… 270
→自民党保守派の家族主義 ……………… 272
→曾野綾子主義 ………………………… 272, 350
⇒親
⇒階層
⇒学歴
⇒家族
⇒家庭
⇒苅谷剛彦 , 苅谷
フロイト …………………………… 250, 297, 346
エス , Es［独］………………………………… 346
精神分析学 ……………………………………… 297
幼児期 …………………………………………… 250
⇒心理学
フンボルト ……… 40-41, 56-57, 141, 195-197, 288, 300-301, 403
エンテレケイアやエネルゲイアの意味 ……………………………………………………… 402
カントの大学論とフンボルトの大学論との両者に共通する背景（斉藤渉）……………………………………………………… 56
教師は学生のためにそこに居るのではなくて～（フンボルト）…………………… 195
研究重視の志向 ……………………………… 195
研究と教育 ………………… 40, 195, 197, 288, 402-403
言語 ……… 55, 58, 189, 196, 250, 305, 403
すべての知識を未だ解決していないものとして扱え（潮木守一）………… 40, 195
精神 , Geist［独］（ヘーゲル）…………… 114, 123, 137-138, 168, 193, 195-196, 198, 273, 297, 301, 357, 397-399, 415
大学組織論 ……………………… 76, 143, 197
陶冶 , 建てること , Bildung［独］（ヘーゲル） 197-198, 242, 288, 291, 301, 397, 403
ドケンドー・ディスキムス（セネカ）………………………………………… 41, 193-194
フンボルト的な知識 ………………………… 196
フンボルトの構想した大学は教育の機関ではなく陶冶の機関だった（伊藤敦広）……………………………………………… 197
フンボルトの大学論 …………… 56, 141, 301
フンボルト理念 …… 40, 56, 195-197, 403
フンボルト理念の栄光をたたえるべきその瞬間に～（潮木守一）………………… 197
ベルリン大学 ……………………… 195-196
⇒教育と研究
ヘーゲル ………………… 77, 123, 141, 196, 231, 243, 269, 291, 300-301, 304, 345, 355, 394, 397-398, 405
一がたとえば百番目の一として限界であるとともに～ ……………………… 398, 402
エレメント（ヘーゲル）……………… 398, 402
概念の時間化（ヘーゲル）…… 86, 99, 397
学校教育体系における知識体系は～ ……………………………………………………… 324

紙試験，ペーパー試験，紙（ペーパー）試験 …… 25, 29, 33, 330, 410
官僚組織での官職を得るための試験（ピーター・バーク）…… 267
⇒科挙試験
ピケティ …… 121
経済格差 …… 122, 331, 362, 377, 386
ヒューム …… 53, 247
カントはヒュームというよりルソーにかなり影響を受けている（坂部恵）…… 53
ヒュームの経験主義の論理的表現 …… 247
広田照幸 …… 259
構成概念 …… 258
個人の意欲や創造性 …… 259
心理学者 …… 23, 258-259
⇒ハイパー・メリトクラシー（本田由紀）
⇒本田由紀
ファーヴル …… 300
フィヒテ …… 195
フンボルト …… 40-41, 56-57, 141, 195-197, 288, 300-301, 403
ベルリン大学 …… 195-196
フーコー …… 56
啓蒙 …… 41, 56, 194, 198, 297, 348, 396, 403
啓蒙の過程そのものを完成させ継続させるもの（フーコー）…… 56
フォークナー …… 290, 343, 348, 350-351, 364, 371-372
福澤諭吉 …… 35, 164, 317, 327
男は学問にかまけて大和心をなくしてしまっていった（小林秀雄）…… 394
学問のすゝめ …… 35, 164, 317, 327
学校圧 …… 64, 271, 285-286, 322
知識主義 …… 33, 35, 67-68, 294, 315, 318, 326, 328
知性の普遍性というのは〜 …… 327
ディシプリン（学問と規律）（市川昭午）220-221
物事をよく知っている者は〜（福澤諭吉）…… 317
メリトクラシーの大衆化（苅谷剛彦）…… 278
⇒平等，公平
藤原敬子，藤原 …… 86, 232, 268, 273-275, 318
⇒寺崎弘昭，寺崎
プラトン …… 62, 116, 242, 340
建築術，Architektonik［独］（カント）…… 242
ブランショ …… 246
オルフェウスの眼差しにおける二重の不在（ブランショ）…… 246
⇒一つの実践（ウィトゲンシュタイン）
古市憲寿 …… 64
自分探しの幽霊船（古市憲寿）…… 64
⇒ハイパー・メリトクラシー（本田由紀）
ブルデュー …… 33, 230-232, 270, 273
婉曲（ブルデュー）…… 232
親の学歴 …… 34, 279, 284, 322, 385
親の実力 …… 317
親の世界観やハビトゥスとの断絶 …… 318
階層の再生産 …… 318
階層文化から中立的に見える学力というものさし（苅谷剛彦）…… 278
学校評価を表現し実践の中でそれを構造化している評価用語（ブルデュー）…… 232
家庭の影響を受ける可能性 …… 278
家庭の文化性，家庭の文化的環境，家族の文化性 …… 234, 255, 269-270, 279, 287, 314, 317, 322
構造化（ブルデュー）…… 231-232, 240,

学びの共同体 …… 88
学びの主体 …… 23-25, 27, 31-32, 34, 36, 42, 187-188, 255, 268, 313-314, 318, 375-378, 386
ハイデガー …… 170, 196, 230-231, 233, 242, 245-248, 289-290, 304, 355, 402, 411
AI に対する尊厳の本質 …… 230
エンテレケイアやエネルゲイアの意味 …… 402
技術の本質は芸術である(ハイデガー) 242
共存, Miteinandersein [独] (ハイデガー) …… 248
形式化された実体概念(ハイデガー) …… 247
死への存在, Sein zum Tode [独] (ハイデガー) …… 402
世界性(ハイデガー) …… 246, 340
存在という文字の上の抹消線(ハイデガー) …… 246
知識のハビトゥス …… 231
無はある(ハイデガー) …… 233
範例的存在者(ハイデガー) …… 246
非性, Nichtigkeit [独] (ハイデガー) …… 231
ブルデューのハイデガー論 …… 231
への, zu [独] (ハイデガー) …… 402
ポイエーシス, ποίησις [希] (ハイデガー) …… 242-243
有限性, Endlichkeit [独] (ハイデガー) …… 230-231, 289
⇒ AI
⇒ウィトゲンシュタイン
⇒柄谷行人, 柄谷
⇒コンピュータ
⇒一つの実践(ウィトゲンシュタイン)
蓮實重彦 …… 66, 155
教育の重視(蓮實重彦) …… 36, 156, 377
知識人は、明治以来一貫して学力低下を嘆く〜(蓮實重彦) …… 66
馳浩(元文科大臣) …… 260
教科活動を通じてのハイパー能力育成 …… 260
文科大臣, 文部大臣 …… 35, 70-71, 211, 229-230, 260, 268, 331
文科省 …… 19-21, 26, 36, 40, 60, 66-67, 76, 91-92, 140, 155, 165, 169, 210, 255, 256260, 282-284, 309, 326, 354
ハッチンス …… 57
シカゴ大学 …… 57, 109
濱口桂一郎 …… 212, 297-298
会社中心主義的な就職評価 …… 298
三層構造(小熊英二) …… 298-299
就職能力 …… 312
職位主義 …… 211-212
職位主義なら請負雇用になるため〜 …… 212
適切な会社選び …… 382
反職務主義としての社員主義が〜(小熊英二) …… 298
奉公主義 …… 298
メンバーシップ(濱口桂一郎) …… 212, 297, 299
⇒人物評価
濱中義隆 …… 66
学力格差 …… 59, 97, 236, 284
パレチェク …… 196-197
フンボルト理念 …… 40, 56, 195-197, 403
伴博 …… 231
早稲田大学, 早稲田 …… 62, 72, 134, 138, 236, 284, 337, 341, 348, 352-353, 381, 389, 413, 416
⇒カント
ピーター・バーク …… 268
印刷術, 印刷技術 …… 34, 241, 267-268, 287

の要点 …… 55
デリダの現象学批判 …… 246
内省の現象学の格率 …… 246
二元論 …… 55
プロフェスすること …… 241-242
無条件の自由（デリダ） …… 241
⇒統制的原理（カント）
⇒ヘーゲル
⇒理念
土井隆義 …… 287
好きとか嫌いと言っているときにだけ自分と他者を確証する …… 323
他者への承認要求 …… 39
濃密手帳（土井隆義） …… 287
⇒個性
ドゥルーズ …… 77
哲学とは何かという問いを立てることができるのは～（ドゥルーズ） …… 77
⇒ヘーゲル
遠山文科大臣 …… 211, 331
文科大臣，文部大臣 …… 35, 70-71, 211, 229-230, 260, 268, 331
文科省 …… 19-21, 26, 36, 40, 60, 66-67, 76, 91-92, 140, 155, 165, 169, 210, 255, 256260, 282-284, 309, 326, 354
常磐潭北 …… 274
教育という言葉の用法 …… 274
⇒寺崎弘昭，寺崎［仏］
トマス・アクィナス，トマスアクィナス …… 163, 355
神 …… 53, 86, 162, 242, 267, 397
中世神学 …… 85
ドラッカー …… 326, 329
技能から技術への転換には～ …… 327
知識の生産性 …… 326
ナインティナイン …… 285
中井俊樹 …… 143
シラバス論 …… 19, 22-23, 30, 37, 42, 56-57, 91, 96, 122, 131-132, 145, 206, 395-396
永坂田津子 …… 231
ベケット …… 231
中澤渉 …… 61, 283
中島英博，中島 …… 91-92, 96, 121, 143, 145
シラバス論 …… 19, 22-23, 30, 37, 42, 56-57, 91, 96, 122, 131-132, 145, 206, 395-396
中曽根首相 …… 265, 312
⇒中曽根臨教審，臨教審
夏目漱石，漱石 …… 289-290
二個の者が same space ヲ occupy スル訳には行かぬ（夏目漱石） …… 289
有限性，Endlichkeit［独］（ハイデガー） …… 230-231, 289
ナンシー …… 56
技術者、市民、人間をお互いに切り離すべきではない（ナンシー） …… 56
三層構造（小熊英二） …… 298-299
ニーチェ …… 116, 248
ニーチェの価値論 …… 248
⇒飛躍
西川純 …… 88, 194
アクティブ・ラーニング …… 37, 88, 95, 103, 115, 144, 157, 160, 163, 165, 207, 221, 261, 320, 325, 333, 346, 369, 373-374
学習支援 …… 20, 22, 24, 42, 91-92, 217
学習者中心の学び …… 88, 222, 270
教育学者 …… 20, 23, 30, 91, 94, 121-122, 259
教員が主語の文でシラバスを書くな～ …… 91
教師による教育から生徒中心の学習への転換 …… 31, 265, 313
学び合い …… 88, 194, 346, 373

なかった学校が〜 277
乳母, nutrix［羅］ 274-275
江戸期を通じて教育は教育事象を排他的にいい表わす唯一の言葉ではありえなかった（寺崎弘昭） 274
辛島鹽井 274
教育関連ラテン語彙につながる世界においては〜 276
教育すること(éducation)〜(寺崎弘昭) 275
教育をすぐれて君子にとってのいわば秘儀的ないとなみ〜（寺崎弘昭） 273
education という言葉の意味 277
訓や教（寺崎弘昭） 276
産と育（寺崎弘昭） 276
産婆, obstetrix［羅］ 275
しつけること, institution［仏］ 275-276
箕作麟祥, 箕作 274-275
孟子 273-274
養う・太らせる, educare［羅］ 275
⇒オイコス, 家政, οἶκος［希］
寺脇研 31, 265, 283, 312
学校教育から生涯学習へ〜 255
学校中心主義からの転換 31, 187, 265, 313
教師による教育から生徒中心の学習への転換 31, 265, 313
自動詞的な学び 314
主体性 28, 32-33, 229, 232, 270-271, 273, 299, 311-315, 317, 320, 324, 326, 328
錦の御旗（寺脇研） 31, 265, 311
学びの主体 23-25, 27, 31-32, 34, 36, 42, 187-188, 255, 268, 313-314, 318, 375-378, 386
→ゆとり批判 283
⇒学士課程教育の構築に向けて
⇒学力の三要素
⇒教育改革
⇒個性
⇒生涯学習
⇒新学力観
⇒テッド・ネルソン
⇒中曽根臨教審, 臨教審
⇒ゆとり教育
デリダ 5, 54-55, 204, 231, 241, 246, 344, 405-406
音声中心主義的な現前の形而上学への批判（脱・構築） 246
カントは哲学にあまりに少なくかつあまりに多くを〜（デリダ） 55
教員自身が作品に署名することでもない（デリダ） 241
教授である, être professeur［仏］（デリダ） 241
現象学 41, 123, 246, 301, 397
現前の形而上学（デリダ） 246
声の現前性を脱構築する差延（デリダ） 246
声は意識である（デリダ） 246
差延（デリダ） 246
思考への挑発によって〜（デリダ） 5
自己への現前（デリダ） 246
自分が話すのを聞く（デリダ） 246
条件なき大学 54, 241, 405
大学における学生の人材育成は〜 204
高橋允昭, 高橋 231, 344
脱・限界画定, デ・リミテ, dé-limiter［仏］（デリダ） 54-55
脱構築, デコンストリュクシオン, déconstruction［仏］（デリダ） 54-55, 242, 246
デリダ研究者 344
デリダによる、シェリングのカント批判

土井隆義 ……… 287
無意識の不在（立木康介） ……… 277
⇒個性
⇒ハイパー・メリトクラシー（本田由紀）
⇒むきだしの個人，むき出し（本田由紀）
立花隆 ……… 72
講座制 … 50-51, 70-73, 75, 134, 408, 415
講座の独立王国化（立花隆） ……… 72
帝国大学 ……… 71-73
東京大学，東大 …… 52, 64-66, 68, 70, 72, 122, 139, 156, 186, 202, 212, 273, 283, 333, 337, 350, 364, 376, 389
田辺元 ……… 114
谷本真由美 ……… 390
消費偏差値 ……… 389-391
玉虫文一 ……… 52
⇒天野郁夫，天野
垂見裕子，垂見 ……… 59, 235, 284
PISA ……… 59, 128, 235-236, 260, 265, 282, 284
暗記 ……… 28, 147, 194, 226, 228-229, 232-234, 237-238, 254, 268, 295, 304, 326, 328, 345
学習方略，learning strategies［英］ ……… 235-236
学力の国際比較調査 ……… 282
家庭的背景による学校間格差（垂見裕子） ……… 284
日本のように学校間格差が大きい教育システムでは〜（垂見裕子） ……… 59
ハビトゥス（ブルデュー） …… 33, 230-231, 270, 292, 318-319
保護者の学歴等による学習時間の格差が大きい（垂見裕子） ……… 284
学校間格差 ……… 59, 284, 291, 330
⇒家庭の文化性，家庭の文化的環境，家族の文化性
土持ゲーリー法一 ……… 136
エリオット，C. エリオット（一八六九年にハーバード大学学長就任） ……… 57, 64, 136-137, 141, 350-351
選択科目 ……… 46, 48-49, 52, 64-65, 84, 130, 134-138, 141, 149-150, 201, 218, 221, 292, 302, 353
鶴見俊輔 ……… 301
たとえば主義 ……… 301-302
方法主義的な事例主義 ……… 301
⇒柄谷行人，柄谷
テイラー，C. テイラー ……… 62-63
イギリス社会の階級性 ……… 121
大学が階級とは無縁になった（三浦雅士） ……… 406
デカルト ……… 300, 355
ヴィーコ ……… 297, 300-301
テッド・ネルソン ……… 185, 187, 375-376
テッド・ネルソンは〜 ……… 185
いつでも・どこでも有益に学ぶチャンスと〜 ……… 266
いつでもどこからでも関心の赴くまま突き進んでいく〜 ……… 376
学生教育の主体は学校にあるが〜 ……… 185
ハイパーテキスト（テッド・ネルソン） ……… 185, 375-376
学びの主体 ……… 23-25, 27, 31-32, 34, 36, 42, 187-188, 255, 268, 313-314, 318, 375-378, 386
学ぶ者の数だけ学ぶ順序がある …… 185
⇒生涯学習
デューイ ……… 50
ジェネラル・エデュケーション …… 50, 52, 336-337, 350-351, 364, 389
民主主義，デモクラシー ……… 50
寺崎弘昭，寺崎 ……… 273-277
education の場だとは認められてはい

……27-28, 37, 131-132, 151, 158-161, 209-210, 212, 246, 315, 317, 319, 330
パブロフの犬……147
短い時間……147, 330, 374
⇒機能 , 関数 , function
杉野剛……119
高等教育局……92, 95, 119
文科省……19-21, 26, 36, 40, 60, 66-67, 76, 91-92, 140, 155, 165, 169, 210, 255, 256260, 282-284, 309, 326, 354
鈴木克明……80, 91-92
インストラクショナルデザイン · 181, 183
教育方法論……20, 22-23, 95
教授法……20, 59
暫定スケジュール（鈴木克明）……81, 83
授業法……41, 95, 121, 181-183
シラバス論 19, 22-23, 30, 37, 42, 56-57, 91, 96, 122, 131-132, 145, 206, 395-396
鈴木有紀……241
鈴木有紀の教えない授業がダメなところは〜（鈴木有紀）……241
セネカ……40-41, 194
セネカは教えることの啓蒙主義を退けていた……194
外部が見えているからこそ〜……399
君は君自身のために学んできたのだから（セネカ）……41, 194
ドケンドー・ディスキムス（セネカ）……41, 193-194
⇒教育と研究
⇒フンボルト
ソクラテス……300, 335
ソクラテス流に言えば無知の知……335
ソンタグ……411
高田里恵子……37, 186, 269
グロテスクな学生群（高田里恵子）……269
高校までの勉強で秀才って言われているやつは〜……343
秀才と優等生は、日本では侮蔑語〜（高田里恵子）……37
それなりに才能がある〜（高田里恵子）……37, 269
手に届くエリート（苅谷剛彦）……286
⇒エリート
高橋允昭 , 高橋……231, 344
一つの言葉にこだわる根性……344
早稲田大学 , 早稲田……62, 72, 134, 138, 236, 284, 337, 341, 348, 352-353, 381, 389, 413, 416
⇒デリダ
竹内洋……186, 330
学歴貴族（竹内洋）……186
過去の達成の御破算主義（竹内洋）……186, 330
たった一日の、一点刻みで人生を決める紙試験こそが〜……330
点数主義……33, 269-270, 309
敗者復活装置（竹内洋）……186, 330
メリトクラシーの大衆化（苅谷剛彦）……278
⇒学歴
⇒受験
⇒人物評価
⇒点数分布 , 点数の分布
⇒メリトクラシー , 努力主義
竹中平蔵……393
太宰治……336
ジェネラル・エデュケーション……50, 52, 336-337, 350-351, 364, 389
リベラル・アーツ……49-50, 53, 73, 336-337, 344, 349-351, 364, 389
立木康介……277
好きとか嫌いと言っているときにだけ自分と他者を確証する……323
他者への承認要求……39

学びの共同体 …… 88
教養教育 …… 49-51, 53, 57, 74, 261, 287, 292, 351, 354
⇒ディシプリン, discipline［英］(佐藤学)
サンデル …… 163
アクティブ・ラーニング …… 37, 88, 95, 103, 115, 144, 157, 160, 163, 165, 207, 221, 261, 320, 325, 333, 346, 369, 373-374
ハーバード大学, ハーバード …… 57, 64, 121, 136-138, 163, 341
シェイクスピア …… 336, 350
シェリング …… 54-55, 141, 197-198, 242
一切であるものは〜(シェリング) …… 54
哲学の学部は決してあり得ず〜(シェリング) …… 242
デリダによる、シェリングのカント批判の要点 …… 55
⇒カント
塩見甚吾 …… 231
下村博文 …… 35, 37, 350
教育とは、一人ひとりの可能性〜(下村博文) …… 35
新大学入試 …… 37, 298
文科大臣, 文部大臣 …… 35, 70-71, 211, 229-230, 260, 268, 331
文科省 …… 19-21, 26, 36, 40, 60, 66-67, 76, 91-92, 140, 155, 165, 169, 210, 255, 256260, 282-284, 309, 326, 354
⇒学習支援
⇒学習者中心の学び
⇒学校中心主義からの転換
ジャック・ヴェルジェ …… 61
ジャック・ラカン, ラカン …… 198-199, 244, 297, 399, 403
ωシステム(ジャック・ラカン) …… 297
緩衝系(ジャック・ラカン) …… 297
すべての知識を未だ解決していないものとして扱え(潮木守一) …… 40, 195
知っている者の立場(ジャック・ラカン) …… 198-199
無知の豊かさ, 無知こそ豊穣(ジャック・ラカン) …… 199, 244, 399
無知は無知として実り豊かなもの(ジャック・ラカン) …… 199
私は何も知らないという始元を回復するためにこそ〜 …… 400
⇒教育と研究
ジョン・サール …… 230
行動主義, behaviorism［英］…… 158, 160-161, 210, 246
行動, ビヘイビア, behavior［英］…… 27-28, 37, 131-132, 151, 158-161, 209-210, 212, 246, 315, 317, 319, 330
→中国語の部屋(ジョン・サール) …… 230
⇒機能, 関数, function
シラー …… 197, 301
ゲーテやシラーの教養概念 …… 301
精神, Geist［独］(ヘーゲル) …… 114, 123, 137-138, 168, 193, 195-196, 198, 273, 297, 301, 357, 397-399, 415
陶冶, 建てること, Bildung［独］(ヘーゲル) …… 197-198, 242, 288, 291, 301, 397, 403
ロマン派 …… 242
親鸞 …… 400, 404
往相, 還相(吉本隆明) …… 393, 400, 404
⇒大衆
⇒ペラス, 限界, πέρας［希］(アリストテレス, ヘーゲル)
⇒吉本隆明
スキナー …… 147
行動主義, behaviorism［英］…… 158, 160-161, 210, 246
行動, ビヘイビア, behavior［英］

雄）………… 395
ペラス，限界，πέρας［希］（アリストテレス，ヘーゲル）……166, 188, 194, 209, 233, 246-247, 293, 328, 391, 398-400, 402-406
もののあはれ………… 395, 403-404
大和魂，大和心（小林秀雄）…… 394-396, 400
⇒大衆
児美川孝一郎………… 64
高卒の労働市場………… 387
潜在的な失業者人口のプール（児美川孝一郎）………… 64
コリンズ………… 68, 284
文化貨幣（コリンズ）………… 68, 284
メリトクラシーの大衆化（苅谷剛彦）………… 278
⇒平等，公平
コルバン・クルティーヌ・ヴィガレロ……86
斉藤渉………… 56
カントの大学論とフンボルトの大学論との両者に共通する背景（斉藤渉）………… 56
国民国家と資本主義を基軸に近代化していく一九世紀西欧の市民社会（斉藤渉）………… 57
自律，Autonomie［独］（カント）……… 24, 36, 53-57, 188, 204, 302
自律的自己形成という理念（斉藤渉）………… 57
⇒カント
栄陽子………… 57
坂部恵………… 53
カントはヒュームというよりルソーにかなり影響を受けている（坂部恵）……53
自律，Autonomie［独］（カント）……… 24, 36, 53-57, 188, 204, 302
ヒューム………… 53, 247
⇒カント
佐藤俊樹………… 258-259
コミュニケーションは本来～（佐藤俊樹）………… 258
社会学もコミュニケーション能力をめぐる変な幻想を作った共犯～（佐藤俊樹）………… 259
幽霊や亡霊みたいなもの（佐藤俊樹）………… 258-259
⇒ハイパー・メリトクラシー（本田由紀）
⇒広田照幸
⇒本田由紀
佐藤浩章………… 91
アクティブ・ラーニング……… 37, 88, 95, 103, 115, 144, 157, 160, 163, 165, 207, 221, 261, 320, 325, 333, 346, 369, 373-374
学習支援……… 20, 22, 24, 42, 91-92, 217
教育学者…… 20, 23, 30, 91, 94, 121-122, 259
教員が主語の文でシラバスを書くな～………… 91
教師による教育から生徒中心の学習への転換………… 31, 265, 313
シラバス論 19, 22-23, 30, 37, 42, 56-57, 91, 96, 122, 131-132, 145, 206, 395-396
学びの主体…… 23-25, 27, 31-32, 34, 36, 42, 187-188, 255, 268, 313-314, 318, 375-378, 386
⇒中曽根臨教審，臨教審
佐藤学………… 49, 52, 74, 88, 281
アクティブ・ラーニング・37, 88, 95, 103, 115, 144, 157, 160, 163, 165, 207, 221, 261, 320, 325, 333, 346, 369, 373-374
大綱化………… 23, 46-50, 52, 64-66, 82-83, 101, 187, 218, 254-255, 282, 292, 312, 355
学びからの逃走………… 281

顧客論の本質は顧客満足だが〜 ····· 193
産業社会からは一線を画す文化の防波堤を築いていた学校（木村元） ········· 280
大学教育もその購買者である学生が〜（井上理） ········· 132
リジッド（木村元） ········· 280
→消費社会 ········· 280-281, 377, 390
⇒情報化
⇒フィルタ
キルケゴール ········· 5
チャンス, chance［英］（デリダ） ··· 5, 406
⇒デリダ
クリストフ・シャルル ········· 61
ジャーナリスティックな知（吉見俊哉） ········· 61
スコラ的な知（吉見俊哉） ········· 61
クリプキ ········· 245, 247, 249
暗闇の中での飛躍 ········· 249
クリプキ＝ウィトゲンシュタインの対偶の論理 ········· 245
自己表出, 指示表出 ········· 251
対偶としてしか語れない実践 ········· 248
⇒ウィトゲンシュタイン
⇒対偶
⇒斜め書き
⇒一つの実践（ウィトゲンシュタイン）
⇒矛盾
⇒メタ
クルツィウス ········· 55
教会の道具（クルツィウス） ········· 55
理性の自由 ········· 53
⇒カント
黒田壽二 ········· 379
学習支援 ········· 20, 22, 24, 42, 91-92, 217
金沢工大 ········· 91, 379
教学マネジメント ········· 28, 203-204, 214
ゲーテ ········· 197, 301
ゲーテやシラーの教養概念 ········· 301
精神, Geist［独］（ヘーゲル） ········· 114, 123, 137-138, 168, 193, 195-196, 198, 273, 297, 301, 357, 397-399, 415
陶冶, 建てること, Bildung［独］（ヘーゲル） ········· 197-198, 242, 288, 291, 301, 397, 403
ロマン派 ········· 242
ケネスバーク ········· 411
香山健一 ········· 23-24, 187, 272
学校中心主義からの転換 ········· 31, 187, 265, 313
学校派 ········· 23, 187, 260
学校派（有田一寿たち）は教育派で〜（内田健三） ········· 23
学校派と生涯派の論争（内田健三） ········· 23, 187
学校民営化 ········· 313-314
軽薄な脱近代化論 ········· 273
生涯派 ········· 23-24, 187
土光臨調 ········· 24, 313-314
学びの主体 ········· 23-25, 27, 31-32, 34, 36, 42, 187-188, 255, 268, 313-314, 318, 375-378, 386
学生教育の主体は学校にあるが〜 ········· 185
⇒生涯学習
⇒寺脇研
⇒中曽根臨教審
小杉礼子 ········· 387
大学の就職率は好・不況の波と相関している〜 ········· 387
小林秀雄 ········· 394-396, 403
男は学問にかまけて大和心をなくしてしまっていった（小林秀雄） ········· 394
小林の批評の属人的な内向の思想 ········· 404
転向（吉本隆明） ········· 400, 404
人間性の機微のわからぬ馬鹿（小林秀

289, 328, 355, 402
驚くべきことに、カントは自分の道徳哲学が〜(アーレント) 56
カントの上級・下級の議論 54
カントの大学論とフンボルトの大学論との両者に共通する背景(斉藤渉) 56
カントの超越論的原則 247
カントの理念が統制的原理であること(カント) 289
カントは哲学にあまりに少なくかつあまりに多くを〜(デリダ) 55
カントはヒュームというよりルソーにかなり影響を受けている(坂部恵) 53
経験一般を可能とする条件は〜(カント) 247
ケーニヒスベルク大学 195
建築術, Architektonik[独](カント) 242
構想力, Einbildungskraft[独](カント) 242, 319
思考一般の原理 54
自律, Autonomie[独](カント) 24, 36, 53-57, 188, 204, 302
聖書は歴史の事柄に過ぎないため〜 53
大学における学生の人材育成は〜 204
大学の自律(カント) 55, 302
超越論的差異 402
超越論的に内向する傾向(柄谷行人) 246
哲学すること(カント) 242
哲学とは可能な学の単なる理念にすぎない(カント) 242
デリダによる〜 55
二個の者が same space ヲ occupy スル訳には行かぬ(夏目漱石) 289
熱狂と紙一重の願望としての参加〜(カント) 56
人が学びうるのは哲学ではなくて〜(カント) 242
ペラス(πέρας)はつねにすでに存在しており〜 402
理性 53-54, 56, 176, 242, 247, 288
理性の自由 53
私にとって知識は〜 284
→脱構築, デコンストリュクシオン, déconstruction[仏](デリダ) 54-55, 242, 246
→有限性, Endlichkeit[独](ハイデガー) 230-231, 289
⇒ア・プリオリ
⇒学部
⇒時間の設計
⇒統制的原理(カント)
⇒フランス革命
⇒理念
⇒リベラル・アーツ
⇒ルソー
ギデンズ 58
移民の国 58
学校の校門を抜け、教室に入れば、皆は平等〜 315
形式的な平等性(苅谷剛彦) 278
大規模な大衆教育の発達(ギデンズ) 58-59
誰もが平等に生まれているという観念は〜(ギデンズ) 58
ピューリタン的な子どもの訓育がアメリカの学校教育の起源(ギデンズ) 58
⇒大衆教育
⇒平等, 公平
木村元 260, 280
校門, 校門と塀 36, 315, 340, 385

［英］（苅谷剛彦）……121, 413
競争条件の均質化～（苅谷剛彦）……278
形式的な平等性（苅谷剛彦）……278
契約書……22, 42, 130-131
社会階層……279, 309
社会階層の影響を選抜に持ち込む（苅谷剛彦）……279
儒教的教養主義（苅谷剛彦）……74
授業に参加し、授業を受けることさえ満たせば～（苅谷剛彦）……255
受験競争……279
受講後のシラバス評価によってこそシラバスは契約書と類似した関係に入る……131
シラバスは学生による授業評価と密接な関係がある（苅谷剛彦）……204
シラバス論 19, 22-23, 30, 37, 42, 56-57, 91, 96, 122, 131-132, 145, 206, 395-396
戦後教育（日本型学歴主義）の平等感……278
双務契約書（苅谷剛彦）……130-131
双務性，双務……126, 130-131, 214
データでものを言え……283
手に届くエリート（苅谷剛彦）……286
努力の階層差（苅谷剛彦）……279-280
努力の総量（苅谷剛彦）……279, 281, 286
母親の学歴相関（苅谷剛彦）……279
不平等問題への視線の弱化（苅谷剛彦）……278
文献講読のペースメーカー（苅谷剛彦）……120
メリトクラシーの大衆化（苅谷剛彦）……278
ゆとり批判，ゆとり教育……46, 265, 283, 312-313
私にとって知識は～……284
⇒ D.H. ロレンス……121, 413
⇒エリート
⇒親
⇒階層
⇒格差
⇒学歴
⇒家庭
→木村元……260, 280
⇒職業教育
⇒教育改革
⇒寺脇研
⇒ハビトゥス（ブルデュー）
⇒平等，公平
⇒ブルデュー
⇒偏差値
⇒メリトクラシー，努力主義
ガレノス……300
⇒ヴィーコ
河合隼雄……170, 297
ツイッターでたびたび起こる炎上は～……319
文化の拘束性（河合隼雄）……297
⇒家庭の文化性，家庭の文化的環境，家族の文化性
⇒カリキュラムの文化性
⇒心理学
⇒ハビトゥス（ブルデュー）
⇒ブルデュー
川添信介……162
中世の教養エリート……241
討論，disputatio［羅］……161-164, 261
ペトルス・ロンバルドゥス……162
⇒アリストテレス
⇒中世
川原栄峰……231
早稲田大学，早稲田……62, 72, 134, 138, 236, 284, 337, 341, 348, 352-353, 381, 389, 413, 416
⇒ハイデガー
カント……53-56, 204, 231, 242, 247, 284,

さが〜(柄谷行人) ……… 248
超越論的に内向する傾向(柄谷行人) ……… 246
隣り合わせ(レヴィナス) ……… 248
話す－聞く前に教える－学ぶが〜(柄谷行人) ……… 245
ひとが恐慌において商品ではなく貨幣にすがりつくように(柄谷行人) ……… 248
向かい合わせ(レヴィナス) ……… 248
私が受け入れないならば、相手は規則に従っていない(柄谷行人) ……… 245
⇒ウィトゲンシュタイン
⇒エロス的
⇒価格
⇒貨幣
⇒規則
⇒クリプキ
⇒対偶
⇒デリダ
⇒斜め書き
⇒一つの実践(ウィトゲンシュタイン)
⇒メタ
⇒レヴィナス
苅谷剛彦 , 苅谷
学力の分散 , アメリカでは一部の超エリート大学を別にすれば〜(苅谷剛彦) ……… 57, 279, 413
アメリカの大学 ……… 49, 57, 120-121, 155, 204, 217, 224
イギリス社会の階級制 ……… 413
意欲の階層差 , インセンティブ・ディバイド(苅谷剛彦) ……… 25, 121, 255, 279, 284, 322, 413
インセンティブ・ディバイド , 意欲の階層差(苅谷剛彦) ……… 25, 121, 255, 279, 284, 322, 413
生まれ変われるものなら生まれ変わりたい(苅谷剛彦) ……… 64
親の学歴や職業 ……… 279
親の世界観やハビトゥスとの断絶 ……… 318
階層間の不平等の拡大・顕在化の可能性(苅谷剛彦) ……… 279
階層文化から中立的に見える学力というものさし(苅谷剛彦) ……… 278
画一的な平等化(苅谷剛彦) ……… 278
学生サービス ……… 20, 22, 48, 126, 201-202, 204, 221
学力テスト ……… 235, 283
学歴エリートの誕生(苅谷剛彦) ……… 278
学歴格差 ……… 122, 413
学校圧 ……… 64, 271, 285-286, 322
学校の後押し(苅谷剛彦) ……… 279-280
学校へと水路づけするイデオロギー(苅谷剛彦) ……… 64
家庭格差や地域格差をいったんは棚に上げる ……… 315
家庭の文化性 , 家庭の文化的環境 , 家族の文化性 ……… 234, 255, 269-270, 279, 287, 314, 317, 322
科目数の多さ ……… 217, 224
苅谷剛彦は、日本においてシラバス作成が〜 ……… 224
苅谷の言う意欲の反対語が能力だとか生まれつきの才能だとか家庭の文化性だから ……… 322
苅谷の議論と私の議論とでずれが生じ始める原因は〜 ……… 283
苅谷の議論の前提は意欲の強度を学習時間の長短で〜(苅谷剛彦) ……… 26
関西調査(苅谷剛彦) ……… 35
基礎学力の低下(苅谷剛彦) ……… 279
教育学者 , 日本の教育学者 ……… 20, 23, 30, 91, 94, 121-122, 259
教育機会の拡大(高校全入運動)(苅谷剛彦) ……… 278
教育された市民 , an educated citizen

コンピテンシー……35, 230, 236-237, 257, 260, 272, 291-292, 299, 301, 320-321, 339
三層構造（小熊英二）……298-299
就職直結型インターンシップ……369
就職能力……312
職位主義……211-212
職位主義なら請負雇用になるため〜……212
適切な会社選び……382
反職務主義としての社員主義が〜（小熊英二）……298
偏差値という抽象的な規準に基づく潜在能力〜……212
メンバーシップ（濱口桂一郎）……212, 297, 299
良い就職……341
カール・バルト……231
岩波哲男……231
神……53, 86, 162, 242, 267, 397
神の顕現はインカネーションの肉化において〜……86
教会……53-55, 267
受肉した神の子……86
神学……53-54, 85, 162, 351
⇒インカネーション
カッシーラ……247
カッシーラの関数概念……247
機能主義……290, 339
形式化された実体概念（ハイデガー）……247
⇒機能 , 関数 , function
⇒ハイデガー
葛木浩一……400
外部が見えているからこそ〜……399
カリキュラムの文化性というのは〜……288
教育と研究……76, 109, 152, 155, 194, 357, 400
研究重視の志向……195
自分の研究の入口と出口……400
できない研究者ほど〜……194
日本の大学教員は〜（有本章編）……400
金子元久 , 金子……65, 73-74
一般教育科目を担当する人文社会系大学教員（金子元久）……74
内田樹も金子の言うポスト・モダン的な志向をもつ傾向がある教員〜……74
講座制……50-51, 70-73, 75, 134, 408, 415
授業のプラクティス（金子元久）……65-66
制度的に標準化された単位組織としての講座は〜（金子元久）……73
大学格差の多様と学生格差の多様……58
辛島鹽井……274
⇒寺崎弘昭 , 寺崎
柄谷行人 , 柄谷……245-249, 301
一般的な関係……248
一般的な真理（柄谷行人）……248-249
売り手と買い手の関係（柄谷行人）……248
エロス的関係（レヴィナス）……247-248
教えることとは、語りうることではなくて、示すほかない〜（柄谷行人）……245
クリプキ＝ウィトゲンシュタインの対偶の論理……245
声の現前性を脱構築する差延(デリダ)……246
女性的なもの（レヴィナス）……247
真理（柄谷行人）……77, 163, 247-249, 300, 393, 395-397, 399, 406
精神病者……248
対関係……248
対関係は、共同の規則なるものの危う

〜……128
内田は、授業を、学生を満足させるために〜……119
教える立場にある者自身が(内田樹)……193
概論……74-76, 101, 353-354, 356-357, 370, 399-400, 402
契約書……22, 42, 130-131
顧客論の本質は顧客満足だが〜……193
師弟関係は美しい誤解(内田樹)……119
授業を受講する前に学生がシラバスを読んで評価できればそれはもはや学生ではない(内田樹)……130
受講後のシラバス評価によってこそシラバスは契約書と類似した関係に入る……131
生涯学習型のシラバスなら受講者(消費者)が〜……193
シラバスについて言えば〜(内田樹)……118
シラバスは契約書ではない……130
選択科目 - 46, 48-49, 52, 64-65, 84, 130, 134-138, 141, 149-150, 201, 218, 221, 292, 302, 353
タルムード四講話(内田樹)……73
使うコマシラバス……205
満足度評価……90, 203
未知の知見は〜(内田樹)……128
無知の豊かさ, 無知こそ豊穣(ジャック・ラカン)……199, 244, 399
真理の人である先生は〜……399
→契約者の双方は対等の権利関係になるが〜……130
⇒井上理
⇒教養
⇒レヴィナス
梅根悟……195
⇒フンボルト
エピクロス……300
⇒ヴィーコ
エリオット, C. エリオット(一八六九年にハーバード大学学長就任)……57, 64, 136-137, 141, 350-351
エリオットの大学改革……57
個性尊重……46, 137, 273
自学自修の精神(潮木守一)……137-138
選択科目……46, 48-49, 52, 64-65, 84, 130, 134-138, 141, 149-150, 201, 218, 221, 292, 302, 353
単位制……105, 134, 136, 138-142, 148, 153, 174, 191, 408
ハーバード大学, ハーバード……57, 64, 121, 136-138, 163, 341
小方直幸……151, 211, 236, 291
小方直幸はコンピテンシー能力は長い時間をかけての(小方直幸)……291
職位主義……211-212
職業教育でよく即戦力という言葉が〜(小方直幸)……211
偏差値という抽象的な規準に基づく潜在能力〜……212
メンバーシップ(濱口桂一郎)……212, 297, 299
⇒コンピテンシー
岡村隆史……285
めちゃ×2イケてるッ!……285-286
小熊英二……212, 298
大部屋型官僚採用が東大法学部偏差値主義になるゆえん……212
小方直幸はコンピテンシー能力は長い時間をかけての評価や絶えざる見直しが必要になると言っている(小方直幸)……291
会社中心主義的な就職評価……298
企業が重視するのは〜(小熊英二)……298

⇒カリキュラムの文化性
ウィトゲンシュタイン …… 245-250, 399, 412
ウィトゲンシュタインの実践はエロス的〜 …… 249
語り得ぬもの（ウィトゲンシュタイン） …… 250
規則に従うことは一つの実践である（ウィトゲンシュタイン） …… 245
規則も意味も意識の対象ではない …… 246
規則や意味の他者性〜 …… 249
クリプキ＝ウィトゲンシュタインの対偶の論理 …… 245
主体は世界には属さない〜（ウィトゲンシュタイン） …… 246
世界性（ハイデガー） …… 246, 340
世界と生とは一つである（ウィトゲンシュタイン） …… 247
対関係（柄谷行人） …… 248
私が受け入れないならば、相手は規則に従っていない（柄谷行人） …… 245
私の世界の限界と世界の限界における限界 …… 247
⇒エロス的
⇒柄谷行人 , 柄谷
⇒規則
⇒対偶
⇒一つの実践（ウィトゲンシュタイン）
⇒矛盾
潮木守一 , 潮木 …… 47, 61, 63-64, 73, 136-137, 195-197, 240
学生サービス …… 20, 22, 48, 126, 201-202, 204, 221
教授会 …… 19, 23, 37, 73, 75-76, 186, 203
講座制 …… 50-51, 70-73, 75, 134, 408, 415
自学自修の精神（潮木守一） …… 137-138
心理的文化的分断線（潮木守一） …… 63
選択科目 …… 46, 48-49, 52, 64-65, 84, 130, 134-138, 141, 149-150, 201, 218, 221, 292, 302, 353
テイラー , C. テイラー …… 62-63
電話帳シラバス（潮木守一） …… 47
二重の差別を受けてきた職業教育 …… 350
人間が長年にわたって学問にかけてきた努力〜（潮木守一） …… 240
フンボルト理念の栄光を〜（潮木守一） …… 197
⇒フンボルト
内田健三 …… 23, 187
学校中心主義からの転換 …… 31, 187, 265, 313
学校派 …… 23, 187, 260
学校派（有田一寿たち）は教育派で〜（内田健三） …… 23
学校派と生涯派の論争（内田健三） …… 23, 187
学校民営化 …… 313-314
生涯派 …… 23-24, 187
土光臨調 …… 24, 313-314
学びの主体 …… 23-25, 27, 31-32, 34, 36, 42, 187-188, 255, 268, 313-314, 318, 375-378, 386
学生教育の主体は学校にあるが〜 …… 185
⇒生涯学習
⇒寺脇研
⇒中曽根臨教審
内田樹 …… 73-74, 118, 128, 130, 132, 193, 198, 204
内田樹が言うように学生たちが授業評価できる〜 …… 204
内田樹も金子の言うポスト・モダン的な志向をもつ傾向がある教員〜 …… 74
内田の未知論によるシラバス否定論は

CRM（顧客関係重視の経営）……132
内田は、授業を、学生を満足させるために～……119
学生顧客論……187, 329
顧客論の本質は顧客満足だが～……193
師弟関係は美しい誤解（内田樹）……119
大学教育もその購買者である学生が～（井上理）……132
大学にとって顧客情報の収集活動のひとつが学生による授業評価である（井上理）……132
満足度評価……90, 203
学生教育の主体は学校にあるが～……185
学生の授業満足度……118
受講生アンケート……32, 188, 203
⇒尊敬
井上進……267, 318
印刷術，印刷技術……34, 241, 267-268, 287
科挙……34, 268, 318
紙試験，ペーパー試験，紙（ペーパー）試験……25, 29, 33, 330, 410
官僚組織での官職を得るための試験（ピーター・バーク）……267
貴族……34, 61, 186, 232, 267-268, 318
貴族の個人蔵書の著しい発達（井上進）……267
経済生産が知識を基盤に行われる社会を～……316
民主主義……50
傭書（井上進）……267
⇒人物評価
井上毅……71-72
官僚組織での官職を得るための試験（ピーター・バーク）……267
旧帝大型の講座制……70
教授人物主義……72
東京大学，東大……52, 64-66, 68, 70, 72, 122, 139, 156, 186, 202, 212, 273, 283, 333, 337, 350, 364, 376, 389
文科大臣，文部大臣……35, 70-71, 211, 229-230, 260, 268, 331
文科省……19-21, 26, 36, 40, 60, 66-67, 76, 91-92, 140, 155, 165, 169, 210, 255, 256, 260, 282-284, 309, 326, 354
文科省の高等教育局のお役人……95
猪瀬直樹……164
学説が自ら蔵している歴史的な議論……164
感想文コンクール……164
古典……30, 37, 50, 110, 163-164, 290, 326
多様な個人同士の「討論」を超えた討論を一冊の古典はそれ自体で蔵している～……163
福澤諭吉……35, 164, 317, 327
歴史を超えて残るテキストに～……164
⇒テクスト，テキスト，書物
岩波哲男……231
カール・バルト……231
神……53, 86, 162, 242, 267, 397
教会……53-55, 267
受肉した神の子……86
神学……53-54, 85, 162, 351
早稲田大学，早稲田……62, 72, 134, 138, 236, 284, 337, 341, 348, 352-353, 381, 389, 413, 416
⇒インカネーション
ヴィーコ……297, 300-301
critica，クリティカ［羅］……297
topica，トピカ［羅］……297
教説と一致したふるまい方（ヴィーコ）……300
人材像……73-74, 150, 362, 370
知恵の華（ヴィーコ）……297, 300-301

自民党保守派の家族主義 …… 272
曾野綾子主義 …… 272, 350
天野郁夫, 天野 …… 47, 51-52, 65, 70-71, 76, 264, 273
一般教育の理念はアメリカから〜(天野郁夫) …… 52
教授主義 …… 70, 75, 141
教養教育 …… 49-51, 53, 57, 74, 261, 287, 292, 351, 354
講座制 …… 50-51, 70-73, 75, 134, 408, 415
ジェネラル・エデュケーション …… 50, 52, 336-337, 350-351, 364, 389
私学助成 …… 65
種別化(天野郁夫) …… 264-265, 367
大学の機能別分化(文科省) …… 254
帝国大学 …… 71-73
横文字の小道具 …… 47
リベラル・アーツ …… 49-50, 53, 73, 336-337, 344, 349-351, 364, 389
アラン・ブルーム, ブルーム …… 56, 288
偉大なる書物論 …… 56
高等普通教育という冒険と呼ぶ物語には〜(アラン・ブルーム) …… 288
ヒーロー …… 288-290
アリストテレス …… 61-62, 123, 196, 230, 242, 300, 304, 355, 398-399
アリストテレスの時間論 …… 398
ウーシア, 真理, οὐσία [希](アリストテレス) …… 77, 163, 247-249, 300, 393, 395-399, 406
エネルゲイア …… 196, 402
エンテレケイア, 完全現実態, ἐντελέχεια [希](アリストテレス) …… 399, 402
始元 …… 397-398, 400, 403
生命や精神 …… 196
テロス, 目的, τέλος [希](アリストテレス) …… 397, 399-400, 402, 406
点、線、面〜(アリストテレス) …… 398
ヘクシス, ἕξις [希](アリストテレス) …… 230
ペラス, 限界, πέρας [希](アリストテレス, ヘーゲル) …… 166, 188, 194, 209, 233, 246-247, 293, 328, 391, 398-400, 402-406
⇒ハイデガー
⇒ハビトゥス
⇒フンボルト
⇒ヘーゲル
有田一寿 …… 23, 187
学校派 …… 23, 187, 260
学校派(有田一寿たち)は教育派で〜(内田健三) …… 23
生涯派 …… 23-24, 187
⇒香山健一
⇒中曽根臨教審
アルチャート …… 300
⇒ヴィーコ
市川昭午, 市川 …… 219-220, 267
学士課程教育の構築に向けて …… 36, 47, 66, 210, 219-222, 258, 260, 262-264, 331
学校教育と個性主義は本来あい容れぬところがある(市川昭午) …… 220
個性重視(多様性)の教育(市川昭午) …… 219
ディシプリン(学問と規律)(市川昭午) …… 220-221
⇒中曽根臨教審, 臨教審
伊藤敦広 …… 197
フンボルトの構想した大学は教育の機関ではなく陶冶の機関だった(伊藤敦広) …… 197
⇒フンボルト
井上理 …… 131

人名索引

・各索引語には、関連索引語（当該索引語を含む語句・センテンス、当該索引語に関連する語句・センテンス、当該索引語に関連する他の索引語）が附属し、列挙されています。
・「→」の付いた関連索引語は、関連する語句・センテンスを意味し、該当頁番号が指示してあります。
・「⇒」の付いた関連索引語は、関連する他の索引語への参照を意味します。
・索引語に、［独］のように付加されている略語は、当該索引語の欧語言語種を意味します。それぞれ、［英］－英語、［独］－ドイツ語、［仏］－フランス語、［羅］－ラテン語、［希］－ギリシャ語を意味しています。
・索引語の最後に（）囲みで人名があるものは、本書の参考・参照文献表に掲載された当該の著者／作者の文献からの引用や要約を示すものです。

アーレント……55
　驚くべきことに、カントは自分の道徳哲学が～（アーレント）……56
　善い国家における善き市民（アーレント）……56
　⇒フランス革命
アイゼンステイン……288
　印刷革命……287-288
　⇒印刷術，印刷技術
　⇒紙試験，ペーパー試験，紙（ペーパー）試験
赤染衛門……394
　小林秀雄……394-396, 403
　転向（吉本隆明）……400, 404
　人間性の機微のわかる優しいもののあはれの心……403
　大和魂，大和心（小林秀雄）……394-396, 400
　⇒大衆
　⇒ペラス，限界，πέρας［希］（アリストテレス，ヘーゲル）
アガンベン……249-250
　インファンティア，Infanzia［伊］（アガンベン）……249-250
　語り得ぬもの（ウィトゲンシュタイン）……250
　自己表出，指示表出……251
　対偶……245, 247-249
　超越論的な歴史（アガンベン）……250
　動物の言語には欠けていること自体が欠けている（アガンベン）……250
　分裂（アガンベン）……250
　矛盾……138, 140, 250-251, 396-397, 399
　物言わぬ経験（アガンベン）……249-250
　⇒規則
　⇒動物
　⇒斜め書き
アックルシウス……300
　⇒ヴィーコ
安倍晋三，安倍……309, 331, 337, 348, 350
　安倍政権……309, 331
　アベノミクス……63, 347, 387
　改正学校教育法……310-311
　教育基本法　32, 186, 317, 337, 374, 376
　教育再生実行会議，教育再生会議……309-310, 314

⇒エンテレケイア，完全現実態，ἐντελέχεια［希］（アリストテレス）
ἕξις［希］，ヘクシス（アリストテレス）……230
⇒ヘクシス，ἕξις［希］（アリストテレス）
ἐποχή［希］，エポケー……40
⇒エポケー，ἐποχή［希］
οἶκος［希］，オイコス，家政……276, 316-318, 326, 331
⇒オイコス，家政，οἶκος［希］
οὐσία［希］，ウーシア，真理（アリストテレス）……77, 163, 247-249, 300, 393, 395-399, 406
⇒真理，ウーシア，οὐσία［希］（アリストテレス）
πέρας［希］，ペラス，限界（アリストテレス，ヘーゲル）……166, 188, 194, 209, 233, 246-247, 293, 328, 391, 398-400, 402-406
⇒ペラス，限界，πέρας［希］（アリストテレス，ヘーゲル）
ποίησις［希］，ポイエーシス（ハイデガー）……242-243
⇒ハイデガー
σχολή［希］，スコレー，暇……40, 339, 345
⇒暇，スコレー，σχολή［希］
τέλος［希］，テロス，目的（アリストテレス）……397, 399-400, 402, 406
⇒テロス，目的，τέλος［希］（アリストテレス）

it［英］……………… 233-234, 343, 346-347
天候の it, 時間の it, 代名詞の it …… 233, 343, 346
knowledge-based society［英］, 知識基盤社会（文科省）……………… 36, 68, 316
Kritik［独］, 批評 ………… 181, 215, 301, 390, 404-405
learning strategies［英］, 学習方略 ……………… 235-236
⇒ PISA
⇒垂見裕子
Learnology［英］……………… 371, 373, 378
⇒本間正人
lectio［羅］, 読むこと ………… 161-163, 318, 375, 395
lecture［英］, 講義 ……………… 161-163
memorisation strategies［英］, 記憶方略 ……………… 235-236
⇒ PISA
⇒垂見裕子
Miteinandersein［独］, 共存（ハイデガー） ……………… 248
⇒ハイデガー
Nachbild［独］, 模造 ……………… 242
Nichtigkeit［独］, 非性（ハイデガー）…… 231
⇒ハイデガー
⇒非性 , Nichtigkeit［独］（ハイデガー）
nutrix［羅］, 乳母 ……………… 274-275
⇒寺崎弘昭 , 寺崎
obstetrix［羅］, 産婆 ……………… 275
⇒寺崎弘昭 , 寺崎
occidental［英］, 西洋の（デリダ）……………… 5
on［英］……………… 343-344, 348, 371
on の専門家 ……………… 343
on the blink［英］, 危機に瀕している（デリダ）……………… 5
⇒危機に瀕している , on the blink［英］（デリダ）
Praxis［独］, 実践 ………… 246-247, 249, 412
⇒実践 , Praxis［独］
Prinzip［独］, 原理（ヘーゲル）……… 20, 35, 50, 54-55, 142, 242, 284, 288-289, 301, 330, 398, 401
⇒原理 , Prinzip［独］（ヘーゲル）
Realschule［独］……………… 63
remember［英］, 覚えている ……… 232-233, 411
Sein zum Tode［独］, 死への存在（ハイデガー）……………… 402
⇒死への存在 , Sein zum Tode［独］（ハイデガー）
Sorge［独］, 配慮（ハイデガー）……………… 60, 111-112, 150, 154, 246, 278, 309, 378
⇒ハイデガー
structures structurantes［仏］, 構造化する構造（ブルデュー）……………… 231
⇒ブルデュー
Subjekt［独］, 主体（ヘーゲル）……………… 187, 300-301, 330, 374
Substanz［独］, substance［英］, οὐσία［希］, 実体（ヘーゲル）…… 22, 75, 90, 105, 207, 247, 263, 287, 297, 300-301, 324, 379, 383
⇒実体 , Substanz［独］, substance［英］, οὐσία［希］（ヘーゲル）
the［英］……………… 233
to［英］……………… 232-234, 343, 347
topica［羅］, トピカ（ヴィーコ）……………… 297
⇒ヴィーコ
twinkling［英］, 瞬き・ひらめき（デリダ） ……………… 5
wink［英］, 目配せ（デリダ）……………… 5
zu［独］, への（ハイデガー）……………… 402
⇒への , zu［独］（ハイデガー）
ἐντελέχεια［希］, エンテレケイア , 完全現実態（アリストテレス）……………… 399, 402

discipline［英］, ディシプリン ············ 51, 67, 210-211, 220-221, 258, 302, 331
⇒学際的 , inter-discipline［英］
⇒ディシプリン , discipline［英］(佐藤学)
⇒標準性
⇒文科省が使う多様という言葉の用法自体に discipline がないのだ
disputatio［羅］, 討論 ··············· 161-164, 261
⇒討論 , disputatio［羅］
Docendo discimus［羅］, ドケンドー・ディスキムス , 教えることによって学ぶ（セネカ）··········· 41, 193-194
⇒セネカ
⇒教えることによって学ぶ（セネカ）
Economics［英］, 経済学 ··················· 48, 65, 150-151, 276, 316, 354-355
⇒経済学 , Economics［英］
education［英］, éducation［仏］, 教育 ··········· 52, 274-277, 302, 405
educare, 養う・太らせる［羅］··········· 275
educatio［羅］··········· 275
educere, 引き出す［羅］··········· 244, 275
educo［羅］··········· 275
⇒寺崎弘昭 , 寺崎
Einbildungskraft［独］, 構想力（カント）··········· 242, 319
eine Praxis［独］, 一つの実践（ウィトゲンシュタイン）··········· 245-247, 412
⇒一つの実践 , eine Praxis［独］(ウィトゲンシュタイン)
elaboration strategies［英］, 精緻化方略 ··········· 235
⇒ PISA
⇒垂見裕子
Erinnerung［独］, 想起 , 内面化（ヘーゲル）··········· 56, 397-399, 403
⇒想起 , 内面化 , Erinnerung［独］(ヘーゲル)
Es［独］, エス（フロイト）··········· 346
être professeur［仏］, 教授である（デリダ）··········· 241
Fachhochschule［独］, 専門大学 ······· 61-62, 310
flesh［英］, 肉 ··········· 85-86, 140, 276, 289-290, 316, 379, 397
Geist［独］, 精神（ヘーゲル）········ 114, 123, 137-138, 168, 193, 195-196, 198, 273, 297, 301, 357, 397-399, 415
general education［英］, ジェネラル・エデュケーション ······ 50, 52, 336-337, 350-351, 364, 389
⇒ジェネラル・エデュケーション , general education［英］
gesehen haben［独］, 見えた ··········· 402
⇒見えた , gesehen haben［独］
Gymnasiun［独］··········· 63
Hauptschule［独］··········· 63
he［英］··········· 233-234
Home Economics［英］, 家政 ··········· 276, 316-317
⇒家政 , Home Economics［英］
in the blink of an eye［英］, 瞬きする間に（デリダ）··········· 5
in the twilight of an eye［英］, 黄昏時に（デリダ）··········· 5
⇒黄昏時に , in the twilight of an eye［英］(デリダ)
institution［仏］, しつけること ····· 275-276
instruction［仏］, 教えること ··········· 41, 194-195, 245, 275-276, 340, 346, 359, 362
Inter-discipline［英］, 学際的 ········ 210-211, 258, 302
⇒ discipline［英］
⇒学際的 , inter-discipline［英］
⇒ディシプリン , discipline［英］(佐藤学)
⇒標準性

欧語索引

・各索引語には、関連索引語(当該索引語を含む語句・センテンス、当該索引語に関連する語句・センテンス、当該索引語に関連する他の索引語)が附属し、列挙されています。
・「→」の付いた関連索引語は、関連する語句・センテンスを意味し、該当頁番号が指示してあります。
・「⇒」の付いた関連索引語は、関連する他の索引語への参照を意味します。
・索引語に、[独]のように付加されている略語は、当該索引語の欧語言語種を意味します。それぞれ、[英]-英語、[独]-ドイツ語、[仏]-フランス語、[羅]-ラテン語、[希]-ギリシャ語を意味しています。
・索引語の最後に()囲みで人名があるものは、本書の参考・参照文献表に掲載された当該の著者/作者の文献からの引用や要約を示すものです。

a[英] ………… 233
an educated citizen[英], 教育された市民(苅谷剛彦) ………… 121, 413
Anwendung[独], 適用 ………… 94, 273, 301, 320, 326
⇒適用, Anwendung[独]
Architektonik[独], 建築術(カント) …… 242
Augenblick[独], 瞬間(デリダ) …… 5, 107, 110, 189, 193, 197, 236, 402
Autonomie[独], 自律(カント) …… 24, 36, 53-57, 188, 204, 302
⇒カント
avec[仏] ………… 344
⇒高橋允昭, 高橋
⇒デリダ
behavior[英], 行動, ビヘイビア …… 27-28, 37, 131-132, 151, 158-161, 209-210, 212, 246, 315, 317, 319, 330
⇒行動, ビヘイビア, behavior[英]
behaviorism[英], 行動主義 ………… 158, 160-161, 210, 246
⇒行動主義, behaviorism[英]
Bild[独], 似姿 …… 242, 291, 301, 397, 403
blink[英], 瞬き(デリダ) ………… 5
Bildung[独], 陶冶(ヘーゲル) …… 197-198, 242, 288, 291, 301, 397, 403
carnation[英] ………… 80, 85-86, 103, 124
caro[羅], 肉 …… 85-86, 140, 276, 289-290, 316, 379, 397
chance[英], チャンス(デリダ) …… 5, 201, 266, 278, 287, 319, 372-373, 406
comptable[仏], 責任がある(デリダ) …… 5
control strategies[英], 制御方略(PISA) ………… 128, 235-236
⇒ PISA
⇒垂見裕子
crise[仏], 分岐点, 危機(デリダ) …… 5, 406
⇒危機, 分岐点, crise[仏](デリダ)
critica[羅], クリティカ(ヴィーコ) …… 297
⇒ヴィーコ
déconstruction[仏], デコンストリュクシオン, 脱構築(デリダ) ………… 54-55, 242, 246
⇒デリダ
dé-limiter[仏], デ・リミテ, 脱・限界画定(デリダ) ………… 54-55
⇒デリダ

⇒履修判定
恋愛 …… 247
→エロス的 …… 247-249
→恋は実践的にしか存在しないし、斜め書きも実践的にしか存在しない〜 …… 249
→恋文 …… 251
ロマンティシズム …… 372
ロマン派の教育＝陶冶（Bildung） …… 242
論文 · 39, 41-42, 50, 99, 125, 127-128, 142, 156-157, 235, 296, 324, 343, 353, 355, 409
論文を書くという行為 …… 99
生きものだからこそ、あらゆることに備えて準備を周到にしなければならないという点で、論文のみならず、授業も準備が必要なのである …… 156
生きものには授業であれ、論文であれ生きるための法則やルールやリズムがある。ストックのない生命は存在しない …… 156
授業が生きものだからというのならば、論文もたった一行で、あるいはたった一語の助詞の使い方ですべての内容が死んでしまう場合もある …… 156
トークは場合によっては書き言葉（論文）よりも圧縮力が高い …… 156

わ

ワークショップ …… 324-325, 416
⇒アクティブ・ラーニング
Word …… 109-110, 189, 199
ワープロ技術 …… 318
早稲田大学 , 早稲田 …… 62, 72, 134, 138, 236, 284, 337, 341, 348, 352-353, 381, 389, 413, 416
早稲田大学理工学術院准教授 …… 352
早稲田の理工学部 …… 352
→岩波哲男 …… 231
→川原栄峰 …… 231
→高橋允昭 , 高橋 …… 231, 344
→伴博 …… 231
→鷲崎弘宣 …… 352
⇒大学

的な理念の統制的原理のように …… 284
→統制的原理(カント) …… 55, 284, 289
⇒カント
リベラル・アーツ …… 49-50, 53, 73, 336-337, 344, 349-351, 364, 389
エリート教育としてのリベラル・アーツ …… 49
⇒ジェネラル・エデュケーション
リメディアル教育 …… 57, 59
留学生 …… 57, 264, 327, 389
留年 …… 353, 381
料理界の東大 …… 364
〜力(りょく) …… 211
⇒ハイパー・メリトクラシー(本田由紀)
臨教審, 臨時教育審議会 …… 23-25, 30-31, 34, 36, 38, 46, 187, 255, 260, 265, 270, 272-273, 311-315, 377
臨教審的な復古主義 …… 277
臨教審の曾野綾子主義 …… 272
臨教審の本質は月並みな保守的家族主義にあり〜 …… 273
中曽根臨教審, 臨教審 …… 23-25, 30-31, 34, 36, 38, 46, 187, 255, 260, 265, 270, 272-273, 311-315, 377
→曾野綾子主義 …… 272, 350
⇒オイコス, 家政, οἶκος
⇒階層の再生産
⇒家族主義
⇒家庭
⇒個性
⇒個性重視の原則
⇒主体性
⇒寺崎弘昭, 寺崎
⇒中曽根臨教審
⇒ハビトゥス
⇒保守
レーザーポインター …… 109-110
レーザーポインターが教育的にダメなのは〜 …… 110
→参照指示性 …… 109-111
歴史
歴史講義 …… 243
歴史論 …… 354
歴史を超えて残るテキストに対峙すれば〜 …… 164
学校教育体系は〜 …… 326
学説が自ら蔵している歴史的な議論 …… 164
教員の専門性というのは、趣旨や意味や歴史や語源から、勉強を理解させる能力です …… 345
研究の真理は歴史でもある …… 396
人類の歴史的・文化的資産 …… 336
それ自体で歴史を有する中身 …… 325
超越論的な歴史 …… 250
人間はギリシャ的な家政や親の世代を乗り越える〜 …… 316
平凡な日常、平凡な言葉の中に二〇〇〇年の歴史を読み解けない人が、どんなに特異な経験やどんなに遠い異国の経験を重ねても、お金と時間の無駄使いなわけです …… 306
命題はそれ自体で歴史(起源=根拠)と内容を有しています …… 325
→生物史的な進化 …… 316
レジュメテキスト教材 …… 120
レフェランス …… 89, 145, 213, 251
⇒使うコマシラバス
レポート試験 …… 176-177, 410
レポートがその授業の最終目標ならレポートリテラシ自体がコマシラバスのそこかしこに記載されていなければならない …… 177
レポート評価 …… 25, 28, 176-177
⇒評価
⇒履修主義

一切問われることなく、必修科目は履修したことになる（苅谷剛彦）……255
→おもてなし授業……37-38
→修得と区別された履修主義……145
→補習や追再試の慢性化……191, 201
⇒学力の三要素
⇒観点別評価
⇒コンピテンシー
⇒修得
⇒出席主義
⇒ハイパー・メリトクラシー
履修判定
履修判定基準……145, 191
履修判定権……214
履修判定試験……94, 143, 166-167, 177, 205, 213-216
履修判定を緩めず長い時間の教育の効果を期待するためには～……202
→学期末試験……191-192
→試験基準……191
→試験認定……191
→追試 , 再試……82, 93-94, 159, 191, 201-202
→落伍者……87-88, 100-101, 157, 178, 202, 208, 323
→レポート試験……176-177, 410
⇒コマシラバス項目
⇒第三者試験
⇒模擬試験
履修判定指標……86, 95, 166-169, 171, 174-177, 192, 206-207, 213-217, 224, 415
履修判定指標のそれぞれの項目を見て、こんな問いかけに答えられるようになる授業なら、ぜひ受講してみたいと思う学生や学内外の関係者も出てくるはず……174
コマシラバスと履修判定指標の本来の充実は、この授業外の第三者の試験作成者を準備するときに完成する……214
→おそらく目標（試験指標）と計画とが別々に立てられている分～……173
→関連回（履修判定指標の項目例）……168-170
→キーワード（コマシラバス項目）……68, 83, 102, 107-108, 110, 115, 168, 170-171, 231, 242, 260, 301, 309, 361
→配点（履修判定指標の項目例）……168, 170
→履修指標（履修判定指標の項目例）……168, 171
→履修指標の水準（履修判定指標の項目例）……168, 171
離職……360-361, 382, 387
離職予備軍の就職先……387
理性……53-54, 56, 176, 242, 247, 288
理性の自由……53
→自律……24, 36, 53-57, 188, 204, 302
⇒カント
理念
科目間を統合する理念……52
カントの理念が統制的原理であること（カント）……289
国民文化の理念（レディングズ）……288
自律的自己形成という理念（斉藤渉）……57
哲学とは可能な学の単なる理念にすぎない（カント）……242
普遍的理性という概念が大学に生命を与える原理としての国民文化の理念にとって代わられるやいなや大学は国家へ奉仕するように強要される（レディングズ）……288
フンボルト理念……40, 56, 195-197, 403
私にとって知識は、苅谷の言う家庭環境であれ意欲であれそれらのゼロ地点から発生するものでしかない。カント

良い就職 341
良い大学 341
⇒大学
幼児期 250
→精神分析学 297
⇒心理学
⇒フロイト
傭書（井上進） 267
幼稚園 336
ヨーロッパ 49-51, 55, 62, 73, 76, 140, 265, 267, 298-299
ヨーロッパ型 49-51
ヨーロッパ型大学 50
ヨーロッパ型四年専門教育 49
ヨーロッパのアカデミーにおける職業教育の伝統 265
ヨーロッパの大学 49, 62, 73, 267
ヨーロッパの大学論 267
ヨーロッパの哲学者 334
予習 84-85, 103-105, 113-114, 138, 140-141, 240
予習・復習，復習や予習 103-105, 113, 138, 140-141
予復習 84, 87, 89, 103-105, 113-114, 140, 159, 218
概念概要型シラバスでは～ 84
予備校 137, 228, 345, 363
予備校の日本史の授業 228
予復習 84, 87, 89, 103-105, 113-114, 140, 159, 218
⇒復習
⇒予習
読むこと，lectio［羅］ 161-163, 318, 375, 395
四択試験，四択問題 268, 326
→反面接試験 318, 330
⇒試験
⇒人物評価

ら

ラーニング・プラネット 334
LINE 67, 210-211, 258, 302, 341, 377
→情報化 38-40, 62, 280, 289
⇒短い時間
落伍者 87-88, 100-101, 157, 178, 202, 208, 323
落伍学生 221
落伍者数評価 323
大量落伍者 88, 157, 178
→学業不振 383
→退学 21, 272, 353, 383, 414
→補習や追再試の慢性化 191, 201
→やる学生はやる～ 157
→落第 193
⇒救済・裁量評価
⇒点数分布，点数の分布
ラテン語 161, 230, 267, 276
理解
理解が先行しない記憶を暗記というが、それでは結果として暗記できる情報量は極小化し、学習の効果も上がらない 238
理解とはメタ情報を与え続けることである 238
理解に貢献するシラバス 240
理解を中心にした教育 234
⇒暗記
リジッド（木村元） 280
→学校圧 64, 271, 285-286, 322
⇒フィルタ
履修主義 145, 256, 299
修得を履修でごまかす装置 257
履修と修得との分離の間に位置付くことになるのが観点別評価の意欲評価だ 256
授業に参加し、授業を受けることさえ満たせば、そこで何を身につけたかは

文科省の取り組みの自己反省文書 ……………………………… 260
民主的な文科省 …………………… 310
→学校教育法施行規則 ……………… 20
→教学マネジメント委員会特別部会（中教審）……………………… 28, 204
→生涯学習局（現）………………… 312
→文部大臣 ………………………… 70-71
⇒高等教育局
⇒反省
⇒ゆとり
文科大臣，文部大臣 ……… 35, 70-71, 211, 229-230, 260, 268, 331
この文科大臣は、暗記と主体性創造性人間的な感性を対立させることによって、逆に人間を性能主義的に、つまり機械的に理解しているわけだ ……… 229
問題発見・解決能力 ………………… 258, 324
⇒佐藤俊樹
⇒本田由紀

や

養う・太らせる，educare［羅］………… 275
⇒寺崎弘昭，寺崎［仏］
大和魂，大和心（小林秀雄）……… 394-396, 400
男は学問にかまけて大和心をなくしてしまっていった（小林秀雄）………… 394
コマシラバスは〜 …………………… 396
→赤染衛門 ………………………… 394
→小林秀雄 ……………………… 394-396, 403
→人間性の機微のわからぬ馬鹿（小林秀雄）………………………………… 395
→紫式部 ……………………… 394, 400
有限性，Endlichkeit［独］（ハイデガー）………………………………… 230-231, 289
場処の有限性論 …………………… 289
ブルデューの構造やハビトゥスはそれ自体有限性に刻印されている ……… 231
→コンピュータ ……………… 81, 229, 328
→背後，背後性 ……… 164, 230-231, 260, 304, 306
ユーザーコンピューティング ……………… 189
優秀 …… 123, 161, 352, 358, 363, 384, 390
優位な人材 …………………………… 388
優秀な学生 ……………… 123, 352, 358, 390
優秀な大学生 ………………………… 363
優等生 ………………………… 37, 358
アジアの優秀な学生 ………………… 390
→秀才と優等生は〜（高田里惠子）………………………………………… 37
⇒人材
YouTube ……………………… 39, 266, 318
YouTuber ……………………………… 318
⇒情報化
ゆとり ……………… 46, 265, 282-284, 312-313
ゆとり批判 …………………………… 283
文科省の脱ゆとり主義 ……………… 284
ゆとり教育，新ゆとり教育 ……… 46, 265, 283, 312-313
新ゆとり教育 ……………………… 46, 265
→学校中心主義からの転換 …… 31, 187, 265, 313
→学校民営化 ……………………… 313-314
→教育改革 ……… 23, 31, 132, 136, 265, 279, 313, 345, 416
→新学力観 ……………… 254-257, 271, 312
→知識は、もともとオブジェクティブな（対象的な、客観的な、目的語的な）もの〜 ……………………………………… 314
→学び合い（西川純）……… 88, 194, 346, 373
⇒関西調査（苅谷剛彦）
⇒寺脇研
ユニバーサル化（マーチン・トロウ）……… 62
⇒マーチン・トロウ

学校教育におけるメリトクラシーの本質は～ 386
メリトクラシー（学校圧）現象 286
メリトクラシー以前の社会 63
メリトクラシー社会の圧 285
メリトクラシーの大衆化（苅谷剛彦） 278
天皇制の反対概念がメリトクラシーだと言ってもよい 270
努力主義（メリトクラシー）の公平感イデオロギー（苅谷剛彦） 279
→生まれつきの能力 283
→学校圧 64, 271, 285-286, 322
→努力主義評価 158
⇒家族主義
⇒平等 , 公平
面接 33-34, 317-318, 330, 382-383
面接選抜 317
面接評価の人物論 318
面接試験 33, 318, 330
文字の面接試験 318
⇒人物評価
⇒中曽根臨教審 , 臨教審
⇒ハビトゥス（ブルデュー）
⇒平均値評価
⇒名門私立学校
⇒面接
メンバーシップ（濱口桂一郎） 212, 297, 299
メンバーシップ的なキャリア形成の文化（濱口桂一郎） 297
メリトクラシーがハイパー・メリトクラシーやコンピテンシー論に変質し～ 299
→会社中心主義的な就職評価 298
→組織帰属性に薄い人たち 356
⇒濱口桂一郎
模擬試験 , 模擬解答 86, 206-209, 212-213, 414
実習模擬試験 209, 212
模擬試験・模擬解答発表会は～ 208
学生模擬試験作成 206
授業計画とその実際との差分の意識は～ 208
→シミュレーション 97-98, 207, 217, 230, 407
→シラバスの～ 204
⇒実習授業
目標
科目目標 , 科目の目標 86, 100, 114, 167, 175, 182
授業の目標 167, 238
到達目標 115, 167, 175, 220
目標意識のない教員 238
目標を提示できない授業 239
人材目標 47, 366
できる目標 159, 209
学ぶべき目標（学生の目標）が教えるべき目標（教員の目標）に先立つことなどあり得ない 90
文字 246, 318-319, 330, 394
文字の知性化 , 文字の知性化 318-319, 330
⇒面接試験
模造 , Nachbild［独］ 242
モデル論 301-302, 415
⇒方法
物言わぬ経験（アガンベン） 249-250
⇒アガンベン
文科省 19-21, 26, 36, 40, 60, 66-67, 76, 91-92, 140, 155, 165, 169, 210, 255, 256260, 282-284, 309, 326, 354
文科省の高等教育局私学行政課長 119
文科省の高等教育局長 92
文科省の高等教育局のお役人 95
文科省の脱ゆとり主義 284

……………………………………………… 240
有益 , 無益のメタ情報 ……………… 266, 269
理解とはメタ情報を与え続けることである ……………………………………… 238
→教える , teach［英］…… 41, 81, 91, 102, 104, 194, 198-199, 245, 248-250, 275, 280, 340, 359, 396
→教師は、彼の思索、真面目さ、問い、驚きの中で意図しないままに自己を示す〜（ヤスパース）……………………… 244
→鈴木有紀の教えない授業がダメなところは〜 ……………………………… 241
→知識の背後 …………………………… 231
→通常の教科書や教材・資料などは、どこにもその目的というものは書き記されていない ……………………… 239
→背後 , 背後性 ……… 164, 230-231, 260, 304, 306
→非性 , Nichtigkeit［独］（ハイデガー）……………………………………… 231
→無条件の自由（デリダ）……………… 241
→目的も教科書や教材・資料からすればメタ情報の一種だ ………………… 239
→有限性 , Endlichkeit［独］（ハイデガー）…………………………… 230-231, 289
⇒斜め書き
⇒メタトーク
メタ教材 ………………… 101, 118, 120, 123
⇒教科書
⇒教材
メタトーク ……………… 227, 238, 241, 244-245, 289-290
メタトークはしかしそれが典拠し可視化するテキスト—そのプラットフォームがコマシラバスであることは言うまでもない — なしには見えてこない … 244
板書もルーティン情報を書くところではなくて、メタ情報を書く場所でしかない ……………………………………… 227
教員のトークとは、どんなときでもメタトークなのである ……………………… 227
コマシラバスの課題は授業におけるメタトークがどのように効果的に機能するかを案配することでしかない …… 290
授業とはトークの場処ではなくて〜 ……………………………………………… 289
たとえ答えを教えてもそれについてのメタトークは存在する ………………… 241
→トーク …… 40, 107-108, 120, 156, 227, 238-239, 241, 243-245, 251, 289-290, 301, 325
→メタ資料 ……………………………… 98
→物言わぬ経験（アガンベン）……………………………………… 249-250
めちゃ × 2 イケてるッ！ ……………… 285-286
メディア ……………… 38, 57, 59, 120, 259, 268, 289-290, 319, 405
大学とはメディアである（吉見俊哉）……………………………………… 38, 289
→ EdTech ……………………………… 329
→いつでも・どこでも有益に学ぶチャンスといつでも・どこでも無益に学ぶチャンス …………………………………… 266
→今の時代は〜 ………………………… 377
→科挙 …………………………… 34, 268, 318
→家職化、家産化（與那覇潤）……… 268, 318
→ハイパーテキスト（テッド・ネルソン）……………………………… 185, 375-376
⇒印刷術 , 印刷技術
⇒インターネット
⇒貴族
⇒情報化
⇒人物評価
⇒面接評価
メリトクラシー , 努力主義

に言えば想起 Erinnerung の過程を辿ることと同じである［独］（ヘーゲル）……397
かの矛盾の真理はたえずペラスを内に含んでいなければならない……399
コマシラバスとは、こういった伝わることの矛盾を抱え込んだ、学生たちへの恋文のようなものなのだ……251
わかってたまるかということと、なんでこんなに簡単なことがわからないのか、という矛盾の中に身を置くこと……250, 396
わかることの矛盾……251
→自己表出 , 指示表出……251
→表現者はわかると言われてもわからないと言われても居所がないところにいつも立たされている……397
⇒柄谷行人 , 柄谷
⇒対偶
⇒ペラス , 限界 , πέρας［希］（アリストテレス , ヘーゲル）
⇒吉本隆明
無条件の自由（デリダ）……241
⇒メタ
無色化（ブルデュー）……232, 273
⇒ブルデュー
無知の豊かさ , 無知こそ豊穣（ジャック・ラカン）……199, 244, 399
無知は無知として実り豊かなもの（ジャック・ラカン）……199
→外部が見えているからこそ、研究を先に、先にと進めることができる……399
→規則や意味の他者性～……249
→すべての知識を未だ解決していないものとして扱え（潮木守一）……40, 195
→統制的原理（カント）……55, 284, 289
→ドケンドー・ディスキムス（セネカ）……41, 193-194
→フンボルト理念……40, 56, 195-197, 403
⇒矛盾
⇒メタ
無はある（ハイデガー）……233
⇒ハイデガー
⇒名詞
名門……33, 36, 187, 234, 269-270, 317, 330, 338, 345, 350
名門校の学生は頭がいいのではなくて～……234
名門私立学校……33, 36, 187, 269-270, 317, 345
名門私立高校……338
名門大学……338
東京の名門私立学校……33, 36, 187, 269, 317
→家庭の教育文化格差……34
→家庭文化格差……36
→私立名門校……350
→文化的な家庭……33
⇒家族主義
⇒人物評価
⇒面接試験
目配せ , wink［英］（デリダ）……5
メタ
メタ化……240, 242, 289
メタ化の運動……242
メタ機能……231
メタ情報……227-228, 238-240, 266
メタ情報の質……240
教材としてのコマシラバスがそれ自体メタ教材である……120
授業という場所はどんなに資料（コマシラバスを含めて）を詳細化してもメタ情報—それについて語るというように—が絶えず発生する場所である

⇒行動主義 , behaviorism［英］
⇒消費
⇒情報化（マーチン・トロウ）
⇒長い時間
⇒満足
未知の知見（内田樹）…… 128
ミネルヴァのフクロウは黄昏時に飛び立つ（ヘーゲル）…… 77
→チャンス , chance［英］（デリダ）…… 5, 201, 266, 278, 287, 319, 372-373, 406
⇒ヘーゲル
身分制社会 …… 316
⇒貴族
⇒民主社会
見るシラバスから使うシラバスへ …… 118
⇒使うコマシラバス
民営化論 …… 24, 314-315
→土光臨調 …… 24, 313-314
→土光臨調を受けた民間移行論 …… 24
⇒学校民営化論
⇒中曽根臨教審
民主主義 , デモクラシー …… 50
民主主義の社会 …… 50
民主的な文科省 …… 310
経済生産が知識を基盤に行われる社会を～ …… 316
平和と民主主義 …… 50
民主社会 …… 317
→この種の民主社会において、人材の多様性とは個人の個性的な多様性のことを言うのではなくて、社会的地位が高く、豊かな人たちがどれくらい多様な階層から構成されているのかを言う …… 317
民主党政権 …… 331
無意識の不在（立木康介）…… 277
MOOC, Massive Open Online Course …… 341, 372
向かい合わせ（レヴィナス）…… 248
⇒レヴィナス
むきだしの個人 , むき出し（本田由紀）…… 266, 270, 277
→インターネット …… 31, 38, 180, 261, 267-268, 288, 290, 376, 408
→基底的な参照項（牧野智和）…… 259
→空虚な自己 …… 323
→個人が剥き出しのまま露出 …… 287
→再帰性の打ち止まり地点（牧野智和）…… 259
→自分探しの幽霊船（古市憲寿）…… 64
→消費社会 …… 280-281, 377, 390
→属性主義（本田由紀）…… 271-272
→文化的で裕福な家庭 …… 271
→幽霊や亡霊みたいなもの（佐藤俊樹）…… 258-259
⇒ SNS
⇒ Twitter, ツイッター
⇒個人
⇒個性
⇒主体
⇒消費
⇒情報化（マーチン・トロウ）
⇒中曽根臨教審 , 臨教審
⇒ハイパー
⇒ハビトゥス（ブルデュー）
⇒満足
⇒短い時間
無思考なカテゴリーの社会学（ブルデュー）…… 270
⇒ブルデュー
矛盾 …… 138, 140, 250-251, 396-397, 399
矛盾の内に自らを保持することは、したがって一つの時間的な過程であって、何も知らない大学生を前にすることは、おのれの何も知らなかった始元へ向かって遡行すること、ヘーゲル的シラバスの重力のようなものが、断片化された情報データベースや気まぐれな検索に抗って、学びの主体を形成していく …… 42
学びの主体の格差 …… 314
→一〇代で学びに開花する人もいれば〜 …… 372
→いつでも・どこでも有益に学ぶチャンスといつでも・どこでも無益に学ぶチャンス …… 266
→学校中心主義からの転換 …… 31, 187, 265, 313
→子どもの主体性 …… 33, 270-271
→自動詞的な主体性 …… 314
→自動詞的な学び …… 314
→成人に達するまでの〜 …… 32
→学び合い（西川純） …… 88, 194, 346, 373
⇒学習者中心の学び
⇒学力の三要素
⇒観点別評価
⇒教育改革
⇒社会人教育
⇒主体
⇒主体性
⇒生涯学習
⇒新学力観
⇒寺脇研
⇒中曽根臨教審
⇒ハイパーテキスト（テッド・ネルソン）
⇒ゆとり教育
丸暗記 …… 254
マルクスの交換論 …… 248
→交換価値 …… 141
⇒単位制
⇒マルクス
マルチメディア …… 268
満足 …… 52, 90, 110, 118-119, 131-132, 137, 183, 190, 192-193, 203, 227, 360
顧客論の本質は顧客満足だが〜 …… 193
内田は、授業を、学生を満足させるためにやっていたのだろうか …… 119
顧客満足 …… 132, 193
大将の自己満足 …… 360
→消費者 …… 130, 132, 187, 193, 377
→消費モデル …… 193
→マーケティング …… 352-353, 355
満足度 …… 90, 118-119, 131, 192, 203
満足度評価 …… 90, 203
学生の授業満足度 …… 118
見えた , gesehen haben［独］ …… 402
mixi …… 377
⇒情報化
ミクロ経済学 …… 355
⇒経済学
短い時間 …… 147, 330, 374
短い時間の刺激 …… 374
短い時間の出来事 …… 330, 374
短い時間の出来事の短い表出 …… 330
短い時間の評価 …… 330
→空虚な自己 …… 323
→検索 …… 39, 42, 105, 180, 188, 230, 235, 303, 347, 408, 413
→高度消費社会 …… 377
→高度情報化 …… 280
→条件反射 …… 147
→スキナー箱のハト …… 147
→ストック …… 40, 156-157, 160, 328, 381, 386, 411
→パブロフの犬〜 …… 147
→反応主義的な消耗 …… 339
→フィルター …… 39, 266-269
⇒ INPUT
⇒ OUTPUT
⇒インターネット
⇒機能 , 関数 , function

保守的な家系再生 316
保守的な家庭主義 36
自民党保守派の家族主義 272
→曽野綾子主義 272, 350
補習 158-159, 191, 199, 201-202, 223
補習や追再試 191, 201-202
補習や追再試の慢性化も選択科目のたくさんあるカリキュラムも～ 201
⇒修得
⇒追試 , 再試
⇒落伍者
⇒履修主義
ポスト近代型能力（本田由紀） 277-278
⇒近代
⇒ハイパー・メリトクラシー（本田由紀）
ポスト産業社会 260
ポスト・モダン 74, 197, 289
内田樹も金子の言うポスト・モダン的な志向をもつ傾向がある教員の一人かもしれない 74

ま

マーケティング 352-353, 355
⇒経営
⇒顧客
⇒主体
⇒消費
⇒満足
Microsoft 200
マクロ経済学 354-355
⇒経済学
マス化（マーチン・トロウ） 62
⇒マーチン・トロウ
瞬き , blink［英］（デリダ） 5
瞬き・ひらめき , twinkling［英］（デリダ） 5
瞬きする間に , in the blink of an eye［英］（デリダ） 5
松下政経塾 333, 335
マナー教育 61, 261
学び
学びからの逃走（佐藤学） 281
学びのすすめ（確かな学力の向上のための二〇〇二アピール）（文科省） 282
学習者中心の学び , Student-centered Learning［英］ 88, 222, 270
自動詞的な学び 314
自由な学び 375-376, 386
ネットの学び 376
→知識は、もともとオブジェクティブな（対象的な、客観的な、目的語的な）ものです 314
学び合い（西川純） 88, 194, 346, 373
→教育者と学修者との共同体（K.P. リースマン） 140-141
→子どもの主体性（＝学び） 270-271
→自動詞的な学び 314
→学びの共同体（佐藤学） 88
⇒学習支援
⇒学校中心主義からの転換
⇒教育改革
⇒主体性
⇒生涯学習
⇒新学力観
⇒寺脇研
⇒中曽根臨教審
⇒ゆとり教育
学びの主体 23-25, 27, 31-32, 34, 36, 42, 187-188, 255, 268, 313-314, 318, 375-378, 386
学びの時間 372
学びの主体を文化的に補完する家庭 377
学びの場所 372
個性的な学びの主体 386
自由な学びの主体のウソ 375

偏差値七〇 ……… 122, 241, 352, 362-364
偏差値七〇の職業教育 ……… 362
偏差値主義的な受験勉強や知識主義の画一的な教育（あるいは学習）くらいで摩滅するような個性は本来の個性ではない ……… 67
偏差値的な多様の大学 ……… 61
偏差値という抽象的な規準に基づく潜在能力を優先するという傾向 ……… 212
偏差値の高低 ……… 362
偏差値の高い学校 ……… 337
偏差値の高い子 ……… 351, 362
偏差値の高い子どもたちの選択肢としての職業教育が存在していない ……… 351
偏差値の高い領域の職業教育 ……… 362
偏差値の低い高校 ……… 322
偏差値の低い人たち ……… 373
偏差値の悪い子 ……… 362
偏差値四〇 ……… 135, 237, 350, 366, 371, 384, 388
偏差値四〇の学生 ……… 237, 350, 366, 384
偏差値輪切り型の体制 ……… 59
教育偏差値四〇以下 ……… 237
高偏差値の大学 ……… 354
受験偏差値 ……… 57
消費偏差値 ……… 389-391
職場の実務偏差値 ……… 210
先生たちの偏差値 ……… 348
日本では高等教育までもが入口の偏差値主義と出口の社員主義によって職務と関係のない教育（履修主義的な教育）が続く ……… 299
→企業が重視するのは〜 ……… 298
→できる学生，できない学生 ……… 87, 90, 97, 194, 204, 226, 234, 238, 272, 321, 325, 337, 371
→偏差値の低い ……… 26, 99, 194, 291, 322, 350, 373
⇒多様
⇒点数分布，点数の分布
⇒メリトクラシー，努力主義
変態 ……… 344, 348
片務 ……… 193
ポイエーシス，ποίησις［希］（ハイデガー） ……… 242-243
⇒科学
⇒技術
⇒ハイデガー
方法
方法主義の講座屋さん ……… 325
方法と実体とが一致するときにしか、カリキュラムの文化性は生まれない ……… 297
方法論しかない講座屋 ……… 324
方法論的な刺激 ……… 324
方法論的な抽象性 ……… 325
方法を実体として〜 ……… 301
学ぶ内容が学ぶ方法を決めるのであって、その逆ではない ……… 324
→方法論（ノウハウ論） ……… 324
方法主義的な事例主義（鶴見俊輔） ……… 301
方法主義教育 ……… 325
個々の知識をそのつど与える前に〜 ……… 324
保護者 ……… 272, 284, 314, 363
教育現場ではできない学生が発生し欠席が連続し退学予備軍が生まれると〜 ……… 272
→親の学歴や職業 ……… 279
→親の実力 ……… 317
→階層の再生産 ……… 318
→家庭の影響を受ける可能性 ……… 278
→母親の学歴 ……… 34, 279, 322
⇒親
⇒ハビトゥス（ブルデュー）
保守 ……… 36, 272-273, 298, 316

平和と民主主義 ………… 50
⇒民主主義, デモクラシー
ペースメーカー ………… 92, 98, 120, 124, 150
文献講読のペースメーカー（苅谷剛彦）………… 120
⇒コマシラバス
⇒シラバス
ヘクシス, ἕξις［希］（アリストテレス）………… 230
→家庭の教育文化格差 ………… 34
→家庭文化格差 ………… 36
→文化的な家庭 ………… 33
⇒出自
⇒ハビトゥス（ブルデュー）
ベネッセ ………… 281-282
への, zu［独］（ハイデガー）………… 402
⇒ハイデガー
ペラス, 限界, πέρας［希］（アリストテレス, ヘーゲル）………… 166, 188, 194, 209, 233, 246-247, 293, 328, 391, 398-400, 402-406
ペラス（πέρας）はつねにすでに存在しており、それはカント的に言えば超越論的差異のようにして現前している ………… 402
一がたとえば百番目の一として限界であるとともに、百全体のエレメントでもある ………… 398, 402
エンテレケイアやエネルゲイアの意味 ………… 402
かの矛盾の真理はたえずペラスを内に含んでいなければならない ………… 399
コマシラバスは研究と教育とのペラス（πέρας）に立っているのである ………… 402
専門性という目的 τέλος ＋ペラス πέρας に立った教授こそが～ ………… 400
→限界＝境界の時間性 ………… 398
→限界はそれが限界づけるところのものの原理（Prinzip）である（ヘーゲル）………… 398
→天空（教育目標）と地上（クラス学生の基礎学力の現状）とを仲介するのがコマシラバスの記載内容で問われていることなのである ………… 124
勉強
勉強が面白い ………… 344, 347
勉強が嫌い ………… 351
勉強ができない ………… 35, 271, 285, 343, 345
勉強が不十分 ………… 382
勉強嫌いな子 ………… 373
勉強しなくてもわかる授業 ………… 240
勉強好き ………… 375
勉強の習慣 ………… 351
勉強は得意 ………… 382
勉強は苦手 ………… 343
勉強は不得意と思っている人たちほど大学へ行くべき ………… 348
今の時代は、いつでもどこでもどこからでも学べる～ ………… 377
学校教育におけるメリトクラシーの本質は、階層格差を勉強格差でシャッフルすることにあった ………… 386
高校までの勉強で秀才って言われているやつは、バカだと思うべき ………… 343
社会で学ぶ勉強は～ ………… 375
とにかく勉強しろ ………… 341
→若いときに勉強しておかないと～ ………… 372
偏差値
偏差値一軸 ………… 362
偏差値が上の方の子 ………… 350
偏差値格差 ………… 60, 63, 261, 386
偏差値が下の方の学校 ………… 338
偏差値が高い大学も低い大学も ………… 353
偏差値型の軸 ………… 350
偏差値が真ん中あたりのところ ………… 338

→不毛な地域 …… 314
⇒親
⇒家庭
⇒家庭の文化性 , 家庭の文化的環境 , 家族の文化性
⇒苅谷剛彦 , 苅谷
⇒ハビトゥス（ブルデュー）
⇒ブルデュー
⇒名門私立学校
文学部 …… 333, 354
文学部の社会目標は何かって言ったら～ …… 354
⇒学部
文化の防波堤（木村元） …… 280
⇒フィルタ
分岐点 , 危機 , crise［仏］（デリダ） …… 5, 406
⇒危機 , 分岐点 , crise［仏］（デリダ）
文系 …… 28, 354, 356
文献 …… 30, 40, 103, 105, 113-114, 120-125, 143, 145, 213, 215, 240, 335
文献研究 …… 335
文献講読のペースメーカー（苅谷剛彦） …… 120
文献参照 …… 123, 125, 145
文献紹介 …… 335
文献提示 …… 124-125
文献批評 …… 215
書物、教科書、文献、教材資料、あるいは実習設備など～ …… 240
何百頁もある文献を頁指示もなく何冊も挙げられてそれらの授業各回と文献との関係を推測できるのなら、そんな学生はその先生よりも優秀な学生だ …… 123
→書物 …… 56, 162, 240, 304-307, 375
⇒テクスト , テキスト , 書物
文庫 …… 266, 318, 326, 404-405
⇒テクスト , テキスト , 書物
文章力 …… 319-320
文章力という技能 …… 319
分かりやすい文章 …… 344
→長文 , 長い文章 …… 42, 354, 409
分別 …… 347-348
この分別こそ教養 …… 347
→長文 , 長い文章 …… 42, 354, 409
→一言言いたいけど黙っておこう～ …… 347
⇒コミュニケーション
フンボルト理念 …… 40, 56, 195-197, 403
→フンボルト的な知識 …… 196
→フンボルトの構想した大学は教育の機関ではなく陶冶の機関だった（伊藤敦広） …… 197
→フンボルトの大学論 …… 56, 141, 301
⇒伊藤敦広
⇒フンボルト
分裂（アガンベン） …… 250
分裂と不連続 …… 250
⇒アガンベン
平均値評価 …… 330
人物とか人格とか個人などの評価は～ …… 330
→階層差別性 …… 330
→記述試験を強化する …… 331
→国立大学の一期校～ …… 331
→選抜試験点数のゾーン …… 331
→長い時間の平均値による環境優位な選別（オイコス選抜） …… 331
→反平均点主義 …… 330
→面接評価 …… 33, 318
⇒一点差主義
⇒人物評価
⇒一日受験選抜
平均年収 …… 121
平和 , ピース …… 50, 66, 376-377

な子どもたちの砦があるというのだろうか …… 269
知識フィルター …… 266-267, 269
→学校教育こそがスコレー（σχολή）としてのそういった滞留の場処 …… 40
→家庭格差や地域格差をいったんは棚に上げる …… 315
→子どもの成長にとっての時間性 …… 268
→社会的な親機能 …… 315
→社会的なニーズ …… 338-340
→社会的な保護機能 …… 315
→消費社会化と高度情報化は学校と家庭との双方を緩める動きなのである …… 280
→早産した人間的な未熟性を～（ポルトマン） …… 316
→長い滞留の時間 …… 268
→役に立たない …… 56, 84, 118, 198, 340, 346
⇒エポケー, ἐποχή［希］
⇒校門, 校門と塀
⇒退屈
⇒長い時間
⇒暇, スコレー, σχολή［希］
⇒短い時間
Facebook …… 345, 377
⇒情報化
復習 …… 84, 87, 89, 103-105, 113-116, 138, 140-141, 152-153, 159, 170-171, 218
予復習 …… 84, 87, 89, 103-105, 113-114, 140, 159, 218
復習コマ …… 116, 153
→時間の設計 …… 97, 99-100
⇒コマ
⇒授業デザイン, 授業設計
二山現象 …… 87
正規分布 …… 87, 351
⇒点数分布, 点数の分布
物理 …… 342
⇒科目
普遍性, 単独性 …… 251, 327
知性の普遍性というのは～ …… 327
フランス …… 55-56, 60-61, 63, 344
フランス語 …… 344
フランス革命 …… 55-56
⇒カント
⇒リオタール
振り込め詐欺 …… 320
⇒学力の三要素
⇒コミュニケーション力, コミュニケーション能力
⇒コンピテンシー
⇒主体性
⇒生涯学習
プロデューサー …… 129, 401
プロフェスすること（デリダ） …… 241-242
⇒メタ
文化
文化主義 …… 198
文化性が高い …… 314
文化的階層 …… 315
文化的で裕福な家庭 …… 271
文化的な家族 …… 377
文化度 …… 314, 377
文化の拘束性（河合隼雄） …… 297
家族や地域の文化環境 …… 186
家庭の教育文化格差 …… 34
家庭文化格差 …… 36
カリキュラムの文化性 …… 266, 287-289, 297
人類の文化資産や世界性 …… 340
人類の歴史的・文化的資産 …… 336
文化貨幣としての学校教育（コリンズ） …… 68
文化教養論 …… 354

授業自己評価……183
授業への積極的な参加評価……25
授業法評価……183
シラバス評価……131, 176
総合的な評価体制……25
総合評価……144, 157
組織として評価できる体制……203
多元的評価（中曽根臨教審）……38
できる評価の解像度……209
発表評価……25, 157
満足度評価……90, 203
ルーブリック評価……207
レポート評価……25, 28, 176-177
→ GPA……47, 88, 167, 216
⇒救済・裁量評価
⇒授業評価
⇒できる評価
評価用語（ブルデュー）……232, 273
⇒ブルデュー
表現者……250, 396-397
表現者はわかると言われてもわからないと言われても居所がないところにいつも立たされている……397
⇒矛盾
標準性……66, 210, 219, 221, 264, 283, 331
多様性と標準性の調和……66, 264, 331
→学際的な教育活動について〜……331
→学士課程教育の構築に向けて……36, 47, 66, 210, 219-222, 258, 260, 262-264, 331
⇒ディシプリン, discipline［英］（佐藤学）
⇒中曽根臨教審, 臨教審
標準偏差……86-88, 157, 166, 323
⇒点数分布, 点数の分布
平等, 公平
平等感……278, 285-286
平等に扱われるクラス授業……375
あいつとの平等感……286
意欲の平等感……285
階層間の不平等の拡大・顕在化の可能性（苅谷剛彦）……279
画一的な平等化（苅谷剛彦）……278
学校の校門を抜け〜……315
機会の平等……272
クラス内の平等感……286
形式的な平等性（苅谷剛彦）……278
誰もが平等に生まれているという観念は〜（ギデンズ）……58
平等に扱われるクラス授業……375
不平等問題への視線の弱化（苅谷剛彦）……278
⇒階層
⇒格差
⇒メリトクラシー
貧困層（家庭貧困層）……331
⇒階層
ファカルティ……76, 341, 408
⇒学部
ファンクショナル……339, 348
ファンクショナル（機能主義的）に結びついた生き方……339
ファンクショナルな学校論では、次世代を形成する新人は生まれない……339
⇒次世代
フィールドワーク……161, 305
⇒アクティブ・ラーニング
フィルター……39, 266-269
フィルターの質……268-269
学校フィルターの軽薄化……266
子どもと社会とのフィルターの最後のよりどころであった家庭も解体してしまった今、学校が社会的な家庭—ヘーゲルは、学校を家庭（感情と傾向性の自然的関係）と世間（事柄の境地）との中間領域という言い方をしていた（ヘーゲル教育論集）—となる以外にどん

282, 284
⇒垂見裕子
被支配者（ブルデュー）……232
⇒ブルデュー
非常勤教員，非常勤講師，非常勤……71, 215, 362
非性，Nichtigkeit［独］（ハイデガー）……231
→答えは終わりを意味するわけではない……241
→有限性，Endlichkeit［独］（ハイデガー）……230-231, 289
⇒ AI
⇒暗記
⇒尊敬
⇒ハイデガー
非正規雇用……298, 387-388
→正社員……298
必修科目……49, 80, 100-101, 136, 149, 217, 219, 221, 224, 255-256, 292, 294-295, 353, 357, 415
必修科目が二〇単位もない今日の大学（特に私立大学）の現状においては～……221
必修体系……356
必修単位……352-353
一つの実践，eine Praxis［独］（ウィトゲンシュタイン）……245-247, 412
対偶としてしか語れない実践……248
→エロス的……247-249
→規則や意味の他者性～……249
⇒ウィトゲンシュタイン
批評，Kritik［独］……181, 215, 301, 390, 404-405
批評（Kritik）の自由……405
→条件なき大学……54, 241, 405
→自律，Autonomie［独］（カント）……24, 36, 53-57, 188, 204, 302
→大学の自律（カント）……55, 302
→理性の自由……53
ビヘイビア，行動，behavior［英］……27-28, 37, 131-132, 151, 158-161, 209-210, 212, 246, 315, 317, 319, 330
⇒行動，ビヘイビア，behavior［英］
暇，スコレー，σχολή［希］…40, 339, 345
学校教育こそがスコレー（σχολή）としてのそういった滞留の場処……40
暇や退屈に耐える力……339
→判断を終わらせない延期・延長性……40
→フィルター……39, 266-269
→役立つ……338-339
→休日（スコレー）……345
⇒エポケー，ἐποχή［希］
⇒ストック
⇒退屈
⇒フィルタ
⇒短い時間
⇒役に立たない
評価
GPA 評価……167
学校評価を表現し実践の中でそれを構造化している評価用語（ブルデュー）……232
評価基準……25, 172, 192, 220, 279
評価主義的な評価……183
評価の多元化（中曽根臨教審）……25
評価方針，評価基準……25, 172, 192, 220, 279
意欲評価……25-28, 30, 38, 157, 256
オペレーション評価……160
干渉主義的な～……183
観点別評価……25-27, 30, 37, 144, 146, 149, 169, 172, 221, 254-256, 271, 312-313, 321-322, 325, 410
試験評価……26, 174-177, 209, 410
質的な評価……192

⇒メタトーク
反対語 ……………… 51, 68, 70, 73, 75, 85, 191, 257, 263-264, 271, 283, 310, 316, 318-319, 322, 354-355, 361
概念概要の反対語が時間だと考えればいい ……………… 85
カリキュラムの反対語としての講座制 ……………… 70
苅谷の言う意欲の反対語が能力だとか生まれつきの才能だとか家庭の文化性だから ……………… 322
苅谷の議論と私の議論とでずれが生じ始める原因は、彼にとって意欲の反対語が個性や才能(生まれつきの能力)であるのに対して、私にとっての意欲の反対語は知識であるからだ ……… 283
講座制は、カリキュラム制の反対語である ……………… 73
講座制はカリキュラムの反対語である ……………… 51
この意味でのコミュニケーションというのは多様性に対する反応能力のことだから～ ……………… 361
時間制(反対語は単位制) ……………… 191
新学力観や新しく始まる人物入試選抜の反対語はアセスメント・ポリシーなのである ……………… 257
人材の反対語こそが教養 ……………… 355
人材は概論の反対語だ。人材とは偏った存在なのだから ……………… 74
人物評価社会の反対語 ……………… 316
知識偏重に対する反対語がこの提言では人物評価論 ……………… 310
知性や知識の画一性は多様性の反対語ではない ……………… 319
→天皇制の反対概念がメリトクラシーだと言ってもよい ……………… 270
反知識主義 ……………… 326
→新大学入試 ……………… 37, 298
→知識の画一主義 ……………… 37, 68
⇒観点別評価
⇒人物評価
⇒人物論
万能性 ……………… 231
→欠如 ………… 26, 40, 230, 232, 319, 326
→有限性, Endlichkeit［独］(ハイデガー) ……………… 230-231, 289
反平均点主義 ……………… 330
→階層差別性 ……………… 330
→社会的な階層間移動の原理 ……… 330
→選抜試験点数のゾーン ……………… 331
→平均値評価 ……………… 330
→面接試験 ……………… 33, 318, 330
⇒一点差主義
⇒人物評価
⇒点数主義
反面接試験 ……………… 318, 330
反面接試験としての紙試験 ……………… 330
→点数主義 ……………… 33, 269-270, 309
→敗者復活装置(竹内洋) ……… 186, 330
→面接試験 ……………… 33, 318, 330
⇒紙試験, ペーパー試験, 紙(ペーパー)試験
⇒シャッフル
⇒受験勉強
⇒人物主義
⇒人物評価
⇒メリトクラシー, 努力主義
範例的存在者(ハイデガー) ……………… 246
⇒ハイデガー
ヒーロー ……………… 288-290
→アラン・ブルーム, ブルーム …. 56, 288
→レディングズ ……………… 55-56, 288-289
非家族主義 ……………… 269
⇒家族主義
PISA ……………… 59, 128, 235-236, 260, 265,

母親の学歴 …… 34, 279, 322
母親の学歴相関（苅谷剛彦） …… 279
⇒親
⇒ハビトゥス（ブルデュー）
幅広い職業人養成（文科省） …… 261
ハビトゥス（ブルデュー） …… 33, 230-231, 270, 292, 318-319
階層のハビトゥス …… 33
家庭のハビトゥス …… 33
大学生と専門学校生のコンピテンシー（あるいはハビトゥス）の違いは、教養教育や語学教育の有無というよりは、教室サイズの多様性による授業形態の差が大きいと私は思っている …… 292
知識のハビトゥス（ブルデュー） …… 231
ブルデューの構造やハビトゥスはそれ自体有限性に刻印されている …… 231
→異文化交流 …… 319, 330
→炎上 …… 39, 319, 347
→親の学歴や職業 …… 279
→親の実力 …… 317
→階層の再生産 …… 318
→家庭の影響を受ける可能性 …… 278
→家庭の教育文化格差 …… 34
→家庭文化格差 …… 36
→自民党保守派の家族主義 …… 272
→曾野綾子主義 …… 272, 350
→母親の学歴相関（苅谷剛彦） …… 279
→文化的な家庭 …… 33
→身なり、素行、話しぶりといった人物論的な性向は〜 …… 33
⇒親
⇒階層
⇒学歴
⇒家族
⇒家庭
⇒出自
⇒ブルデュー
⇒無思考なカテゴリーの社会学（ブルデュー）
パワーポイント , パワポ , PowerPoint …… 103, 107-111, 115, 120, 189, 228, 240, 325, 347
パワポは話者のためにあるのであって、受講者や聴衆のためにあるのではない …… 107
教科書もまた PowerPoint のスライドに書き綴られた言葉のように〜 …… 228
教材資料をパワポで代用する教員は危険なのだ …… 111
パワポ程度のシラバス …… 109
→板書 …… 111-112, 181, 227, 241, 243-244, 249, 251
→参照指示性 …… 109-111
→主題主義 …… 113-114
→スライド …… 107-111, 228, 347
→ノート …… 89, 108, 111, 122, 182, 241, 243-244, 249, 410
⇒メタトーク
反カリキュラム論 …… 257
板書 …… 111-112, 181, 227, 241, 243-244, 249, 251
板書が下手だ …… 181
板書もルーティン情報を書くところではなくて、メタ情報を書く場所でしかない …… 227
トークと思い付きの板書ばかりの授業でもダメ〜 …… 251
斜め書きの存在が、板書の意味やコマシラバスの意味を決定している …… 244
→教育方法論 …… 20, 22-23, 95
→教授法 …… 20, 59
→授業法 …… 41, 95, 121, 181-183
→ノート …… 89, 108, 111, 122, 182, 241, 243-244, 249, 410
⇒パワーポイント , パワポ , PowerPoint

…… 185, 375-376
ハイパーリンク …… 376
ハイパーリンク思想 …… 376
→いつでもどこからでも関心の赴くまま突き進んでいく …… 376
⇒主体
⇒テッド・ネルソン
ハイパー・メリトクラシー(本田由紀) …… 28, 211, 229, 254, 257-260, 272, 277, 280, 291, 299, 339
ハイパー・メリトクラシー傾向 …… 211
ハイパー・メリトクラシー論 …… 254, 257, 259-260, 272, 339
メリトクラシーがハイパー・メリトクラシーやコンピテンシー論に変質し、学力の三要素(知識・技能、思考力・判断力・表現力、主体性・多様性・協調性)などといった抽象的な学力論にならざるを得ないのは、日本の学校教育体系が、出口の社会接続におけるメンバーシップ的な社員主義に染まっているからなのである …… 299
なぜハイパー(ハイパー・メリトクラシー)と呼ばれるかと言うと〜 …… 258
→〜力(りょく) …… 211
→オレオレ詐欺, 振り込め詐欺 …… 320
→この文科大臣は、暗記と主体性創造性人間的な感性を対立させることによって、逆に人間を性能主義的に、つまり機械的に理解しているわけだ …… 229
→自己表現力 …… 320
→主体性 …… 28, 32-33, 229, 232, 270-271, 273, 299, 311-315, 317, 320, 324, 326, 328
→創造性 …… 229, 232, 259, 320-321, 323, 325-326, 328
→人間的な感性 …… 229, 232
→汎用性のある基礎的な能力 …… 211
⇒近代
⇒ポスト近代型能力(本田由紀)
配慮, Sorge［独］(ハイデガー) …… 60, 111-112, 150, 154, 246, 278, 309, 378
⇒ハイデガー
博士課程 …… 299, 356
博士論文 …… 128, 355
場処の有限性論 …… 289
→有限性, Endlichkeit(ハイデガー) …… 230-231, 289
パソコン …… 105, 184, 385
⇒コンピュータ
八〇単位 …… 219, 290-292, 296, 353, 355-356, 364-365, 371
→科目数の多さ …… 217, 224
→柔軟な専門性(本田由紀) …… 296
→選択科目 …… 46, 48-49, 52, 64-65, 84, 130, 134-138, 141, 149-150, 201, 218, 221, 292, 302, 353
→二コマ連続, 三コマ連続 …… 217-219, 222-224
→必修科目 …… 49, 80, 100-101, 136, 149, 217, 219, 221, 224, 255-256, 292, 294-295, 353, 357, 415
⇒カリキュラムの文化性
⇒人材像
発表評価 …… 25, 157
⇒評価
バッファーコマ, 進行のバッファ …… 153
→生きもの …… 100, 152-153, 156, 158, 328, 409
→時間の設計 …… 97, 99-100
→復習コマ …… 116, 153
⇒インカネーション
⇒階段
⇒機械
⇒コマ
⇒授業デザイン, 授業設計

ノウハウ本 , ノウハウ講座 …… 302, 385, 405
説得のノウハウ …… 381
汎用的な方法論（ノウハウ） …… 297
→自己啓発書 , 自己啓発本 …… 259, 326
→誰でもが図式に従って同じことを行うことが出来るようになる（ヤスパース） …… 297
→知恵の華（ヴィーコ） …… 297, 300-301
→通俗的で皮相な方法論（ヤスパース） …… 297
→方法主義 …… 301, 325
→方法論的な抽象性 …… 325
→方法を実体として～ …… 301
→若いときに勉強しておかないと、三〇、四〇歳からじゃだめ …… 372
⇒定義
⇒方法
濃密手帳（土井隆義） …… 287
→空虚な自己 …… 323
→他者への承認要求 …… 39
→土井隆義 …… 287
⇒個性
能力（教育再生実行会議第四次提言）
能力・意欲・適性や活動歴（教育再生実行会議第四次提言） …… 310
能力・適性等の多面的・総合的な評価（教育再生実行会議第四次提言） …… 310
ノート …… 89, 108, 111, 122, 182, 241, 243-244, 249, 410
ノートを取ることの天才 …… 241
ノートを取る …… 111, 122, 241, 243
講義ノート …… 89, 182, 241
授業ノート …… 89
水飲み鶏型ノート …… 243
→斜め書き …… 243-245, 249, 251

は ――――――――――――――――

ハーバード大学 , ハーバード …… 57, 64, 121, 136-138, 163, 341
単位制は、元々はハーバード大学で選択科目制が～ …… 136
⇒アクティブ・ラーニング
⇒サンデル
⇒討論
バイキングメニュー（選択科目の） …… 134-135, 218
⇒選択科目
背後 , 背後性 …… 164, 230-231, 260, 304, 306
→答えは終わりを意味するわけではない …… 241
⇒ AI
⇒テクスト , テキスト , 書物
敗者復活装置（竹内洋） …… 186, 330
⇒竹内洋
ハイパー
ハイパーな諸能力 …… 296
ハイパー能力論 …… 265
ハイパー論 …… 258, 260-261
→生きる力 …… 46, 254, 260
→学士力（文科省） …… 260, 344, 353, 360-361
→キー・コンピテンシー …… 260
→社会人基礎力（経産省） …… 260, 362
→就職基礎能力（厚労省） …… 260
→生涯学習論 …… 24, 31, 66, 184, 187, 265, 313-315, 318, 378
→広田照幸 …… 259
→問題発見・解決能力 …… 258, 324
→豊かに生きる力 …… 254
⇒意欲 , 関心 , 態度
⇒佐藤俊樹
⇒本田由紀
⇒牧野智和 , 牧野
ハイパーテキスト（テッド・ネルソン）

⇒平均値評価
⇒面接
入射角 400
⇒教育と研究
⇒ペラス, 限界, πέρας［希］(アリストテレス, ヘーゲル)
⇒吉本隆明(吉本隆明)
入門 77, 138, 355, 361, 377, 400
概論とはもちろん入門の別名である 400
概論 74-76, 101, 353-354, 356-357, 370, 399-400, 402
専門を脱するのは専門の頂点(End)に立った研究者以外には無理なことだ。頂点(End)からしか、すそ野の広がりと入り口(入門)は見えないから 77
→すそ野の広がり 77, 399, 403
→昔の大学では〜 76
⇒想起, 内面化, Erinnerung［独］(ヘーゲル)
人間
人間的には嫌い 384
行動主義心理学では、人間と動物との間に質的な断絶など認めていない 160
この文科大臣は〜 229
真理は時として人間を超えているし〜 393
人間には往きと還りがある(親鸞) 404
→動物 160, 229, 250, 276, 303, 316, 339, 374, 385
→範例的存在者(ハイデガー) 246
⇒ハイパー
⇒本田由紀
人間環境学 114, 116, 153, 168, 170-171, 415
人間関係 23, 247, 251, 280, 293, 334, 338, 380, 383, 393
人間関係を構築する力 338
教師との人間関係 380, 383
クラスの中での人間関係というのは、対教員関係であれ、対同級生(クラスメート)関係であれ、教員(＝授業)への求心性が崩れているときに前面化する 383
真理は時として人間を超えているし、まして人間関係などとっくに超えている 393
担任主義とは〜 293
→対教員関係 383
⇒担任主義
人間主義 383-384
人間主義的な志向 384
→営業力の高いメーカー 384
人間力 258, 260, 328, 338-339
⇒学力の三要素
⇒人物評価
⇒人物論
⇒中曽根臨教審
⇒面接評価
認識論 247
⇒ヒューム
熱狂(リオタール) 55-56
熱狂と紙一重の願望としての参加〜(カント) 56
⇒フランス革命(カント)
Netflix 39
⇒情報化
熱力学 352
寝ないよりは起きてる方がましでしょ 373
⇒アクティブ・ラーニング
ノウハウ 95, 190, 216, 297, 301-302, 320, 324, 326, 365, 381, 385, 405
ノウハウ・スキル書 326

家族の文化性
⇒観点別評価
⇒個性
⇒主体性
⇒生涯学習
⇒寺脇研
⇒ハイパー
⇒ハビトゥス（ブルデュー）
⇒学び
斜め書き ………… 243-245, 249, 251
斜め書きの存在が～ ………… 244
斜め書きのダイナミクス ………… 245
斜め書きもまた暗闇の中での飛躍であり、命がけの飛躍なのだ～ ………… 249
会話の延長に恋が生まれるのではなくて会話が途切れたときに恋が生まれるように～ ………… 249
恋は実践的にしか存在しないし、斜め書きも実践的にしか存在しない～ ………… 249
コマシラバスは、言わば教員自身の斜め書きであり、その斜め書きが学生のあうんの斜め書きを呼び込むのである～ ………… 251
→教えることは～（柄谷行人） ………… 245
→規則に従うことは一つの実践である（ウィトゲンシュタイン） ………… 245
→飛躍 ………… 22, 127, 249, 251
成金主義 ………… 186
ナンバリング（科目の） ………… 48, 215, 296
ナンバリング体制 ………… 215
二元論 ………… 55
⇒デリダ
⇒統制的原理（カント）
錦の御旗（寺脇研） ………… 31, 265, 311
⇒寺脇研
二重の差別を受けてきた職業教育 ………… 350
⇒職業教育
二〇社受けて全部落ちた学生 ………… 380
→キャリアカウンセラー ………… 342, 380, 382, 384
→心理相談室 ………… 384
→もしあなたみたいな学生を入れてくれる企業があったら、その企業の方がおかしい～ ………… 380
⇒心理
似姿, Bild［独］ ………… 242, 291, 301, 397, 403
日本
日本型学歴主義 ………… 278
日本的な受験体制 ………… 330
日本的な職業教育差別 ………… 63
日本のエリート ………… 202, 354
日本の学生 ………… 20, 58, 65, 138
日本の大学 ………… 38, 49, 51-52, 59, 65, 73, 95, 121, 144, 202, 217-218, 265, 389, 400
日本の大学制度 ………… 51
日本の多様 ………… 59
日本の若者 ………… 147, 348, 388, 390-391
日本の若者が一番勉強するときは受験勉強の時だと言うが～ ………… 147
日本ほど誤りに厳しい民族～ ………… 390
⇒受験
⇒消費偏差値
⇒多様
日本政府 ………… 327
入学試験 ………… 33, 217, 341
入試
入試圧力 ………… 351
入試改革 ………… 23, 25, 68, 172, 268, 271, 283, 298, 309-311, 331
入試選抜 ………… 60, 257, 270, 299, 310
人物入試 ………… 35, 257
⇒人物評価
⇒知識点数
⇒点数主義批判

302, 330-331, 338, 373-374, 385, 391
長いインプット……339
長い - 時間……33, 147, 154-155, 190, 201-202, 237, 267, 269, 287, 291, 297, 302, 330-331, 338, 373-374, 385, 391
長い時間、長い射程を有した教育〜……267
長い時間の教育……154-155, 202, 373
長い時間の教育のチャンスは学校教育にしか存在していない……373
身なり、素行、話しぶりといった人物論的な性向〜……33
→学校教育こそがスコレー(σχολή)としてのそういった滞留の場処……40
→子どもの成長にとっての時間性……268
→社会的なニーズ……338-340
→人格の完成……32, 35, 186, 313, 317, 374, 376
→ストック……40, 156-157, 160, 328, 381, 386, 411
→即興脳力……222
→短期でくり返される刺激と反応に耳を塞ぐこと……268
→ながーい先……340
→長い滞留の時間……268
→パブロフの犬……147
→フィルター……39, 266-269
→未完成の人格……375
→目先の役立つことばかりが世の中で生きていく目的ではない……338
→役立つ……338-339
→緩やかではあるが〜……200
⇒エポケー, ἐποχή［希］
⇒短い時間
中曽根臨教審, 臨教審……23-25, 30-31, 34, 36, 38, 46, 187, 255, 260, 265, 270, 272-273, 311-315, 377
中曽根臨教審以降への反省……219
中曽根臨教審の思想……187, 255
中曽根臨教審は学校教育の財政再建案だったにすぎない……24
→学校教育否定論……187
→学校中心主義からの転換……31, 187, 265, 313
→学校派……23, 187, 260
→学校派と生涯派の論争(内田健三)……23, 187
→学校民営化……313-314
→教育改革……23, 31, 132, 136, 265, 279, 313, 345, 416
→教師による教育から生徒中心の学習への転換……31, 265, 313
→個人の尊厳……24, 36, 313
→個性重視の原則……24, 46, 313, 315, 317, 408
→子どもの自律性……24, 36
→三公社民営化……313
→生涯派……23-24, 187
→曾野綾子主義……272, 350
→大綱化……23, 46-50, 52, 64-66, 82-83, 101, 187, 218, 254-255, 282, 292, 312, 355
→多元的評価(中曽根臨教審)……38
→土光臨調……24, 313-314
→評価の多元化……25
→学び合い(西川純)……88, 194, 346, 373
→民営化論……24, 314-315
→ゆとり教育……46, 265, 283, 312-313
→ゆとり批判……283
⇒オイコス, 家政, οἶκος
⇒階層の再生産
⇒学力の三要素
⇒家族主義
⇒家庭の文化性, 家庭の文化的環境,

→ハーバードのサンデル白熱教室も討論の場面だけが取りあげられて〜 …… 163
⇒古典
トーク …… 40, 107-108, 120, 156, 227, 238-239, 241, 243-245, 251, 289-290, 301, 325
トークと思い付きの板書ばかりの授業でもダメ〜 …… 251
トークは場合によっては書き言葉（論文）よりも圧縮力が高い …… 156
メタの説明 …… 112
教員のトークとは、どんなときでもメタトークなのである …… 227
授業トーク …… 156, 243
メタトーク …… 227, 238, 241, 244-245, 289-290
⇒メタ
⇒レフェランス
ドケンドー・ディスキムス，教えることによって学ぶ，Docendo discimus［羅］（セネカ） …… 41, 193-194
→いつでもどこでも最高判断、最高認識が露呈する仕方で学ぶ者に接しなさい …… 194
→教師は学生のためにそこに居るのではなくて〜（フンボルト） …… 195
→研究重視の志向 …… 195
→研究と教育 …… 40, 195, 197, 288, 402-403
→すべての知識を未だ解決していないものとして扱え（潮木守一） …… 40, 195
→そもそも学ぶ者の程度を選ばないためにこそ専門性探求は存在するのではなかったのか …… 194
→程度を考えて教える教員は大概がその程度の教員に成り下がる …… 194
→できない研究者ほど〜 …… 194
→学ぶ者の程度を考えることは教える者自身の堕落に他ならない …… 194
⇒教育と研究
⇒フンボルト
土光臨調 …… 24, 313-314
土光臨調を受けた民間移行論 …… 24
→民営化論 …… 24, 314-315
⇒学校民営化
⇒生涯学習
⇒中曽根臨教審，臨教審
都市大学と地方大学格差 …… 261
隣り合わせ（レヴィナス） …… 248
⇒レヴィナス
トピカ，topica［羅］ …… 297
⇒ヴィーコ
ドラマの演出家や脚本家 …… 129, 401
努力
努力の階層差（苅谷剛彦） …… 279-280
努力の総量（苅谷剛彦） …… 279, 281, 286
努力（意欲）の格差 …… 322
努力主義，メリトクラシー
努力主義評価 …… 158
⇒メリトクラシー，努力主義

な

内省の現象学の格率（デリダ） …… 246
⇒現象学
内面化，想起，Erinnerung［独］（ヘーゲル） …… 56, 397-399, 403
真理は内面化 Er-innerung される［独］（ヘーゲル） …… 397
どんな権力もこの種の内面化 Er-innerung なしには完成しない［独］（ヘーゲル） …… 397
⇒想起，内面化，Erinnerung［独］（ヘーゲル）
長い時間 …… 33, 147, 154-155, 190, 201-202, 237, 267, 269, 287, 291, 297,

→大量落伍者 88, 157, 178
→標準偏差 86-88, 157, 166, 323
→二山現象 87
→やる学生はやる〜 157
→落伍者 87-88, 100-101, 157, 178, 202, 208, 323
⇒下位
⇒再試 , 追試
⇒授業デザイン , 授業設計
⇒上位
⇒素点処理
⇒追試 , 再試
⇒できる学生 , できない学生
⇒偏差値
ドイツ 60-63, 65, 73, 137, 140, 197-198, 242, 288, 297, 346
ドイツ啓蒙主義 198, 297
ドイツ職業教育の伝統 61
ドイツの大学 62, 73, 137
⇒啓蒙
東京大学 , 東大 52, 64-66, 68, 70, 72, 122, 139, 156, 186, 202, 212, 273, 283, 333, 337, 350, 364, 376, 389
東京大学総長 , 東大総長 72
→ホリエモン 376, 385-386
⇒蓮實重彦
統計 62, 118, 122, 188-189, 282, 301
統計学の科学性 301
答申 21-22, 24-25, 31, 34, 36, 46-47, 57, 60, 66-68, 76, 210-211, 219, 221-222, 258, 260-264, 272, 282-283, 309, 311-315, 331, 336
統制的原理（カント） 55, 284, 289
カントの理念が統制的原理であること（カント） 289
私にとって知識は〜 284
⇒カント
⇒理念
動物 160, 229, 250, 276, 303, 316, 339, 374, 385
動物の言語には欠けていること自体が欠けている（アガンベン） 250
動物は自分の環境とファンクショナル（機能主義的）に結びついた生き方しかできない 339
刺激でしか動けない動物はだから学習から遠い 374
やりたいことをやっているっていうのは、動物が腹へったら飯食うのと同じで、勉強っていうのは嫌なことを勉強するとき勉強なんですよ 374
→生物史的な進化 316
→人間はギリシャ的な家政や親の世代を乗り越える〜 316
⇒アガンベン
⇒機械
⇒言語
⇒人間
陶冶 , 建てること , Bildung［独］（ヘーゲル） 197-198, 242, 288, 291, 301, 397, 403
陶冶＝教養主義 198
陶冶としての教養 288
ロマン派の陶冶（Bildung）＝建てること（Bildung） 242
→ロマン派 242
討論 , disputatio［羅］ 161-164, 261
討論集 162
討論術 261
授業準備が嫌いな教員は〜 165
多様な個人同士の討論を超えた討論を一冊の古典はそれ自体で蔵している〜 163
知的な討論 163
→自分の意見を言う前にテキストを丁寧になぞる訓練 164

人が学びうるのは哲学ではなくて、哲学することのみである（カント）…… 242
ヨーロッパの哲学者 …… 334
→デリダによる〜 …… 55
⇒概論
手付かずの自然 …… 64
⇒選択科目
⇒多様
手に届くエリート（苅谷剛彦）…… 286
⇒エリート
デフレ不況 …… 369
デモクラシー , 民主主義 …… 50
⇒民主主義 , デモクラシー
テロス , 目的 , τέλος［希］（アリストテレス）…… 397, 399-400, 402, 406
エンテレケイアやエネルゲイアの意味 …… 402
精神の目的（τέλος）である絶対知のいま・ここに在ること（アリストテレス）…… 398
点、線、面（アリストテレス）…… 398
→コマシラバスは研究と教育とのペラス（πέρας）に立っているのである …… 402
→専門性という目的 τέλος ＋ペラス πέρας に立った教授こそが〜 …… 400
→ペラス（πέρας）はつねにすでに存在しており、それはカント的に言えば超越論的差異のようにして現前している …… 402
⇒アリストテレス
⇒原理 , Prinzip［独］（ヘーゲル）
⇒ヘーゲル
⇒ペラス , 限界 , πέρας［希］（アリストテレス , ヘーゲル）
転向（吉本隆明）…… 400, 404
⇒吉本隆明
天才 …… 122, 198, 241, 335
点数
点数は悪いが態度は良い …… 255
学生の点教は教員の点数でもある。試験点数こそがその意味で双務的なのだ …… 214
→合格点 …… 25-26, 142-143, 182, 321
点数主義 …… 33, 269-270, 309
点数主義批判 …… 270
→一点刻みの知識点数差で人生が決まる …… 330
→最小単位の相対差 …… 330
→知識点数 …… 25-26, 28-29, 34, 321, 325, 330
→知識点数の過小評価 …… 26
→反平均点主義 …… 330
⇒家族
⇒家族主義
⇒家庭
⇒観点別評価
⇒受験 …… 330
⇒人物評価
⇒竹内洋
点数分布 , 点数の分布 …… 86-88, 142, 166, 323
アメリカでは一部の超エリート大学を別にすれば、学生の学力の分散は日本以上に大きい , 学力の分散（苅谷剛彦）…… 57, 279, 413
クラス全体が知的な緊張力を維持している状態 …… 87
→ GPA 評価 …… 167
→あの子はこんな問題くらいすぐ解けるだろうなぁ …… 97
→期末試験の点数分布 …… 86-87
→授業時間を意識するということには、受講学生のレベルを意識するということが含まれている …… 98
→正規分布 …… 87, 351

できない生徒・学生たち …… 347
できない人たち …… 345
→職業教育差別 …… 63
⇒多様
適用 , Anwendung［独］…… 94, 273, 301, 320, 326
⇒方法
できる学生 , できない学生 …… 87, 90, 97, 194, 204, 226, 234, 238, 272, 321, 325, 337, 371
→秀才と優等生は、日本では侮蔑語である（高田里惠子）…… 37
→出来る子 …… 364
⇒格差
⇒点数分布 , 点数の分布
できる評価 …… 158-159, 209-210
できる評価の解像度 …… 209
→外貌主義 …… 160
→行動（behavior）だけなら、猿だって人間と同じことができる。実際、行動主義心理学では、人間と動物との間に質的な断絶など認めていない …… 160
→行動がただちに質を意味するような目標とは、常人では不可能な（オリンピック選手でなければできないような）目標を掲げる場合のみだ …… 159
→行動に質がない教育を学校教育の中でいくらやっても不毛であって～ …… 210
→行動目標 …… 27-28, 37, 158-159, 209
→行動目標評価における行動主義（behaviorism）…… 158
→実習模擬試験 …… 209, 212
→前人未踏の行動目標 …… 209
→できる目標 …… 159, 209
テクスト , テキスト , 書物 …… 123, 125, 162-165, 198, 240, 244, 272, 303-307, 375
→ avec［仏］…… 344
→学生時代に～ …… 375
→自分の意見を言う前にテキストを丁寧になぞる訓練 …… 164
→社会人の本来のテキストは、社会や現場そのものなのだから …… 375
→社会で学ぶ勉強は～ …… 375
→新書の（書き手の）大衆化 …… 318
→新書本 …… 326
→優れた著作は、自分の意見を言う必要がないくらいに、自分の意見を既に言い尽くしてくれている …… 305
→専門書 …… 375
→長文 , 長い文章 …… 42, 354, 409
→テキストに背後はないのです。テキストそれ自体が背後を背負っているからです …… 304
→ノウハウ・スキル書 …… 326
→平積み本 …… 326
→文献 …… 30, 40, 103, 105, 113-114, 120-125, 143, 145, 213, 215, 240, 335
→文庫 …… 266, 318, 326, 404-405
哲学 …… 54-57, 77, 163, 194, 230, 242, 245, 247, 273, 300, 325, 333-335, 355, 399, 415
哲学者 …… 242, 300, 334-335
哲学すること（カント）…… 242
哲学するという動詞 …… 335
哲学とは可能な学の単なる理念にすぎない（カント）…… 242
哲学とは何かという問いを立てることができるのは～（ドゥルーズ）…… 77
哲学の学部は決してあり得ず、ただ芸術の学部があるのみだ（シェリング）…… 242
哲学部 …… 54
カントは哲学にあまりに少なくかつあまりに多くを与えている（デリダ）…… 55
スコラ哲学 …… 230
道徳哲学 …… 56

はなく、むしろ紛糾の原因なのです …… 304
テクニカルタームの定義ごっこ …… 403
→始元 …… 397-398, 400, 403
→方法主義 …… 301, 325
⇒命題
帝国大学 …… 71-73
⇒大学
ディシプリン , discipline［英］（佐藤学） …… 51, 67, 210-211, 220-221, 258, 302, 331
→市川昭午 , 市川 …… 219-220, 267
→学際的な教育活動について、関連する学問の知識体系に関する基礎教育が必ずしも十分になされていない …… 331
→佐藤学 …… 49, 52, 74, 88, 281
→多様性と標準性の調和 …… 66, 264, 331
→ディシプリン（学問と規律）（市川昭午） …… 220-221
→必修集中とシラバス集中は、ディシプリン（学問と規律）と標準性との担保なのである …… 221
→標準性 …… 66, 210, 219, 221, 264, 283, 331
⇒学際的 , Inter-discipline［英］
⇒学士課程教育の構築に向けて
⇒中曽根臨教審 , 臨教審
定常的な性向や姿勢 …… 230
→ヘクシス , ἕξις［希］（アリストテレス） …… 230
⇒アリストテレス
⇒ハビトゥス（ブルデュー）
ディプロマ・ポリシー , 卒業認定・学位授与の方針 …… 20, 22, 65, 115, 169
データ …… 25, 42, 61, 188, 200, 229-231, 235, 261, 283, 289-290, 293, 297, 301, 322, 329-330
データ主義（エビデンス主義） …… 301
データの活性化の想像力（リオタール） …… 289
→データでものを言え …… 283
データベース …… 42, 188, 200, 229-231, 329-330
データベースには知識に伴う人格（あるいは歴代の文科大臣が好きな個性）がない …… 230
人間は、AI データベースに感謝する～ …… 230
→オラクル …… 366
→検索 …… 39, 42, 105, 180, 188, 230, 235, 303, 347, 408, 413
→コンピュータ …… 81, 229, 328
→シミュレート …… 230
→尊敬 …… 193, 230-231, 286, 329, 342, 345, 405
→チューリング・テスト …… 230
→万能性 …… 231
⇒ AI
⇒個性
⇒人格
手書き文字 …… 318-319
→面接試験 …… 33, 318, 330
⇒オイコス , 家政 , οἶκος
⇒人物評価
できない
できない学生 , できる学生 …… 87, 90, 97, 194, 204, 226, 234, 238, 272, 321, 325, 337, 371
できない研究者ほど～ …… 194
できない子 …… 25, 36, 38, 314, 325, 342, 344-345, 347-348, 350-351, 364, 377-378, 384
できない子どもたちには職業教育を …… 38
できない子どもたちの家庭は家庭自体が崩壊している …… 36

→ユクスキュル 328
⇒アガンベン
⇒カント
超エリート大学 57
聴覚 243-244
超業績主義 259
⇒本田由紀
ちょっとした不良 374
対関係（柄谷行人） 248
対関係は、共同の規則なるものの危うさが露出する場所〜（柄谷行人） 248
⇒エロス的
⇒柄谷行人 , 柄谷
⇒規則
⇒恋人 , 恋
⇒恋文
⇒メタ
⇒レヴィナス
追試 , 再試 82, 93-94, 159, 191, 201-202
追再試 159, 191, 201-202
補習や追再試の慢性化 191, 201
⇒救済・裁量評価
⇒修得
⇒素点処理
⇒点数分布 , 点数の分布
⇒落伍者
⇒履修主義
⇒履修判定
Twitter, ツイッター 39, 290, 319, 330, 334-335, 345, 347, 374, 377, 390, 411
→異文化交流 319, 330
→炎上 39, 319, 347
→条件反射 147
→情報化 38-40, 62, 280, 289
→他者への承認要求 39
→短期のコミュニケーション 373
→濃密手帳（土井隆義） 287
→パブロフの犬 147
→反応主義的な消耗 339
⇒ SNS
⇒インターネット
⇒機能 , 関数 , function
⇒行動主義
⇒行動 , ビヘイビア , behavior［英］
⇒退屈
⇒土井隆義
⇒長い時間
⇒短い時間
⇒むきだしの個人 , むき出し（本田由紀）
使うコマシラバス 205
→コマシラバスは見る（閲覧する）ものではなくて、使うものとしてしか機能しない 89
→受講後のシラバス評価によってこそシラバスは契約書と類似した関係に入る 131
→使うシラバス 118, 120
→メタ教材 101, 118, 120, 123
⇒内田樹
⇒教科書
⇒契約書
⇒参照体系
⇒レフェランス
つぶやき 318
⇒ Twitter, ツイッター 39, 290, 319, 330, 334-335, 345, 347, 374, 377, 390, 411
TIMSS 282
TQM（全体的品質管理） 132
定員規制 65
定額受講 189
低学力校 59
→学校間格差 59, 284, 291, 330
⇒垂見裕子
定義 26, 28, 304, 336, 338, 398, 403
定義を画定することは、問題の解決で

⇒点数分布 , 点数の分布
知識の画一主義 …… 37, 68
→知性や知識の画一性は多様性の反対語ではない …… 319
⇒観点別評価
⇒人物評価
⇒人物論
知識の自由 …… 404-406
知識偏重 …… 310-312
知識偏重に対する反対語がこの提言では人物評価論 …… 310
知識偏重の一点刻みの選抜 …… 310-311
知識偏重批判 …… 312
知性 …… 58, 158, 203, 218, 287, 318-320, 327, 330
知性の紙化 …… 318
大学らしい知性 …… 218
反知性主義 …… 58
知性化 …… 158, 203, 287, 318-320, 327, 330
知的 …… 37, 65, 87-88, 163, 176, 204-205, 209, 212, 243, 262, 269, 293, 301, 316, 320, 325-328, 414
知的な時間 …… 269
知的な層が薄ければ薄いほど、オイコス再生に近づきます …… 316
知的な討論 …… 163
視覚は聴覚よりも知的に劣る器官である …… 243
地方大学 …… 195, 261
⇒大学
チャンス , chance［英］（デリダ） …… 5, 201, 266, 278, 287, 319, 372-373, 406
→知はその意味で学生から教養を解放したが～（三浦雅士） …… 406
中学 …… 155, 164, 194, 233, 236-237, 256, 281-282, 284-285, 336, 338, 342, 345-346
中学生 …… 164, 284, 338
中学校 …… 194, 237, 256, 281-282, 284-285, 336, 342, 346
中学校英語 , 中学英語 …… 233, 236-237
中教審 …… 22, 28, 36, 46, 66, 68, 75, 172, 222, 282
中堅人材 …… 310
→中堅・中間層 …… 351
⇒人材
中高一貫校 …… 270
⇒人物評価
⇒名門私立学校
中世 …… 55, 61, 85, 162, 241, 288, 355
中世以来の大学 …… 55
中世神学 …… 85
中世の教養エリート …… 241
中世の大学 …… 162, 288
中等教育 …… 28, 63, 68, 118, 123, 152, 155, 167, 172, 234, 292, 294, 299, 321, 330, 346, 351
日本のポスト中等教育の進路は、多様というよりは大学間偏差値格差による多様に過ぎない …… 63
⇒教育
⇒教員
⇒教科書
超一流の高度職業教育 …… 389
⇒一流
超越論的 …… 246-247, 250, 402
超越論的差異 …… 402
超越論的な時間性 …… 247
超越論的な多様性 …… 328
超越論的な歴史（アガンベン） …… 250
超越論的に内向する傾向（柄谷行人） …… 246
カントの超越論的原則 …… 247
→経験一般を可能とする条件は、同時に経験の対象を可能とする条件である（カント） …… 247

→ストック ………… 40, 156-157, 160, 328, 381, 386, 411
⇒ヴィーコ
⇒カリキュラムの文化性
⇒啓蒙
知識
知識・技能 ………… 236, 299, 310-311
知識 INPUT 型 ………… 160
知識社会 ………… 316, 328-329
知識選抜 ………… 318
知識なしには見えてこなかった世界 ………… 329
知識に集約される時代 ………… 326
知識に定位するからこそ、多様性が生まれるのである ………… 186
知識の画一主義批判 ………… 68
知識の強度 ………… 320, 328
知識の軽薄化路線 ………… 331
知識の勝利 ………… 328
知識の生産性（ドラッカー） ………… 326
知識の背後 ………… 231
知識の量やその質 ………… 329
知識フィルター ………… 266-267, 269
知識への集約性 ………… 328
知識を使う力 ………… 326
学校とは知識に出会う場処ではなくて、尊敬できる教師に出会う場処であったのだから ………… 231
教科の知識目標 ………… 323
大学の知識 ………… 237
点数が高い生徒や学生は知識を使う術（すべ）を心得ている ………… 326
一人の人間が知識を集約する仕方と一つのデータベースが知識を集約する仕方は果たして同じでしょうか〜 ………… 329
私にとって知識は、苅谷の言う家庭環境であれ意欲であれそれらのゼロ地点から発生するものでしかない。カント的な理念の統制的原理のように ………… 284
→反知識主義 ………… 326
→反知性主義 ………… 58
→無知が役に立ったためしはない（マルクス） ………… 393
知識基盤社会 , knowledge-based society［英］（文科省） ………… 36, 68, 316
→知識主義 ………… 33, 35, 67-68, 294, 315, 318, 326, 328
→反知識主義 ………… 326
知識主義 ………… 33, 35, 67-68, 294, 315, 318, 326, 328
知識主義選抜 ………… 318
→生まれ変われるものなら生まれ変わりたい（苅谷剛彦） ………… 64
→知性の普遍性というのは、才能とか経験とか勘（あるいは手先の器用）とかがなければできなかったことが、勉強すればできないことはなにもないという確信、つまり自由の意識と関わっています ………… 327
→何のために勉強するのか ………… 341
→勉強は不得意と思っている人たちほど大学へ行くべき ………… 348
→若いときに勉強しておかないと、三〇、四〇歳からじゃだめ ………… 372
⇒人物評価
知識人 ………… 66, 395
知識人は、明治以来一貫して学力低下を嘆く存在なのです（蓮實重彦） ………… 66
→往相 , 還相（吉本隆明） ………… 393, 400, 404
→大衆の原像（吉本隆明） ………… 404
知識点数 … 25-26, 28-29, 34, 321, 325, 330
知識点数の過小評価 ………… 26
知識点数の高低＝意欲の高低 ………… 29
⇒人物評価
⇒点数主義

222-224
→二〇単位 221, 353, 356
単位互換 140-141
単位制 105, 134, 136, 138-142, 148, 153, 174, 191, 408
単位互換制をマルクスの労働価値説の復活になぞらえて世界史の皮肉とまで揶揄している（K.P. リースマン） 140
単位制科目 134
単位制の科目を履修する意味は、時間数と内容（内容の深度）とが相関していることが前提 148
単位制の実質化（文科省） 105, 139-140
単位制の実質化は、一言で言えばそのコマ（授業一回分）のシラバスの内容と同じくらいの詳細度で予復習の中身（予復習の課題）を書き込むことである 140
単位制の重視 140
単位制は、元々はハーバード大学で選択科目制が〜 136
単位制は科目相互の価値を時間を媒介にして交換可能な価値 —— 単位の互換性などという交換性 —— として認めること 138
小テスト（小テスト点数のコマ分布）を科目履修の判定材料にすることは単位制の学生評価としては適切とは言えない 142
トロウは現代の預言者のように、単位制が成績評価までも曖昧にすることを洞察している 139
リースマンは労働価値説を交換価値に寄せて理解しているため単位制＝単位互換制になるのだが〜 141
⇒交換価値
単位認定 100-101, 172, 214-216, 221, 224
単位認定権 100-101, 214-216, 221, 224
→恩情 143, 148
→成績評価を行う権利 215
⇒請負的な（sponsored）性格（マーチン・トロウ）
⇒救済・裁量評価
⇒成績評価
短期大学 60, 264
単独性，普遍性 251, 327
担任主義 293, 383-384
担任主義とは、クラス学生の学校の授業への不満や苦情を具体的な授業改善なしに人間関係的に（言わばお客さま相談室的に）緩和させる役割を担う担任を強化する体制のこと 293
→教師との人間関係 380, 383
→クラスの中での人間関係というのは、対教員関係であれ、対同級生（クラスメート）関係であれ、教員（＝授業）への求心性が崩れているときに前面化する 383
⇒心理主義
⇒人間関係
地域
地域貢献 261
地域資源 349
地域的な多様性 65
地域の大学間ネットワーク 292
地域の文化格差 385
地域や家庭の文化的環境 314
家庭格差や地域格差をいったんは棚に上げる 315
大学地域連携 215
大学の地域連携 200
不毛な地域 314
知恵の華（ヴィーコ） 297, 300-301

アメリカの多様 …… 59
学生の多様化 …… 58, 137, 339
学力の多様 …… 59
講義科目の多様な展開 …… 222
個人の多様と階層の多様 …… 315
出自の多様としての階層のシャッフル論 …… 67
出自の多様な人材 …… 67
生物多様性 …… 60
大学格差の多様と学生格差の多様 … 58
大学全体の多様化 …… 263
大学の多様な強みの強化 …… 66
大学は勉強するところだと一概には言えないという多様 …… 63
地域的な多様性 …… 65
知識に定位するからこそ〜 …… 186
できない子供も子供の個性(多様性) …… 325
日本的な大学の多様とは〜 …… 64
日本の多様 …… 59
変化や多様 …… 339
偏差値的な多様の大学 …… 61
→アメリカ的なダイバーシティ …… 59-60
→アメリカでは一部の超エリート大学を別にすれば、学生の学力の分散は日本以上に大きい, 学力の分散(苅谷剛彦) …… 57, 279, 413
→ダイバーシティ …… 57-60
⇒個性
⇒標準性
多様性
多様性・総合性路線 …… 331
多様性重視 …… 221
多様性ショック …… 361
多様性と柔軟性の確保(文科省) …… 66-67, 331
多様性と標準性との調和, 多様性と標準性の調和 …… 66, 210, 264, 331
多様性と標準性の調和 …… 66, 264, 331
多様性論 …… 30, 60, 66-68
階層内の出自の多様性 …… 35
学校教育における多様性課題は、個人の多様性=個性を意味するのではない …… 35
個人の個性的な多様性 …… 35, 317
個性や多様性 …… 314
道を究めるというのは〜 …… 361
文科省の多様性概念は〜 …… 67
⇒シャッフル
⇒ディシプリン, discipline[英](佐藤学)
⇒標準性
多様な学生(文科省) …… 57, 60, 62, 64-66, 76, 85-86, 121-122, 124, 135, 137, 150, 201, 217, 219, 227, 339, 369, 408
多様な学生との格闘の運動(概念の時間化の運動) …… 86
多様な教員 …… 66, 217
多様な授業 …… 222-224, 368-369
多様な授業方法 …… 223
多様な人材 …… 67, 310
⇒多様な
単位
三単位, 四単位(科目) …… 134-135, 201, 218, 222-224, 234, 352-353
時間制(反対語は単位制) …… 191
二単位 …… 80, 92, 95, 135, 141, 144, 154-156, 200, 205, 218, 222, 234, 236, 403
必修科目が二〇単位もない今日の大学(特に私立大学)の現状においては、カリキュラムが存在する余地などない …… 221
四単位 …… 134-135, 201, 218, 222-224, 234, 352-353
履修単位 …… 190, 353
→二コマ連続, 三コマ連続 …… 217-219,

態度
⇒意欲，関心，態度
ダイバーシティ ……… 57-60
アメリカ的なダイバーシティ ……… 59-60
⇒アメリカ
⇒多様
タイムライン ……… 374
⇒ LINE
⇒情報化
⇒短い時間
対面，face-à-face［仏］（レヴィナス） ……… 247-249, 286
すべての関係は〜（レヴィナス） ……… 248
→エロス的関係（レヴィナス） ……… 247-248
⇒レヴィナス
多元的評価（中曽根臨教審） ……… 38
→おもてなし授業 ……… 37-38
→学歴偏重 ……… 38
⇒意欲評価
⇒観点別評価
⇒人物評価
⇒中曽根臨教審
⇒評価
確かな学力（文科省） ……… 282, 312
⇒意欲，関心，態度
⇒学力の三要素
他者 ……… 39, 55, 108, 116, 170, 247, 249, 280, 305, 323, 406
他者性 ……… 247, 249
規則や意味の他者性〜 ……… 249
他者への承認要求 ……… 39
→ SNS ……… 31, 38-39, 287, 333, 373
→空虚な自己 ……… 323
→好きとか嫌いと言っているときにだけ自分と他者を確証する ……… 323
→濃密手帳 ……… 287
⇒ Twitter, ツイッター
⇒情報化
黄昏時に，in the twilight of an eye［英］（デリダ） ……… 5
→ミネルヴァのフクロウは黄昏時に飛び立つ（ヘーゲル） ……… 77
脱・限界画定，デ・リミテ，dé-limiter［仏］（デリダ） ……… 54-55
⇒デリダ
脱構築，デコンストリュクシオン，déconstruction［仏］（デリダ） ……… 54-55, 242, 246
⇒現象学
⇒メタ
脱ゆとり ……… 282-284
⇒ゆとり
たとえば主義（鶴見俊輔） ……… 301-302
たとえば主義がなぜダメなのかと言えば〜 ……… 301
→一つの結論（命題）の周辺の話題をかき集めることによって〜 ……… 324
⇒柄谷行人，柄谷
⇒原理
⇒事例
ダブル・トラック（本田由紀） ……… 64
⇒本田由紀
ダメ学生 ……… 365, 369
ダメ学生を教育するノウハウは、万年同じなわけない ……… 365
ダメ学生を食い物にしている ……… 365
ダメな大学 ……… 373
⇒大学
多面的・総合的な評価，多面的・総合的評価 ……… 310-311
→多元的評価（中曽根臨教審） ……… 38
⇒観点別評価
多様
多様化した学生 ……… 353
多様で柔軟な教育カリキュラム ……… 66
大切なことは〜 ……… 67

教材参照の体系 ……… 120
教養教育の体系なんてあろうはずもない ……… 74
教養体系 ……… 74
行動の細目指標（質）の体系性 ……… 210
専門的な体系性 ……… 74
特有の学問の体系性と方法論（K.P. リースマン） ……… 140
→小技の修正こそ～ ……… 360
⇒学校教育体系
⇒ヘーゲル
体系性 ……… 22, 40, 73-74, 140, 210, 355
体系性の教育的な本質は、続きがある — 現在において意味は完結しない — ということである ……… 40
⇒ヘーゲル
⇒メタ
大綱化 ……… 23, 46-50, 52, 64-66, 82-83, 101, 187, 218, 254-255, 282, 292, 312, 355
大綱化の自由 ……… 47
⇒中曽根臨教審 , 臨教審
第三者 ……… 86-87, 149, 191, 203, 206, 212-216, 225, 367
第三者化（試験内容の） ……… 206
第三者作成による期末試験 ……… 87
第三者試験 ……… 191, 213, 215, 225
第三者の教員 ……… 213-214, 216
第三者評価 ……… 212, 367
第三者評価試験 ……… 212
教員は、自分が書いたコマシラバスと履修判定指標を～ ……… 216
コマシラバスと履修判定指標の本来の充実は～ ……… 214
→自己点検評価 ……… 367, 413
大衆 ……… 58-59, 64, 66, 74, 232, 278-280, 283, 318, 322, 326, 404, 406
大衆教育 ……… 58-59, 64, 74, 279, 283, 322
大衆の原像（吉本隆明） ……… 404
映像の発信者の大衆化 ……… 318
近代は青年とともに大衆を生み～（三浦雅士） ……… 406
新書の（書き手の）大衆化 ……… 318
大規模な大衆教育の発達（ギデンズ） ……… 58-59
メリトクラシーの大衆化（苅谷剛彦） ……… 278
→概念の時間化（ヘーゲル） ……… 86, 99, 397
→還相 , 往相（吉本隆明） ……… 393, 400, 404
→真理の人である先生は～ ……… 399
→すそ野の広がり ……… 77, 399, 403
→専門性という目的 τέλος ＋ペラス πέρας に立った教授こそが、何も知らない学生の前に立つことができる ……… 400
→知はその意味で学生から教養を解放したが、同時にその知からも学生を解放してしまい、知は趣味の問題になってしまった（三浦雅士） ……… 406
→できない研究者ほど、学ぶ者（の程度）を選びたがる ……… 194
→入射角 , 出射角（吉本隆明） ……… 400
→大和魂 , 大和心（小林秀雄） ……… 394-396, 400
⇒概論
⇒苅谷剛彦
⇒ギデンズ
⇒教育
⇒教育と研究
⇒想起 , 内面化 , Erinnerung［独］（ヘーゲル）
⇒ブルデュー
⇒ペラス , 限界 , πέρας ［希］（アリストテレス , ヘーゲル）
⇒吉本隆明

240-241, 257, 400, 409
大学教員であれば、どんな教科書の記述にも満足できないはず 227
大学教員の矜持 227
大学教員の専門性 155, 194
大学教育の自由とは、計画を詳細化できる自由であって、授業計画は毎回書き下ろしの教科書を書ける（はずの）大学教員の専門性を反映している 155
大学教授 37, 186, 333, 356, 400
大学教授会 37, 186
⇒組織帰属性に薄い人たち
大学進学 66, 121, 284, 343, 362
大学進学率 66, 362
大学生 234, 250, 287, 292, 337-338, 352, 363, 389, 396-397
頭のよい大学生 287
研鑽なしに教室に座る大学生 250, 396
大学全入時代 34, 59, 282, 337, 342, 348, 362
大学全入論 339
→少子化現象 187
→全入時代 34, 59, 282, 326, 337, 342, 344, 348, 362
大学組織 72, 76, 143, 197
大学組織論 76, 143, 197
⇒フンボルト
大学とはメディアである（吉見俊哉） 38, 289
⇒印刷術 , 印刷技術
⇒学びの主体
⇒メディア
⇒吉見俊哉
大学入学共通テスト 311
大学入試改革 23, 25, 68, 172, 268, 271, 283, 298, 309
対偶 245, 247-249
対偶としてしか語れない実践 248
対偶の二つの否定 245, 247
対偶の論理 245
⇒ウィトゲンシュタイン
⇒柄谷行人 , 柄谷
⇒クリプキ
退屈 325, 339, 346, 374, 379, 385-386
退屈な時間 374
暇や退屈に耐える力 339
→時間を溜めるような場処 , 滞留の場処 40
→社会的なニーズ 338-340
→人格の完成 32, 35, 186, 313, 317, 374, 376
→ストック 40, 156-157, 160, 328, 381, 386, 411
→短期でくり返される刺激と反応に耳を塞ぐこと 268
→フィルター 39, 266-269
→未完成の人格 375
→目先の役立つことばかりが世の中で生きていく目的ではない 338
→役に立たない 56, 84, 118, 198, 340, 346
⇒エポケー , ἐποχή［希］
⇒長い時間
⇒暇 , スコレー , σχολή［希］
⇒短い時間
⇒役立つ
体系
体系と人格の陶冶（Bildung）を同じものだとみなしたのがヘーゲルだった 291
学問の体系性 73, 140
学校教育の純粋な体系 336
学校体系 336
カリキュラム体系 166

202, 212, 243, 273, 333, 337, 389
京都造形芸術大学 333-334
今日の大学 64, 75, 218, 221
慶応大学 , 慶応 72, 353-354, 381, 389
ケーニヒスベルク大学 195
高偏差値の大学 354
国立大学 331, 352
コロンビア大学 50
シカゴ大学 57, 109
職業教育大学 61
私立大学 63, 203, 221, 352-353
スタンフォード大学 , スタンフォード 341
専門職大学 38, 53, 61, 262-265, 293-296, 327, 367
総合大学 61, 364
大学らしい知性 218
玉川大学 57, 62, 91, 120, 136, 151
ダメな大学 373
短期大学 , 短大 60, 62, 264, 351, 387
地方大学 195, 261
中世的な大学 61
中世の大学 162, 288
超エリート大学 57
低位の大学 368
帝国大学 71-73
ドイツの大学 62, 73, 137
東京大学 , 東大 52, 64-66, 68, 70, 72, 122, 139, 156, 186, 202, 212, 273, 283, 333, 337, 350, 364, 376, 389
東京帝国大学 72
東北大 389
特色ある大学形成 47
都市大学と地方大学格差 261
日本の大学 38, 49, 51-52, 59, 65, 73, 95, 121, 144, 202, 217-218, 265, 389, 400
入学競争性が低い大学 202
ハーバード大学 , ハーバード 57, 64, 121, 136-138, 163, 341
一つのテキストや解説をみただけで、それを、誰が、どんな思想の持ち主が書いたのかを洞察する能力を身につけること。それが大学で勉強する意味です 303
一橋大学 , 一橋 189, 354, 364
フランクフルト大学 195
ベルリン大学 195-196
勉強は不得意と思っている人たちほど大学へ行くべき 348
偏差値的な多様の大学 61
偏差値の高い大学 21, 99, 194, 298, 391
ミネソタ大学 333
昔の大学では〜 76
良い大学 341
ヨーロッパ型大学 50
ヨーロッパの大学 49, 62, 73, 267
ヨーロッパの大学論 267
四年制大学 , 四大 60-62, 66, 364
ロンドン大学 63
早稲田大学 , 早稲田 62, 72, 134, 138, 236, 284, 337, 341, 348, 352-353, 381, 389, 413, 416
→学校間格差 59, 284, 291, 330
→学校内格差 59
⇒先生
大学院 215, 231, 264, 298-299, 333, 344, 356, 364
大学院の授業 344
専門職大学院 264
大学院大学 364
大学基準協会 52
大学教育
大学教員 74, 91, 99, 118-119, 150-152, 155-156, 181, 194-195, 216-217, 227, 234,

→人格 ………… 32, 35, 186, 230, 291, 313, 317, 330, 374-376, 384
→背後 , 背後性 ……… 164, 230-231, 260, 304, 306
→非性 , Nichtigkeit［独］（ハイデガー） ……… 231
→有限性 , Endlichkeit［独］（ハイデガー） ……… 230-231, 289
⇒ AI
⇒顧客
⇒満足
存在論 ……… 231, 247
⇒ハイデガー

た ――――――――――
退学 ……… 21, 272, 353, 383, 414
退学者 ……… 353
→学業不振 ……… 383
→スターリン時代のソ連 ……… 383
→落伍者 ……… 87-88, 100-101, 157, 178, 202, 208, 323
大学
大学、専門学校、短大の早期就職率の相対的な格差は構造的なもの～ …… 387
大学英語 ……… 237
大学が階級とは無縁になった（三浦雅士） ……… 406
大学間格差 ……… 57-58, 60, 63, 330
大学教員 - 74, 91, 99, 118-119, 150-152, 155-156, 181, 194-195, 216-217, 227, 234, 240-241, 257, 400, 409
大学教学体制 ……… 150
大学受験 ……… 228
大学出版局の使命 ……… 109
大学地域連携 ……… 215
大学内一様 ……… 63
大学ネットワーク ……… 215
大学の価値 ……… 391
大学の機能別分化（文科省） ……… 254
大学の教員 ……… 40, 234, 237, 261, 306, 337
大学の個性化・特色化 ……… 263
大学の死（三浦雅士） ……… 406
大学の使命は、教育においても研究においても情報を乗り越え知識に肉薄しなければならない（ヤーロスラフ・ペリカン） ……… 289
大学の就職率 ……… 387
大学の授業 ……… 37, 131, 135, 151, 162, 228, 334, 342
大学の自律（カント） ……… 55, 302
大学のすべての授業の教材体系は、（毎年更新される）書き下ろしの体系であるはず ……… 123
大学の先生 ……… 342-343, 356, 358, 380, 391
大学の大衆化 ……… 406
大学の多様化 ……… 369
大学の地域連携 ……… 200
大学の伝統や永続性 ……… 356
大学令案 ……… 70
大学を引退した数学の名誉教授 …… 237
アジアの大学 ……… 389
アメリカ型の大学 ……… 51
アメリカの大学 …… 49, 57, 120-121, 155, 204, 217, 224
イェール大学 ……… 389
イギリスの大学エリート主義 ……… 63
イタリアの大学 ……… 60
エリオットの大学改革 ……… 57
学習指導要領のない自由な大学 …… 155
金沢工大 ……… 91, 379
機能別分化は大学施策の隘路でしかない ……… 264
旧制大学 , 旧制の大学 ……… 51, 364
京大 ……… 64-66, 68, 122, 139, 156, 186,

ル）……56, 397-399, 403
　真理は想起の結果に過ぎないというのは～……399
総合大学……61, 364
創造性……229, 232, 259, 320-321, 323, 325-326, 328
双務性，双務……126, 130-131, 214
　双務契約書（苅谷剛彦）……130-131
　→学生の点教は教員の点数でもある～……214
　→先生、時間足らずで終わりましたね～……127-128, 131, 135, 153
　→双務的……214
　→片務……193
　⇒契約
　⇒差分の意識
属性主義（本田由紀）……271-272
　習得度には個々人の出身家庭がもつ諸資源の量によって差が生じる（本田由紀）……271
即戦力，即戦力人材……210-211, 360-361, 370
　職業教育でよく即戦力という言葉が使われますが～（小方直幸）……211
卒業
　卒業資格……60, 220, 341
　卒業時のタイトル……357
　卒業生調査……211
　卒業認定……20, 60, 169, 192
　卒業要件……190, 218, 353
卒業論文……353
　→卒論……353-354, 356
素点処理……191, 216
　大学では素点という、最終報告される成績点数とは別の、点数の二重処理が慢性化しており、これが授業の問題点を覆い隠している……191
　⇒救済・裁量評価
　⇒点数分布，点数の分布
曽野綾子主義……272, 350
　曽野綾子的なエリート主義……345
　⇒家族主義
　⇒中曽根臨教審
　⇒保守
ソフトウェア工学……352
　→システムエンジニア……352-353
　→システムエンジニアリング……352
　→鶯崎弘宣……352
　⇒コンピュータ
　⇒情報化（マーチン・トロウ）
尊敬……193, 230-231, 286, 329, 342, 345, 405
　顧客論の本質は顧客満足だが、学生と教員（師匠）との関係は（教員への）尊敬でしかない……193
　尊敬とは、かけがえのない出会いの一回性、出会いの身体性に関わっています。……329
　尊敬に関わる片務的な学校教育にこそ、シラバス開示が必要な局面もある193
　尊敬の対象……329
　学校とは知識に出会う場処ではなくて、尊敬できる教師に出会う場処であったのだから……231
　対等に存在しているからこそ、学生は先生を純粋に尊敬することができる……405
　人間は、AIデータベースに感謝する——便利だと言って感謝する——ことはあっても尊敬することはない。AIデータベースにその種の背後はないからだ……230
　→感謝……230, 329, 391, 412, 415-416
　→敬意としての従属性……329
　→コンピュータ……81, 229, 328

専門
　専門的な体系性 74
専門家 23, 49, 51, 326, 342-343, 352-355, 379
　専門家教育 49, 51
専門学校
　専門学校進学率 362
　専門学校卒 387
　専門学校卒の就職状況 387
　専門学校の一条校化 , 一条校化 263, 327, 357
　専門学校は一流か二流か三流かさえわからない状態 363
　専門学校は実習でしょ 359
　専門学校や一部専門学校的な短大の就職率 387
　専門高校の進学校化 352
　資格の専門学校 191-192, 295, 345, 358
　大学生と専門学校生のコンピテンシー（あるいはハビトゥス）の違いは～ 292
　大学の就職率は好・不況の波と相関しているんだけど～ 387
　→あまりに主観的な学期末試験とあまりに客観的な外部試験との股裂き（専門学校の実態） 191
　→資格の学校 , 資格学校 185, 362, 370
　→職業教育差別 63
　→専門課程 49, 52, 62, 263, 296, 357-358
　→専門士 191-192, 263, 357
　→ちょっと出遅れ気味な予備校 363
　→辻調理師専門学校 , 辻調 358-360, 364
　→理論と実践との股割き状態 362
専門教育 49, 52, 155, 302, 346
　高度な専門教育 346
専門士 191-192, 263, 357
　高度専門士 263
専門書 375
　⇒テクスト , テキスト , 書物
専門職大学 38, 53, 61, 262-265, 293-296, 327, 367
　専門職大学設置基準 293
　専門職大学の職業教育は、ふたたび普通の大学よりは学術的に劣った大学として（結果的に）位置付くことになるだろう 262
　専門職大学は～（専門職大学設置基準・第十一条） 295
　実務教員をたくさん採用し、シラバスが更に杜撰になりそうな専門職大学 296
　シラバスもろくに書けない教員ばかりが集まりつつある専門職大学で～ 265
　→一の授業科目について同時に授業を行う学生数は～（専門職大学設置基準・第十七条） 293
専門職大学院 264
専門性
　専門性という目的 τέλος +ペラス πέρας に立った教授こそが～ 400
　専門性の高さ 234, 403
　専門性のなさ 345
　専門性やストック 328
　高度な教養と専門性を備えた人材の育成（将来構想部会） 262
　そもそも学ぶ者の程度を選ばないためにこそ専門性探求は存在するのではなかったのか 194
専門大学 , Fachhochschule［独］ 61-62, 310
専門分野 71, 73, 139, 355
想起 , 内面化 , Erinnerung［独］（ヘーゲ

絶対知（ヘーゲル）……397, 399
設置基準……46, 49, 141, 292-295, 356
→一の授業科目について同時に授業を行う学生数は〜（専門職大学設置基準・第十七条）……293
→一の授業科目について同時に授業を行う生徒数は〜（専修学校設置基準・第六条）……292
→設置認定……355
→設置要件……192, 356
ゼミ……248, 344, 352
セメスター制……47
せめても能力育成……261
⇒アクティブ・ラーニング
⇒討論術
⇒ハイパー
⇒マナー教育
戦後教育……278
戦後の新制大学改革……52
潜在的な失業者人口のプール（児美川孝一郎）……64
⇒高卒
専修学校……38, 60-62, 211, 263, 292-294, 296, 350-351, 357, 363
専修学校設置基準……292
専修学校専門課程……62, 296, 357
生涯学習的な資格教育を学校教育の体裁でやり続けてきた組織が専修学校だった……363
先生
先生たちの偏差値……348
先生の権力の全体はこのどこかから始まっている……396
学校の先生……341-342, 346, 349, 368
真理の人である先生は、いつも境界（πέρας）に立ち続ける人のことを言う……399
大学の先生……342-343, 356, 358, 380, 391
根っから言葉を大切にする先生……345
根っから勉強が好きな先生……345
バカな子どもに合わせると言いながら、自分自身がバカになっていく先生……348
リーダー（読解）の先生……343
⇒古事記
⇒真理 , ウーシア , οὐσία［希］（アリストテレス）
⇒ペラス , 限界 , πέρας［希］（アリストテレス , ヘーゲル）
センター入試……229, 327
選択科目……46, 48-49, 52, 64-65, 84, 130, 134-138, 141, 149-150, 201, 218, 221, 292, 302, 353
選択科目が多いというのもカリキュラムの特徴の一つだ……135
選択科目が増大する大学……292
選択科目主義……137-138, 141
選択科目制導入……64
選択科目の多い大学……65
単位制は、元々はハーバード大学で選択科目制が〜……136
→科目選択の便宜……47
→選択が実体を隠す……301
→必修科目……49, 80, 100-101, 136, 149, 217, 219, 221, 224, 255-256, 292, 294-295, 353, 357, 415
⇒科目
⇒カリキュラム
全入時代……34, 59, 282, 326, 337, 342, 344, 348, 362
⇒少子化現象
先輩……231
学校教育以後に出会う先輩諸氏は〜……231
選抜試験点数のゾーン……331

……………………………………………… 128, 235-236
正社員 ………………………………………… 298
→非正規雇用 …………………… 298, 387-388
⇒社員主義
⇒職位主義
⇒メンバーシップ
聖書 ……………………………… 53, 162, 267
⇒カント
聖職者 …………………………………… 55, 267
精神 , Geist［独］（ヘーゲル）…… 114, 123, 137-138, 168, 193, 195-196, 198, 273, 297, 301, 357, 397-399, 415
精神の自然＝教養 ………………………… 198
精神病者 …………………………………… 248
建学の精神 ……………… 114, 168, 357, 415
自学自修の精神 …………………… 137-138
持病の悪化（精神的な不安定）……… 383
生命や精神 ………………………………… 196
ヘーゲル的な精神＝ Geist …………… 196
→絶対知（ヘーゲル）……………… 397, 399
→陶冶 , 建てること , Bildung［独］（ヘーゲル）…… 197-198, 242, 288, 291, 301, 397, 403
⇒機械
⇒ストック
⇒動物
⇒ヘーゲル
精神分析学 ………………………………… 297
成績評価 …… 88, 94-95, 100-101, 139-140, 143, 145, 157, 192, 215
成績評価権 …………………………… 100-101
成績評価を行う権利 ……………………… 215
トロウは現代の預言者のように、単位制が成績評価までも曖昧にすることを洞察している ………………………… 139
→恩情 ………………………………… 143, 148
→学生の点教は教員の点数でもある〜 ………………………………………… 214
→素点処理 , 素点処理 …………… 191, 216
⇒単位認定権
成績優秀学生 ……………………………… 161
製造業 ……………………………………… 387
精緻化方略 , elaboration strategies［英］ ……………………………………………… 235
⇒学習方略 , learning strategies［英］
生徒中心主義 ……………………………… 313
⇒教育改革
⇒生涯学習
⇒中曽根臨教審 , 臨教審
生物 ………………… 60, 116-117, 316, 328, 342
生物史的な進化 …………………………… 316
生物多様性 …………………………………… 60
⇒機械
⇒動物
⇒歴史
生命 ……………………………… 156, 196, 288, 318
生命の全体 ………………………………… 318
生命や精神 ………………………………… 196
⇒生きもの
⇒機械
⇒ストック
⇒精神 , Geist［独］（ヘーゲル）
⇒動物
西洋の , occidental［英］（デリダ）…………… 5
世界 ……………………………… 246, 249, 340
世界基準 …………………………………… 389
世界性（ハイデガー）…………………… 246, 340
世界と生とは一つである（ウィトゲンシュタイン）……………………………… 247
世界や環境は進化論的な連続性や単線性として存在しているのではなくて〜 ………………………………………… 328
責任がある , comptable［仏］（デリダ）…… 5
世俗 ………………………………………… 340
世帯年収 …………………………………… 122
窃視症現象（松本卓也）………………… 277

→算数嫌い 237
スキル 320, 326, 334, 388
スコラ 61, 230
スコラ的な知（吉見俊哉） 61
スコラ哲学 230
すそ野の広がり 77, 399, 403
先生は山頂（自分の専門性）からの下り道のいくつかを〜 403
→専門を脱するのは専門の頂点（End）に立った研究者以外には無理なことだ〜 77
→昔の大学では〜 76
⇒インカネーション
⇒時間の設計
⇒授業デザイン , 授業設計
⇒テロス , 目的 , τέλος［希］（アリストテレス）
⇒点数分布 , 点数の分布
⇒ペラス , 限界 , πέρας［希］（アリストテレス , ヘーゲル）
スターリン時代のソ連 383
→学業不振 383
→退学 21, 272, 353, 383, 414
→落伍者 87-88, 100-101, 157, 178, 202, 208, 323
ストック 40, 156-157, 160, 328, 381, 386, 411
→生きもの 100, 152-153, 156, 158, 328, 409
→空虚な自己 323
⇒実体 , Substanz［独］, substance［英］, οὐσία［希］（ヘーゲル）
⇒真理 , ウーシア , οὐσία（アリストテレス）
⇒長い時間
ストライクゾーン 359-361
ストライクゾーンの経験 360-361
ストライクゾーンを外さない経験を学生時代にさせる 360
おいしいということのストライクゾーン 359
本来のストライクゾーン 360
→味のクセ（外れ） 360
→経験主義 210, 247, 295, 321, 327, 360, 375
→小技の修正こそ〜 360
→食材 359-361
→新鮮な卵 359
→大将の自己満足 360
→ほんものの卵の味もわからないのに〜 360
⇒実習授業
⇒体系
スペシャリスト 296, 356
スマートフォン 105, 270
→ SNS 31, 38-39, 287, 333, 373
→ Twitter, ツイッター 39, 290, 319, 330, 334-335, 345, 347, 374, 377, 390, 411
→インターネット 31, 38, 180, 261, 267-268, 288, 290, 376, 408
→消費社会 280-281, 377, 390
→短期でくり返される刺激と反応に耳を塞ぐこと 268
→パブロフの犬 147
⇒核個人 , 超個人
⇒行動主義
⇒個人
⇒コンピュータ
⇒条件反射
⇒情報化（マーチン・トロウ）
⇒長い時間
⇒反応主義的な消耗
⇒フィルタ
⇒短い時間
制御方略 , control strategies［英］（PISA）

人文科学の崩壊（三浦雅士）……406
人文学的態度……52
人文社会……74
新ゆとり教育……46, 265
⇒ゆとり教育
心理……23, 35, 63, 116, 160, 183, 203, 246, 250, 258-259, 323, 349, 381, 384, 399, 415
心理カウンセリング……323
心理学……23, 35, 116, 160, 250, 258-259, 399, 415
心理学者……23, 258-259
心理相談室の人間主義的な志向……384
心理的文化的分断線……63
発達心理学……35, 250
行動主義心理学では〜……160
→営業力の高いメーカー……384
→高度消費社会……377
→ストック……40, 156-157, 160, 328, 381, 386, 411
→満足……52, 90, 110, 118-119, 131-132, 137, 183, 190, 192-193, 203, 227, 360
⇒顧客
⇒消費
真理，ウーシア，οὐσία［希］（アリストテレス）……77, 163, 247-249, 300, 393, 395-399, 406
真理の自由……406
真理の人である先生は〜……399
真理は時として人間を超えているし、まして人間関係などとっくに超えている……393
真理は内面化 Er-innerung される［独］（ヘーゲル）……397
真理を実体（Substanz）としてではなく主体（Subjekt）として把握する（ヘーゲル）……300
一般的な真理（柄谷行人）……248-249
かの矛盾の真理はたえずペラスを内に含んでいなければならない……399
研究の真理は歴史でもある……396
コマシラバスは〜……396
先生の真理は〜……395
そもそも一般的な真理を語れば学生が付いてくると思っている教員など誰もいないし〜……249
どんな真理も無知からしか始まらない 396
時間の否定（時間の終わり）……77
⇒エロス的
⇒価格
⇒柄谷行人，柄谷
⇒教員
⇒消費
⇒商品
⇒先生
⇒知識
⇒ヘーゲル
心理主義アンケート……384
心理主義者……246
心理主義的な慰労……381
心理主義的な評価，心理主義的評価……183, 203
→空虚な自己……323
人類……326, 336, 340
進路指導室……362
進路変更……383
→学業不振……383
→退学……21, 272, 353, 383, 414
→落伍者……87-88, 100-101, 157, 178, 202, 208, 323
遂行性，遂行の最適化（リオタール）…289
数学，算数……25, 28, 188, 237, 285, 321, 326-327, 336, 346, 364
大学を引退した数学の名誉教授……237
→九九の暗記……237
→三角関数……379

人物入試 …… 35, 257
人物評価社会の反対語 …… 316
人物評価主義の入試方式 …… 309
人物評価入試 …… 25, 229, 266, 270-272, 298, 309, 314, 321, 329
人物評価入試論 …… 309, 314
人物評価の重視 …… 310-311
人物評価の重視に向けた見直し（教育再生実行会議第四次提言） …… 310
階層主義的な人物評価 …… 331
名門私立学校と偏差値も付かない学校の入試選抜とはどちらも人物評価である …… 270
→ AO 入試 …… 26, 34, 321-322, 341
→一点刻み …… 310-311, 330
→親の学歴や職業 …… 279
→階層格差 …… 172, 266, 268, 331, 386
→階層の再生産 …… 318
→家庭格差 …… 34-35, 287, 315, 331
→家庭の影響を受ける可能性 …… 278
→カリキュラムの文化性 …… 266, 287-289, 297
→観点別評価 …… 25-27, 30, 37, 144, 146, 149, 169, 172, 221, 254-256, 271, 312-313, 321-322, 325, 410
→記述式問題 …… 326
→記述試験を強化する …… 331
→基底的な参照項（牧野智和） …… 259
→再帰性の打ち止まり地点（牧野智和） …… 259
→自民党保守派の家族主義 …… 272
→社会的出自 …… 232
→新学力観 …… 254-257, 271, 312
→新大学入試 …… 37, 298
→曾野綾子主義 …… 272, 350
→多元的評価（中曽根臨教審） …… 38
→手書き文字 …… 318-319
→入試選抜 …… 60, 257, 270, 299, 310
→ゆとり教育 …… 46, 265, 283, 312-313
⇒親
⇒格差
⇒学力の三要素
⇒家族
⇒苅谷剛彦, 苅谷
⇒教育改革
⇒個性
⇒受験
⇒主体
⇒生涯学習
⇒人格
⇒知識の画一主義
⇒点数主義
⇒中曽根臨教審, 臨教審
⇒ハイパー・メリトクラシー（本田由紀）
⇒ハビトゥス（ブルデュー）
⇒反知識主義
⇒ブルデュー
⇒平均値評価
⇒本田由紀
⇒名門私立学校
⇒面接
人物論 …… 28-29, 33-35, 309, 314-315, 317-318, 320-321, 326, 329
人物論教育 …… 321
人物論, 人物論, 人物論 …… 28-29, 33-35, 309, 314-315, 317-318, 320-321, 326, 329
人物論的な諸指標 …… 326
人物論的な属性 …… 28
人物論的な文字 …… 318
人物論の格差 …… 314
人物論は階層を固定する …… 315
→新大学入試 …… 37, 298
⇒知識の画一主義
⇒反知識主義
新聞 …… 283, 324, 334, 347, 404

人材論が欠けている……289
医療系や経営系も含めた社会科学系などは～……74
学校独自の人材目標……365
教養人材という言葉はなかなか理解しがたい人材像だ……73
具体的な人材像……362
グローバル人材……387
仕上がり人材像……150
次世代の人材……338
次世代を形成する人材……188
中核人材……310
使い捨て人材……360
優位な人材……388
→カリキュラムの文化性……266, 287-289, 297
→八〇単位……219, 290-292, 296, 353, 355-356, 364-365, 371
人事部……291, 366, 369
新書の（書き手の）大衆化……318
新書本……326
⇒テクスト, テキスト, 書物
新人……160, 188, 290, 333, 339-340, 411-412
親の世代との断絶……318
新人は社会的ニーズに逆らってしか誕生しない……339
親の世界観やハビトゥスとの断絶……318
次世代の新人……340
→大切なことは～……67
→新しいことや必要なこと……340
→親の世代の社会関係をシャッフルするだけのパワーを持つこと……317
→親の世代を自力で乗り越えるための原動力……42
→階層をシャッフル……318
→学校教育（特に公教育）の課題は親の世代の階層を子どもの新世代においてシャッフルすること……36
→何にでもなれるし、何を目的にすることもできるということが若者（児童・生徒・学生）の、つまり次世代を形成する人材の特質だ……188
⇒次世代
⇒出自
新卒……210, 290, 361, 387-388, 390
新卒の状態……388
新卒離職者が増える元凶……361
新大学……37-38, 298, 310, 351, 361, 363-364, 391
新大学の制度化……363
新大学論……364, 391
新大学入試……37, 298
⇒観点別評価
⇒下村博文
⇒人物評価
⇒人物論
⇒反知識主義
人物
人物・家庭論的な属性主義……271
人物重視……309, 311
人物主義……72, 154, 268, 298, 329
人物主義授業……154
人物性……72
人物とか人格とか個人などの評価は、平均値評価としての環境評価、過去の実績評価とほとんど同じ～……330
極端な人物主義……329
極端な人物無用論……329
→属性主義（本田由紀）……271-272
⇒家族
⇒家庭
⇒ハビトゥス（ブルデュー）
⇒文化性
人物評価
オイコス評価……318

269-270, 317, 338, 345, 350, 352-353
私立学校振興助成法 …… 62, 65
→定員規制 …… 65
自立 …… 24, 35, 53, 71, 73, 134, 146, 197, 202, 210, 273, 302, 313, 315-317, 336, 356, 360-361, 389
自立意識 …… 210
自立した職業人 …… 210, 361
自立した人材（文科省） …… 302
自立性 …… 71, 73, 134, 316-317, 336, 360-361
自律, Autonomie［独］（カント） …… 24, 36, 53-57, 188, 204, 302
自律的自己形成という理念（斉藤渉） …… 57
⇒カント
⇒自己
⇒理念
私立大学 …… 63, 203, 221, 352-353
⇒大学
私立名門校 …… 350
⇒名門私立学校
事例 …… 27, 29, 96, 114, 163, 168, 200, 301, 321, 379, 408
事例教育 …… 379
→たとえば主義（鶴見俊輔） …… 301-302
⇒鶴見俊輔
人格 …… 32, 35, 186, 230, 291, 313, 317, 330, 374-376, 384
人格の完成 …… 32, 35, 186, 313, 317, 374, 376
人物とか人格とか個人などの評価は、平均値評価としての環境評価、過去の実績評価とほとんど同じ〜 …… 330
データベースには知識に伴う人格（あるいは歴代の文科大臣が好きな個性）がない …… 230
未完成の人格 …… 375
→教育基本法 …… 32, 186, 317, 337, 374, 376
→尊敬 …… 193, 230-231, 286, 329, 342, 345, 405
→ハビトゥス（ブルデュー） …… 33, 230-231, 270, 292, 318-319
⇒ AI
進学校 …… 232, 352
新学習指導要領 …… 282
⇒学習指導要領
進学率 …… 65-66, 135, 139, 299, 362
大学進学率の上昇 …… 66
四年制大学の進学率 …… 66
新学力観 …… 254-257, 271, 312
新学力観＝観点別評価のなれの果ての人物評価入試は〜 …… 271
新学力観や新しく始まる人物入試選抜の反対語はアセスメント・ポリシーなのである …… 257
→学校民営化 …… 313-314
→教育改革 …… 23, 31, 132, 136, 265, 279, 313, 345, 416
→新ゆとり教育 …… 46, 265
→大綱化 …… 23, 46-50, 52, 64-66, 82-83, 101, 187, 218, 254-255, 282, 292, 312, 355
→民営化論 …… 24, 314-315
⇒関西調査（苅谷剛彦）
⇒寺脇研
⇒中曽根臨教審, 臨教審
進化論 …… 328
進級・卒業認定 …… 60
人権侵害 …… 203
人材像 …… 73-74, 150, 362, 370
人材教育の反対語は〜 …… 354
人材の反対語こそが教養 …… 355
人材は概論の反対語だ〜 …… 74
人材目標 …… 47, 366

バス）の中身に組織的に入り込まないかぎり存在する意味はない …… 75
苅谷剛彦は、日本においてシラバス作成が難しいのは〜 …… 224
教員が主語の文でシラバスを書くな〜（佐藤浩章） …… 91
教員自身のシラバスへの集中度 …… 224
教員の性根の研鑽が垣間見られたりもするため、余計にシラバスの書きぶりは興味深い …… 41
教材シラバス …… 120
時間型シラバス …… 85, 118, 120
実務教員をたくさん採用し、シラバスが更に杜撰になりそうな専門職大学 …… 296
主題主義で書かれたシラバス …… 113
主題提示型シラバス …… 93
詳細なシラバス書式 …… 76
大綱化以前のシラバス …… 82, 101
使うシラバス …… 118, 120
電話帳シラバス（潮木守一） …… 47
どんなカリキュラムでも〜 …… 257
パワポ程度のシラバス …… 109
見るシラバスから使うシラバスへ …… 118
理解に貢献するシラバス …… 240
→科目概要, 科目概要 …… 46, 82, 91, 115, 181
→講義概要 …… 81-82, 92, 189
→授業概要 …… 46, 80, 84, 91, 115, 181
→授業計画 …… 19, 30, 46, 83, 95, 119, 130, 134, 149, 155, 173, 175, 177, 181, 208, 214, 217, 219, 410, 414
→授業情報 …… 119, 191, 200, 203, 241
⇒教育目標
⇒コマシラバス
⇒情報化
⇒使うコマシラバス
⇒データベース
⇒学びの主体
シラバスアンケート …… 166, 174-178
⇒アンケート
シラバス項目 …… 104, 114, 167, 204
→学習時間（予習・復習の想定時間）（シラバス項目） …… 114
→科目のキーワード（シラバス項目） …… 115
→科目の中でのこのコマの位置付け（コマシラバス項目） …… 102
→科目の目的（シラバス項目） …… 115
→カリキュラム全体におけるこの科目の位置付け（シラバス項目） …… 115
→キーワード（コマシラバス項目） …… 68, 83, 102, 107-108, 110, 115, 168, 170-171, 231, 242, 260, 301, 309, 361
→国家試験との関連（コマシラバス項目） …… 103
→コマ主題細目（コマシラバス項目） …… 102-105, 108, 111, 116, 170
→細目レベル（コマシラバス項目） …… 86, 102-105, 107-111, 113-114, 128, 159-160, 213, 240
→授業形態（シラバス項目） …… 114, 161-162, 292
→授業の展開方法（シラバス項目） …… 115
→使用する教材（参照文献）・教具（コマシラバス項目） …… 103
→到達目標（シラバス項目） …… 115, 167, 175, 220
→予習・復習課題（コマシラバス項目） …… 103-105
シラバスにおいてもっとも大切なことは〜 …… 130
シラバス論 …… 19, 22-23, 30, 37, 42, 56-57, 91, 96, 122, 131-132, 145, 206, 395-396
私立 …… 33, 36, 62-63, 65, 187, 203, 221,

職業教育の実践性 …… 357, 368
高度職業教育 …… 351, 363, 389
高度専門職業人養成（文科省） …… 261
高度な職業教育 …… 265, 327
専門職大学の職業教育は〜 …… 262
職業教育差別 …… 63
日本的な職業教育差別 …… 63
→キャリア教育や職業教育に対する差別視 …… 350
→できない子どもたちには職業教育を …… 38
⇒キャリア教育
⇒職業教育
⇒専門学校
職業実践専門課程 …… 263, 296, 357-358
職業実践専門課程の申請条件 …… 358
→自己点検評価 …… 367, 413
職人 …… 287, 320
職能 …… 295, 312
職能教育 …… 295
→資格教育 …… 295, 345, 351, 363, 365-366
職場 …… 210, 368, 387
職場の実務偏差値 …… 210
⇒偏差値
職務体験 …… 342
女性的なもの（レヴィナス） …… 247
女性労働 …… 387
初等・中等教育 …… 118
⇒教育
ジョブ …… 298, 387-388
ジョブ職 …… 298, 387
ジョブスキル教育 …… 388
書物 , テクスト , テキスト …… 123, 125, 162-165, 198, 240, 244, 272, 303-307, 375
⇒テクスト , テキスト , 書物
シラバス
シラバス＝コマシラバス …… 84, 90, 109, 120, 134, 152, 155, 166-168, 174-175, 193, 218, 290
シラバス・ポリシー …… 174
シラバスアンケート …… 166, 174-178
シラバス改革 …… 76
シラバス詳細化 …… 48, 80
シラバス書式は教育方法の原理論だ …… 20
シラバスの、授業における活用比重が〜 …… 204
シラバスの書けない教員こそアクティブ・ラーニングや演習授業が大好きだ …… 261
シラバスの時間化 …… 85, 103
シラバスの詳細化 …… 70, 99, 217, 357, 410
シラバスは学生の学習目標を記すところではなくて、教員のミッションを学生と共有する文書でなければならない …… 104
シラバスは科目選択のための便宜という観点 …… 88
シラバスは不要（内田樹） …… 193
シラバス反対派 …… 221
シラバスもろくに書けない教員ばかりが集まりつつある専門職大学で〜 …… 265
シラバスを生きたものにするかしないかは大学教員の力量にのみ関わっている …… 152
シラバスを嫌う教員こそ〜 …… 85
海外のシラバス文献 …… 121
概念概要型言及型シラバス …… 113
概念概要的なシラバス …… 48
学習支援書 , 学習支援計画文書（金沢工大） …… 91
学習支援シラバス …… 217
カリキュラム改革はシラバス（コマシラ

→師弟関係は美しい誤解（内田樹）
……………… 119
→マーケティング ……… 352-353, 355
→満足度評価 ……… 90, 203
情報
情報化（マーチン・トロウ）…… 38-40, 62, 280, 289
情報開示 ……… 91, 203
情報が肉体を持つ―まさに身につく―というのは〜 ……… 289
情報と知識とを区別しない ……… 289
情報やデータ ……… 261, 297
⇒メタトーク
情報化（マーチン・トロウ）……… 38-40, 62, 280, 289
消費社会化と高度情報化は学校と家庭との双方を緩める動きなのである
……………… 280
→ AbemaTV ……… 39, 266
→ Amazon ……… 39, 368
→ EdTech ……… 329
→ Facebook ……… 345, 377
→ i-mode ……… 377
→ mixi ……… 377
→ Netflix ……… 39
→ YouTube ……… 39, 266, 318
→異文化交流 ……… 319, 330
→炎上 ……… 39, 319, 347
→携帯電話 ……… 377
→検索 ……… 39, 42, 105, 180, 188, 230, 235, 303, 347, 408, 413
→高度消費社会 ……… 377
→高度情報化 ……… 280
→子どもが子どものままで社会化するネット社会 ……… 377
→条件反射 ……… 147
→ソフトウェア工学 ……… 352
→他者への承認要求 ……… 39
→デジタル ……… 364
→濃密手帳 ……… 287
→パブロフの犬 ……… 147
→反応主義的な消耗 ……… 339
→ポケベル ……… 377
⇒ AI
⇒ SNS
⇒ Twitter, ツイッター
⇒インターネット
⇒行動主義
⇒コンピュータ
⇒データベース
⇒長い時間
⇒短い時間
将来構想部会（文科省）……… 262
将来像答申 , 将来像答申 ……… 68, 261-262, 264
職位主義 ……… 211-212
→組織帰属性に薄い人たち ……… 356
→反職務主義としての社員主義が、大学で何を学んだかが評価されにくい事情を生んでいる（小熊英二）……… 298
⇒社員主義
職業
職業コンピテンシー ……… 327
職業実践能力の養成（将来構想部会）
……………… 262
職業的訓練 ……… 51
職業的自立性 ……… 336, 360-361
職業能力 ……… 74
高度職業人 ……… 388
職業教育
職業教育（神学部〜 ……… 53
職業教育機関 ……… 63
職業教育でよく即戦力という言葉が使われますが〜（小方直幸）……… 211
職業教育に特化した大学 ……… 351
職業教育の高度化 ……… 327

費者）が満足すれば済むが～ 193
生涯学習的なコマシラバス 184
生涯学習的な資格教育を学校教育の体裁でやり続けてきた組織が専修学校だった 363
生涯学習的な人物論＝主体論 314
生涯学習モデル 193
生涯学習論 24, 31, 66, 184, 187, 265, 313-315, 318, 378
テッド・ネルソンは～ 185
学校教育＝生涯学習という思想 265
学校教育から生涯学習へ 255
通常、生涯学習的な講座の受講者傾向は～ 187
→いつでも・どこでも有益に学ぶチャンスといつでも・どこでも無益に学ぶチャンス 266
→いつでもどこからでも関心の赴くまま突き進んでいく 376
→学習者中心の学び 88, 222, 270
→学校教育否定論 187
→学校中心主義からの転換 31, 187, 265, 313
→学校民営化 313-314
生涯学習局（現） 312
⇒文科省
生涯派 23-24, 187
→学校派 23, 187, 260
⇒中曽根臨教審
小学校 155, 180, 237, 282, 336, 338-340, 342, 346, 385, 408
⇒学校
条件なき大学（デリダ） 54, 241, 405
⇒デリダ
少子化 187, 316, 387
少子化傾向 316
少子化現象 187
→全入時代 34, 59, 282, 326, 337, 342, 344, 348, 362
→大学全入時代 34, 59, 282, 337, 342, 348, 362
上場企業 349-350
⇒企業
情操性 320, 326
章題を拾っただけのようなコマシラバス 104
⇒言及主義
省庁
→厚労省 191, 260, 284, 292, 363, 370, 387
→国交省 191, 292, 363, 370
→財務省 119, 263, 283
→文科省 19-21, 26, 36, 40, 60, 66-67, 76, 91-92, 140, 155, 165, 169, 210, 255, 256, 260, 282-284, 309, 326, 354
小テスト 27-28, 87, 94, 115, 142-143, 146-149, 157, 172, 208, 219, 383
少人数教育 , 小人数制 293
消費 32, 130, 132, 185, 187, 193, 249, 280-281, 329, 340, 347, 377-378, 389-391
消費者 130, 132, 187, 193, 377
消費社会化 280-281
消費性 185
消費偏差値 389-391
消費モデル 193
学生消費者論 187
高度消費社会 377
顧客＝消費者主義 187
消費社会化と高度情報化は学校と家庭との双方を緩める動きなのである 280
→内田は、授業を、学生を満足させるために～ 119
→学生顧客論 187, 329
→顧客満足 132, 193
→顧客論 , 顧客論 187, 193, 329

主体（Subjekt）として把握する（ヘーゲル）……300
非主体的な未熟……386
学ぶ主体……28, 40, 186, 313-314, 331
裕福な主体……187
→知識は、もともとオブジェクティブな（対象的な、客観的な、目的語的な）もの〜……314
→学び合い……88, 194, 346, 373
⇒生涯学習
⇒実体
⇒学びの主体
主題
主題主義で書かれたシラバス……113
主題提示型のシラバス , 主題提示型……93, 96
⇒言及主義
⇒パワーポイント , パワポ , PowerPoint
主体性……28, 32-33, 229, 232, 270-271, 273, 299, 311-315, 317, 320, 324, 326, 328
主体性・多様性・協働性……312, 328
子どもの主体性……33, 270-271
この文科大臣は〜……229
自動詞的な主体性……314
成人に達するまでの〜……32
→オレオレ詐欺 , 振り込め詐欺……320
→学び合い（西川純）……88, 194, 346, 373
主題提示型シラバス……93
主体的……229, 310-312, 315, 386, 410
主体的に学習に取り組む態度 310-311
主体の形成（リオタール）……197
出自……35, 37, 67, 232
出自の多様としての階層のシャッフル論……67
階層内の出自の多様性……35
社会的出自……232
⇒次世代
⇒シャッフル
⇒新人
出射角（吉本隆明）……400
⇒教育と研究
⇒吉本隆明（吉本隆明）
出席……27, 112, 144-145, 172, 191, 223, 239, 256, 370, 384
出席主義……145, 256
出席点……144, 172
出席率……191, 223, 370, 384
→欠席率対策……223
→修得と区別された履修主義……145
→授業への参加……143-144
⇒履修主義
種別化（天野郁夫）……264-265, 367
⇒機能別分化
瞬間 , Augenblick［独］（デリダ）……5, 107, 110, 189, 193, 197, 236, 402
上位……87, 235-236
上位学生 , 上位グループ……87
上位層 , 下位層……66, 235-236, 323
→頭のよい大学生……287
⇒点数分布 , 点数の分布
生涯
生涯賃金……341
生涯という言葉は、大人の、あるいは老成した大人の反省（reflection）による人間的な総括なのであって、自分自身が家族をもち、新世代を形成した後に — 学校教育以後に — 使われる言葉なのです。……318
生涯年収……62
⇒オイコス , 家政 , οἶκος
⇒次世代
⇒シャッフル
⇒新人
生涯学習
生涯学習型のシラバスなら受講者（消

⇒トーク
⇒斜め書き
⇒メタトーク
授業評価
授業評価（教員への授業評価）……… 144
授業評価アンケート …………………………… 118
授業評価会 ………………………… 181, 183, 208
授業評価基準 ……………………………………… 192
内田樹が言うように学生たちが授業評価できるのならばそもそもその学生たちは授業を受ける必要がない ……… 204
大学にとって顧客情報の収集活動のひとつが学生による授業評価である（井上理）………………………………………………… 132
模擬試験・模擬解答発表会は、まさに最もリアルな授業評価会 ………………… 208
→評価主義的な評価 ……………………… 183
⇒模擬試験
授業評価・授業改善のプラットフォームとしてのコマシラバス …………………………… 126
→授業内で学生と教員とが授業の目的や目標を共有できる仕組みを作らない限り〜 ……………………………………………… 90
⇒双務性, 双務性
授業法 ……………………… 41, 95, 121, 181-183
授業法議論は授業目標の自己管理としてしか意味を持たない …………………… 182
授業法評価 ………………………………………… 183
授業目標の開示のない〜 ……………… 182
→インストラクショナルデザイン …… 181, 183
→教育方法論 …………………… 20, 22-23, 95
→教授法 …………………………………………… 20, 59
⇒教員の専門性
受験 ………… 57, 60, 67, 147, 174, 228, 268, 279, 295, 330, 345, 370
受験競争 …………………………………………… 279
受験偏差値 ………………………………………… 57
たった一日の受験で人生が決まる ……………………………………………………………… 330
一日受験選抜 ……………………………………… 330
日本的な受験体制 ……………………………… 330
→親の世代との断絶 …………………………… 318
→過去の達成の御破算主義（竹内洋）………………………………………………………… 186, 330
→社会的な階層間移動の原理 ……… 330
→たった一日の〜 ……………………………… 330
→点数主義 ………………… 33, 269-270, 309
→敗者復活装置（竹内洋）……… 186, 330
→反面接試験としての紙試験 ……… 330
⇒一点差主義
⇒次世代
⇒シャッフル
⇒人物評価
⇒偏差値
⇒メリトクラシー, 努力主義
受験勉強 …………………………… 67, 147, 345, 370
遅れてきた受験教育, 遅れてきた受験勉強 ………………………………… 295, 345, 370
受講前・受講後フォローとしてのコマシラバス ………………………………………………………… 113
⇒コマシラバス
主体, Subjekt［独］（ヘーゲル）………… 187, 300-301, 330, 374
主体は世界には属さない〜（ウィトゲンシュタイン）……………………………………… 246
生涯にわたって学ぶ主体 ……………… 314
知識を学ぶこととは相対的に分離された主体 ……………………………………………… 314
学生教育の主体は学校にあるが、社会人教育の主体は受講者の目的に属する〜 ……………………………………………………… 185
学校教育に学ぶ主体が存在するかのように思えるのは〜 ……………………………… 186
修行僧みたいな主体 ………………………… 385
真理を実体（Substanz）としてではなく

授業は生きもの …… 152, 409
授業への積極的な参加評価 …… 25
授業目標 …… 86, 91, 98, 130, 175, 182-183, 240
トークと思い付きの板書ばかりの授業でもダメ、乾ききった既成教科書だけの授業もダメ、設備や教材や資料に埋もれて窒息するような授業もダメ、三つの授業のどれもメタレベルのレフェランス、つまりコマシラバスを必要としているわけだ …… 251
INPUT 中心型の授業 …… 219
OUTPUT 型の授業 …… 219
乾ききった既成教科書だけの授業 …… 251
機械のような授業をやるとすれば～ …… 152
秘儀のような授業 …… 241
全入授業 …… 369
大教室授業 …… 294
多様な授業 …… 222-224, 368-369
単調でかつ記憶負担の高い授業 …… 234
単調な授業 …… 345
手抜き授業 …… 177, 221
勉強しなくてもわかる授業 …… 240
学ぶべき実体のない授業 …… 324
目標を提示できない授業 …… 239
よい授業とは何かとよく聞かれるが～ …… 212
予備校の日本史の授業 …… 228
理解しやすい授業 …… 345
わいわいガヤガヤ型の授業 …… 160, 266
わかりやすい授業 , わかる授業 …… 240-241, 383
→生きもの …… 100, 152-153, 156, 158, 328, 409
→機械化（授業の） …… 153, 158
→ペラス , 限界 , πέρας［希］（アリストテレス , ヘーゲル） …… 166, 188, 194, 209, 233, 246-247, 293, 328, 391, 398-400, 402-406
→マニュアル化（授業の） …… 158, 409
⇒授業法
⇒ノート
授業計画 …… 19, 30, 46, 83, 95, 119, 130, 134, 149, 155, 173, 175, 177, 181, 208, 214, 217, 219, 410, 414
大学教育の自由とは、計画を詳細化できる自由であって、授業計画は毎回書き下ろしの教科書を書ける（はずの）大学教員の専門性を反映している …… 155
授業デザイン , 授業設計 …… 91, 94-95, 98-99, 127, 143
授業設計論で言えば～ …… 95
授業デザイン力とは設計図の作成能力～ …… 99
→あの子はこんな問題くらいすぐ解けるだろうなぁ …… 97
→概念概要型シラバスのダメなところは～ …… 100
→時間の設計というのは～ …… 100
→授業時間（授業進行）をイメージする …… 92, 97-98
→授業時間を意識するということには、受講学生のレベルを意識するということが含まれている …… 98
→授業時間をデザインする力 …… 99
→多様な学生との格闘の運動（概念の時間化の運動） …… 86
⇒生きもの
⇒インカネーション
⇒時間型シラバス
⇒多様な学生 , 多様な学生
⇒点数分布 , 点数の分布
授業トーク …… 156, 243

大綱化の自由 …… 47
知識の自由 …… 404-406
知性の普遍性というのは、才能とか経験とか勘（あるいは手先の器用）とかがなければできなかったことが、勉強すればできないことはなにもないという確信、つまり自由の意識と関わっています …… 327
批評（Kritik）の自由 …… 405
無条件の自由（デリダ） …… 241
理性の自由 …… 53
秀才 …… 37, 343
秀才と優等生は､日本では侮蔑語～（高田里惠子） …… 37
高校までの勉強で秀才って言われているやつは、バカだと思うべき …… 343
自由七科 …… 53
就職
就職基礎能力（厚労省） …… 260
就職先 …… 298, 360, 366, 387-388
就職実績 …… 382
就職センター …… 382
就職対策 …… 211, 338
就職直結型インターンシップ …… 369
就職能力 …… 312
就職率 …… 21, 291, 366, 387
大学、専門学校、短大の早期就職率の相対的な〝格差〟は構造的なものであって～ …… 387
企業優位な就職の典型 …… 369
早期就職率は質の高い就職とほとんど同義である …… 291
大学の就職率は好・不況の波と相関しているんだけど～ …… 387
良い就職 …… 341
→純粋な個人 …… 330, 369
→適切な会社選び …… 382
⇒インターンシップ
集中対策（正規カリキュラム外の講座や補講） …… 191
修得 …… 29, 145, 255-257, 368, 414
修得と区別された履修主義 …… 145
修得を履修でごまかす装置 …… 257
履修と修得との分離の間に位置付くことになるのが観点別評価の意欲評価だ …… 256
→補習や追再試の慢性化 …… 191, 201
⇒請負的な（sponsored）性格（マーチン・トロウ）
⇒出席
⇒出席主義
⇒履修主義
柔軟な専門性（本田由紀） …… 296
→八〇単位 …… 219, 290-292, 296, 353, 355-356, 364-365, 371
⇒カリキュラムの文化性
授業
一方通行授業 …… 223
授業運営 …… 103, 127, 174-176, 199
授業改善 …… 22, 65, 126-127, 130, 144, 178, 183, 202-204, 293, 325, 384
授業概要 …… 46, 80, 84, 91, 115, 181
授業が苦手な教員ほどコマシラバスを嫌う …… 154
授業がわかるというのは一つの矛盾なのである …… 251, 397
授業計画 …… 19, 30, 46, 83, 95, 119, 130, 134, 149, 155, 173, 175, 177, 181, 208, 214, 217, 219, 410, 414
授業見学 …… 182
授業サービス …… 91
授業内の参照地図 …… 124
授業におけるノイズ …… 112
授業ノート …… 89
授業の実体 …… 75, 207
授業のプラクティス（金子元久） …… 65-66

身分制社会 316
民主社会 317
社会階層 279, 309
社会学者 258
社会人 115, 184-185, 188, 190, 192, 199-200, 202-203, 260, 285, 302, 317, 354, 361-362, 373, 375, 386, 390
社会人基礎力（経産省） 260, 362
⇒ハイパー・メリトクラシー（本田由紀）
⇒本田由紀
社会人教育 184-185, 190, 192, 199-200
社会人教育の場合～ 185
社会人講座 203
社会人受講生 , 社会人受講者 192, 199
後がない社会人教育の緊密感 190
難易度とはゼロから始める学校教育体系からの発想であって、受講者がすでに一定の目的を有する社会人教育には向かない 185
元々異質な学生教育と社会人教育との関係はぐるっと一周して同一化する 200
→ハイパーテキスト（テッド・ネルソン） 185, 375-376
⇒生涯学習
⇒テクスト , テキスト , 書物
⇒テッド・ネルソン
⇒学びの主体
社会的
社会的な親機能 315
社会的な学校圧 64
社会的な関数 339
社会的な消費の場所 340
社会的な成功 335
社会的な第二の出産機能 315
社会的なニーズ 338-340
社会的な保護機能 315
社会的な階層間移動の原理 330
→反平均点主義 330
⇒一点差主義
⇒一日受験選抜
シャッフル 34-36, 67, 317-318, 331, 346, 355, 377, 386
学校教育におけるメリトクラシーの本質は～ 386
階層をシャッフル 318
学校教育における多様性や個性の意味は～ 317
経済格差を相対的に縮小したりシャッフルしたりする社会装置 377
出自の多様としての階層のシャッフル論 67
→親の世界観やハビトゥスとの断絶 318
→親の世代との断絶 318
→親の世代を自力で乗り越えるための原動力 42
→知識が階層流動性の基盤だからだ 37
⇒次世代
⇒新人
自由
自由化されたカリキュラム 47
自由な学び 375-376, 386
自由な学びの主体のウソ 375
学習指導要領のない自由な大学 155
学問の自由 73
カリキュラム自由化 46
カリキュラムの大綱化 = 自由化 46
切り売り可能な～ 200
真理の自由 406
大学教育の自由とは、計画を詳細化できる自由であって、授業計画は毎回書き下ろしの教科書を書ける（はずの）大学教員の専門性を反映している 155

役目を果たしている〜 …… 105
授業の実体 …… 75, 207
真理を実体(Substanz)としてではなく主体(Subjekt)として把握する(ヘーゲル) …… 300
選択が実体を隠す …… 301
普通は実体があってその事例があるのですが、実体の把握が薄いために(何の専門家でもないために)、事例の豊富さでごまかしている …… 379
方法と実体が一致する場処としての学校
方法を実体として、実体を方法として理解する …… 301
学ぶべき実体のない授業 …… 324
履修判定の実体 …… 75
→学校教育体系における知識体系は、元から、どんな知識の与え方がその学び方を決めるのかに従って出来上がっています …… 324
→空虚な自己 …… 323
→形式化された実体概念(ハイデガー) …… 247
→ストック …… 40, 156-157, 160, 328, 381, 386, 411
→知識は、もともとオブジェクティブな(対象的な、客観的な、目的語的な)ものです …… 314
→学ぶ内容が学ぶ方法を決めるのであって、その逆ではない …… 324
⇒機能, 関数, function［英］
実務 …… 55, 154, 209-210, 295-296, 358-361, 365, 368
実務家教員, 実務教員 …… 154, 296
実務経験の自慢話 …… 154
実務現場 …… 210, 360-361
実務現場の使い捨て要員 …… 210
実務に慣れることがインターンシップの意味ではない …… 368
実務の多様性に惑わされない基本 …… 361
小技の修正こそ〜 …… 360
職場の実務偏差値 …… 210
→業務が高度化していない …… 211
⇒インターンシップ
実力主義 …… 33, 318
実力主義と言うのは貧者のレトリックだとペレルマン(ペレルマン) …… 33
自分が話すのを聞く(デリダ) …… 246
⇒現象学
死への存在, Sein zum Tode［独］(ハイデガー) …… 402
資本主義 …… 57
→国民国家 …… 57, 288
市民教育 …… 53, 74
自民党保守派の家族主義 …… 272
自民党早稲田文教族議員 …… 62
市民論としての文化性 …… 297
社員主義 …… 202, 212, 298-299
反職務主義としての社員主義が、大学で何を学んだかが評価されにくい事情を生んでいる(小熊英二) …… 298
→メンバーシップ(濱口桂一郎) …… 212, 297, 299
⇒職位主義
⇒濱口圭一郎
社会
社会・人文系の学部 …… 354
社会性 …… 55, 246, 317, 320, 326, 336, 346, 379-380
社会生活 …… 55, 334-335
社会で学ぶ勉強は〜 …… 375
社会との接続 …… 336, 341, 365
社会に出ても摩耗しないコア …… 378
古代社会 …… 316
ポスト産業社会 …… 260

ファンクショナルな学校論では、次世代を形成する新人は生まれない …… 339
→大切なことは〜 …… 67
→新しい世代の形成 …… 339
→親の世代との断絶 …… 318
→階層のシャッフル論 , シャッフル …… 34-36, 67, 317-318, 331, 346, 355, 377, 386
→人間はギリシャ的な家政や親の世代を乗り越える〜 …… 316
⇒出自
⇒生涯
⇒人材
⇒新人
⇒ハビトゥス（ブルデュー）
思想史 …… 334
思想的な感受性が一番高いこの時期 …… 48
失業率 …… 382
実質 , 実質化 …… 88, 95, 105, 139-140, 158, 174, 201-202, 205-206, 217, 282, 358
カリキュラムの実質化 …… 201
単位制の実質化（文科省） …… 105, 139-140
実社会 …… 342, 360, 367
→校門 , 校門と塀 …… 36, 315, 340, 385
→社会的なニーズ …… 338-340
実習
実習機材・設備 …… 120
実習試験 …… 159
実習設備 …… 158
実習のシラバス …… 159
実習の専門学校 …… 369
実習補習 …… 159
知性化すべき実習評価 …… 158
→インターンシップ …… 38, 161, 305, 365, 367-370, 373
→演習 , 演習授業 …… 27, 37, 114, 160-161, 163, 165, 221, 224, 261, 292, 294, 409
→演習は、すでに学習主体にそこそこの知識ストックが〜 …… 160
→フィールドワーク …… 161, 305
⇒講義
実習授業 …… 158-159, 209, 212, 295, 359, 369-370, 373
実習教育（職業訓練的な教育） …… 370
実習授業改革 …… 370
卵の鮮度を変えた実習授業 …… 359
→演習における behaviorism …… 161
→外貌主義 …… 160
→実習教育目標自体の解像度が、できる表現に行動主義的に終始する限り教育成果は期待できない …… 160
→実習模擬試験 …… 209, 212
→新鮮な卵 …… 359
⇒ストライクゾーン
実習模擬試験 …… 209, 212
実習模擬試験などでは学生自身が試験官になり、解像度が高い厳密なジャッジができるかどうかの模試をやらせればいい …… 209
⇒できる評価
⇒できる目標
実践的 …… 159, 234, 246, 249, 294, 324, 354, 358-359, 361-362, 367, 412, 414-416
実践的職業人育成 …… 361
実践的なカリキュラム …… 358
実践的な技術教育 …… 358, 362
実体 , Substanz［独］, substance［英］, οὐσία［希］（ヘーゲル） …… 22, 75, 90, 105, 207, 247, 263, 287, 297, 300-301, 324, 379, 383
実体と方法とが乖離すると原理の深化が消え去る …… 301
細目レベルが授業実体の重力のような

（ヘーゲル）……56, 397-399, 403
試験作成……86, 145, 206, 208, 213-216
試験作成能力……326
試験作成のノウハウ……216
試験センター……206, 215
試験センターの創設……206
→第三者試験……191, 213, 215, 225
→模擬試験…86, 206-209, 212-213, 414
試験評価……26, 174-177, 209, 410
試験評価からする授業計画（シラバス＝コマシラバス）＋授業運営全体の評価アンケート……175
試験問題……177, 207-208, 213, 410
よい試験問題とは、それに答えるために多数の別のことも知っていなければならない問題のことを言う……208
→記述式問題……326
→それに関わる多数の別のこと……208
→四択試験……268
→四択問題……326
思考一般の原理……54
→一般的な真理（柄谷行人）……248-249
→論理……99, 144, 188, 232, 245, 247, 269, 300, 398
⇒カント
思考への挑発によって〜（デリダ）……5
思考力……254, 258, 299, 310-313, 319-320, 326, 328, 331
→観点別評価……25-27, 30, 37, 144, 146, 149, 169, 172, 221, 254-256, 271, 312-313, 321-322, 325, 410
→新学力観……254-257, 271, 312
→ゆとり教育……46, 265, 283, 312-313
⇒苅谷剛彦，苅谷
⇒生涯学習
⇒人物評価
⇒中曽根臨教審，臨教審
自己啓発書，自己啓発本……259, 326
自己啓発性というのは〜……259
→ノウハウ……95, 190, 216, 297, 301-302, 320, 324, 326, 365, 381, 385, 405
⇒ハイパー・メリトクラシー
自己点検評価……367, 413
→職業実践専門課程……263, 296, 357-358
→第三者評価……212, 367
仕事における習熟・卓越……259
→牧野智和，牧野……259
自己表出，指示表出……251
→自分だけにしかわからないということをみんなに思わせたら、それがすぐれた作品なのだ……251
→単独性，普遍性……251, 327
→物言わぬ経験（アガンベン）……249-250
⇒エロス的
⇒飛躍
⇒矛盾
⇒吉本隆明
自己への現前（デリダ）……246
⇒現象学
自主性の欠如（ブルデュー）……232
⇒ブルデュー
辞書……232, 274
→英和中辞典……232
次世代……186, 188, 338-340
次世代の人材……338
次世代の新人……340
次世代を形成する人材……188
次世代を担う子どもたちは親の世代や階層（家族や地域の文化環境）を超えてあらたな階層を形成していく……186
何にでもなれるし、何を目的にすることもできるということが若者（児童・生徒・学生）の、つまり次世代を形成する人材の特質だ……188

⇒一流
CRM（顧客関係重視の経営）……132
CIE（Civil Information and Education）
……52, 302
GPA……47, 88, 167, 216
⇒点数分布，点数の分布
⇒評価
ジェネラル・エデュケーション，general education［英］……50, 52, 336-337, 350-351, 364, 389
→一般教育……49-50, 52, 74, 302, 351
→民主主義，デモクラシー……50
→リベラル・アーツ……49-50, 53, 73, 336-337, 344, 349-351, 364, 389
資格……295
資格の専門学校ほど実務に疎い学校はない……295
資格勉強……363
国家資格……354, 380
資格教育……295, 345, 351, 363, 365-366
資格教育は早々と済ませる……366
生涯学習的な資格教育を学校教育の体裁でやり続けてきた組織が専修学校だった……363
プレゼンスとしての資格教育……363
→資格対策的な暗記教育……295
→職能教育……295
資格主義……294-296, 370
資格主義的な囲い込み……370
資格主義の専門学校を本来の実務教育に再編する……296
私学助成……65
→自民党早稲田文教族議員……62
→定員規制……65
⇒天野郁夫，天野
資格対策……228, 295
資格の学校，資格学校……185, 362, 370
⇒資格の専門学校
視覚……110, 243-244
⇒ヘーゲル
時間型シラバス……79, 85, 118, 120
→コマシラバスを書くという行為は、九〇分の組み立てに挑んでいるため、単なる概念の詳細化にとどまらない時間との闘いになる……99
時間の設計……97, 99-100
時間の設計というのは、個々の学生いる教室で展開されることを含んでいる……100
→アリストテレスの時間論……398
→授業時間(授業進行)をイメージする……92, 97-98
⇒生きもの
⇒授業デザイン，授業設計
⇒復習コマ
試験
試験官……209, 212
試験基準……191
試験主義……208, 212-213
試験の難易度……87, 100, 213
試験は原則、INPUT された時から長い時間をおいて、かつ広範囲にわたる INPUT から長い時間をおいて実施されるときにこそ学生の実力を測定できるもの……147
暗記試験……268
科挙試験……268
学期末試験……191-192
始元……397-398, 400, 403
始元の再現としての想起 Erinnerung……403
言葉の始元への遡行……402
私は何も知らないという始元を回復するためにこそ、教授は長い道程、つまり研究を必要としたのだ……400
→想起，内面化，Erinnerung［独］

→最新学習歴主義 ····· 371-373, 375, 378
才能 ······················ 37, 74, 242, 269, 283, 287, 322, 327
苅谷の議論と私の議論とでずれが生じ始める原因は〜 ································· 283
それなりに才能がある、つまりそれなりの才能しかない（高田里惠子） ····· 37, 269
⇒苅谷剛彦 , 苅谷
財務省 ·· 119, 263, 283
⇒省庁
裁量主義 ·· 202, 325
裁量評価 ················· 26, 144, 323, 325-326
→救済評価 ······································· 321-323
⇒請負的な（sponsored）性格（マーチン・トロウ）
⇒観点別評価
差延 ·· 246
⇒デリダ
差分 ········· 126-128, 131, 134-136, 154, 208
思惑の差分 ··· 126
差分の意識 ········· 127-128, 131, 135-136, 154, 208
授業計画とその実際との差分の意識は〜 ··· 208
→計画倒れの意識 ································ 154
→コマシラバスは、とりあえずは何をどの程度までどういうふうに話そうかという教員の思いを綴ったもの ····· 126
→先生、時間足らずで終わりましたね〜 ···························· 127-128, 131, 135, 153
産育 ·· 276
産学官連携 ·· 261
産業構造の変化 ·· 339
産業社会からは一線を画す文化の防波堤を築いていた学校（木村元） ········· 280
⇒フィルタ
参照指示性 ······································· 109-111
参照指示行為（板書への指示〜 ······· 111
→ MS-Word の行番号機能 ········ 109-110
参照体系 , 参照の体系（教材の） ········ 118, 120, 122-123, 126
参照体系が貧弱な授業は〜 ·············· 122
→教材・教具・設備すべての司令塔 ··· 120
→教材参照の司令塔 ···························· 113
→どんな教材を各所に案配しているのかを指示する司令塔がコマシラバスである ··· 124
→見るシラバスから使うシラバスへ ··· 118
⇒使うコマシラバス
参照文献 , 文献参照 , 参照・参考文献 ···························· 103, 105, 114, 122-125, 145
算数 , 数学 ······· 25, 28, 188, 237, 285, 321, 326-327, 336, 346, 364
算数嫌い ·· 237
算数を嫌いな子 ···································· 346
→九九の暗記 ·· 237
三層構造（小熊英二） ······················ 298-299
→柔軟な専門性（本田由紀） ············· 296
→日本的な職業教育差別 ······················ 63
⇒社員主義
⇒職位主義
⇒職業教育
⇒メンバーシップ
産と育（寺崎弘昭） ································ 276
三位一体 Trinitas 論 ································ 85
⇒インカネーション , incarnation［英］, in-carnation［英］
三流 ·························· 363, 367-368, 381, 389
三流以前 ······································ 363, 367
三流大学 , 三流の大学 ················ 363, 381
三流の学校 ·· 367
三流の授業評価 ···································· 368
一流三流以前の現状主義 ···················· 367

……102-105, 108, 111, 116, 170
→コマの展開方法（コマシラバス項目）……103
→今回の授業の主題（コマシラバス項目）……102-103, 105, 108, 114
→細目レベル（コマシラバス項目）……86, 102-105, 107-111, 113-114, 128, 159-160, 213, 240
→細目レベルが授業実体の重力のような役目を果たしている～……105
→授業形態（シラバス項目）……114, 161-162, 292
→授業の展開方法（シラバス項目）……115
→使用する教材（参照文献）・教具（コマシラバス項目）……103
→到達目標（シラバス項目）……115, 167, 175, 220
→予習・復習課題（コマシラバス項目）……103-105
コミュニケーション……110, 211, 244, 251, 257-259, 261, 319, 331, 338-339, 344, 347-348, 361, 373, 393, 414
コミュニケーション授業……344
コミュニケーションは本来、特定の誰かに個体化できない（佐藤俊樹）……258
コミュニケーションマナー……319
会話の延長に恋が生まれるのではなくて会話が途切れたときに恋が生まれるように、ノートの斜め書きも教員の板書（の意味）が途切れたところで起こっている……249
短期のコミュニケーション……373
→インファンティア, Infanzia［伊］（アガンベン）……249-250
→この分別こそ教養……347
→物言わぬ経験（アガンベン）……249-250
⇒分別
コミュニケーション力, コミュニケーション能力……211, 257-259, 261, 331, 339, 361
コミュニケーション能力開発……331
社会学もコミュニケーション能力をめぐる変な幻想を作った共犯ではある（佐藤俊樹）……259
⇒学力の三要素
⇒佐藤俊樹
⇒ハイパー・メリトクラシー（本田由紀）
⇒本田由紀
コレージュ……61
コンピテンシー……35, 230, 236-237, 257, 260, 272, 291-292, 299, 301, 320-321, 339
コンピテンシー研修……291
コンピテンシーモデル……320
コンピテンシー論……35, 236, 257, 272, 291, 299, 339
英語コンピテンシー……236
小方直幸はコンピテンシー能力は長い時間をかけての評価や絶えざる見直しが必要になると言っている（小方直幸）……291
キー・コンピテンシー……260
大学生と専門学校生のコンピテンシー（あるいはハビトゥス）の違いは～……292
⇒学力の三要素
コンピュータ……81, 229, 328
⇒情報化

さ

再帰性の打ち止まり地点（牧野智和）……259
→牧野智和, 牧野……259
再試, 追試……82, 93-94, 159, 191, 201-202
⇒追試, 再試
最終学歴……371-372

ット社会 377
子ども時代 314
子供達の個人的な主体性 317
子どもの主体性 33, 270-271
子どもの自律性(中曽根臨教審) 24, 36
子どもの文化性 269
→人間の親は〜 316
コピペ 20, 39-40, 124, 177
→情報化 38-40, 62, 280, 289
⇒検索
コマ
進行スピードを調整するコマ 153
二コマ連続 , 三コマ連続 217-219, 222-224
復習コマ , 踊り場コマ 116, 153
→復習コマ 116, 153
コマシラバス
コマシラバス書式 75, 168, 240
コマシラバス動機 184
コマシラバスとは、こういった伝わることの矛盾を抱え込んだ、学生たちへの恋文のようなものなのだ 251
コマシラバスと履修判定指標の本来の充実は、この授業外の第三者の試験作成者を準備するときに完成する 214
コマシラバスは、言わば教員自身の斜め書きであり、その斜め書きが学生のあうんの斜め書きを呼び込むのである 251
コマシラバスは、研究の真理の大和心なのである 396
コマシラバスは、シラバスを血肉化(インカネーション)する 85
コマシラバスは、とりあえずは何をどの程度までどういうふうに話そうかという教員の思いを綴ったもの 126
コマシラバスは研究と教育とのペラス(πέρας)に立っているのである 402
コマシラバスは授業のレフェランスなのだ 89
コマシラバスをどんどん詳細化していけば、それ自体が書き下ろしの教科書に変貌する 98
概念のインカネーション(incarnation)としてのコマシラバス 80
概要型のコマシラバス 240
使うコマシラバス 205
斜め書きの存在が、板書の意味やコマシラバスの意味を決定している 244
メタトークはしかしそれが典拠し可視化するテキスト——そのプラットフォームがコマシラバスであることは言うまでもない —— なしには見えてこない 244
→教材参照の司令塔 113
⇒学生サービス
⇒差分の意識
⇒レフェランス
⇒インカネーション
コマシラバス項目 114
→学習時間(予習・復習の想定時間)(シラバス項目) 114
→科目のキーワード(シラバス項目) 115
→科目の中でのこのコマの位置付け(コマシラバス項目) 102
→科目の目的(シラバス項目) 115
→カリキュラム全体におけるこの科目の位置付け(シラバス項目) 115
→キーワード(コマシラバス項目) 68, 83, 102, 107-108, 110, 115, 168, 170-171, 231, 242, 260, 301, 309, 361
→国家試験との関連(コマシラバス項目) 103
→コマ主題細目(コマシラバス項目)

→満足度……90, 118-119, 131, 192, 203
⇒契約
⇒消費
⇒満足
国際化……387
国際教養大学……389
国際交流……261
国民国家……57, 288
国民国家と資本主義を基軸に近代化していく一九世紀西欧の市民社会（斉藤渉）……57
→国民文化の理念（レディングズ）……288
→資本主義……57
⇒ナショナリズムの成立
国立大学……331, 352
⇒大学
古事記……394-395
先生の真理は〜……395
個人……24, 34-36, 67, 137, 163, 197, 202, 259, 266, 270, 287, 313, 315, 317-318, 326, 330, 369
個人主義……137, 330
個人の個性的な多様性……35, 317
個人の尊厳（中曽根臨教審）……24, 36, 313
個人の多様と階層の多様……315
純粋な個人……330, 369
むきだしの個人，むき出し（本田由紀）266, 270, 277
文科省の多様性概念は〜……67
→個性尊重……46, 137, 273
→自分探しの幽霊船（古市憲寿）……64
⇒個性
個性
個性・特色……261-262
個性重視……24, 36, 46-47, 219, 221, 313, 315, 317, 408
個性重視（多様性）の教育（市川昭午）……219
個性尊重……46, 137, 273
個性や多様性……314
個性を重視する……278
学校教育と個性主義は本来あい容れぬところがある（市川昭午）……220
学校教育における多様性や個性の意味は、階層の社会的なシャッフル機能に於ける多様性や個性であるわけです……317
個人の個性的な多様性……35, 317
データベースには知識に伴う人格（あるいは歴代の文科大臣が好きな個性）がない……230
人間生まれたときから顔が違うように、みんな個性を持っているという程度の個性論……67
⇒個人
個性重視の原則（中曽根臨教審第一次答申）……24, 46, 313, 315, 317, 408
⇒中曽根臨教審
国家資格……354, 380
⇒資格
国交省……191, 292, 363, 370
⇒省庁
古典……30, 37, 50, 110, 163-164, 290, 326
古典作家……326
西洋古典を基礎とする人文教育……50
多様な個人同士の討論を超えた討論を一冊の古典はそれ自体で蔵している〜……163
→優れた著作は〜……305
→歴史を超えて残るテキストに対峙すれば〜……164
⇒テクスト，テキスト，書物
子ども
子どもが子どものままで社会化するネ

→マス段階（高等教育の）139
⇒シラバス
⇒文科省
行動主義 , behaviorism［英］158, 160-161, 210, 246
行動主義心理学 160
行動主義心理学では、人間と動物との間に質的な断絶など認めていない 160
→行動目標評価における行動主義（behaviorism）158
→反応主義的な消耗 339
高等専門学校 264
行動目標 27-28, 37, 158-159, 209
行動目標評価 158-159
行動目標評価における行動主義（behaviorism）158
前人未踏の行動目標 209
→行動（behavior）だけなら、猿だって人間と同じことができる。実際、行動主義心理学では、人間と動物との間に質的な断絶など認めていない 160
→行動がただちに質を意味するような目標とは〜 159
⇒行動 , ビヘイビア , behavior［英］
⇒できる評価
⇒できる目標
高度消費社会 , 高度な消費社会 377, 390
⇒顧客
⇒消費
⇒消費社会
⇒情報化
⇒心理
⇒満足
高度情報化 280
⇒情報化
高度専門士 263
→専門士 191-192, 263, 357
高度専門職業人養成（文科省）261
高度な職業教育 265, 327
→職業教育差別 63
⇒職業教育
校門 , 校門と塀 36, 315, 340, 385
学校の校門を抜け〜 315
→家庭格差や地域格差をいったんは棚に上げる 315
→人間の親は、家庭ではなくて学校なのです 316
⇒学校圧
⇒フィルタ
厚労省 191, 260, 284, 292, 363, 370, 387
⇒省庁
声の現前性を脱構築する差延（デリダ）246
声は意識である（デリダ）246
⇒現象学
コーチング 323, 333-334
→傾聴 334
顧客 130-132, 187, 192-193, 329
顧客＝消費者主義 187
顧客満足 132, 193
顧客論 , 顧客論 187, 193, 329
学生顧客論 187, 329
大学にとって顧客情報の収集活動のひとつが学生による授業評価である（井上理）132
→内田は、授業を、学生を満足させるために〜 119
→売り手と買い手の関係 248
→学生消費者論 187
→師弟関係は美しい誤解（内田樹）119
→消費者 130, 132, 187, 193, 377
→消費モデル 193
→マーケティング 352-353, 355

⇒ノート
後期中等教育 …… 346, 351
高校
高校英語 …… 232
高校生 …… 26, 61, 164, 233-234, 256, 284, 338, 343, 363
高校卒業生 …… 337
高校までの秀才なんて全然秀才じゃない …… 343
高校までの勉強 …… 303, 343
講座
講座主任教授 …… 72
講座制 , チェアシステム …… 50-51, 70-73, 75, 134, 408, 415
講座の語源 …… 73
講座の独立王国化（立花隆）…… 72
学部・学科・講座の三層 …… 70
教授主義（講座主義）…… 141
制度的に標準化された単位組織としての講座は〜 …… 73
講座制 …… 50-51, 70-73, 75, 134, 408, 415
講座主義 …… 141, 353, 357
カリキュラムの反対語としての講座制 …… 70
旧帝大型の講座制 …… 70
⇒反対語
講座屋 …… 37, 95, 324-325, 344, 347
構成概念 …… 258
構造化（ブルデュー）…… 231-232, 240, 273
構造化する構造, structures structurantes［仏］（ブルデュー）…… 231
→ブルデューの構造やハビトゥスはそれ自体有限性に刻印されている …… 231
⇒ハビトゥス（ブルデュー）
⇒非性 , Nichtigkeit［独］
⇒ブルデュー
⇒有限性 , Endlichkeit［独］
構想力 , Einbildungskraft［独］（カント）…… 242, 319
高卒 …… 62, 370, 387
高卒・専門卒・短大卒と四大卒 …… 62
高卒の求人件数 …… 387
高卒の労働市場 …… 387
高大接続システム改革会議 …… 309
高度教養教育 …… 351
高度職業教育 …… 351, 363, 389
高度職業人 …… 388
行動 , ビヘイビア , behavior［英］…… 27-28, 37, 131-132, 151, 158-161, 209-210, 212, 246, 315, 317, 319, 330
行動（behavior）だけなら、猿だって人間と同じことができる。実際、行動主義心理学では、人間と動物との間に質的な断絶など認めていない …… 160
行動主義者 …… 246
行動の細目指標（質）の体系性 …… 210
行動の質（行動の細目レベル）…… 159
→外貌主義 …… 160
→できる評価の解像度 …… 209
→できる表現 …… 28, 160
⇒できる評価
⇒できる目標
高等教育
高等教育局 …… 92, 95, 119
高等教育局のお役人がいかにシラバスの意義を理解していないのかがよくわかる …… 119
高等教育の課題 …… 302
高等教育の負担軽減制度 …… 167
高等普通教育という冒険と呼ぶ物語には、もはやヒーローがいない（アラン・ブルーム）…… 288
文科省の高等教育局私学行政課長 …… 119
文科省の高等教育局のお役人 …… 95
ユニバーサル高等教育 …… 139

→最後は自慢話で終わる……379
→方法主義の講座屋さん……325
現象学……41, 123, 246, 301, 397
手抜きの現象学……41
デリダの現象学批判……246
内省の現象学の格率（デリダ）……246
→音声中心主義的な現前の形而上学への批判（脱・構築）（デリダ）……246
→現前の形而上学（デリダ）……246
→声の現前性を脱構築する差延（デリダ）……246
→声は意識である（デリダ）……246
→自己への現前（デリダ）……246
→自分が話すのを聞く（デリダ）……246
現前……39, 246, 402
ペラス（πέρας）はつねにすでに存在しており、それはカント的に言えば超越論的差異のようにして現前している……402
現前性……246
現前の形而上学（デリダ）……246
⇒現象学
還相……393, 400, 404
⇒教育と研究
⇒吉本隆明（吉本隆明）
原像, Urbild［独］……242, 404
現存在……246
⇒ハイデガー
建築術, Architektonik［独］（カント）……242
原理, Prinzip（ヘーゲル）……20, 35, 50, 54-55, 142, 242, 284, 288-289, 301, 330, 398, 401
限界はそれが限界づけるところのものの原理（Prinzip）である（ヘーゲル）……398
思考一般の原理……54
実体と方法とが乖離すると原理の深化が消え去る……301
普遍的原理……242
⇒柄谷行人, 柄谷
⇒実体, Substanz［独］, substance［英］, οὐσία［希］（ヘーゲル）
⇒事例
⇒たとえば主義
⇒鶴見俊輔
⇒統制的原理
権力……54-55, 72, 393, 395-397
真理ほど巨大な権力とガバナンスは存在しない……393
先生の権力の全体はこのどこかから始まっている……396
先生は、権力にも学生にも媚びてはいけない〜……393
どんな権力もこの種の内面化 Erinnerung なしには完成しない［独］（ヘーゲル）……397
恋文……251
コマシラバスとは、こういった伝わることの矛盾を抱え込んだ、学生たちへの恋文のようなものなのだ……251
⇒矛盾
工学部教育……352
工学部系……362
⇒学部
高学歴……38, 139, 145, 202, 269
⇒学歴
交換価値……141
→貨幣……68, 248, 284
→マルクスの交換論……248
⇒マルクス
講義, lecture［英］……161-163
講義科目の多様な展開……222
講義授業（知識 INPUT）……161
講義ノート……89, 182, 241
授業準備が嫌いな教員は〜……165
⇒実習

せるもの（フーコー）……56
疾風怒濤のドイツ啓蒙主義者（吉見俊哉）……198
ドイツ啓蒙主義……198, 297
→ゲーテ……197, 301
→シェリング…54-55, 141, 197-198, 242
→シラー……197, 301
→精神の自然＝教養……198
→陶冶＝教養主義……198
契約……22, 42, 65, 130-132, 329
契約者……130, 329
→双務性 , 双務……126, 130-131, 214
契約書……22, 42, 130-131
受講後のシラバス評価によってこそシラバスは契約書と類似した関係に入る……131
シラバスは契約書ではない……130
双務契約書（苅谷剛彦）……130-131
→顧客関係……132
欠如……26, 40, 230, 232, 319, 326
⇒ハイデガー
限界 , ペラス , πέρας［希］（アリストテレス , ヘーゲル）……166, 188, 194, 209, 233, 246-247, 293, 328, 391, 398-400, 402-406
限界＝境界の時間性……398
限界はそれが限界づけるところのものの原理（Prinzip）である（ヘーゲル）……398
私の世界の限界と世界の限界における限界……247
⇒アリストテレス
⇒ウィトゲンシュタイン
⇒ヘーゲル
⇒ペラス , 限界 , πέρας［希］（アリストテレス , ヘーゲル）
建学の精神……114, 168, 357, 415
研究
研究室……82, 93, 153, 369
研究者 · 22-23, 41-42, 73-74, 76-77, 196, 279, 296, 342, 344, 352, 355-356, 358, 399-400, 402-403
研究重視の志向……195
研究と教育‥40, 195, 197, 288, 402-403
研究の真理は歴史でもある……396
コマシラバスは研究と教育とのペラス（πέρας）に立っているのである……402
外部が見えているからこそ、研究を先に、先にと進めることができる……399
自分の研究の入口と出口……400
→教員の性根の研鑽が垣間見られたりもするため～……41
⇒教育と研究
言及主義……104, 107, 157, 166
言及主義の限界……166
⇒主題主義
言語……55, 58, 189, 196, 250, 305, 403
動物の言語には欠けていること自体が欠けている（アガンベン）……250
⇒アガンベン
⇒ウィトゲンシュタイン
検索……39, 42, 105, 180, 188, 230, 235, 303, 347, 408, 413
検索ネタ……347
→ Google……372
→コピペ……20, 39-40, 124, 177
⇒情報化
⇒データベース
⇒短い時間
源氏物語……394
⇒小林秀雄
研修屋 , 街の研修屋 , 街の講座屋……37, 95, 291, 301, 321
→おもてなし授業……37-38
→講座屋……37, 95, 324-325, 344, 347
→個々の知識をそのつど与える前に～……324

グループディスカッション …… 222
⇒アクティブ・ラーニング
グループワーキング …… 222
⇒アクティブ・ラーニング
クレジット・ポイント（ヨーロッパ単位互換制度（ECTS）） …… 140-141
グローバル化 …… 320, 387-391
グローバル人材 …… 387
⇒人材
⇒高田里惠子
訓や教（寺崎弘昭） …… 276
経営 …… 23, 74, 87-88, 132, 189, 294, 333, 353, 365, 367, 389, 391, 399, 415
経営学者 …… 23
経営者 …… 294, 365, 367, 389
経営者はなかなか自らの学園の教育の現状が見えていない …… 367
大学経営者 …… 389
大学経営的 …… 389
万年、私たちの経営マーケットはダメ学生～ …… 365
→マーケティング …… 352-353, 355
経験主義 …… 210, 247, 295, 321, 327, 360, 375
経験主義的な技術分野 …… 327
経験主義的な実習授業 …… 295
経験主義的な上長 …… 210
学生時代に、専門書を読む訓練をしてこなかった人ほど中途半端な読書家になって、やっていることは経験主義みたいな人はいくらでもいる …… 375
→経験主義的な外れ …… 360
⇒ストライクゾーン
⇒ヒューム
経済学, Economics［英］ …… 48, 65, 150-151, 276, 316, 354-355
経済学部 …… 150, 354
マクロ経済学 …… 354-355
ミクロ経済学 …… 355
→家政, Home Economics［英］ …… 276, 316-317
⇒オイコス, 家政, οἶκος
⇒学部
経済格差 …… 122, 331, 362, 377, 386
経済格差問題 …… 331
→ピケティ …… 121
経済生産 …… 316
経済生産が知識を基盤に行われる社会を、政治的には民主社会と言います～ …… 316
経済的生産 …… 316
経済的な分断線 …… 63
→家職化、家産化（與那覇潤） …… 268
→家政 …… 276, 316-317
→民主社会 …… 317
⇒オイコス, 家政, οἶκος［希］
⇒社会
⇒知識
⇒メリトクラシー
経産省 …… 191, 260, 292, 336, 363, 370
芸術 …… 55, 242, 261, 333-334
芸術の学部 …… 55, 242
技術の本質は芸術である（ハイデガー） …… 242
哲学の学部は決してあり得ず～（シェリング） …… 242
携帯電話 …… 377
→情報化 …… 38-40, 62, 280, 289
傾聴 …… 334
→コーチング …… 323, 333-334
啓蒙 …… 41, 56, 194, 198, 297, 348, 396, 403
セネカは教えることの啓蒙主義を退けていた …… 194
啓蒙主義 …… 194, 198, 297, 396, 403
啓蒙的な教育 …… 348
啓蒙の過程そのものを完成させ継続さ

教授主義 …… 70, 75, 141
教授主義の起源 …… 70
教授人物主義 …… 72
教授である , être professeur［仏］（デリダ） …… 241
教授の時代の弔鐘（リオタール） …… 290
⇒講座
⇒デリダ
⇒メタ
教場 … 36, 86, 109, 241, 244, 292, 294, 375
共存 , Miteinandersein［独］（ハイデガー） …… 248
⇒ハイデガー
共同の規則（柄谷行人） …… 248
⇒規則（柄谷行人）
教養
教養課程 …… 49, 52
教養教育の体系なんてあろうはずもない …… 74
教養主義 …… 74, 134, 198, 356, 413
教養人 …… 73-74, 197
教養人材という言葉はなかなか理解しがたい人材像だ …… 73
一般教養 …… 48-50, 52
グロテスクな教養（高田里惠子） …… 186, 269
ゲーテやシラーの教養概念 …… 301
高度な教養と専門性を備えた人材の育成（将来構想部会） …… 262
この分別こそ教養 …… 347
市民的教養 …… 74
市民のための教養教育 …… 50
人材の反対語こそが教養 …… 355
精神の自然＝教養 …… 198
専門教養 , 専門教養 …… 48-49, 336
知はその意味で学生から教養を解放したが、同時にその知からも学生を解放してしまい〜（三浦雅士） …… 406
ディレッタント的な教養 …… 355
教養教育 …… 49-51, 53, 57, 74, 261, 287, 292, 351, 354
高度教養教育 …… 351
市民のための教養教育 …… 50
総合的教養教育（文科省） …… 261
民主的な市民の教育のための教養教育としてジェネラル・エデュケーション …… 50
近代 …… 35, 40, 55, 57, 62, 73, 140, 270-273, 276-278, 316, 326, 406
近代化 …… 57, 140, 270, 273, 326
近代国家 …… 73
近代社会 …… 271
近代的な市民 …… 55
近代は青年とともに大衆を生み、その両者が、大学において合流することになった（三浦雅士） …… 406
軽薄な脱近代化論 …… 273
⇒ポスト近代型能力（本田由紀）
Google …… 372
→検索 …… 39, 42, 105, 180, 188, 230, 235, 303, 347, 408, 413
クラス経営 …… 88, 353
クラス全体が知的な緊張力を維持している状態 …… 87
仲良しクラス …… 384
暗闇の中での飛躍 …… 249
斜め書きもまた暗闇の中での飛躍であり〜 …… 249
⇒クリプキ
⇒コマシラバス
グランドデザイン …… 36, 66, 68, 331, 348, 363, 367
クリティカ , critica［羅］ …… 297
⇒ヴィーコ
クリプキ＝ウィトゲンシュタインの対偶の論理 …… 245

教科書（既成教科書）……98
教科書と教材……97-98
教科書もまたPowerPointのスライドに書き綴られた言葉のように～……228
オリジナル教科書……98, 109
書き下ろしの教材（授業資料）は、教科書を（受講学生の顔を想い浮かべながら）インカネーションする……98
既成の教科書……153, 227, 354
大学教員であれば、どんな教科書の記述にも満足できないはず……227
中等教育以下で使用する教科書を使う人ではなくて書く人（あるいはその候補者）が教員をやっているのが大学というところ……123
通常の教科書や教材・資料などは、どこにもその目的というものは書き記されていない……239
→書き下ろし（の教科書）……42, 89, 98, 109, 123, 155, 190, 227
⇒メタ
教材
教材（授業資料）……97-98
教材（授業中の教材～……87
教材・資料，教材資料……86, 98, 109, 111, 161, 227, 238-240
教材開発……99, 214, 293, 296
教材作成……81, 92, 218, 409
教材シラバス……120
教材としてのコマシラバスがそれ自体メタ教材である……120
クラスにできない学生がいるので困るという教員ほどどのクラスでも同じ教材を使っている……97
詳細な教材資料……238
設備や教材や資料に埋もれて窒息するような授業……251
どのクラスのどの学生にでも通用する教材を教材とは言わない……97
メタ教材……101, 118, 120, 123
レジュメテキスト教材……120
教材参照の体系……120
教材参照地図……86
教材参照欄……124
→見るシラバスから使うシラバスへ……118
⇒教材
⇒使うコマシラバス
教師……31, 47, 119, 138, 162-163, 195, 231, 240, 244-245, 248, 265, 275, 288, 313, 341, 380, 383
教師との人間関係……380, 383
教師による教育から生徒中心の学習への転換……31, 265, 313
教師の力量……341
教師は、彼の思索、真面目さ、問い、驚きの中で意図しないままに自己を示す～（ヤスパース）……244
教師は学生のためにそこに居るのではなくて～（フンボルト）……195
学校とは知識に出会う場処ではなくて～……231
教室
教室サイズの多様性，クラス形態の多様性，教場の規模の多様性……292-294
小規模教室（あるいは大規模教室）のない学校を大学（高等教育）と見なしてはいけない……294
→少人数教育，小人数制……293
→大教室授業……294
→大教室，小教室……248, 292-294
→反大教室主義……294
⇒専門職大学
⇒担任主義
教授
教授会……19, 23, 37, 73, 75-76, 186, 203

教員資格 315, 362
教員自身が作品に署名することでもない（デリダ） 241
教員人事問題 356
教員組織 51, 76
教員と学生とのあうんの呼吸 245
教員の思い 126-127
教員の教育目標の開示としてのシラバス 91
教員の自己管理 180, 183
教員の自己評価 142
教員の授業準備への集中度 223
教員の負担感 217
教員は指導者ではなく〜 260
あまり教育したがらない教員 47
エース級の教員 101
記憶がすべてという教員 234
九〇分の授業においては教員と学生との時間は逆行しており、教員は授業の終わり（目標）から授業を始める、学生は授業の始まり、つまり前から順に受講を始める。全体が見えているのは教員だけなのだ。 129, 401
クラスの中での人間関係というのは、対教員関係であれ、対同級生（クラスメート）関係であれ、教員（＝授業）への求心性が崩れているときに前面化する 383
研究者としての教員 217
コマシラバスは、言わば教員自身の斜め書きであり、その斜め書きが学生のあうんの斜め書きを呼び込むのである 251
シラバスの書けない教員こそアクティブ・ラーニングや演習授業が大好きだ 261
シラバスもろくに書けない教員ばかりが集まりつつある専門職大学で〜 265
大学教員 74, 91, 99, 118-119, 150-152, 155-156, 181, 194-195, 216-217, 227, 234, 240-241, 257, 400, 409
程度の低い教員 194
できない研究者ほど〜 194
友達と仲良くなる前に〜 306
貧相な教員 228
昔の大学では〜 76
名門校の学生は頭がいいのではなくて、頭がいい教員に教えてきてもらったから頭がいいだけのこと 234
目標意識のない教員 238
→暗記 28, 147, 194, 226, 228-229, 232-234, 237-238, 254, 268, 295, 304, 326, 328, 345
→教員は指導者ではなく〜 260
→差分の意識 127-128, 131, 135-136, 154, 208
→ベテラン高校教師 240
→学ぶ者の程度を考えることは教える者自身の堕落に他ならない 194
教会 53-55, 267
教会の社会性 55
教会の道具（クルツィウス） 55
教学 28, 65, 150, 203-204, 214-215, 382, 384
教学委員会 203-204
教学改革 382
教学組織 65, 215
教学組織の要 215
大学教学体制 150
教学マネジメント 28, 203-204, 214
教学マネジメント委員会特別部会（中教審） 28, 204
→金沢工大 91, 379
⇒文科省
教科書

→学び合い 88, 194, 346, 373
教育と研究 76, 109, 152, 155, 194, 357, 400
日本の大学教員は、国際的にも教育意識よりも研究活動に対する志向性が高い（有本章編） 400
中途半端な研究者ほど～ 400
→往相（吉本隆明） 393, 400, 404
→外部が見えているからこそ、研究を先に、先にと進めることができる 399
→カリキュラムの文化性というのは、そこに研究と教育の両方を支配するマネジメントを結集するということだ 288
→教育と研究との接点としてのコマシラバス 152
→研究ができない教員が教育など出来ない 403
→研究と教育 40, 195, 197, 288, 402-403
→研究と教育の分離 197
→還相（吉本隆明） 393, 400, 404
→自分の研究の入口と出口 400
→真理の人である先生は、いつも境界（πέρας）に立ち続ける人のことを言う 399
→専門性という目的 τέλος ＋ペラス πέρας に立った教授こそが、何も知らない学生の前に立つことができる 400
→できない研究者ほど、学ぶ者（の程度）を選びたがる 194
→出射角（吉本隆明） 400
→転向（吉本隆明） 400, 404
→入射角（吉本隆明） 400
→昔の大学では～ 76
→私は何も知らないという始元を回復するためにこそ、教授は長い道程、つまり研究を必要としたのだ 400
⇒アリストテレス
⇒親鸞
⇒テロス，目的，τέλος［希］（アリストテレス）
⇒ヘーゲル
⇒ペラス，限界，πέρας［希］（アリストテレス，ヘーゲル）
⇒矛盾
⇒目的 τέλος とペラス πέρας［希］（アリストテレス，ヘーゲル）
⇒吉本隆明
教育方法論 20, 22-23, 95
シラバス書式は教育方法の原理論だ 20
→インストラクショナルデザイン 181, 183
→教授法 20, 59
→最初に意欲を与えた方が、後の知識獲得の生産性は上がるはずだ、という考え方 324
→授業法 41, 95, 121, 181-183
⇒教員の専門性
教育目標，教育の目標 20, 87-88, 90-91, 99, 103, 122, 124, 130, 136, 152, 159-161, 183, 201, 220, 229, 239, 337
教えるべき目標 90
教育目標（授業目標）の開示 91
教育目標の解像度 87
教育目標を学生と共有するプラットフォームがシラバス＝コマシラバスである 90
→授業時間単位（一コマ単位）の教育目標を共有する方法 183
→シラバスは学生の学習目標を記すところではなくて～ 104
教員

教育の目的 …… 32, 186
教育評論家 …… 68
教育方法 …… 20, 22-23, 80, 92, 95
教育をすぐれて君子にとってのいわば秘儀的ないとなみとして用いていたこと（寺崎弘昭） …… 273
暗記教育 …… 194, 234, 295
一般教育 …… 49-50, 52, 74, 302, 351
エリート教育 …… 49-50, 53
学校教育から生涯学習へ …… 255
学校教育論 …… 270, 280
貴族の権威主義的なマナー教育 …… 61
基本教育 …… 194, 361
教養教育 …… 49-51, 53, 57, 74, 261, 287, 292, 351, 354
今日的な教育 education は、その古層の意味としては産育のことであって、ギリシャ語のオイコス（οἶκος）に基づいた家政学のことを意味した …… 276
資格教育 …… 295, 345, 351, 363, 365-366
市民教育 …… 53, 74
初等・中等教育 …… 118
専門教育 …… 49, 52, 155, 302, 346
大衆教育 …… 58-59, 64, 74, 279, 283, 322
中等教育 …… 28, 63, 68, 118, 123, 152, 155, 167, 172, 234, 292, 294, 299, 321, 330, 346, 351
普通教育 …… 51-52, 288
理解を中心にした教育 …… 234
→エリート教育としてのリベラル・アーツ …… 49
→学士課程 …… 36, 47, 49, 66, 68, 210, 219-222, 258, 260, 262-264, 331, 356
→教養課程 …… 49, 52
→専門課程 …… 49, 52, 62, 263, 296, 357-358
⇒キャリア教育
⇒高等教育
⇒ジェネラル・エデュケーション
⇒職業教育
⇒大学教育
⇒寺崎弘昭, 寺崎
教育委員会 …… 349
教育改革 …… 23, 31, 132, 136, 265, 279, 313, 345, 416
→学校中心主義からの転換 …… 31, 187, 265, 313
⇒学力の三要素
⇒関西調査（苅谷剛彦）
⇒個性
⇒主体
⇒生涯学習
⇒寺脇研
⇒中曽根臨教審, 臨教審
⇒ゆとり教育, 新ゆとり教育
教育学 …… 20, 23, 30, 91, 93-94, 121-122, 158, 195, 259, 333, 352, 372, 387
教育学者 …… 20, 23, 30, 91, 94, 121-122, 259
教育学部 …… 352
教育格差 …… 377, 408
教育・学習目標 …… 158
教育課程 …… 20, 51-52, 139, 169, 191, 295-296, 358
教育課程編成委員会 …… 296, 358
教育課程連携協議会（専門職大学） …… 295
教育基本法 …… 32, 186, 317, 337, 374, 376
教育基本法第一条 …… 374
教育研究（文科省） …… 66, 70, 98, 109, 132, 151, 155, 237, 261, 291
教育研究体制 …… 66
教育再生実行会議, 教育再生会議 …… 309-310, 314
教育者と学修者との共同体（K.P. リースマン） …… 140-141

機能 , 関数 , function［英］……36, 57, 169, 188, 231, 246-247, 254, 261-265, 290, 315, 339, 379
　機能主義……290, 339
　ファンクショナル（機能主義的）に結びついた生き方……339
　ファンクショナルな学校論では～……339
　カッシーラの関数概念……247
　大学の機能別分化（文科省）……254
　動物は自分の環境とファンクショナル（機能主義的）に結びついた生き方しかできない……339
　何も違わない～（文科省）……262
　→貨幣……68, 248, 284
　→刺激でしか動けない動物はだから学習から遠い……374
　→知識は、もともとオブジェクティブな（対象的な、客観的な、目的語的な）もの～……314
　→反応主義的な消耗……339
技能……236, 287, 299, 310-312, 316, 319-320, 326-327, 372
　技能が技術になる事態……326
　技能が国際的に民主化したことの結果が労働市場のグローバル化です……320
　技能主義……311, 320, 327
　技能の可視化としての科学……327
機能別分化……254, 262-265
　→種別化（天野郁夫）……264-265, 367
期末アンケート……178
　⇒アンケート
期末試験
　期末試験の第三者作成……86
　期末試験の点数分布……86-87
　期末テスト……146, 159, 172-173
　学期末試験……191-192
　第三者作成による期末試験……87
　⇒履修判定
キャリア教育
　キャリア教育コーディネーター……333, 342, 349
　キャリア教育で土台作り……378
　キャリア教育というのは～……379
　キャリア教育なんて言っているやつはバカだ～……334
　キャリア教育や職業教育に対する差別視……350
　→職業教育差別……63
Can-do 評価……159
　⇒できる評価
救済評価 , 救済・裁量評価…321-323, 325
　→恩情……143, 148
　→落伍者……87-88, 100-101, 157, 178, 202, 208, 323
　⇒請負的な（sponsored）性格（マーチン・トロウ）
　⇒観点別評価
　⇒素点処理
　⇒単位認定権
　⇒追試 , 再試
　⇒評価
　⇒履修判定
旧制大学 , 旧制の大学……51, 364
旧帝大型の講座制……70
　⇒講座制 , チェアシステム
教案……118, 180, 408
教育 , education［英］, éducation［仏］…52, 274-277, 302, 405
　教育から学習への転換……255
　教育基本法　32, 186, 317, 337, 374, 376
　教育と研究……76, 109, 152, 155, 194, 357, 400
　教育とは、一人ひとりの可能性を高めていくためのバックアップ機能です（下村博文）……35
　教育の質が低い……363

何を学んだかよりも、どんな職務に配置しても適応できる潜在能力〜（小熊英二）……298
企業の人事部……291
企業優位な就職の典型……369
上場企業……349-350
→正社員……298
⇒小熊英二
⇒職位主義
⇒メンバーシップ
技術……34, 56, 81, 128, 241-242, 268, 287, 316, 318, 320, 326-328, 352, 358-359, 362, 389
技術の進歩……327
技術の本質は芸術である（ハイデガー）242
技能から技術への転換には、科学が介在……327
→ポイエーシス, ποίησις［希］（ハイデガー）……242-243
⇒科学
⇒ハイデガー
記述式問題……326
⇒人物評価
基礎学力の低下（苅谷剛彦）……279
基礎学力 - 65, 87, 98-100, 111-112, 114, 124, 160, 190, 227, 257, 279, 322
基礎学力のない学生がたくさんいて困る……99
基礎学力不足……65, 87, 114
基礎教育……52-53, 237, 331, 351, 361
→基本教育……194, 361
規則……20, 245-249
規則に従うことは一つの実践である（ウィトゲンシュタイン）……245
規則も意味も意識の対象ではない……246
伝わったときにこそあとから見えてくる規則や意味の存在……247
私が受け入れないならば、相手は規則に従っていない（柄谷行人）……245
→貨幣……68, 248, 284
→対関係……248
→対偶……245, 247-249
⇒ウィトゲンシュタイン
⇒エロス的
⇒柄谷行人, 柄谷
⇒クリプキ
⇒デリダ
⇒斜め書き
⇒ニーチェ
⇒一つの実践（ウィトゲンシュタイン）
⇒マルクス
⇒メタ
⇒吉本隆明
⇒レヴィナス
貴族……34, 61, 186, 232, 267-268, 318
貴族の個人蔵書の著しい発達（井上進）……267
貴族の世襲制……34, 268, 318
大貴族による官位の家職化、家産化（與那覇潤）……268
→印刷術, 印刷技術 ‥ 34, 241, 267-268, 287
→科挙試験……268
→家職化〜（與那覇潤）……268, 318
→藤原家……318
⇒家政学
基礎的な知識及び技能……311-312
基礎能力……210, 260
⇒意欲, 関心, 態度
⇒学力の三要素
期中アンケート……178
⇒アンケート
基底的な参照項（牧野智和）……259
→牧野智和, 牧野……259

188, 231, 246-247, 254, 261-265, 290, 315, 339, 379
カッシーラの関数概念 …… 247
→貨幣 …… 68, 248, 284
⇒機能, 関数, function［英］
⇒実体, Substanz［独］, substance［英］, οὐσία［希］(ヘーゲル)
感想文コンクール, 感想 …… 132, 164-165, 181, 228
官庁 …… 212, 292, 299, 335, 363, 370
非文科系官庁 …… 292, 363
→厚労省 …… 191, 260, 284, 292, 363, 370, 387
→国交省 …… 191, 292, 363, 370
→財務省 …… 119, 263, 283
→文科省 …… 19-21, 26, 36, 40, 60, 66-67, 76, 91-92, 140, 155, 165, 169, 210, 255, 256260, 282-284, 309, 326, 354
⇒官許
観点別評価 …… 25-27, 30, 37, 144, 146, 149, 169, 172, 221, 254-256, 271, 312-313, 321-322, 325, 410
観点別評価の事なかれ主義 …… 257
履修と修得との分離の間に位置付くことになるのが観点別評価の意欲評価だ …… 256
→おもてなし授業 …… 37-38
→裁量評価 …… 26, 144, 323, 325-326
→自己表現力 …… 320
→新大学入試 …… 37, 298
→多元的評価(中曽根臨教審) …… 38
→反知識主義 …… 326
→要素の機械的な集合評価 …… 144
⇒救済・裁量評価
キー・コンピテンシー …… 260
⇒ハイパー
⇒本田由紀
記憶 …… 5, 234-236, 238
記憶がすべてという教員 …… 234
記憶方略, memorisation strategies［英］…… 235-236
⇒暗記
機械 …… 84, 126, 144, 152-153, 158, 190, 194, 229, 352
機械化 …… 153, 158
機械工学 …… 352
機械的 - 84, 144, 152-153, 190, 194, 229
機械のような授業をやるとすれば、自分が自由に書いたコマシラバスの記載が機械的なだけのこと …… 152
人間は自ら機械を真似たり植物や動物を真似たり円周率を何千桁も覚えたりもする …… 229
→暗記の仕方や何を暗記するのかという選択性の中に、主体性、創造性、人間的な感性がたえず機能している …… 229
→生物史的な進化 …… 316
⇒生きもの
⇒動物
⇒人間
⇒非性, Nichtigkeit［独］
⇒有限性, Endlichkeit［独］
機会均等 …… 58
機会の平等 …… 272
危機, 分岐点, crise［仏］(デリダ) …… 5, 406
危機に瀕している, on the blink［英］(デリダ) …… 5
→チャンス, chance［英］(デリダ) …… 5, 406
→ミネルヴァのフクロウは黄昏時に飛び立つ(ヘーゲル) …… 77
企業 …… 67, 132, 200, 202-203, 211-212, 291, 298-299, 330, 349-350, 368-369, 380, 388, 391
企業が重視するのは、大学や大学院で

カリキュラム開発 65, 70, 75, 127, 254, 334, 352
カリキュラムの文化性 … 266, 287-289, 297
　カリキュラムの文化性というのは、そこに研究と教育の両方を支配するマネジメントを結集するということだ 288
　現代の大学においてはカリキュラムの文化性がヒーローを作るとしか言えない 289
　→インカネーション 80, 85-86, 98, 100, 124, 145, 168, 290, 397
　→階段 135, 141-142, 150, 200, 202, 269, 291, 375
　→書き下ろしの教科書 89, 98, 155
　→教材参照の体系 120
　→差分の意識 127-128, 131, 135-136, 154, 208
　→試験センター 206, 215
　→授業デザイン , 授業設計 91, 94-95, 98-99, 127, 143
　→シラバスアンケート 166, 174-178
　→双務契約書（苅谷剛彦） 130-131
　→双務性 , 双務 126, 130-131, 214
　→第三者作成による期末試験 87
　→第三者試験 191, 213, 215, 225
　→二コマ連続 , 三コマ連続 217-219, 222-224
　→八〇単位 219, 290-292, 296, 353, 355-356, 364-365, 371
　→必修科目 49, 80, 100-101, 136, 149, 217, 219, 221, 224, 255-256, 292, 294-295, 353, 357, 415
　→模擬試験 … 86, 206-209, 212-213, 414
　→履修判定指標 86, 95, 166-169, 171, 174-177, 192, 206-207, 213-217, 224, 415
　⇒コマシラバス
　⇒コマシラバス項目
感覚的確信（ヘーゲル） 397
　⇒ヘーゲル
環境 33, 183, 186, 189, 269, 278-279, 281, 284, 303, 314, 317, 322, 328, 330-331, 339, 359, 376
　環境優位（過去優位）な体制 330
官許資格 292
　→官許試験 191
　→官許的 357, 370
　→経産省 … 191, 260, 292, 336, 363, 370
　→厚労省 191, 260, 284, 292, 363, 370, 387
　→国交省 191, 292, 363, 370
関係
　売り手と買い手の関係 248
　エロス的関係（レヴィナス） 247-248
　権利関係 130
　顧客関係 132
　師弟関係は美しい誤解（内田樹） 119
　対関係 248
　対面 , face-à-face［仏］（レヴィナス） 247-249, 286
　隣り合わせ（レヴィナス） 248
　向かい合わせ（レヴィナス） 248
　→恋愛 247
関西調査（苅谷剛彦） 35
　⇒意欲 , 関心 , 態度
　⇒意欲評価
　⇒学習時間
　⇒苅谷剛彦
　⇒観点別評価
　⇒教育改革
　⇒新学力観
　⇒ゆとり教育
緩衝系（ジャック・ラカン） 297
関心 , 意欲 , 態度
　⇒意欲 , 関心 , 態度
関数 , 機能 , function［英］ 36, 57, 169,

日本の大学における科目数の多さの問題 217
必修科目 , 必修科目 49, 80, 100-101, 136, 149, 217, 219, 221, 224, 255-256, 292, 294-295, 353, 357, 415
→国語 52, 58-59, 230, 285, 287, 321, 326, 336, 342, 353, 364, 416
→三単位 , 四単位（科目） 134-135, 201, 218, 222-224, 234, 352-353
→生物 60, 116-117, 316, 328, 342
→地理 342
→二コマ連続 , 三コマ連続 217-219, 222-224
→物理 342
科目数 131, 138, 206, 217-219, 222-224, 291
科目数が四年間で三〇科目以下 224
科目数削減 222-223
科目数の削減 206, 217, 219, 222, 291
苅谷剛彦は、日本においてシラバス作成が難しいのは科目数の多さにもあると言っていた 224
カリキュラム
カリキュラム（科目相互の組織性や順次性）を重視するということと単位制を重視するということとは矛盾する 138
カリキュラム・リテラシーとしてのコマシラバス 149
カリキュラム委員会 358
カリキュラム構築 150, 224
カリキュラム自由化 46
カリキュラム組織 51
カリキュラムとは科目の自立性の否定（いわゆる講座制の否定）のことだ 134
カリキュラムにおけるナンバリングの思想〜 138
カリキュラムの実質化 201
カリキュラムの大綱化 = 自由化 46
カリキュラムの断念 134
コアカリキュラムのコア科目 101
自分が担当する一つの科目内の一五コマの階段自体がカリキュラムであることに変わりはない 150
大学におけるカリキュラム形成の阻害要因 70
大学の無力はこのカオスによるカリキュラムの不在にすぎない 135
ハイパーカリキュラム 189-190, 199-200
反カリキュラム論 257
必修科目が二〇単位もない今日の大学（特に私立大学）の現状においては〜 221
必修カリキュラム 136, 290-292
文化性のないカリキュラムはこの時代には不毛でしかない 287
→科目間連携 135, 353
→科目間を統合する理念 52
→切り売り可能な〜 200
→講座制 50-51, 70-73, 75, 134, 408, 415
→三単位 , 四単位（科目） 134-135, 201, 218, 222-224, 234, 352-353
→ナンバリング（科目の） 48, 215, 296
→二コマ連続 , 三コマ連続 217-219, 222-224
カリキュラム改革 , カリキュラム改善 75-76, 216, 365-366, 382
カリキュラム改革はシラバス（コマシラバス）の中身に組織的に入り込まないかぎり存在する意味はない 75
⇒教育課程編成委員会
⇒コマシラバス
⇒職業実践専門課程
⇒専門職大学

家庭環境 …… 33, 278, 284, 317, 322
家庭教育の重視（中曽根臨教審）…… 36, 377
家庭的背景 …… 235-236, 284
家庭の教育力の回復（中曽根臨教審第二次答申）…… 272
家庭の重視 …… 270
家庭の崩壊 …… 270
家庭や地域 …… 32, 285, 314-315, 386
成人に達するまでの〜 …… 32
できない子どもたちの家庭は家庭自体が崩壊している …… 36
人間の親は、家庭ではなくて学校なのです …… 316
文化的で裕福な家庭 …… 271
文化的な家庭 …… 33
→不毛な地域 …… 314
⇒ハビトゥス（ブルデュー）
家庭教育という近代的な言葉は〜 …… 277
家庭の文化性 …… 234, 255, 269-270, 279, 287, 314, 317, 322
家庭の文化格差 …… 385
→家庭の教育文化格差 …… 34
→家庭文化格差 …… 36
→成人に達するまでの、つまり学校を卒業するまでの主体性とは家庭や地域の主体性にすぎない …… 32
→属性主義（本田由紀）…… 271-272
→手書き文字 …… 318-319
→文化的な家庭 …… 33
⇒親
⇒出自
⇒ハビトゥス（ブルデュー）
金沢工大 …… 91, 379
→黒田壽二 …… 379
⇒大学
学長ガバナンス …… 75-76, 393
大学のガバナンス …… 75
貨幣 …… 68, 248, 284
ひとが恐慌において商品ではなく貨幣にすがりつくように（柄谷行人）…… 248
→交換価値 …… 141
⇒柄谷行人 , 柄谷
⇒規則
⇒マルクス
神 …… 53, 86, 162, 242, 267, 397
神学 …… 53-54, 85, 162, 351
聖書は歴史の事柄に過ぎないため、神の存在など証明などできない〜 …… 53
⇒カント
紙試験 …… 25, 29, 33, 330, 410
たった一日の、一点刻みで人生を決める紙試験こそが、階層間移動を可能にしている …… 330
反面接試験としての紙試験 …… 330
⇒印刷術 , 印刷技術
科目
科目運営 …… 150
科目概要 , 科目概要 …… 46, 82, 91, 115, 181
科目間を統合する理念 …… 52
科目クラスの知的な経営 …… 87
科目選択の便宜 …… 47
科目等履修生 …… 200
科目は教授の独占物ではない …… 71
科目目標 , 科目の目標 …… 86, 100, 114, 167, 175, 182
科目連携 …… 135, 150
一般教育科目 …… 52, 74
概論科目 …… 76, 101
講義科目 …… 28, 218, 222
コマヒエラルキー , 科目ヒエラルキー …… 257
選択科目 …… 46, 48-49, 52, 64-65, 84, 130, 134-138, 141, 149-150, 201, 218, 221, 292, 302, 353

学校圧 …… 64, 271, 285-286, 322
学校圧の弱化 …… 64
社会的な学校圧 …… 64
→知識受容・指導圧力 …… 331
⇒メリトクラシー
学校教育
学校教育（長い時間の教育） …… 373
学校教育＝生涯学習という思想 …… 265
学校教育以前 …… 187, 377, 386
学校教育が家庭と連携することは学校機能の自殺行為だと言える …… 36
学校教育こそがスコレー（σχολή）としてのそういった滞留の場処 …… 40
学校教育と個性主義は本来あい容れぬところがある（市川昭午） …… 220
学校教育における多様性や個性の意味は～ …… 317
学校教育におけるメリトクラシーの本質は、階層格差を勉強格差でシャッフルすることにあった …… 386
学校教育の教員は学生に自分の教育を買ってもらっているにもかかわらず～ …… 192
学校教育の強制性 …… 377, 386
学校教育の特殊性 …… 336, 378
学校教育法 …… 20, 70, 262, 310-311, 336, 349
⇒エポケー, ἐποχή［希］
学校教育法施行規則 …… 20
⇒文科省
学校中心主義からの転換 …… 31, 187, 265, 313
学校中心の考え方を改め～（臨教審第四次答申） …… 31
→学び合い（西川純） …… 88, 194, 346, 373
⇒新学力観
⇒学習支援
⇒学習者中心の学び
⇒学力の三要素
⇒教育改革
⇒生涯学習
⇒寺脇研
⇒中曽根臨教審
⇒学びの主体
⇒ゆとり教育
学校派 …… 23, 187, 260
学校派と生涯派の論争（内田健三） …… 23, 187
→生涯派 …… 23-24, 187
⇒中曽根臨教審, 臨教審
学校へと水路づけするイデオロギー（苅谷剛彦） …… 64
⇒イデオロギー
⇒苅谷剛彦
学校民営化 …… 313-314
→土光臨調 …… 24, 313-314
→民営化論 …… 24, 314-315
⇒教育改革
⇒生涯学習
⇒寺脇研
⇒中曽根臨教審, 臨教審
⇒ゆとり教育
括弧に入れて判断を留保する, 括弧 …… 83, 186, 315
⇒エポケー, ἐποχή
カッシーラの関数概念 …… 247
⇒カッシーラ
⇒機能, 関数, function
⇒ハイデガー
家庭
家庭（両親）の階層性 …… 386
家庭格差 …… 34-35, 287, 315, 331
家庭が反省し、自らの役割や責任を自覚する（中曽根臨教審第二次答申） …… 272

150-151, 276, 316, 354-355
⇒オイコス , 家政 , οἶκος
家族 ·· 33, 186-187, 269-270, 272-273, 276, 280, 287, 315, 317-318, 326, 330, 345, 372, 375, 377, 386
家族の階層の多様や個性 ………… 317
家族の起源 ………… 270
家族の文化性 , 家庭の文化性 , 家庭の文化的環境 ……… 234, 255, 269-270, 279, 287, 314, 317, 322
家族は社会の基本単位ではなくて、階層の基本単位なのです ………… 316
家族や地域 ………… 186, 315, 318
脱家族 ………… 326
→家庭の教育文化格差 ………… 34
→家庭文化格差 ………… 36
→曾野綾子主義 ………… 272, 350
→ハビトゥス（ブルデュー） ………… 33, 230-231, 270, 292, 318-319
→文化的な家庭 ………… 33
家族主義 ………… 269, 272-273, 280, 375
家族主義者 ………… 375
自民党保守派の家族主義 ………… 272
→曾野綾子主義 ………… 272, 350
→非家族主義 ………… 269
⇒メリトクラシー , 努力主義
語り得ぬもの（ウィトゲンシュタイン） ………… 250
⇒ウィトゲンシュタイン
⇒言語
価値 ………… 57, 74, 131, 138, 140-141, 248, 271, 273, 278, 280, 305-306, 335, 390-391
ニーチェの価値論 ………… 248
→価格 ………… 248-249, 404-405
→交換価値 ………… 141
⇒柄谷行人 , 柄谷
⇒ニーチェ
⇒マルクス
学級崩壊 ………… 349
学校
学校間格差 ………… 59, 284, 291, 330
学校中心主義からの転換 ………… 31, 187, 265, 313
学校独自の人材目標 ………… 365-366
学校とは知識に出会う場処ではなくて〜 ………… 231
学校内格差 ………… 59
学校の校門を抜け、教室に入れば、皆は平等に扱われる ………… 315
学校フィルターの軽薄化 ………… 266
家庭的背景による学校間格差（垂見裕子） ………… 284
擬似学校状態 ………… 386
成人に達するまでの〜 ………… 32
人間の親は、家庭ではなくて学校〜 ………… 316
方法と実体が一致する場処としての学校
→教壇 ………… 91, 126, 181, 198-199, 250, 315, 374, 396
→公立高校 ………… 232
→小・中・高 ………… 336, 340
→小学校 ………… 155, 180, 237, 282, 336, 338-340, 342, 346, 385, 408
→進学校 ………… 232, 352
→名門校 ………… 234, 350
→名門私立学校 ………… 33, 36, 187, 269-270, 317, 345
⇒学校教育
⇒高等教育
⇒初等教育
⇒専門学校 , 専修学校
⇒大学
⇒中学校
⇒中等教育
⇒幼稚園

く、意欲評価が増大した結果に過ぎない ……… 26
学力の多様 ……… 59
基礎学力不足 ……… 65, 87, 114
低学力校 ……… 59
⇒格差
⇒多様
学力向上アクションプラン（文科省）… 282
学力向上フロンティア事業（文科省）… 282
学力テスト（全国学力・学習状況調査） ……… 235, 283
⇒苅谷剛彦
学力の国際比較調査 ……… 282
→ TIMSS ……… 282
⇒ PISA
⇒垂見裕子
学力の三要素 ……… 299, 309-314, 331
→オレオレ詐欺，振り込め詐欺 ……… 320
→階層主義的な人物評価 ……… 331
→階層の再生産 ……… 318
→家庭格差 ……… 34-35, 287, 315, 331
→思考力 ……… 254, 258, 299, 310-313, 319-320, 326, 328, 331
→自己表現力 ……… 320
→新学力観 ……… 254-257, 271, 312
→知識は、もともとオブジェクティブな（対象的な、客観的な、目的語的な）もの〜 ……… 314
→判断力 ……… 254, 258, 299, 310-313, 319-320, 326, 328, 331
→表現力 ……… 299, 310-313, 319-320, 326, 328
→ゆとり教育 ……… 46, 265, 283, 312-313
⇒意欲，関心，態度
⇒意欲の階層差，インセンティブ・ディバイド（苅谷剛彦）
⇒苅谷剛彦，苅谷
⇒観点別評価
⇒教育改革
⇒主体
⇒生涯学習
⇒人物評価
⇒寺脇研
⇒中曽根臨教審，臨教審
⇒ハイパー・メリトクラシー（本田由紀）
⇒ハビトゥス（ブルデュー）
⇒本田由紀
⇒文科省
学歴
学歴エリートの誕生（苅谷剛彦）……… 278
学歴格差 ……… 122, 413
学歴貴族（竹内洋）……… 186
学歴社会 ……… 38, 64, 139, 145, 186, 202
学歴主義とは家族や地域の文化環境をリセットし続ける成金主義である … 186
学歴主義反対 ……… 371
学歴の文化性 ……… 284
学歴分断線（吉川徹）……… 62
学歴偏重 ……… 38
高学歴 ……… 38, 139, 145, 202, 269
⇒竹内洋
⇒吉川徹
家職化、家産化，家職化・家産化（與那覇潤）……… 268, 318
→階層の再生産 ……… 318
→経済生産が知識を基盤に行われる社会を、政治的には民主社会と言います〜 ……… 316
⇒オイコス，家政，οἶκος
⇒人物評価
家政，home economics［英］……… 276, 316-317
家政学 ……… 276
家政学＝経済学 ……… 276
家族共同体 ……… 276
→経済学，Economics ……… 48, 65,

⇒垂見裕子
学習目標 ……… 90-91, 94, 104, 130, 158, 161, 239
学生
学生顧客論 ……… 187, 329
学生の多様化論 ……… 339
学生模擬試験作成 ……… 206
下位階層の学生 ……… 68
教員と学生とのあうんの呼吸 ……… 245
グロテスクな学生群（高田里惠子） ……… 269
軽薄なお喋りをし続ける学生 ……… 302
教育であれ研究であれ、教員が研鑽を積むことなしに、どうやって学生が勉強するというのだろう ……… 114
成績優秀学生 ……… 161
できる学生，できない学生 ……… 87, 90, 97, 194, 204, 226, 234, 238, 272, 321, 325, 337, 371
読解能力のない学生 ……… 110
二〇社受けて全部落ちた学生 ……… 380
偏差値の低い学生 ……… 194
やる学生はやる、やらない学生はやらない ……… 157
労働者階級出身学生 ……… 63
学生アンケート ……… 90, 130, 177, 183, 192, 203-205, 208, 384
⇒アンケート
学生サービス ……… 20, 22, 48, 126, 201-202, 204, 221
コマシラバスが一義的に学生サービスのためでないのは〜 ……… 126
大学にとって顧客情報の収集活動のひとつが学生による授業評価である（井上理） ……… 132
⇒学習支援
学費 ……… 367, 389
学部
学部と学科の二層 ……… 70
医学部 ……… 53, 354
下級学部 ……… 54
学部・学科・講座の三層 ……… 70
経済学部 ……… 150, 354
工学部教育 ……… 352
工学部系 ……… 362
鉱山学部 ……… 364
社会・人文系の学部 ……… 354
商学部 ……… 353-355
上級学部 ……… 53-55
神学部 ……… 53, 162
水産学部 ……… 364
哲学の学部は決してあり得ず、ただ芸術の学部があるのみだ（シェリング） ……… 242
哲学部 ……… 54
農学部 ……… 364
法学部 ……… 53, 212, 354
⇒カント
⇒デリダ
学問
学問の自由 ……… 73
学問のすゝめ（福澤諭吉） ……… 35, 164, 317, 327
学問の体系性 ……… 73, 140
男は学問にかまけて大和心をなくしてしまっていった（小林秀雄） ……… 394
特有の学問の体系性と方法論（K.P. リースマン） ……… 140
人間が長年にわたって学問にかけてきた努力と情熱（潮木守一） ……… 240
⇒自由
学力
学力格差 ……… 59, 97, 236, 284
学力主義批判 ……… 311
学力低下 ……… 26, 35, 66, 282-283, 322
学力低下は、意欲が減少したのではな

午）……220-221
⇒ディシプリン , discipline［英］（佐藤学）
⇒中曽根臨教審 , 臨教審
⇒標準性
学者
教育学者……20, 23, 30, 91, 94, 121-122, 259
社会学者……258
心理学者……23, 258-259
哲学者……242, 300, 334-335
学修……21-22, 140-141, 158, 172
⇒修得
⇒履修主義
学習
学習学……333, 371
学習時間……26, 34, 105, 114, 281-284, 322-323
学習心理……349
学習の経済（マッハ）……237
学習目標……90-91, 94, 104, 130, 158, 161, 239
教育から学習への転換……255
教師による教育から生徒中心の学習への転換……31, 265, 313
学習支援……20, 22, 24, 42, 91-92, 217
学習支援シラバス……217
→学生サービス……20, 22, 48, 126, 201-202, 204, 221
→学校中心主義からの転換……31, 187, 265, 313
→金沢工大……91, 379
→教育とは、一人ひとりの可能性を高めていくためのバックアップ機能です（下村博文）……35
→黒田壽二……379
→学び合い（西川純）……88, 194, 346, 373
⇒学習者中心の学び
⇒教育改革
⇒主体性
⇒生涯学習
⇒新学力観
⇒寺脇研
⇒中曽根臨教審
⇒学びの主体
⇒ゆとり教育
学習時間……26, 34, 105, 114, 281-284, 322-323
学習時間が短くなるのは、意欲評価が前面化した結果に過ぎない……26
苅谷の議論の前提は意欲の強度を学習時間の長短でみていることだ（苅谷剛彦）……26
⇒苅谷剛彦
⇒関西調査（苅谷剛彦）
学習指導要領……118, 152, 155, 164, 255-256, 282, 326
学習者中心の学び , Student-centered Learning［英］……88, 222, 270
⇒学校中心主義からの転換
⇒新学力観
⇒ゆとり教育
学修成果……21-22, 172
学修成果の可視化（文科省）……21
→アセスメント・ポリシー , 学修成果の評価の方針……21-22, 65, 166, 169, 172-174, 216, 257
学習方略 , learning strategies［英］……235-236
記憶方略, memorisation strategies［英］……235-236
制御方略 , control strategies［英］……128, 235-236
精緻化方略 , elaboration strategies［英］……235
⇒ PISA

カウンセリング……323, 390
→クラスの中での人間関係というのは、対教員関係であれ、対同級生（クラスメート）関係であれ、教員（＝授業）への求心性が崩れているときに前面化する……383
→心理相談室の人間主義的な志向……384
→担任主義……293, 383-384
⇒心理
顔（レヴィナス）……36, 67, 97-98, 243, 247, 285, 315, 317, 372, 406
⇒レヴィナス
書き下ろし……42, 89, 98, 109, 123, 155, 190, 227
書き下ろしの教科書……89, 98, 155
科挙試験……268
科挙制度……34
科挙の選抜試験……318
→印刷術 , 印刷技術……34, 241, 267-268, 287
→家職化、家産化（與那覇潤）……268, 318
→紙試験……25, 29, 33, 330, 410
→官僚組織での官職を得るための試験（ピーター・バーク）……267
⇒貴族
⇒試験
学位の国際的通用性……264
核家族……270
学業不振……383
→退学……21, 272, 353, 383, 414
→落伍者……87-88, 100-101, 157, 178, 202, 208, 323
核個人 , 超個人……270
格差
格差社会……266, 271, 287, 377
意欲の階層差 , インセンティブ・ディバイド（苅谷剛彦）……25, 121, 255, 279, 284, 322, 413
階層格差……172, 266, 268, 331, 386
学生格差……57-58
学力格差……59, 97, 236, 284
学校間格差……59, 284, 291, 330
学校内格差……59
家庭格差……34-35, 287, 315, 331
家庭的背景による学校間格差（垂見裕子）……284
家庭の教育文化格差……34
家庭文化格差……36
収入格差……62
大学間格差……57-58, 60, 63, 330
偏差値格差……60, 63, 261, 386
保護者の学歴等による学習時間の格差が大きい（垂見裕子）……284
→低学力校……59
→できる学生 , できない学生……87, 90, 97, 194, 204, 226, 234, 238, 272, 321, 325, 337, 371
⇒下位
⇒階層
⇒苅谷剛彦 , 苅谷
⇒上位
学際的 , inter-discipline［英］……210-211, 258, 302
学際的な教育活動について、関連する学問の知識体系に関する基礎教育が必ずしも十分になされていない……331
⇒ディシプリン , discipline［英］（佐藤学）
⇒標準性
学士課程教育の構築に向けて……36, 47, 66, 210, 219-222, 258, 260, 262-264, 331
文科省の取り組みの自己反省文書……260
→多様性と標準性の調和……66, 264, 331
→ディシプリン（学問と規律）（市川昭

ジができるかどうか〜 209
できる評価の解像度 209
紙試験的な注意点の解像度 209
階層流動性 37
階層をシャッフル 318
⇒次世代
⇒シャッフル
⇒新人
階段 135, 141-142, 150, 200, 202, 269, 291, 375
確実に踏みしめることのできる階段 200
自分が担当する一つの科目内の一五コマの階段自体がカリキュラムであることに変わりはない 150
緩やかではあるが〜 200
履修判定を緩めず長い時間の教育の効果を期待するためには〜 202
→深さ 108, 142, 228
→復習コマ 116, 153
概念概要型シラバス 83-85, 90, 99-100, 103-105, 127, 167, 238
概念概要型シラバスでは〜 84
概念概要型シラバスの時間化(incarnation) 103
概念概要型シラバスのダメなところは、実際の学生を想定しないことにある〜 100
⇒インカネーション
⇒授業デザイン, 授業設計
⇒点数分布, 点数の分布
概念概要型言及型シラバス 113
→授業では何を教えているのかよりもその何をどの程度まで、どんな方法(どんな視点とどんなアプローチ)で教えているのかの方が重要になる 113
→主題主義で書かれたシラバス 113
→パワーポイント 103, 107-111, 115, 120, 189, 228, 240, 325, 347
概念の時間化(ヘーゲル) 86, 99, 397
→受肉 86, 397
→絶対知(ヘーゲル) 397, 399
→天空(教育目標)と地上(クラス学生の基礎学力の現状)とを仲介するのがコマシラバスの記載内容で問われていることなのである 124
⇒インカネーション
⇒時間型シラバス
⇒授業デザイン, 授業設計
⇒ヘーゲル
外部 32, 54, 72, 127, 188, 191, 204, 246, 249, 306, 342, 349, 354, 358-359, 399
外部が見えているからこそ〜 399
規則や意味の他者性〜 249
外貌主義 160
概論 74-76, 101, 353-354, 356-357, 370, 399-400, 402
概論科目 76, 101
概論教育 370
概論講座 354, 356
概論主義 356-357
概論とはもちろん入門の別名である 400
現象性の重力(=現在完了)を受け止めることができるのは、概論の全体性や起源を再現できる先生以外にない 402
人材は概論の反対語だ〜 74
哲学であれば哲学概論〜 399
昔の大学では〜 76
→自分の研究の入口と出口 400
→すそ野の広がり 77, 399, 403
→専門を脱するのは専門の頂点(End)に立った研究者以外には無理なことだ〜 77
カウンセラーの仕事 380, 382

親が属するクラス（階層）…… 315
親の世界観やハビトゥスとの断絶 … 318
→人間の親は〜 …… 316
→保護者 …… 272, 284, 314, 363
⇒オイコス , 家政 , οἶκος
親の階層 …… 34-36, 315
親の階層を再生産する …… 36, 315
→家庭の教育文化格差 …… 34
→家庭文化格差 …… 36
親の学歴 …… 34, 279, 284, 322, 385
親の学歴相関 …… 279, 284
親の学歴による意欲格差 …… 284
親の学歴や職業 …… 279
親の実力 …… 317
→母親の学歴 …… 34, 279, 322
⇒家庭の文化性
オレオレ詐欺 …… 320
⇒意欲 , 関心 , 態度
⇒学力の三要素
⇒コミュニケーション力
⇒コンピテンシー
⇒生涯学習
⇒ハイパー・メリトクラシー（本田由紀）
恩師 …… 231, 344
学校教育以後に出会う先輩諸氏は、すべて学校における恩師の影〜 …… 231
→尊敬 …… 193, 230-231, 286, 329, 342, 345, 405

か ――

下位 …… 66, 68, 87, 232, 235-236, 273, 323
下位階層 …… 68, 232, 273
下位学生 , 下位グループ …… 87
下位層 , 上位層 …… 66, 235-236, 323
⇒点数分布 , 点数の分布
階級 …… 62-63, 121, 330, 406, 413
大学が階級とは無縁になった（三浦雅士）…… 406
会社 …… 23, 202, 211, 298, 342, 347, 349, 364, 375, 382
会社中心主義的な就職評価 …… 298
適切な会社選び …… 382
⇒企業
改正学校教育法 …… 310-311
改正学校教育法第三〇条 …… 311
⇒安倍晋三 , 安倍
階層
階層格差 …… 172, 266, 268, 331, 386
階層主義的な人物評価 …… 331
階層内の出自の多様性 …… 35
階層の再生産 …… 318
階層文化から中立的に見える学力というものさし（苅谷剛彦）…… 278
経済的階層 …… 315
文化的階層 …… 315
大切なことは、社会組織の中に、たとえば代表的には官僚組織や一流企業の中に様々な階層からの出身者がどう多様に存在しているか〜 …… 67
親の階層を再生産する …… 36, 315
下位階層の学生 …… 68
階層のハビトゥス …… 33
個人の多様と階層の多様 …… 315
たった一日の〜 …… 330
貧困層（家庭貧困層）…… 331
→何にでもなれるし〜 …… 188
⇒意欲の階層差 , インセンティブ・ディバイド（苅谷剛彦）
⇒オイコス , 家政 , οἶκος
⇒シャッフル
⇒格差
⇒ハビトゥス（ブルデュー）
解像度 …… 87, 158-160, 209
実習教育目標自体の解像度が〜 …… 160
実習模擬試験などでは学生自身が試験官になり、解像度が高い厳密なジャッ

演習でなんとか盛り上げるというような演習 …… 160
授業準備が嫌いな教員は〜 …… 165
シラバスの書けない教員こそアクティブ・ラーニングや演習授業が大好きだ …… 261
討論だらけの演習 …… 163
私は演習担当なんですが〜 …… 160
炎上 …… 39, 319, 347
炎上ネタ …… 347
→ SNS …… 31, 38-39, 287, 333, 373
→ Twitter, ツイッター …… 39, 290, 319, 330, 334-335, 345, 347, 374, 377, 390, 411
→異文化交流 …… 319, 330
⇒情報化（ブルデュー）
⇒ハビトゥス（ブルデュー）
エンテレケイア , 完全現実態 , ἐντελέχεια［希］（アリストテレス） …… 399, 402
⇒アリストテレス
エントリーシート …… 382
⇒就職
オイコス , 家政 , οἶκος［希］ …… 276, 316-318, 326, 331
オイコス（家政）のビヘイビア …… 317
オイコスからの自立性 …… 317
オイコスとしての家族や地域の反対語が学校である …… 318
オイコス評価 …… 318
→家職化、家産化（與那覇潤） …… 268, 318
→家政学 …… 276
→貴族 …… 34, 61, 186, 232, 267-268, 318
→経済学 , Economics …… 48, 65, 150-151, 276, 316, 354-355
→自民党保守派の家族主義 …… 272
→曾野綾子主義 …… 272, 350
→手書き文字 …… 318-319
→平均値評価 …… 330
⇒親
⇒階層
⇒家族
⇒家庭
⇒人物評価
往相（吉本隆明） …… 393, 400, 404
⇒教育と研究
⇒吉本隆明（吉本隆明）
OJT …… 368
オープンキャンパス …… 363, 414
大部屋 …… 212
大部屋型官僚採用が東大法学部偏差値主義になるゆえん …… 212
ωシステム（ジャック・ラカン） …… 297
遅れてきた受験教育 , 遅れてきた受験勉強 …… 295, 345, 370
⇒受験
⇒専門学校
教えることによって学ぶ（セネカ） …… 41, 193-194
オフィスアワー …… 47, 115, 409
オペレーション評価 …… 160
⇒評価
オムニバス …… 115, 148-149, 295
オムニバス型（の授業） …… 148-149, 295
おもてなし授業 …… 37-38
→授業への参加 …… 143-144
⇒アクティブ・ラーニング
⇒意欲評価
⇒請負的な（sponsored）性格（マーチン・トロウ）
⇒観点別評価
⇒履修主義
思惑の差分 …… 126
⇒差分の意識
親

→コンピュータ …… 81, 229, 328
→背後 , 背後性 …… 164, 230-231, 260, 304, 306
→万能性 …… 231
⇒情報化
⇒人格
⇒尊敬
⇒データベース
⇒ハイデガー
AO 入試 …… 26, 34, 321-322, 341
⇒人物評価
エクセレンス（ビル・レディングズ）…… 56, 289
→レディングズ …… 55-56, 288-289
エス , Es［独］…… 346
→心理学 …… 23, 35, 116, 160, 250, 258-259, 399, 415
→精神分析学 …… 297
→フロイト …… 250, 297, 346
→幼児期 …… 250
SNS …… 31, 38-39, 287, 333, 373
STS（Sections de techniciens supérieurs）…… 60
education の翻訳プロセス …… 274
エネルゲイア …… 196, 402
エンテレケイアやエネルゲイアの意味 …… 402
⇒アリストテレス
FD, Faculth Development …… 23, 49, 183, 203, 215, 223, 291, 365, 368, 415
FD 委員会 …… 203, 291
FD 研修 …… 23, 183, 415
エポケー , ἐποχή …… 40
→括弧に入れて判断を留保する , 括弧 …… 83, 186, 315
→家庭格差や地域格差をいったんは棚に上げる …… 315
→暇 , スコレー ,σχολή［希］…… 40, 339, 345
⇒ストック
⇒退屈
⇒長い時間
⇒長い滞留の時間
⇒フィルタ
⇒短い時間
⇒役に立たない
エミリーに薔薇を …… 343, 371
エリート …… 38, 49-50, 53, 57, 63, 145, 202, 241, 278, 286, 300, 319, 345, 354, 413
エリート教育 …… 49-50, 53
アメリカでは一部の超エリート大学を別にすれば～（苅谷剛彦）…… 57, 279, 413
超エリート校 …… 57
超エリート大学 …… 57
手に届くエリート（苅谷剛彦）…… 286
伝統的エリート教育 …… 50
⇒リベラル・アーツ
エレメント（ヘーゲル）…… 398, 402
→一がたとえば百番目の一として限界であるとともに～ …… 398, 402
⇒ヘーゲル
⇒ペラス , 限界 , πέρας［希］（アリストテレス , ヘーゲル）
エロス的 …… 247-249
エロス的関係（レヴィナス）…… 247-248
すべての関係は～（レヴィナス）…… 248
→対面 , face-à-face）［仏］（レヴィナス）…… 247-249, 286
→一つの実践 , eine Praxis［独］（ウィトゲンシュタイン）…… 245-247, 412
⇒レヴィナス
婉曲（ブルデュー）…… 232
⇒ブルデュー
演習 , 演習授業 …… 27, 37, 114, 160-161, 163, 165, 221, 224, 261, 292, 294, 409

INPUT と OUTPUT との多様な組み合わせ……222
INPUT 要素……224
長いインプット……339
→ OUTPUT……147, 219, 222, 224
⇒長い時間
Wikipedia……303-304, 372
ウーシア（アリストテレス）……77, 163, 247-249, 300, 393, 395-399, 406
⇒真理 , ウーシア , οὐσία ［希］（アリストテレス）
請負的な（sponsored）性格（マーチン・トロウ）……38, 95, 145, 202
授業に参加し、授業を受けることさえ満たせば～（苅谷剛彦）……255
→請負主義……145
→おもてなし授業……37-38
→修得と区別された履修主義……145
→授業への参加……143-144
⇒救済・裁量評価
⇒修得
⇒出席
⇒履修主義
売り手と買い手の関係（柄谷行人）……248
英語……25, 172, 228, 232-234, 236-237, 285, 321, 326, 333, 336, 342-343, 346-348, 388-389
英語なんかアメリカ人はバカも含めてみんな喋っているんだから……348
英語の勉強……346, 388
高校英語……232
大学英語……237
中学校英語 , 中学英語……233, 236-237
私はコンピテンシー論には何の期待もしていないが、英語コンピテンシーというものがもしあるとすれば～……236
→月並みな動詞論……237
英語授業……232
on の専門家……343
英語の講読授業……343
まともな文法教育をやれば、勇気と馴れだけのくだらない英会話教育よりも～……234
→ a［英］……233
→ he［英］……233-234
→ it［英］……233-234, 343, 346-347
→ remember, 覚えている［英］……232-233, 411
→ the［英］……5, 233, 274, 333
→ to［英］……232-234, 343, 347
→ to 不定詞 , 不定詞……232-234, 236, 275, 343
→一般動詞と三単現の S……237
→英和中辞典……232
→冠詞 , 定冠詞 , 不定冠詞……233-234, 236
→参考書……232, 268, 303
→辞書……232, 274
→前置詞……233, 343-344, 371
→前置詞の専門家……343
→天候の it と～……343
→動名詞……232-233
→不定冠詞……233
→名詞の時間性は既在～……233
→名詞用法、形容詞方法、副詞用法～……233, 343
AI……60, 230-231, 328-329, 333, 376
AI 教育における教員不要論……329
AI 教育の限界と知識主義……328
AI に対する尊厳の本質……230
AI は誰とでも付き合うことができるだけではなく、誰にでもなれるのです。だから尊敬しようもない……329
人間は、AI データベースに感謝する～……230
→感謝……230, 329, 391, 412, 415-416

⇒学力の三要素
⇒関西調査（苅谷剛彦）
⇒観点別評価
⇒教育改革
⇒生涯学習
⇒新学力観
⇒寺脇研
⇒中曽根臨教審
⇒学びの主体
⇒ゆとり教育
インカネーション, incarnation［英］, in-carnation［英］………… 80, 85-86, 98, 100, 103, 124, 145, 168, 290, 397
概念のインカネーション（incarnation）としてのコマシラバス ………… 80
書き下ろしの教材（授業資料）は、教科書を（受講学生の顔を想い浮かべながら）インカネーションする〜 ………… 98
神の顕現はインカネーションの肉化において〜 ………… 86
コマシラバスは〜 ………… 85
天空の父が大地の子であるイエスに肉化する ………… 85
→あの子はこんな問題くらいすぐ解けるだろうなぁ ………… 97
→罪人の身体 ………… 86
→受肉した神の子 ………… 86
→真理の人である先生は〜 ………… 399
⇒時間の設計
⇒授業デザイン, 授業設計
⇒点数分布, 点数の分布
印刷 … 34, 109, 241, 267-268, 287-288, 318
印刷革命 ………… 287-288
印刷術, 印刷技術 … 34, 241, 267-268, 287
→マルチメディア ………… 268
⇒インターネット
⇒科挙試験
⇒貴族
⇒教科書
⇒メディア
インストラクショナルデザイン …… 181, 183
→教育方法論 ………… 20, 22-23, 95
→教授法 ………… 20, 59
→最初に意欲を与えた方が、後の知識獲得の生産性は上がるはずだ〜 …… 324
→授業法 ………… 41, 95, 121, 181-183
⇒教員の専門性
インセンティブ・ディバイド, 意欲の階層差（苅谷剛彦）……… 25, 121, 255, 279, 284, 322, 413
⇒意欲
⇒苅谷剛彦, 苅谷
⇒本田由紀
インターネット ………… 31, 38, 180, 261, 267-268, 288, 290, 376, 408
インターネット時代 ………… 31, 290, 376
今やインターネットによっていつでも・どこでも学べる ………… 261
→ハイパーテキスト（テッド・ネルソン） ………… 185, 375-376
→ハイパーリンク ………… 376
⇒印刷術, 印刷技術
⇒メディア
⇒テッド・ネルソン
インターンシップ ………… 38, 161, 305, 365, 367-370, 373
インターンシップが機能しない理由 ………… 367
就職直結型インターンシップ ………… 369
→実務体験, 実地体験 ………… 365
→労働体験 ………… 365
インファンティア, Infanzia［伊］（アガンベン） ………… 249-250
⇒アガンベン
INPUT …… 147, 160-161, 219, 222, 224, 414
INPUT 型授業〜 ………… 224

⇒知識点数
⇒点数主義
⇒点数分布 , 点数の分布
⇒メリトクラシー
一般課程（専修学校）………… 263, 357
一般教育 ………… 49-50, 52, 74, 302, 351
一般教育科目 ………… 52, 74
一般教育科目を担当する人文社会系大学教員の多くがポスト・モダン的な志向をもつ〜（金子元久）………… 74
一般教育の理念はアメリカから来たけれど〜（天野郁夫）………… 52
⇒天野郁夫 , 天野
一般教養 ………… 48-50, 52
イデオロギー ………… 64, 272, 279, 283
イデオロギー色 ………… 272, 283
学校へと水路づけするイデオロギー（苅谷剛彦）………… 64
⇒苅谷剛彦 , 苅谷
命がけの飛躍 ………… 249
恋は実践的にしか存在しないし、斜め書きも実践的にしか存在しない ………… 249
⇒マルクス
⇒矛盾
異文化交流 ………… 319, 330
⇒情報化（ブルデュー）
⇒ハビトゥス（ブルデュー）
意味
規則や意味の他者性〜 ………… 249
伝わったときにこそあとから見えてくる規則や意味の存在 ………… 247
移民の国 ………… 58
⇒アメリカ
意欲 , 関心 , 態度
意欲主義 ………… 30, 257, 322
意欲点 ………… 29, 321
意欲入試 ………… 34, 322
意欲の階層差 , インセンティブ・ディバイド（苅谷剛彦）………… 25, 121, 255, 279, 284, 322, 413
意欲は教育現場においては学習時間と相関するのではなくて〜 ………… 26
意欲や創造性を〜 ………… 323
学習意欲 ………… 60, 82, 93, 323, 389
苅谷の言う意欲の反対語が能力だとか生まれつきの才能だとか家庭の文化性だから ………… 322
苅谷の議論と私の議論とでずれが生じ始める原因は〜 ………… 283
苅谷の議論の前提は意欲の強度を学習時間の長短でみていることだ（苅谷剛彦）………… 26
教科活動において生じる意欲の起源とは〜 ………… 29
最初に意欲を与えた方が〜 ………… 324
点数は悪いが態度は良い ………… 255
私にとって知識は、苅谷の言う家庭環境であれ意欲であれそれらのゼロ地点から発生するものでしかない〜 ………… 284
→新学力観 ………… 254-257, 271, 312
→ゆとり教育 ………… 46, 265, 283, 312-313
⇒学力の三要素
⇒苅谷剛彦 , 苅谷
⇒関西調査（苅谷剛彦）
⇒観点別評価
⇒教育改革
⇒主体
⇒生涯学習
⇒人物評価
⇒中曽根臨教審 , 臨教審
意欲評価 ………… 25-28, 30, 38, 157, 256
意欲評価体制は教員の教育力評価を不断に棚に上げる体制にもなる ………… 27
→意欲救済 ………… 30
→おもてなし授業 ………… 37-38
→多元的評価（中曽根臨教審）………… 38

機械的な暗記教育 194
語学とは暗記だ 237
この文科大臣は、暗記と～ 229
資格対策的な暗記教育 295
単なる暗記 147
丸暗記 254
理解が先行しない記憶を暗記というが～ 238
→ここは試験に出るから覚えておけ 345
→単調でかつ記憶負担の高い授業 234
→貧相な教員 228
→予備校の日本史の授業 228
アンケート
アンケート情報の評価検討における第三者の参加 203
学生アンケート 90, 130, 177, 183, 192, 203-205, 208, 384
期中アンケート 178
期末アンケート 178
授業アンケート 175, 178, 203
受講生アンケート 32, 188, 203
シラバスアンケート 166, 174-178
組織的なアンケート評価 203
e-Learning 341, 374, 385
医学 53-54, 172, 268, 300, 309, 351, 354
医学者 53
医学部 53, 354
生きもの 100, 152-153, 156, 158, 328, 409
授業が生きものだからというのならば～ 156
授業はたしかに計画には収まらない生きものなのだが～ 100
シラバスを生きたものにするかしないかは大学教員の力量にのみ関わっている 152
⇒機械
⇒授業デザイン , 授業設計
イギリス 62-63, 121, 413
イギリス社会の階級性 121
イギリスの大学 63, 121
生きる力 46, 254, 260
⇒意欲 , 関心 , 態度
⇒学力の三要素
⇒観点別評価
⇒新学力観
イタリア 60
イタリアの大学 60
一条校化 263, 327, 357
一条校化運動 , 一条校化 263, 327, 357
⇒専門学校
一流 67, 321, 363, 365, 367, 389
一流企業 67
一流三流以前の現状主義 367
一流大学 321
一流の学校 365, 367
専門学校は一流か二流か三流かさえわからない状態 363
大切なことは～ 67
超一流の高度職業教育 389
どんな一流の学校も大学も、最初から一流であったわけではない 367
⇒三流
一点差主義 330
一点刻みの知識点数差で人生が決まる 330
一点差は差異の単位としては最小単位の相対差 330
→階層差別性 330
→反平均点主義 330
→平均値評価 330
→面接試験 33, 318, 330
⇒人物評価

→わいわいガヤガヤ型 …… 160-161, 266
朝日新聞社 …… 334
アセスメント・ポリシー, 学修成果の評価の方針 …… 21-22, 65, 166, 169, 172-174, 216, 257
アセスメント・ポリシーはシラバス・ポリシーに内属し〜 …… 174
新学力観や新しく始まる人物入試選抜の反対語はアセスメント・ポリシー〜 …… 257
→学修成果の可視化（文科省） …… 21
→四ポリシー〜 …… 65
頭がいい …… 234, 350, 352, 390
頭のよい大学生 …… 287
→アジアの優秀な学生 …… 390
→高校までの勉強で秀才って言われているやつは〜 …… 343
→秀才と優等生は、日本では侮蔑語〜（高田里惠子） …… 37
⇒格差
⇒秀才
⇒点数主義
⇒点数分布, 点数の分布
⇒偏差値
アドミッション・ポリシー, 入学者受入れの方針 …… 20, 65, 169
→四ポリシー〜 …… 65
アビトゥーア …… 60
ア・プリオリ …… 246
⇒カント
安倍政権 …… 309, 331
→アベノミクス …… 63, 347, 387
⇒安倍晋三, 安倍
AbemaTV …… 39, 266
⇒情報化
Amazon …… 39, 368
⇒情報化
アメリカ
アメリカでは一部の超エリート大学を別にすれば〜（苅谷剛彦） …… 57, 279, 413
アメリカ的な契約社会 …… 65
アメリカ的な人物評価選別 …… 58
アメリカ的なダイバーシティ …… 59-60
アメリカの学校教育の起源 …… 58
アメリカの大学 …… 49, 51, 57, 120-121, 155, 204, 217, 224
アメリカの大統領の就任演説 …… 354
アメリカの多様 …… 59
一般教育の理念はアメリカから来たけれど〜（天野郁夫） …… 52
→アングロサクソン化 …… 58
→移民の国 …… 58
→学校間格差 …… 59, 284, 291, 330
→学校内格差 …… 59
→正規分布 …… 87, 351
→大学間格差 …… 57-58, 60, 63, 330
→大学内一様 …… 63
→ピューリタン的な子どもの訓育がアメリカの学校教育の起源（ギデンズ） …… 58
⇒多様
⇒点数分布, 点数の分布
新たな機関（専門職大学） …… 351
アリストテレスの時間論 …… 398
⇒アリストテレス
暗記 …… 28, 147, 194, 226, 228-229, 232-234, 237-238, 254, 268, 295, 304, 326, 328, 345
暗記教育 …… 194, 234, 295
暗記試験 …… 268
暗記しろ …… 228, 234
暗記はコンピュータの方が得意だからやらせても意味がない …… 229
理解のない単調な暗記指導がますますできない学生を作る …… 226

索引（五〇音順）

・各索引語には、関連索引語（当該索引語を含む語句・センテンス、当該索引語に関連する語句・センテンス、当該索引語に関連する他の索引語）が附属し、列挙されています。
・「→」の付いた関連索引語は、関連する語句・センテンスを意味し、該当頁番号が指示してあります。
・「⇒」の付いた関連索引語は、関連する他の索引語への参照を意味します。
・索引語に、［独］のように付加されている略語は、当該索引語の欧語言語種を意味します。それぞれ、［英］－英語、［独］－ドイツ語、［仏］－フランス語、［羅］－ラテン語、［希］－ギリシャ語を意味しています。
・索引語の最後に（）囲みで人名があるものは、本書の参考・参照文献表に掲載された当該の著者／作者の文献からの引用や要約を示すものです。

あ
あいつ今何してる？ …… 285-286
IT …… 352, 387
　⇒情報化
i-mode …… 377
　⇒情報化
IUT（Institut universitaire de technologie） …… 60
OUTPUT …… 147, 219, 222, 224
　OUTPUT 要素 …… 224
　INPUT と OUTPUT との多様な組み合わせ …… 222
　→ INPUT …… 147, 160-161, 219, 222, 224, 414
アカデミー（プラトン） …… 61-63, 265
Access …… 189
　⇒コンピュータ
　⇒情報化
　⇒データベース
アクティブ
　アクティブな授業評価者としての学生，アクティブな評価者 …… 201-202
　学生も教員も目を落としたままでアクティブなコミュニケーションのない授業の方が教育的な場合はいくらでもある …… 110
アクティブ・ラーニング …… 37, 88, 95, 103, 115, 144, 157, 160, 163, 165, 207, 221, 261, 320, 325, 333, 346, 369, 373-374
　シラバスの書けない教員こそアクティブ・ラーニングや演習授業が大好きだ …… 261
　アクティブ・ラーニングはまともな授業準備ができない教員にとっては救いの神のような授業なのである …… 165
　→演習型の発表授業 …… 165
　→おもてなし授業 …… 37-38
　→グループディスカッション …… 222
　→グループワーキング …… 222
　→授業活き活き派 …… 157
　→授業準備が嫌いな教員は、講義授業でさえ演習型の発表授業や～ …… 165
　→ディスカッション型の授業 …… 165
　→寝ないよりは起きてる方がましでしょ …… 373
　→ワークショップ …… 324-325, 416

著者について

芦田宏直（あしだ・ひろなお）

一九五四年京都府生まれ。早稲田大学大学院博士後期課程満期退学（哲学、現代思想専攻）。学校法人小山学園理事、同・東京工科専門学校（現東京工科自動車大学校）校長、東海大学教授を経て、現在、学校法人河原学園理事、同・副学園長、人間環境大学・副学長、辻調理師専門学校グループ顧問。二〇〇〇年度労働省「IT化に対応した職業能力開発研究会」委員、二〇〇三年度経済産業省「産業界から見た大学の人材育成評価に関する調査研究」委員、二〇〇四〜二〇〇七年度文科省「特色ある大学教育支援プログラム」審査部会委員、二〇〇八年度文科省「質の高い大学教育推進プログラム」審査部会委員などを歴任。著作に『書物の時間――ヘーゲル・フッサール・ハイデガー』（行路社）、『努力する人間になってはいけない――学校と仕事と社会の新人論』（ロゼッタストーン）、翻訳（監訳）にJ.-L.マリオン著『還元と贈与――フッサール・ハイデガー現象学論攷』（行路社）などがある。東京都品川区北品川四丁目在住。

Twitterアカウント：@jai_an
Facebook、LinkedIn：芦田宏直
BLOG「芦田の毎日」：http://www.ashida.info/blog/

シラバス論《ろん》

大学の時代と時間、あるいは〈知識〉の死と再生について

二〇一九年一二月一五日　初版

著者　芦田宏直

発行者　株式会社晶文社
東京都千代田区神田神保町一-一一　〒一〇一-〇〇五一
電話　〇三-三五一八-四九四〇（代表）・四九四二（編集）
URL http://www.shobunsha.co.jp

印刷・製本　中央精版印刷株式会社

 ISBN978-4-7949-7162-3 Printed in Japan